权威·前沿·原创

皮书系列为
"十二五""十三五"国家重点图书出版规划项目

BLUE BOOK

智库成果出版与传播平台

北京市哲学社会科学研究基地智库报告系列丛书

法治政府蓝皮书
BLUE BOOK OF LAW-BASED GOVERNMENT

中国法治政府发展报告
（2020）

ANNUAL REPORT ON CHINA'S LAW-BASED GOVERNMENT (2020)

主　编／中国政法大学法治政府研究院

社会科学文献出版社
SOCIAL SCIENCES ACADEMIC PRESS (CHINA)

图书在版编目(CIP)数据

中国法治政府发展报告.2020/中国政法大学法治政府研究院主编.--北京：社会科学文献出版社，2021.7
　(法治政府蓝皮书)
　ISBN 978-7-5201-8605-6

Ⅰ.①中… Ⅱ.①中… Ⅲ.①国家机构-行政管理-研究报告-中国-2020　Ⅳ.①D630.1

中国版本图书馆CIP数据核字（2021）第166579号

法治政府蓝皮书
中国法治政府发展报告（2020）

主　　编 / 中国政法大学法治政府研究院

出 版 人 / 王利民
组稿编辑 / 刘骁军
责任编辑 / 易　卉
文稿编辑 / 王　娇

出　　版 / 社会科学文献出版社·集刊分社（010）59367161
　　　　　　地址：北京市北三环中路甲29号院华龙大厦　邮编：100029
　　　　　　网址：www.ssap.com.cn
发　　行 / 市场营销中心（010）59367081　59367083
印　　装 / 天津千鹤文化传播有限公司
规　　格 / 开　本：787mm×1092mm　1/16
　　　　　　印　张：28.25　字　数：423千字
版　　次 / 2021年7月第1版　2021年7月第1次印刷
书　　号 / ISBN 978-7-5201-8605-6
定　　价 / 168.00元

本书如有印装质量问题，请与读者服务中心（010-59367028）联系

▲ 版权所有 翻印必究

本书是北京市社会科学基金研究基地项目"中国法治政府年度发展报告（2020）"的研究成果，项目编号：19JDFXA005

《中国法治政府发展报告（2020）》编委会

顾　　问　马怀德

主　　编　王敬波

执行主编　赵　鹏

编　　委　马怀德　应松年　王敬波　赵　鹏

撰 稿 人　（按撰写章节顺序排名）
　　　　　马怀德　郭富朝　张　红　岳　洋　郝　倩
　　　　　张　莉　张玉鹏　吕之滨　李红勃　王　婧
　　　　　赵　鹏　宋华琳　刘英科　林鸿潮　蓝禹柔
　　　　　高　霞　韩　阳　胡萧力　李　程　潘华杰
　　　　　马颜昕　展鹏贺　罗小坤　孔祥稳　谢尧雯
　　　　　曹　鎏　宋　平　刘　艺　成协中　陈刻勤
　　　　　崔俊杰　王春蕾　郑悠然

编辑人员　王春蕾　王　晶

主要编撰者简介

顾问　马怀德

中国政法大学校长，教授，博士生导师，校学术委员会主席，享受国务院颁发的政府特殊津贴。兼任中国法学会行政法学研究会会长，中国监察学会副会长，最高人民法院特邀咨询委员，最高人民检察院专家咨询委员。研究方向：行政法学。出版学术专著、合著 20 余部，包括《国家赔偿法的理论与实务》《行政许可》《行政法制度建构与判例研究》等。发表论文百余篇，包括《公有公共设施致害的国家赔偿》《公务法人问题研究》《透视中国的行政审批体制：问题与改革》等。

主编　王敬波

对外经济贸易大学副校长，教授，博士生导师。曾任最高人民法院行政审判庭副庭长（挂职），兼任中国法学会常务理事，中国法学会行政法学研究会秘书长，北京市法学会行政法学研究会副会长。出版专著、合著 20 余部，包括《高等教育领域里的行政法问题研究》、《政府信息公开：国际视野与中国发展》、*Building a Government Based on the Rule of Law* 等。在《中国社会科学》《法学研究》《中国法学》等 CSSCI 学术期刊上发表 100 多篇有影响力的论文，多篇论文被《新华文摘》与中国人民大学复印报刊资料转载。

执行主编　赵鹏

中国政法大学法治政府研究院院长，教授，博士生导师。兼任中国法学会行政法学研究会理事、政府规制专业委员会副秘书长、中国法学会网络与信息法学研究会理事,曾在哈佛大学法学院担任访问学者。出版专著《风险社会的行政法回应:以健康、环境风险规制为中心》等。在《法学研究》《中外法学》《清华法学》等刊物上发表多篇有影响力的论文,多篇论文获中国人民大学复印报刊资料与《中国社会科学文摘》转载。

摘 要

2020年是全面建成小康社会和"十三五"规划的收官之年，是实现第一个百年奋斗目标的决胜之年，也是脱贫攻坚战的达标之年。自进入全面建成小康社会的发展阶段以来，我国法治政府建设在概念体系、相关理论、制度构建、实践措施等方面均取得丰硕成果。党的十九届五中全会提出了到2035年基本实现社会主义现代化的远景目标，标志着我国进入新的发展阶段，也对法治政府建设提出了新的要求。2020年行政法理论界围绕法治政府建设，在基本理论、行政行为法、行政组织法、行政法分论和行政诉讼等领域继续研究，聚焦一系列热点问题，研究体系不断完善、研究视野不断拓宽。在国家治理与行政法治层面，《行政处罚法》的修订开启了严格规范公正文明执法、强化权力制约与监督机制的新征程。《外商投资安全审查办法》的出台，标志着我国建立起了统一的外商投资国家安全审查的制度框架。国家级经济技术开发区持续深化"放管服"改革，激发社会活力，促进经济发展。全国各地基层社会治理的法治化水平不断提高，基层群众自治、行业协会自治、基层法律服务等均取得了一定成效。在部门行政法领域，本报告选取了卫生法治和教育法治主题予以分析。特别是全国抗击新冠肺炎疫情的实践，使我国应急管理、公共卫生法治体系和基层防疫应急预案体制机制得到迅速的更新和提升，同时暴露出法律规定不够完整清晰统一、紧急状态立法缺失、基层防疫应急预案先期处置无力、法治保障不足等短板，公共卫生法治体系和应急管理体制机制亟待完善。在科技发展与法治政府领域，人工智能与算法技术的迅猛发展，对法治政府依法行政、依法监管都提出了新的命题。在行政争议解决方面，本报告重点关注了行政复议主渠道实现与年度发展、食药安全类行

政公益诉讼制度实践与理论反思。在北京市法治政府专题，本报告聚焦北京市营商环境的立法、实践与评估，首都城市治理法治化及北京市普惠性学前教育的推进策略，总结北京市行政法治发展取得的显著成效、面临的新问题与新形势。

关键词： 国家治理　行政法治　法治政府建设

目 录

Ⅰ 总报告

B.1 立足新发展阶段，开创法治政府建设新局面
　　——中国法治政府发展与展望（2020）……… 马怀德　郭富朝 / 001

Ⅱ 专题报告

一　国家治理与行政法治

B.2 中国行政处罚理论的现状与发展……………… 张　红　岳　洋 / 021

B.3 中国外商投资国家安全审查制度的确立和最新发展
　　……………………………………………………………… 郝　倩 / 051

B.4 经济技术开发区法律规范现状调查
　　——基于50份国家级经济技术开发区规范文件的分析
　　………………………………… 张　莉　张玉鹏　吕之滨 / 074

B.5 基层社会治理法治化的问题与对策…………… 李红勃　王　婧 / 108

二　部门行政法

B.6 《传染病防治法》的检视与完善……………………………… 赵　鹏 / 129

B.7 法律原则在重大突发公共卫生事件防控中的适用
　　…………………………………………………… 宋华琳　刘英科 / 145

B.8 公共卫生应急法律体系的发展和完善
　　…………………………………………… 林鸿潮　蓝禹柔　高　霞 / 166

B.9 基层防疫应急预案的运行障碍及其功能修复
　　…………………………………………………… 韩　阳　胡萧力 / 185

B.10 中国儿童福利行政的现状与发展方向（2020）
　　…………………………………………………… 李　程　潘华杰 / 201

三 科技发展与法治政府

B.11 数字政府建设的地方创新与法治现状（2020）……… 马颜昕 / 217

B.12 数字政府转型中的个人信息保护风险与立法趋势
　　…………………………………………………… 展鹏贺　罗小坤 / 242

B.13 个人信息保护的行政执法机制研究 ………………… 孔祥稳 / 261

B.14 个性化推荐算法的发展应用与规制回应 …………… 谢尧雯 / 277

四 行政争议解决

B.15 主渠道实现与行政复议发展年度报告（2020）
　　…………………………………………………… 曹　鎏　宋　平 / 302

B.16 中国食药安全类行政公益诉讼制度实践与理论反思
　　……………………………………………………………… 刘　艺 / 330

五 北京市法治政府专题

B.17 北京市营商环境的立法、实践与评估（2020）
　　…………………………………………………… 成协中　陈刻勤 / 353

B.18 基于空间的首都城市治理法治化 …………………… 崔俊杰 / 381
B.19 新公共服务理论视角下北京市普惠性幼儿园的推进策略
　　　…………………………………………… 王春蕾　郑悠然 / 401

Abstract ………………………………………………………… / 414
Contents ………………………………………………………… / 416

皮书数据库阅读**使用指南**

总报告

General Report

B.1
立足新发展阶段，开创法治政府建设新局面
——中国法治政府发展与展望（2020）

马怀德　郭富朝*

摘　要： 法治政府建设在全面建成小康社会阶段成果丰硕，在法治政府概念体系、相关理论、制度构建、实践措施等方面均取得长足进步。2020年法治政府建设取得新进展：研究阐释习近平法治思想中的法治政府理论；推动中国应急管理和公共卫生法治体系更新；以保证《民法典》有效实施为重要抓手推进法治政府建设；构建诚信建设长效机制；持续深化"放管

---

* 马怀德，法学博士，中国政法大学教授，博士生导师，兼任中国法学会行政法学研究会会长，中国监察学会副会长，最高人民法院特邀咨询委员，最高人民检察院专家咨询委员，主要研究方向为行政法学；郭富朝，中国政法大学法学院宪法学与行政法学专业博士研究生，主要研究方向为行政法学。

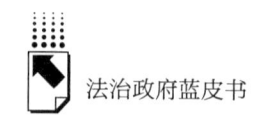

服"改革，激发社会活力，促进经济发展。党的十九届五中全会提出中国将以2035年基本实现社会主义现代化为远景目标，为此，法治政府建设必须立足新的发展阶段，根据新的发展要求，开创新局面，为实现社会主义现代化的宏伟目标持续发挥重要作用。

关键词： 法治政府　社会主义现代化　依法治国

  2020年法治政府建设在取得重大收获的同时，仍面临挑战。《法治政府建设实施纲要（2015—2020年）》（以下简称《法治政府建设纲要》）提出的"基本建成职能科学、权责法定、执法严明、公开公正、廉洁高效、守法诚信的法治政府"[①]总体目标在2019年底基本如期实现，法治政府建设已经取得阶段性进展。2020年法治政府建设相关研究与实践在巩固现有成果的前提下，全面审视、评估《法治政府建设纲要》实施效果，总结建设经验，反思各项措施在推行中遇到的问题，为下一个阶段的建设调试方向。新冠肺炎疫情来势汹汹，政府的依法行政水平面临严峻考验，在2020年初召开的中央全面依法治国委员会第三次会议上，习近平同志指出："疫情防控越是到最吃劲的时候，越要坚持依法防控，在法治轨道上统筹推进各项防控工作，保障疫情防控工作顺利开展。"[②]严谨有序的防疫行政和良好的防疫治理效果表明，过去五年法治政府建设工作取得了明显进展，也进一步验证了建设法治政府是推进全面依法治国的必然选择。

  2020年是承前启后的一年，在建党100周年来临之际，全面依法治国作为重要战略举措，在实现全面建成小康社会战略目标的过程中起到重要作

[①] 《法治政府建设实施纲要（2015—2020年）》，2015年12月27日发布。
[②] 习近平：《全面提高依法防控依法治理能力　为疫情防控提供有力法治保障》，《人民日报》2020年2月6日，第1版。

用，与此同时，原先"四个全面"中第一个"全面"的表述由"全面建成小康社会"变为"全面建设社会主义现代化国家"，标志着实现现代化的新征程已经鸣枪起跑，《中国共产党第十九届中央委员会第五次全体会议公报》旗帜鲜明地将"基本建成法治国家、法治政府、法治社会"① 作为基本实现社会主义现代化远景目标的重要内容。面对新的历史阶段，法治政府建设任重道远，既要秉承法治精神和法治理念不动摇，又要勇于创新、善于创新，运用智慧积极应对新历史阶段出现的新问题，继续在党的领导下，立足社会实际，持续推动国家治理体系和治理能力的现代化。

一 全面建成小康社会阶段法治政府建设成果回顾

全面建成小康社会的目标是随着中国改革开放的推进逐步确立并不断发展的。邓小平同志在 1979 年 12 月 6 日会见日本首相大平正芳时首次提出了"小康之家"的概念，开启了建设小康社会的序幕。1982 年胡耀邦同志在中国共产党第十二次全国代表大会报告中将"人民的物质文化生活可以达到小康水平"② 纳入中国 20 世纪末经济建设总的奋斗目标之中，"小康"作为一项建设标准正式出现在党的报告中。2002 年党的十六大报告将"全面建设小康社会"作为 21 世纪头 20 年的奋斗目标，③ 赋予"小康社会"独特的政治含义。随着理论和实践的发展，2012 年党的十八大报告首次采用了"全面建成小康社会"的表述，④ 由"建设"到"建成"反映了小康社会建设循序渐进、成果逐渐显现的阶段性转变。"法治政府"是"小康社会"的

---

① 《中国共产党第十九届中央委员会第五次全体会议公报》，《人民日报》2020 年 10 月 30 日，第 1 版。
② 胡耀邦：《全面开创社会主义现代化建设的新局面》，中共中央文献研究室编《十二大以来重要文献选编》（上），中央文献出版社，2011。
③ 江泽民：《全面建设小康社会，开创中国特色社会主义事业新局面》，中共中央文献研究室编《十六大以来重要文献选编》（上），中央文献出版社，2005。
④ 胡锦涛：《坚定不移沿着中国特色社会主义道路前进　为全面建成小康社会而奋斗》，中共中央文献研究室编《十七大以来重要文献选编》（上），中央文献出版社，2013。

重要标志，只有法治政府建设达到一定水平，全面建成小康社会的目标才能真正实现。

（一）法治政府内涵不断丰富

法治政府的内涵经历了从无到有、从模糊到明确、从简单到丰富的过程。

改革开放后，中国经济社会持续高速发展，社会各界对政府的认识和需求逐渐发生变化，建设科学高效、与中国国情相匹配、与发展需求相适应的法治政府逐渐成为全社会的共同愿望。党的十一届三中全会公报指出"为了保障人民民主，必须加强社会主义法制，使民主制度化、法律化，使这种制度和法律具有稳定性、连续性和极大的权威"，[1]这一论断源自对"文革"期间由法治观念淡漠引发的种种社会问题的深刻反思，表明中国走上法治化发展道路是历史的必然选择。1997年党的十五大报告指出"建设有中国特色社会主义的政治，就是在中国共产党领导下，在人民当家作主的基础上，依法治国，发展社会主义民主政治"，[2]将依法治国定位为党领导人民治理国家的基本方略，在此阶段，法治政府虽未在公报中被单独强调，但其实质内容作为依法治国的题中应有之义，成为中国特色社会主义政治的有机组成部分，被囊括在21世纪的发展目标当中。1999年11月，《国务院关于全面推进依法行政的决定》从观念、组织、指导思想、行政立法、行政执法、行政监督等方面着眼，[3]指明依法行政涉及的领域，初步划定了法治政府的范围。2004年，《全面推进依法行政实施纲要》正式将法治政府作为具有特定含义的独立概念，指出要"经过十年左右坚持不懈的努力，基本实现建设法治政府的目标"，并将此目标分解为明确政府职能、构建行政法律制

---

[1] 《中国共产党第十一届中央委员会第三次全体会议公报》，中共中央文献研究室编《三中全会以来重要文献选编》（上），中央文献出版社，2011，第9页。
[2] 江泽民：《高举邓小平理论伟大旗帜，把建设有中国特色社会主义事业全面推向二十一世纪》，中共中央文献研究室编《十五大以来重要文献选编》（上），中央文献出版社，2011，第26页。
[3] 《国务院关于全面推进依法行政的决定》（国发〔1999〕23号），1999年11月8日发布。

度、完善法律实施、形成行政决策机制和制度、建立社会矛盾化解机制、完善行政监督体系、提高行政机关工作人员法治素养等多个子目标。① 与《国务院关于全面推进依法行政的决定》相比，《全面推进依法行政实施纲要》突出强调了"法治"的重要性，将法治作为完善行政立法、执法、监督，实现依法行政的必要手段。

在概念成形后，由于"法治政府"一词有很大的解释空间，什么是法治政府、建设怎样的法治政府仍然是需要明确的问题。2008年出台的《国务院关于加强市县政府依法行政的决定》提到"加强市县政府依法行政是建设法治政府的重要基础，很大程度上决定着政府依法行政的整体水平和法治政府建设的整体进程",② 表明中国法治政府建设并不局限于中央层面的调整，而是贯穿中央与地方各级政府，囊括各个行政部门，是一场跨越层级的整体性变革。2010年发布的《国务院关于加强法治政府建设的意见》（以下简称《加强法治政府建设的意见》）系统性地概括了法治政府的建设内容，涉及行政机关工作人员法治意识、行政制度、行政决策、行政执法、政务公开、行政监督、社会矛盾纠纷化解、组织领导及队伍建设等方面,③《加强法治政府建设的意见》划定了法治政府的研究领域，法治政府概念基本形成。

法治政府的概念具有开放性，需要随着认识的深入不断调整和完善。一方面，法治政府建设是一项规模宏大的系统工程，必须对各项子目标进行科学合理拆分，分阶段、列计划逐步实现；另一方面，随着时代的发展和社会的进步，法治政府的新兴领域不断涌现，必须注重法治政府建设的与时俱进，不断赋予法治政府以新的、富有生命力的内容，对过时的做法及时更新。2015年，中共中央、国务院印发《法治政府建设纲要》，从整体上阐释了法治政府建设的阶段性任务目标，提出包括依法全面履行政府职能，完善

---

① 《全面推进依法行政实施纲要》（国发〔2004〕10号），2004年3月22日发布。
② 《国务院关于加强市县政府依法行政的决定》（国发〔2008〕17号），2008年5月12日发布。
③ 《国务院关于加强法治政府建设的意见》（国发〔2010〕33号），2011年11月8日发布。

依法行政制度体系，推进行政决策科学化、民主化、法治化，坚持严格规范公正文明执法，强化对行政权力的制约和监督，依法有效化解社会矛盾纠纷，全面提高政府工作人员法治思维和依法行政能力等七个方面的具体举措。①《法治政府建设纲要》体现了法治政府建设由抽象到具体，逐渐科学化、系统化的发展历程，与《加强法治政府建设的意见》相比，将依法全面履行政府职能单列出来，显示了法治政府建设对发挥政府职能的重视。

（二）法治政府理论持续更新

法治政府建设需要理论引领，法治政府理论研究与法治政府建设举措只有同步推进才能达成建设目标。中国的法治政府理论经历了逐渐发展的过程。以邓小平同志为核心的中央领导集体在透彻反思历史教训后，主张实行法治，奠定了中国法治政府发展的基调。在此基础上，以江泽民同志为核心的中央领导集体将法治在中国的指导定位予以明确，提出依法治国的基本方略，积极倡导依法行政。胡锦涛同志在论述中将依法行政与法治政府结合起来，指出："要全面推进依法行政，继续深化行政体制改革，加快转变政府职能，努力建设法治政府。"② 这些观点结合起来，成为中国法治政府基本理论的重要内容，指导法治政府建设实践。党的十八大以来，以习近平同志为核心的党中央紧紧围绕深入推进依法行政、加快建设法治政府这一重大课题，形成了一系列新理念、新思想和新战略，特别是习近平法治思想中的法治政府理论，为新时代法治政府建设提供了指导思想。

（三）法治政府制度构建日趋完善

依法行政、建设法治政府的前提是有法可依，行政法律制度范围广阔、内容丰富、结构层次多样，实现法治政府相关制度构建，关系着法治政府的科学性、权威性和可持续性。改革开放以来，特别是党的十八届四中全会首

---

① 《法治政府建设实施纲要（2015—2020年）》，2015年12月27日发布。
② 胡锦涛：《在首都各界纪念全国人民代表大会成立五十周年大会上的讲话》，中共中央文献研究室编《十六大以来重要文献选编》（中），中央文献出版社，2006，第225页。

次以全会的形式专题研究部署全面推进依法治国基本方略后，法治政府制度建设飞速发展，目前已经形成了以行政组织法、行政行为法、行政监督法为基本框架的制度体系。

1. 行政组织法

法治政府首先要明确行政主体及其法定职权，"法定职责必须为、法无授权不可为"的公法原则显示了行政组织法的重要地位。在行政组织法律制度领域，中国已经形成了国务院组织法、地方各级人民代表大会和地方各级人民政府组织法及部门行政法中的组织条款协调配合、综合作用的组织规范体系。此外，根据《立法法》、各组织法及各部门行政法中对行政职权的相关规定，全国各级政府全面推广权力清单、职责清单、负面清单及其动态调整的相关制度。在公物法律制度方面，国务院在2012年出台《机关事务管理条例》，对行政公物进行管理，其他公物领域亦有相关单行法进行调整，如《公共图书馆法》。在公务员法律制度方面，2018年《公务员法》迎来修改，公务员队伍的法治化管理水平正在不断提高。

2. 行政行为法

中国针对抽象行政行为形成了以《宪法》为指引，以《立法法》为核心，以《行政法规制定程序条例》、《规章制定程序条例》、各地方法规、规章立法规范、规范性文件管理规范为重要组成部分的法律体系。在具体行政行为领域，形成了由《行政许可法》、《行政处罚法》和《行政强制法》及部门行政法中的实体规范共同组成的行政实体规范体系，其中，2019年、2021年《行政许可法》和《行政处罚法》分别完成修订。中国行政程序法体系正在逐步建立，《重大行政决策程序暂行条例》《政府信息公开条例》等规范性文件相继出台，多个地方亦有制定统一行政程序法规的实践，同时行政程序立法与行政法法典化问题密切相关，中国行政程序制度建设正处在积极发展的快车道。

3. 行政监督法

行使权力必须接受监督，权利受到侵害必须能够获得救济。在对人监督方面，随着监察体制改革的推开，行使国家监察职能的专门机关——监察委

员会正式成立，规范监察行为的《监察法》及《公职人员政务处分法》分别在2018年、2020年出台，中国的国家监察工作开启了新篇章。在对财产监督方面，审计制度和各项财政管理制度保证了行政机关在使用财政资金时的合法性。在对行为的监督方面，以行政复议制度为核心的行政系统内部专业监督和以行政诉讼为核心的司法监督共同构成了行政争议解决的两套主要机制，国家赔偿制度则确保了相对人权利救济的最终实现。

以上各项制度构成了中国法治政府制度体系，在未来的制度发展中，应当着重解决部分制度缺位、制度系统性不足、部分制度规范滞后、部分制度实施情况欠佳的问题，提升制度系统化程度，加快立法和修法进程，更好地实现制度与实践的融合。

（四）法治政府建设实践取得良好效果

1. 严格规范公正文明执法的统一性加强

法治政府建设在规范执法方面成绩斐然，综合行政执法改革取得重大进展，相对集中执法体制已经在全国范围内铺开，多头执法乱象得到有效遏制；各地、各部门执法公开化、信息化程度显著提高，极大地提高了执法的公信力和效率；柔性执法手段被广泛采用，线上线下协同配合的执法模式真正实现了便利群众的目的；规范行政执法程序，全面落实行政执法责任制，提升了行政执法质量。整体来看，中国行政执法水平实现跃升。

2. "放管服"改革不断深入，营商环境持续改善

法治政府必须处理好政府、市场与社会的关系。清单制度为政府职能划定了边界，将该市场管理的事项交给市场，该地方政府管理的事项由中央下放相关职权；政府管理水平显著提升，服务意识和服务能力明显增强。在各项有力措施的作用下，政府与市场的边界被进一步厘清，政府职能明显转变，各项惠民、便民措施不断出台，市场主体活力迸发，营商环境持续改善。

3. 多元纠纷解决机制不断完善

矛盾化解是政府的重要职能，调解、仲裁、行政裁决、行政复议、诉讼

等各项制度均在纠纷解决机制中扮演着重要角色,然而各种制度的职能定位不够清晰,容易互相交叉,致使纠纷解决机制内部存在一定程度的职能错位是目前急需解决的问题。习近平总书记在中央全面依法治国委员会第三次会议上强调,要发挥行政复议公正高效、便民为民的制度优势和化解行政争议的主渠道作用,由此开启了行政复议及有关制度改革,各种纠纷解决制度之间的衔接配合问题也逐步受到重视,多元纠纷解决机制正在逐步完善。

二 2020年法治政府建设的新发展

(一)总结习近平法治思想中的法治政府理论

中央全面依法治国工作会议首次将习近平法治思想作为具有特定含义的概念予以使用。深入学习习近平法治思想,挖掘其中有关法治政府理论的相关内容,对推进法治政府建设具有重要意义。习近平法治思想中法治政府理论的核心命题包括:"坚持党的领导是法治政府建设的根本保证,坚持以人民为中心是法治政府建设的本质要求,坚持法治国家、法治政府和法治社会一体建设是法治政府建设的基本路径,依法全面履行政府职能是法治政府建设的关键环节,严格执法是法治政府建设的主要内容。"[1] 习近平总书记在阐释"法治国家、法治政府、法治社会"三者关系时,作出"法治政府是建设法治国家的主体"[2] 这一重要论断,由此明确了法治政府在全面依法治国这一系统工程中所处的地位,这既是政府转型的客观要求,又是法治国家建设的内生要求。在法治政府建设的过程中,处处可见"以人民为中心"的基本价值取向,"坚持人民主体地位,必须坚持法治为了人民、依靠人

---

[1] 马怀德:《习近平法治思想中法治政府理论的核心命题》,《行政法学研究》2020年第6期。
[2] 习近平:《坚持以全面依法治国新理念新思想新战略为指导,坚定不移走中国特色社会主义法治道路》,中共中央党史和文献研究院编《十九大以来重要文献选编》(上),中央文献出版社,2019,第622页。

民、造福人民、保护人民"，① 反映了法治政府建设的根本目的和基本依归。十八大以来，在党的领导下，中国法治政府建设务实规划、分步推进，体现了法治政府建设方法论的长足发展。中国法治政府建设任重道远，习近平法治思想中的法治政府理论亦会持续发挥引领作用，常用常新，不断丰富自身理论体系。

（二）更新应急管理及公共卫生法治体系

新冠肺炎疫情是自"非典"之后中国应急管理及公共卫生法治体系接受的最为严峻的考验，习近平同志在中央全面依法治国委员会第三次会议上强调，要"从立法、执法、司法、守法各环节发力，全面提高依法防控、依法治理能力，为疫情防控工作提供有力法治保障"。② 在依法抗疫取得重大成果的同时，中国部分法律制度暴露出与实践需求不相适应的问题，如应急措施的启动程序有待改善、及时决策程序的需求显现、公共卫生事件动态管理机制亟待加强等，引发社会各界强烈关注，众多学者从宏观的立法模式到微观的技术细节对目前的应急管理及公共卫生法治体系进行深入反思和探讨，2020年度行政法学年会专门就相关议题展开了广泛交流。在立法方面，2020年10月，国家卫健委发布《中华人民共和国传染病防治法（修订草案征求意见稿）》，针对此次疫情防控中暴露出的短板和弱项开展修法工作；此外，上海、山东等地已有针对性地推进当地公共卫生应急管理法规的修订工作，2020年应急管理及公共卫生法治体系取得长足进步。

（三）以《民法典》出台为契机推进依法行政

法治政府建设的最终目的是更好地维护人民群众的利益，与《民法典》的制定在最终目的上具有同一性。《民法典》是法治政府建设的法律依据之

---

① 习近平：《加快建设社会主义法治国家》，《求是》2015年第1期。
② 习近平：《全面提高依法防控依法治理能力　为疫情防控提供有力法治保障》，《人民日报》2020年2月6日，第1版。

一，习近平总书记在十九届中央政治局第二十次集体学习时的讲话指出，"各级政府要以保证《民法典》有效实施为重要抓手推进法治政府建设"。①自《民法典》正式生效以来，各有关部门针对现行法律中与《民法典》的要求不相符合、与改革开放和社会主义现代化建设要求不相适应的规章制度进行调整，使得已有的行政许可、行政处罚、行政强制、行政征收、行政收费、行政检查、行政裁决相关规定与《民法典》的新要求、新规定良好对接，从而推动依法行政，实现法治政府建设的与时俱进。行政机关在扮演行政管理者角色时，作为民事权利的保障者，应当致力于为《民法典》提供良好的实施环境；在担当《民法典》规范的义务主体时，应当身体力行，模范遵守法律规定。

（四）构建诚信建设长效机制

诚实信用是基本的法律原则，信用治理是实现科学治理、高效治理的有力和必要手段。《国务院办公厅关于进一步完善失信约束制度 构建诚信建设长效机制的指导意见》（国办发〔2020〕49号）将诚信建设分为善用个人信用信息进行科学管理和公共信用信息的合理使用两个治理侧面。在对个人信用信息的科学管理方面，一是科学合理认定失信主体名单，着力解决名单涉及领域范围、认定标准及程序的问题；二是依法规范失信惩戒，遵照过惩相适应的原则，严格适用惩戒措施；三是健全和完善信用修复机制，实现失信主体名单的动态调整。在公共信用信息的合理使用方面，明确公共信用信息范围，在肯定其经济价值和管理价值的基础上，充分保护个人隐私，审慎推动公共信用信息共享公开。《个人信息保护法（草案）》已完成公开征求意见，该法采用民事、行政、刑事等多种手段对有关个人信息的各类行为进行调整，反映了法治政府建设不局限于行政法领域，具有多个领域、多种手段配合发挥作用的综合性。

---

① 习近平：《充分认识颁布实施民法典重大意义，依法更好保障人民合法权益》，《求是》2020年第12期。

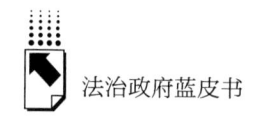

（五）继续深化"放管服"改革，优化营商环境

自2015年提出以来，"放管服"改革取得了长效进展。2020年"放管服"改革在精简行政审批、优化营商环境、激励创业创新、深化商事制度改革、改善社会服务五个方面取得可喜成果。

在精简行政审批领域，进一步降低工程建设、教育、医疗、体育等领域的准入门槛，部分工业产品的生产审批权下放至省级单位。强制性产品认证制度进一步完善，认证流程实现简化，认证成本降低。鼓励市场主体制定企业标准，推动第三方机构对企业标准进行评估排行。上海市浦东新区先行先试，率先开展"一业一证"改革试点，按特定行业发放综合行政许可，实现"一帽牵头"、"一键导航"、"一单告知"、"一表申请"、"一标核准"和"一证经营"。

在优化营商环境领域，持续提升投资便利度，兑现惠企政策，实现一次申报、全程网办、快速兑现。重视优化营商环境长效机制，着力建设政策评估制度，以政策效果评估为重点，建立对重大政策开展事前、事后评估的长效机制；建立常态化政企沟通联系机制，实现营商环境诉求受理和分级办理"一张网"，更多采取"企业点菜"方式推进"放管服"改革。

在激励创业创新领域，继续完善对新业态的包容审慎监管，进一步放宽互联网诊疗范围，统一智能网联汽车自动驾驶功能测试标准。为新业态提供应用场景供给服务，鼓励城市治理、公共服务、政务服务等领域与新技术、新产品对接，开展公共信息和政府部门数据有序开放。

在深化商事制度改革领域，推进企业开办全程网上办理，截至2020年底，各省、自治区、直辖市和新疆生产建设兵团全部开通企业开办"一网通办"平台，并在此基础上推行企业登记、公章刻制、申领发票和税控设备、员工参保登记、住房公积金企业缴存登记线上"一表填报"申请办理。

在改善社会服务领域，进一步拓展"互联网+政务服务"，完善一体化政务服务平台，优化水电气暖网等公共事业服务、公证服务、医疗服务、基本民生保障服务。推进高频政府服务事项"跨省通办"，基本实现市场主体登记注册、职业资格证书核验、学历公证、驾驶证公证等58项事项异地办理。

三 十九届五中全会对法治政府建设提出新要求

党的十九届五中全会在系统总结全面建成小康社会历史阶段成就的基础上，深入分析中国发展环境发生的深刻复杂变化，认为中国发展仍然处于重要战略机遇期，提出到2035年基本实现社会主义现代化的远景目标。法治政府建设是实现社会主义现代化远景目标不可或缺的内容，在新的发展阶段应当达到更高的标准，满足时代进步的要求。

（一）新发展阶段对法治政府建设的新要求

十九届五中全会报告主要从直接和间接两个方面对法治政府建设提出要求。

一方面，十九届五中全会提出的经济实力、科技实力、综合国力大幅提升，新型工业化、信息化、城镇化、农业现代化基本实现，建成文化强国、教育强国、人才强国、体育强国、健康中国、美丽中国，形成对外开放新格局，社会公平性显著增强，平安中国建设达到更高水平，人民生活更加美好等目标的顺利达成离不开政府布局与推动，政府的行政效能将在很大程度上影响上述目标的实现进度，法治政府建设有助于提升政府决策的科学性与公正性，规范各级政府行为，进而提升政府效能，激发社会活力。

另一方面，新发展阶段远景目标中"基本实现国家治理体系和治理能力现代化，人民平等参与、平等发展权利得到充分保障，基本建成法治国家、法治政府、法治社会"[1] 的具体要求更为直接地为法治政府建设指明了前进方向。

---

[1] 《中国共产党第十九届中央委员会第五次全体会议公报》，《人民日报》2020年10月30日，第1版。

关于基本实现国家治理体系和治理能力现代化，应松年教授等认为："国家治理体系是主权国家治国理政制度体系的总称。就我国而言，指国家经济建设体系、政治建设体系、文化建设体系、社会建设体系、生态文明建设体系、国防军队建设体系和党的建设体系等在内的制度体系之总合、总称……建设法治政府，推进依法行政是推进政府治理体系现代化的基本方式和重要抓手。"[①] 法治政府要求依法授予政府行政权力，严格规定政府职责，并赋予这种权责体系较强的稳定性，构筑善治的长效基础。国家经济建设、政治建设、文化建设、社会建设、生态文明建设均需要政府发挥关键引领作用，只有在全社会范围内推行法治，建设法治政府，才能使国家治理体系和治理能力步入良性发展的轨道；只有建成科学高效、严格自律的法治政府，才能真正实现国家治理体系和治理能力现代化的目标。

关于人民平等参与、平等发展权利得到充分保障，这一目标强调的第一个重点是人民，重申了法治政府建设最终服务于人民、造福于人民的根本出发点和根本目的，体现了"以人民为中心"的指导思想；第二个重点是平等，反映了新发展阶段对社会公平正义的突出强调，与全民共享、全面共享的发展理念一脉相承；第三个重点是参与，人民群众不仅仅是行政行为的相对人或相关人，更是法治政府的建设者，发展法治政府必须依靠人民的力量、符合人民的期待，而充分保证人民的参与权，就是为了确保法治政府能够真正合民意、办民事、促民享；第四个重点是发展，发展是人的基本需要，新发展阶段的法治政府建设必须在现有成果的基础上进一步激发市场潜能和社会活力，为人的发展提供更加广阔的舞台。

关于基本建成法治国家、法治政府、法治社会，党的十八届四中全会提出"坚持依法治国、依法执政、依法行政共同推进，坚持法治国家、法治政府、法治社会一体建设"[②]的发展要求，其中，法治国家是法治建设的目

[①] 应松年、范伟：《推进法治政府建设 完善政府治理体系》，《学习时报》2020年11月25日，第A2版。
[②]《中共中央关于全面推进依法治国若干重大问题的决定》，中共中央文献研究室编《十八大以来重要文献选编》（中），中央文献出版社，2016，第157页。

标，法治即根据法律治理国家，是一种深层次、多领域的治理方式，法治政府、法治社会建设从不同的侧面入手，最终实现全国、全社会的法治化；法治政府是建设法治国家的主体，一方面，政府在国民生活中扮演重要角色，能否顺利建成法治政府，决定着法治中国建设的成败，另一方面，政府具有联结国家与社会的纽带作用，将法治精神落实到社会中去，促进社会法治化改革，离不开政府引领，同样离不开政府保障；法治社会是构筑法治国家的基础，只有当法治精神和法治实践深入到社会的每个毛细血管中，国家的法治化才能真正实现。十九届五中全会报告的相关论述反映了新发展阶段法治国家、法治政府、法治社会建设从"进行时"初步走向"完成时"的任务转变，届时三者联系将更加紧密，形成相互联通、有机互动的整体。

（二）"十四五"时期法治政府建设必须遵循的原则

实现社会主义现代化需要分阶段、分步骤，十九届五中全会报告对"十四五"时期经济社会发展指导思想、必须遵循的原则以及主要目标作出重要指示，其中法治政府建设应当遵循的原则有以下三点。

1. 坚持和完善党对法治政府建设的领导

法治政府建设需要党的领导，《法治政府建设纲要》将"坚持中国共产党的领导"作为基本原则予以贯彻。党的领导也要求实现法治政府，面对国内国际形势变化，完善领导体制、改进领导方式、增强执政能力是我们党向前发展的重要途径，推进法治政府建设，就是在用法治的方式提升党的执政能力，要注意克服以往治理模式的弊端，将法治政府建设的各项举措规定在制度中、落实在行动上。

2. 继续协调推进全面依法治国战略布局

在新发展阶段，全面建设社会主义现代化国家、全面深化改革、全面依法治国、全面从严治党的战略布局仍在发展中起着举足轻重的作用，全面依法治国仍是当前和未来一段时期内需要重点坚持的基本方略，法治政府在全面依法治国中的关键作用没有发生变化。坚持全面依法治国，本质是崇尚宪法和法律在国家政治、经济和社会生活中的权威，要继续完善以宪法为统帅

的中国特色社会主义法律体系，培养人民群众对法律的信仰；坚持全面依法治国，要认识到法治政府建设不是单一部门、单一行政层级的法治化，而是整个行政体制的深刻变革，必须注重系统建设；坚持全面依法治国，建设中国特色社会主义法治体系和社会主义法治国家的总目标没有发生变化，应探索科学合理的施政效果考核方式，有效评估法治政府建设得失，促进法治发展。法治政府建设必须依照"四个全面"的战略布局，以法治促改革，依法治理社会，完善依规治党，实现社会主义现代化国家的建设目标。

3. 推进国家治理体系和治理能力现代化

良好的治理体系有利于提高行政效率、提升国家治理效能、实现良好的社会治理目标。法治政府建设应当围绕国家治理体系和治理能力现代化，注重整体性和治理效能，朝有利于完善国家治理体系、提高治理能力的方向推进。此外，中国建设的是中国特色社会主义制度下的法治政府，必须坚持和完善中国特色社会主义制度，构建系统完备、科学规范、运行有效的制度体系，立足中国国情，运用法治的方法，充分发挥制度优势，建设高质量的法治政府，加快实现国家治理体系和治理能力现代化。

（三）"十四五"时期法治政府建设的主要目标

在相关原则的指引下，"十四五"期间法治政府建设预期将达到以下目标。

1. 国家治理效能得到新提升

十九届四中全会报告指出，要"健全权威高效的制度执行机制，加强对制度执行的监督"，"把我国制度优势更好转化为国家治理效能"，[①] 在实现基本治理职能的基础上进一步贯彻法治理念、理顺治理逻辑、节约治理成本、提升治理效能成为新阶段法治政府建设需要着重解决的问题。社会治理是政府职能之一，但达成各项社会治理评价指标并不当然意味着法治理念得

[①] 《中共中央关于坚持和完善中国特色社会主义制度、推进国家治理体系和治理能力现代化若干重大问题的决定》，《中国共产党第十九届中央委员会第四次全体会议文件汇编》，人民出版社，2019。

到贯彻，法治政府建设不能只注重结果，还应当在建设过程中秉承法治思维，运用法治的方法，达到善治的目标。政府职能发挥离不开具体制度，良好的制度设计对治理效能提升有重大影响，法治政府建设是一项系统工程，有其科学理念，遵循特定的治理逻辑，相关制度安排必须尊重治理逻辑，科学设计办事程序，减少无关环节及不必要损耗，节约治理成本，将更多资源应用到急需的领域、环节中去，进而实现国家治理效能跨越式提升。

2. 社会主义民主法治更加健全，社会公平正义进一步彰显

"公正是法治的生命线"，[①] "不论处在什么发展水平上，制度都是社会公平正义的重要保证"，[②] 法治政府建设对实现和维护社会公平正义有重要作用，将作为一项长期工程继续予以坚持。中国致力于建设的中国特色社会主义社会背景下的法治政府，与国外法学主张的法治政府有所区别，应当充分吸纳世界文明成果，立足中国国情，充分尊重事物发展的客观规律，形成具有中国特色的社会主义法治话语体系和制度体系。中国社会当前阶段的主要矛盾是人民日益增长的美好生活需要和不平衡不充分的发展之间的矛盾，在物质条件已经得到较大改善的当下，把"蛋糕"分好是必须解决的问题，法治政府必须直面这一现实，下足力气，实现社会公平正义。

3. 国家行政体系更加完善，政府作用更好发挥

国家的行政职能必须依靠行政体系良好的分工才能实现，完善国家行政体系，首先要厘清市场与政府的边界，明确哪些事项应该由政府管理、哪些事项交由市场调节，应当由政府管理而未管理的，增加政府相应职权，超出政府职责范围而行政机关参与管理的，妥善将相关职能还归市场。其次，行政体系内部分工复杂多样，现实中存在应由甲机关管理而实际由乙机关管理、应由一个机关管理而多个机关共同参与管理等职能分工不科学的现象，中国长期以来进行的行政体制改革正是为了理顺治理流程、完善国家行政体系。同时必须认识到，行政体系的完善不是一蹴而就的，很多问题未能及时

---

① 中共中央文献研究室编《习近平关于全面依法治国论述摘编》，中央文献出版社，2015，第38页。

② 习近平：《切实把思想统一到党的十八届三中全会精神上来》，《求是》2014年第1期。

显露，个别问题的解决需要具备特定的时空条件，部分调整的落实需要经过一定时间和行政程序，完善行政体系在未来仍是法治政府建设的重要工作。

4. 行政效率和公信力显著提升

效率是行政活动的重要价值追求，在发生行政争议时，越早解决行政纠纷，将变动的法律关系置于稳定状态，越能激发市场活力，维护社会和谐稳定。提升行政效率必须尊重法治精神，在法治的框架下进行，要发挥法治对优化各级政府组织结构、理顺部门职责分工、提升行政效率的引导和规范作用，既要重视通过制定新的法律法规来巩固改革成果，又要重视通过修改或废止不合适的现行法律法规为改革的推进扫除障碍。高效的行政活动有助于提升行政机关的公信力，法治政府正当程序、公众参与、政务公开等要求亦有利于促进政府公信力的提高，有助于树立良好的政府形象，推动政策落实，应缓和部分行政纠纷中政府与群众的对立情绪，提高行政效率，形成行政效率和政府公信力互相促进的良性循环。

5. 社会治理水平明显提高

法治政府不能孤立封闭地搞建设，必须面向社会，解决社会问题，实现全社会范围内的良法善治。2020年12月7日，中共中央印发了《法治社会建设实施纲要（2020—2025年）》，要求到2025年，"八五"普法规划实施完成，法治观念深入人心，社会领域制度规范更加健全，社会主义核心价值观要求融入法治建设和社会治理成效显著，公民、法人和其他组织合法权益得到切实保障，社会治理法治化水平显著提高，形成符合国情、体现时代特征、人民群众满意的法治社会建设生动局面，为2035年基本建成法治社会奠定坚实基础。法治政府建设要与法治社会建设协调配合，向实现社会主义现代化远景目标携手共进。

6. 防范化解重大风险体制机制不断健全，突发公共事件应急能力显著增强

重大事件是制度运行情况的试金石，在庆祝抗疫取得重大成果的同时，必须清醒地认识到，中国防范化解重大风险、应对突发公共事件的能力确有加强的空间，部分应急处置措施未能完全依照法治政府的要求实施。要完善相关机制，必须从立法、执法、司法和守法等多个层面进行检讨，完善法律

制度体系，提高紧急情况下的执法能力，规范应急执法行为，开展守法教育，健全防范化解重大风险体制机制，提高突发公共事件的应急能力。

（四）法治政府建设的新任务

"必须抓住建设中国特色社会主义法治体系这个总抓手，努力形成完备的法律规范体系、高效的法治实施体系、严密的法治监督体系、有力的法治保障体系，形成完善的党内法规体系，不断开创全面依法治国新局面。"①法治政府建设不能脱离中国国情，不能与正在进行的各项建设相互孤立，必须依靠中国特色社会主义法治体系并融入中国特色社会主义法治体系之中。

在完善法律规范体系方面，要深入推进科学立法、民主立法，严格遵循立法程序，做到依法立法，将法治理念贯彻到法律规定中，着力提高立法质量；加强重点领域立法，针对迫切需要建立规范的新领域，加快立法进度，探索在条件成熟时推进行政法法典化，提升行政法律规范的系统化程度。

在法治实施方面，要进一步给行政权力定规矩、划边界，完善权责清单制度；健全依法决策机制，发展人民群众及专家参与决策的机制，加强行政决策的民主性和科学性；深化执法体制改革，合理分配执法权力，提高执法效率；建立健全行政纠纷解决体系，明确行政调解、行政裁决、行政复议、行政诉讼各自的功能定位，探索各种救济途径之间的合理衔接机制。

在法治监督方面，一方面要发挥党内监督、人大监督、民主监督、行政监督、监察监督、司法监督、审计监督、社会监督、舆论监督各自的优势，规范政府行为，杜绝腐败滋生；另一方面要注重监督体系内部的协调配合，形成监督合力，最大限度地发挥监督作用，形成科学有效的监督体系。

在法治保障方面，加强和改进党对法治政府建设的领导，为法治政府建设提供有力的政治和组织保障；加强高素质法治队伍建设，为法治政府建设

---

① 习近平：《坚持以全面依法治国新理念新思想新战略为指导，坚定不移走中国特色社会主义法治道路》，中共中央党史和文献研究院编《十九大以来重要文献选编》（上），中央文献出版社，2019，第622页。

提供高质量人才；提供制度保障，通过立法将改革的经验固定下来，及时调整不符合法治运行规律、不利于实现法治的制度。

在党内法规方面，必须注重依法治国与依规治党的有机统一，要完善党内法规建设，进一步推进党内活动有规可依，加大党内法规备案审查和解释力度，保证党内规范的统一，同时注重党内法规同国家法律的协调配合，实现国法与党规的合理衔接。

专题报告
Special Reports

·一 国家治理与行政法治·

B.2 中国行政处罚理论的现状与发展[*]

张　红　岳　洋[**]

摘　要： 行政处罚是行政机关有效实施行政管理，保障法律、法规贯彻施行的重要手段。随着《行政处罚法》修改被列入全国人大常委会立法规划，学界围绕行政处罚的原则、行政处罚的定义、行政处罚的种类、行政处罚的设定、行政处罚的管辖与适用、行政处罚的程序等主题掀起二次讨论的热潮。未来还需对行政处罚的域外管辖、乡镇街道的行政处罚主体、行政执法和解、首次免罚的具体执行等理论问题予以拓展和深

---

[*] 本报告系国家自然科学基金项目"科研资助机构对学术不端行为处理性质研究"（项目编号：L1924074）的阶段性成果。

[**] 张红，法学博士，北京师范大学法学院教授，博士生导师，主要研究方向为行政法与行政诉讼法、国家赔偿法、证券规制等；岳洋，北京师范大学宪法学与行政法学专业硕士研究生，主要研究方向为行政法学。

化，确保行政处罚理论研究行稳致远。

关键词： 行政处罚　处罚设定权　处罚管辖与适用　处罚程序

行政处罚是行政机关有效实施行政管理，保障法律、法规贯彻施行的重要手段。《行政处罚法》自1996年实施以来，对规范行政处罚的设定和实施，强化行政机关依法行政理念，依法惩处各类违法行为，推动解决乱处罚问题，保护公民、法人和其他组织合法权益发挥了重要作用。

近年来，随着我国经济社会的发展变化和全面依法治国战略的深入推进，行政处罚实践暴露出诸多问题。许多全国人大代表和有关方面陆续提出修改《行政处罚法》的意见和建议。2018年，《行政处罚法》修改被列入十三届全国人大常委会立法规划。2020年6月，《行政处罚法（修订草案）》由委员长会议决定提请十三届全国人大常委会第二十次会议初次审议，并于7月初向社会公开征求意见。《行政处罚法》修改也引起了行政法学理论界与实务界的极大关注。

本报告以2018年为时间节点，对2016～2020年这5年间公开发表的学术成果进行了梳理。经过统计发现，2016～2020年5年间公开发表的行政处罚方面的学术论文年均25篇左右，发文数量在2020年达到顶峰，且专题较为集中，研究也主要聚焦于《行政处罚法》的修改，许多论文针对《行政处罚法》提出了具体的条文修改建议。《华东政法大学学报》《中国法律评论》《国家检察官学院学报》等期刊在2020年均刊载了《行政处罚法》修改的专题稿件。

关于行政处罚的讨论，涉及行政处罚的原则、行政处罚的定义、行政处罚的种类、行政处罚的设定、行政处罚的管辖与适用、行政处罚的程序等主题。应松年教授等指出，《行政处罚法》修改应当坚持"紧扣改革新要求、坚持处罚法定原则、发挥中央和地方两个积极性以及强化对权力运行的制约和监督机制"的指导思想。①

一 行政处罚的原则

《行政处罚法》第 3 条规定："公民、法人或者其他组织违反行政管理秩序的行为，应当给予行政处罚的，依照本法由法律、法规或者规章规定，并由行政机关依照本法规定的程序实施。"学界通常将该条规定视为处罚法定原则的体现。有学者重新对处罚法定原则进行了诠释，认为处罚法定原则要求应受行政处罚行为的构成要件和法律效果由法律明确规定，即"法无明文规定不得处罚"。通过制度层面的剖析发现，该条包含两个方面的内容：应受处罚的行为法定和处罚行为法定。前者面向相对人，后者面向行政机关。坚守并贯彻处罚法定原则的关键在于：在遵循法的明确性原则的基础上贯彻要件、效果法定；对于欠缺明确性的规范，纵向上区分不同的种类，横向上针对不同的种类分别建构相应的填补规则。②

有学者研究指出，比例原则是制约行政裁量的基本原则，而过罚相当原则是设定和实施行政处罚的法定原则。在行政处罚中，比例原则和过罚相当原则缘起不同、功能不同。但比例原则和过罚相当原则均可以用于约束行政处罚实体裁量。在行政处罚的实体裁量过程中，过罚相当原则本身无法提供相当性判断标准，比例原则则可以进行过罚相当的分析。可以将比例原则引入过罚相当原则的判断，在考量过罚相当原则所包含的违法行为构成要素的基础上，通过比例原则的适当性、必要性和均衡性要求来分析判断过罚是否相当。③

---

① 应松年、张晓莹：《〈行政处罚法〉二十四年：回望与前瞻》，《国家检察官学院学报》2020年第 5 期。
② 尹培培：《双重面向之处罚法定原则的困境及其出路——基于法的明确性原则》，《法律科学（西北政法大学学报）》2017 年第 5 期。
③ 杨登峰、李晴：《行政处罚中比例原则与过罚相当原则的关系之辨》，《交大法学》2017 年第 4 期。

有学者认为，我国《行政处罚法》在总则部分确立了处罚与纠正相结合的原则，这一原则若明若暗地包含了行政主体制止违法行为的义务。然而，行政处罚实践证明，行政主体在实施行政处罚时，更多将重点集中于对违法行为的制裁上，没有或者很少同时对行政相对人的违法行为予以制止。从深层次分析，其所追求的仅仅是对行政秩序和行政权威的维护，这与行政法治的精神背道而驰。只有建立行政处罚中违法行为制止制度，才能纠正行政处罚将报应和制裁作为目的的片面观念，从而使这一制度在法治轨道上运行。基于此，必须建构行政处罚辅助权威制度、行政处罚去利益化制度、行政处罚后评估制度和行政处罚责任追究制度。①

二 行政处罚的定义

《行政处罚法》、《行政许可法》和《行政强制法》被并称为"行政三法"，然而与行政许可和行政强制分别在《行政许可法》和《行政强制法》中有明确定义不同，行政处罚仅规定了处罚法定原则。《行政处罚法》第8条虽具体列举了行政处罚的种类，但依然未对行政处罚进行明确定义。围绕着行政处罚是否需要定义以及应当如何定义，学者们展开了热烈的讨论。

（一）行政处罚是否需要定义

《行政处罚法》的适用逻辑是，当一个行政行为被确定为行政处罚行为后，其就应当受到《行政处罚法》中程序性与实体性规则的约束。但由于《行政处罚法》在处罚类型上采用了列举式的立法方式，所列举的处罚类型适用范围又相对狭窄和封闭，故在社会经济高速发展的情况下，现有的处罚措施越来越难以满足现实需要。实践中，行政机关基于提高执法效能的考虑制定了大量的行政措施，其中部分措施"以措施之名，行处罚之实，甚至

---

① 关保英：《行政处罚中行政相对人违法行为制止研究》，《现代法学》2016年第6期。

有的措施较法定的行政处罚类型对当事人的权益影响更大，适用范围更广"。① 因此，有学者认为，确有必要借《行政处罚法》修改之机，给行政处罚下一个较为清晰的定义。② 有学者明确提出我国《行政处罚法》第 8 条需要添加一个概念条款，从而澄清行政处罚的本质特征，框定行政处罚的族群，剔除长期以来在性质上有争议的行为。③

（二）行政处罚应当如何定义

关于行政处罚的定义，学者间的分歧在于如何理解行政处罚的制裁性。有学者认为，从"维护行政管理秩序"和"给予制裁"两个要素出发，可以将行政处罚定义为"行政主体对违反行政管理秩序的行为所给予的一种制裁"。有学者认为，行政处罚的核心在于对相对人违法行为的负面评价，评价的方式是使其承担行政法上的法律责任，以此实现制裁。④ 还有学者认为"减损合法权益或增加新的义务"可以成为行政处罚定义构建的基础和核心。⑤

《行政处罚法（修订草案）》第 2 条新增了行政处罚的定义："行政处罚是指行政机关在行政管理过程中，对违反行政管理秩序的公民、法人或者其他组织，以依法减损权利或者增加义务的方式予以惩戒的行为。"

（三）行政违法行为的构成要件

根据《行政处罚法》第 3 条，公民、法人或者其他组织违反行政管理秩序的行为，应当给予行政处罚的，依照该法由法律、法规或者规章规定，并由行政机关依照该法规定的程序实施。但《行政处罚法》并没有明确界

---

① 张晓莹：《行政处罚视域下的失信惩戒规制》，《行政法学研究》2019 年第 5 期。
② 马怀德：《〈行政处罚法〉修改中的几个争议问题》，《华东政法大学学报》2020 年第 4 期；姜明安：《精雕细刻，打造良法——修改〈行政处罚法〉的十条建议》，《中国法律评论》2020 年第 5 期。
③ 熊樟林：《行政处罚的种类多元化及其防控——兼论我国〈行政处罚法〉第 8 条的修改方案》，《政治与法律》2020 年第 3 期。
④ 马怀德：《〈行政处罚法〉修改中的几个争议问题》，《华东政法大学学报》2020 年第 4 期。
⑤ 黄海华：《行政处罚的重新定义与分类配置》，《华东政法大学学报》2020 年第 4 期。

定何为"违反行政管理秩序的行为",以及其构成要件是什么,特别是,没有明确行政违法行为的构成要件是否包括主观方面的故意或者过失。

有学者研究了行政相对人违法行为的构成要件,认为应当包含三个要件,即客观方面(行为或状态)、主体方面、主观方面。①

关于行政违法行为的构成要件是否应当包括主观要件,学术界存在不同的观点。大部分学者赞成修法时统筹考虑在法条中明确主观过错作为应受行政处罚行为的构成要件。② 其中,有学者将行政违法行为的构成要件和行政处罚的归责原则放在一起讨论,认为应当将主观过错作为行政违法行为的构成要件,并确立以过错责任为基础、以过错推定为补充的归责原则,处罚应与行为人主观恶性程度成正比例,没有过错的行为不应当处罚。③ 有学者非常谨慎地指出,如果本次修法确定将主观要件作为应受行政处罚行为的构成要件,则需要重视研究主观要件的认定方法,以避免对行政效率可能造成的过大影响。④

具体到《行政处罚法》中应当如何规定主观过错的问题,有学者提出可借我国《行政处罚法》修改之机在法律上作出一般性规定,再由专门的单行法进一步斟酌权衡是否采取故意原则。在过错的认定上,对于法律规定的故意自然必须由行政机关完成证明,对于过失的证明也应当由行政机关完成,而不允许实行过错推定原则,否则就会违反无责任推定原则。⑤ 另有学者认为,为了减轻行政机关的负担、提高行政效率,可以实行过失假定原则。具体而言,可以考虑在《行政处罚法》中增加以下条文:"违反行政法上义务的行为没有故意和过失的,不予处罚;在法律没有明确规定的情况

---

① 田勇军:《交通行政处罚中"一事不再罚"之"一事"问题探析》,《交大法学》2016年第1期。
② 方军:《论构成应受行政处罚行为的主观要件》,《中国法律评论》2020年第5期;张春林:《主观过错在行政处罚中的地位研究——兼论行政处罚可接受性》,《河北法学》2018年第5期。
③ 姬亚平、申泽宇:《行政处罚归责中的主观要件研究——兼谈〈行政处罚法〉的修改》,《上海政法学院学报》(法治论丛)2020年第3期。
④ 方军:《论构成应受行政处罚行为的主观要件》,《中国法律评论》2020年第5期。
⑤ 王贵松:《论行政处罚的责任主义》,《政治与法律》2020年第6期。

下,相对人能够证明自己没有过失的,不予处罚。"①

还有学者专门研究了网络安全行政处罚的归责原则,认为应当基于网络安全保护的实效性与网络法治秩序的平衡,对网络运营者的网络安全保护义务通过"区分信息种类和内容"分别建构主客观归责路径。②

《行政处罚法(修订草案)》第30条第3款规定:"当事人有证据证明没有主观过错的,不予行政处罚。法律、行政法规有特别规定的,依照其规定。"这看起来虽未直接宣示将主观过错作为行政处罚构成要件,但是当事人有权就主观过错事项举证,且没有主观过错的事实若能成立,即构成不予行政处罚的情形。从这一规定中应当可以推导出行政机关实施行政处罚时负有考虑行为人主观过错的一般义务。③

三 行政处罚的种类

行政处罚的种类是本次《行政处罚法》修改过程中学界普遍关心的焦点问题之一,多篇论文对此进行了讨论。

(一)行政处罚种类概论

《行政处罚法》第8条明确列举了警告、罚款等6个种类的行政处罚,并以"法律、行政法规规定的其他行政处罚"作为兜底条款。从近些年的行政执法实践来看,现有的种类已经无法满足现实需要。尤其是随着社会经济、科学技术的发展,社会治理方式正在发生转变,传统的处罚类型所能发挥的实效性有限,行政机关运用新型治理手段的动机越发强烈。

对于行政处罚种类的规定方式,主要有类型化和列举式两种观点。主张类型化的学者认为,应当将行政处罚进行类型化,以归类的方式代替具体列

---

① 杨利敏:《论我国行政处罚中的责任原则——兼论应受行政处罚的过失违法行为》,《华东政法大学学报》2020年第2期。
② 尹培培:《网络安全行政处罚的归责原则》,《东方法学》2018年第6期。
③ 方军:《论构成应受行政处罚行为的主观要件》,《中国法律评论》2020年第5期。

举。但就具体分为多少种类，学界有不同的观点。有观点认为应当分为自由罚、声誉罚、行为罚、资格罚等。① 有学者建议将行政处罚调整为财产罚、行为资格罚、人身自由罚和声誉罚四类再加上兜底条款。② 有学者认为可采用行政处罚的五分法进行归类，即名誉罚、财产罚、人身罚、行为罚和资格罚。③ 还有学者建议"按照行政相对人权益的实际影响大小，依次将《行政处罚法》中的行政处罚划分为申诫罚、财产罚、行为罚、资格罚、人身罚和声誉罚等六种类型"。④ 主张列举式的学者认为，应当在现有列举模式基础上增加行政处罚的种类。⑤ 至于应当增加哪些种类，则见仁见智。有学者主张"采用具体列举和抽象概括相结合的立法模式"。⑥ 有学者主张在概念条款的指引下，设计更为开放的分类条款和兜底条款，扩大我国《行政处罚法》的规范容量，丰富行政处罚的种类。⑦ 还有学者认为，对于其他特别领域新出现的处罚类型，可以先在特别法中规定，待其成熟时再修改补充至《行政处罚法》中。⑧ 有学者则认为应当紧密围绕行政处罚"不利处分"的本质进行判断和筛选。⑨

目前，《行政处罚法（修订草案）》选择了增加列举名称的办法来充实行政处罚种类，增加了通报批评、降低资质等级、不得申请行政许可、限制开展生产经营活动、限制从业、责令停止行为等在实践中应用较多的处罚种类。

---

① 熊樟林：《论〈行政处罚法〉修改的基本立场》，《当代法学》2019年第1期。
② 姜明安：《精雕细刻，打造良法——修改〈行政处罚法〉的十条建议》，《中国法律评论》2020年第5期。
③ 黄海华：《行政处罚的重新定义与分类配置》，《华东政法大学学报》2020年第4期。
④ 章志远：《作为行政处罚总则的〈行政处罚法〉》，《国家检察官学院学报》2020年第5期。
⑤ 应松年、张晓莹：《〈行政处罚法〉二十四年：回望与前瞻》，《国家检察官学院学报》2020年第5期。
⑥ 曹鎏：《论"基本法"定位下的我国〈行政处罚法〉修改——以2016年至2019年的行政处罚复议及应诉案件为视角》，《政治与法律》2020年第6期。
⑦ 熊樟林：《行政处罚的种类多元化及其防控——兼论我国〈行政处罚法〉第8条的修改方案》，《政治与法律》2020年第3期。
⑧ 杨解君、蒋都都：《〈行政处罚法〉面临的挑战与新发展——特别行政领域行政处罚应用的分析》，《行政法学研究》2017年第3期。
⑨ 应松年、张晓莹：《〈行政处罚法〉二十四年：回望与前瞻》，《国家检察官学院学报》2020年第5期。

（二）行政罚款

行政罚款是最常用的处罚种类，无论立法者还是执法者都对行政罚款有明显偏好。

有学者以上海市地方性法规行政罚款为研究样本，对上海市地方性法规行政罚款设定的合理性、科学性和协调性予以全面审视，分析了上海市地方性法规行政罚款设定的基本状况和存在的问题，并提出了完善上海市地方性法规行政罚款设定的建议。[①]

有学者对行政罚款的设定方式进行研究，发现我国现行有效的法律和行政法规中关于行政罚款的设定方式主要有概括式、区间数值式、区间倍率式等三种。其中，区间数值式是使用频率最高的方式，其次为区间倍率式。行政罚款的设定应当考虑潜在违法者的预期违法收益、违法行为可能造成的损害、执法概率、边际威慑以及规范行政裁量权等因素。优化行政罚款的设定，应当减少概括式，取消定额罚，优先选择区间倍率式，科学设定区间倍率式的罚款基数，并明确区间数值式的辅助地位。[②]

另有学者认为，行政罚款在补偿公共利益损失上具有独特优势，应当在理论上承认行政罚款的补偿性，并在实践中通过罚款标准的完善实现行政罚款对公共利益损失的补偿功能。[③]

有学者研究了环境领域的行政罚款，认为应在环境罚款中引入不法利益追缴制度，不法利益追缴属于法定罚最高幅度以上、不法利益总额以下的加重量罚，其"不法利益"应同时涵盖消极利益和积极利益两个层面。[④] 还有学者研究了没收违法所得与罚款在反垄断执法中的组合适用，主张垄断行为造成的垄断损害主要分为垄断侵害和垄断损失，前者应适用没收违法所得进

---

① 彭辉：《上海市地方性法规行政处罚罚款数额和幅度研究》，《复旦学报》（社会科学版）2019 年第 2 期。
② 张红：《行政罚款设定方式研究》，《中国法学》2020 年第 5 期。
③ 刘长兴：《论行政罚款的补偿性——基于环境违法事件的视角》，《行政法学研究》2020 年第 2 期。
④ 谭冰霖：《环境行政处罚规制功能之补强》，《法学研究》2018 年第 4 期。

行补偿，后者应通过罚款进行制裁。①

也有学者主张《行政处罚法》有必要专门规定相关罚款制度，为特别领域的罚款提供基本规则，"对我国行政处罚立法中有关罚款数额设定方式的合理性、科学性和协调性予以全面审视"，规定罚款的确定标准、设定自由裁量权的合理行使等。② 还有学者明确主张《行政处罚法》应当增加以下规定："罚款设定优先选用区间倍率式，以区间数值式为辅。在社会管理领域，可以采用区间数值式。"③

（三）没收违法所得

关于没收违法所得的性质，理论上存在两种截然不同的观点。

一种观点主张没收违法所得不应当被认定为行政处罚。认为，没收违法所得的功能是剥夺非法收益，其不具备惩戒功能，因此不应当被认定为行政处罚，而应当被认定为一种独立的具体行政行为。④

另一种观点则主张没收违法所得属于行政处罚。违法所得虽不是合法财产，但这种财产利益在未被没收之前，实际处于违法当事人的控制和支配之下，没收这种利益，也同样会对当事人产生惩戒的心理和精神效果，从而使当事人意欲从违法行为中获利的愿望落空。⑤ 因此，没收违法所得以及没收非法财物等在性质上属于行政处罚无疑。⑥

理论上，对违法所得的认定存在"总额说"与"净额说"两种观点。对于没收违法所得，现在争议比较大的问题是：在计算违法所得时是否应当扣除相关的成本和税费等开支？⑦ 有学者认为，一般而言，违法所得应该指

---

① 冯博：《没收违法所得与罚款在反垄断执法中的组合适用》，《法商研究》2018年第3期。
② 杨解君、蒋都都：《〈行政处罚法〉面临的挑战与新发展——特别行政领域行政处罚应用的分析》，《行政法学研究》2017年第3期。
③ 张红：《行政罚款设定方式研究》，《中国法学》2020年第5期。
④ 王青斌：《行政法中的没收违法所得》，《法学评论》2019年第6期。
⑤ 晏山嵘：《行政处罚实务与判例释解》，法律出版社，2016，第100页。
⑥ 冯军：《行政处罚法新论》，中国检察出版社，2003，第120页。
⑦ 耿宝建：《行政处罚案件司法审查的数据变化与疑难问题》，《行政法学研究》2017年第3期。

违反法律法规等义务规范产生的全部利益,这种利益应当扣除已经缴纳的税费,但不能扣除所谓的成本。① 有学者持不同观点,认为在违法所得的认定标准上,应当坚持违法所得是非法收益这一标准,扣除合理的支出或成本。②

(四)人身自由罚

《行政处罚法》第 8 条规定了行政拘留。但对于行政拘留,学界存在不同观点。

有学者认为,应当废除行政拘留,让人身自由罚回归刑事司法体系。③ 另有学者认为,人身自由罚的性质属刑事,依据刑事法治及正当性程序原则应将其司法化。通过"特别行政处罚程序"立法建构来实现正当程序和案件管辖规制是一个实用而有效的问题解决路径,包括"法官独任""案件直诉""降低证明标准""不进入刑事登记"等配置,应初步完成具有中国特色的"二元结构"违法犯罪制裁体系的设计。④

有学者观察到在公共风险的法律控制中,一种不同于传统行政拘留处罚的非治安性拘留,包括环境保护、食品安全以及网络安全等领域的行政拘留逐渐兴起。非治安性拘留的处罚对象不具有人身危险性,规制目标也并非维护典型的治安秩序。人身自由罚体系的法治转轨应当采取类型化策略,区分三种不同类型,进行针对性调整:彻底实现特定人身强制措施的刑罚化;严格控制治安拘留的适用情形;着重补强非治安性拘留的恢复功能。⑤

---

① 马怀德:《〈行政处罚法〉修改中的几个争议问题》,《华东政法大学学报》2020 年第 4 期。
② 王青斌:《行政法中的没收违法所得》,《法学评论》2019 年第 6 期。
③ 张智辉、洪流:《论让人身自由罚回归刑事司法体系》,《湘潭大学学报》(哲学社会科学版)2018 年第 4 期。
④ 李晓明:《行政处罚中"人身自由罚"存在的原因及解决路径》,《苏州大学学报》(哲学社会科学版)2017 年第 4 期。
⑤ 马迅:《非治安性拘留的理性扩张与法律规制——兼论人身自由罚的法治转轨》,《行政法学研究》2019 年第 5 期。

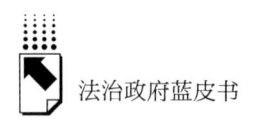

（五）行政责令

虽然《行政处罚法》第 8 条仅规定了"责令停产停业"，但行政执法实践中以"责令"为名的行为大量存在。

关于"责令改正"的法律性质，学界有以下几种观点。第一种观点认为，行政责令行为本质上属于行政处罚，应将"责令限期改正"、"责令停止违法行为"和"责令限期恢复原状"作为其基本表达形式。[1] 第二种观点认为，责令改正与其他种类的行政执法行为存在本质上的不同，应当是与行政处罚、行政强制等行政行为并列的一种独立的、可形式化的行政执法行为。[2] 第三种观点认为，行政责令的性质不能一概而论，若被责令停止的行为是违法行为本身及被责令消除的违法状态可予以独立消除，则该决定在性质上属行政命令；若被责令停止的行为属于正在进行的违法行为的延伸范围及被责令消除的状态属于因与违法状态不可分而被共同消除，则该决定在性质上应属行政处罚。[3] 第四种观点认为，行政责令行为属于行政命令行为，本质上是对行政相对人课以的一种法的不利益即设立义务。[4]

（六）信用惩戒

近年来，以"黑名单、失信惩戒、信用联合惩戒"等为代表的信用惩戒措施逐渐成为政府监管的"新宠"，在大量的法律规范和政策文件中出现，对各类社会主体的影响越来越大。如何认定信用惩戒的法律属性？信用惩戒是不是行政处罚？这些问题成为《行政处罚法》修改过程中的焦点问

---

[1] 郭林将：《行政责令行为的规范性分析与制度完善——基于浙江省行政权力清单的梳理》，《法治研究》2016 年第 2 期。
[2] 黄锫：《行政执法中责令改正的法理特质与行为结构》，《浙江学刊》2019 年第 2 期。
[3] 刘依桐：《"责令改正"及其相关行政决定的性质认定》，《东南大学学报》（哲学社会科学版）2017 年增刊；张询书：《"责令"决定的法律问题探讨——以交通运输行政执法为例》，《中共福建省委党校学报》2018 年第 8 期。
[4] 孙晋、杨军：《〈传染病防治法〉行政责令的法律属性和效力》，《武汉大学学报》（哲学社会科学版）2020 年第 3 期。

题。学者们的观点总体可分为三大类。

一是多重属性说，也可称为类型化说。持该观点的学者认为，根据行政信用惩戒所发挥的功能不同，可以分为惩罚型、备案型、警示型和普法型，由此将其法律性质分别定位为行政处罚、特殊的内部行政行为、行政指导和事实行为。① 因而"具备性质不同的类型，不能以'行政处罚'等单一行为类型涵盖"。②

二是行政过程说。此种学说将行政失信惩戒制度置于行政过程论的研究范式之下，按行为阶段将行政失信惩戒制度实施过程划分为拟列入行为、列入行为、公布行为和惩戒行为四个阶段，并分别对不同阶段的法律性质进行讨论。"其中，拟列入行为是列入行为的准备行为；列入行为依照有无'列入决定'，分别属于具体行政行为和内部行政行为；面向当事人和社会公众的公布行为都属于行政事实行为；惩戒行为应定性为行政处罚。"③ 因而，行政失信惩戒是由多种行政行为组成的复合型行政活动。

三是行政处罚说。无论是从法教义学视角还是从法经济学视角分析，④多数学者都主张行政失信惩戒应当属于行政处罚，或限权性行政"黑名单"措施本质上属于行政处罚。⑤ 行政失信惩戒契合"制裁性"这一行政处罚最本质的特征。

---

① 门中敬：《失信联合惩戒之污名及其法律控制》，《法学论坛》2019年第6期；王瑞雪：《公法视野下的信用联合奖惩措施》，《行政法学研究》2020年第3期。
② 贾茵：《失信联合惩戒制度的法理分析与合宪性建议》，《行政法学研究》2020年第3期。
③ 范伟：《行政黑名单制度的法律属性及其控制——基于行政过程论视角的分析》，《政治与法律》2018年第9期。
④ 周海源：《失信联合惩戒的泛道德化倾向及其矫正——以法教义学为视角的分析》，《行政法学研究》2020年第3期。
⑤ 王伟：《失信惩戒的类型化规制研究——兼论社会信用法的规则设计》，《中州学刊》2019年第5期；张晓莹：《行政处罚视域下的失信惩戒规制》，《行政法学研究》2019年第5期；徐晓明：《行政黑名单制度：性质定位、缺陷反思与法律规制》，《浙江学刊》2018年第6期；胡建淼：《"黑名单"管理制度——行政机关实施"黑名单"是一种行政处罚》，《人民法治》2017年第5期；黄喆：《地方立法设定行政处罚的权限困境与出路》，《政治与法律》2019年第7期；田林：《行政处罚与失信惩戒的立法方案探讨》，《中国法律评论》2020年第5期。

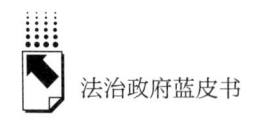

（七）市场禁入

有学者研究了禁入行为，认为禁入是一种涉及相对人基本权利限制的制裁性行为，无论从学理、规范还是从实践层面考察，或许都应将禁入视为行政处罚，这有助于在《行政处罚法》的框架下，更合法、合理地设定禁入，对禁入中的事实认定、法律适用、程序选择、行政裁量加以规范。①

有学者专门研究了证券领域的市场禁入法律制度，认为我国市场禁入法律制度历经20年的发展渐趋完备，但仍存在法律性质界定不明、行为约束司法缺失、制度设计粗糙等严重问题。建议完善我国的市场禁入法律制度，将市场禁入明确纳入行政处罚的范畴，规范证监会的执法行为，赋予法院作出市场禁入决定的权力，强化司法对行政权的约束力。应借鉴美国的有益做法，构建全面、系统的市场禁入法律制度体系。②

（八）其他行政处罚措施

有学者对行政收缴的法律性质进行研究，认为我国现行立法规定的收缴包括收缴"罚款"、收缴"违禁品、违法物品、用于违法行为的工具或物品"和收缴"证照"三类。其中收缴"罚款"属于"执行性的行政事实行为"；收缴"违禁品、违法物品、用于违法行为的工具或物品"属于行政"没收"；收缴"证照"属于"暂扣、吊销许可证或执照"类行政处罚。③另有学者研究了海关收缴，也认为对收缴方式的性质不能只简单地通过其名称来作出判断，而是需要根据其适用情形、具体情境予以定性，在此基础之上再适用相应的法律规定或程序及制度。④

有学者研究了公安机关治安管理中的训诫，认为应当通过立法将训诫直

---

① 宋华琳：《禁入的法律性质及设定之道》，《华东政法大学学报》2020年第4期。
② 黄辉、李海龙：《强化监管背景下的中国证券市场禁入制度研究：基于实证与比较的视角》，《比较法研究》2018年第1期。
③ 孔繁华：《行政收缴的法律性质分析》，《江苏行政学院学报》2016年第3期。
④ 杨解君：《行政处罚方式的定性、选择与转换——以海关"收缴"为例的分析》，《行政法学研究》2019年第5期。

接规定为行政处罚措施。①

还有学者关注交通违法记分,认为通过分析累计记分制度的法律构造可知,将其法律属性界定为行政许可监督行为、行政事实行为等是不恰当的。交通违法记分应被定性为一种行政处罚,且是交通行政处罚的并列主罚。②

四 行政处罚的设定

(一)地方性法规的行政处罚设定权

地方性法规的行政处罚设定权是地方非常关注的一个问题,大多数学者同意为地方性法规适度"松绑",放宽其行政处罚设定权。

至于放宽到什么程度,有学者建议这次修法仅赋予省级人大和人大常委会(而暂不赋予设区的市人大和人大常委会)补充设定行政处罚权。③ 有学者指出,核心就是要秉持"不抵触原则",只要与上位法不抵触,应当允许地方性法规在上位法规定的行为之外,结合本地实际,增加规定新的违法行为和处罚。④ 至于如何判断地方性法规设定行政处罚的"抵触"问题,有学者主张在中央层面,改变考量依据、确定判断标准、建立沟通渠道、强化备案审查;在地方层面,注重法规清理、强化立法论证。⑤ 有学者指出,地方性法规在创设行政处罚时不仅要根据《行政处罚法》第11条第1款的规定,还要全面考虑《立法法》对地方立法权的规范,甚至是《宪法》对地方立法权的原则要求。⑥ 有学者认为,地方性法规新设的行政处罚应当以

---

① 高一飞:《公安机关治安管理中训诫的规范性思考》,《中州学刊》2020年第2期。
② 王学辉、王亚栋:《论作为行政处罚种类的交通违法记分》,《西部法学评论》2019年第3期。
③ 姜明安:《精雕细刻,打造良法——修改〈行政处罚法〉的十条建议》,《中国法律评论》2020年第5期。
④ 应松年、张晓莹:《〈行政处罚法〉二十四年:回望与前瞻》,《国家检察官学院学报》2020年第5期。
⑤ 苗壮:《地方性法规设定行政处罚的抵触判断》,《中南大学学报》(社会科学版)2018年第4期。
⑥ 王太高:《论地方性法规行政处罚设定权的构造及适用》,《江海学刊》2020年第2期。

《行政处罚法》和其他法律、行政法规规定的处罚种类为起点,扩充至行为罚、财产罚、申诫罚,同时可以创设名誉罚、信誉罚等新型处罚种类,但不得创设关涉行政相对人重大权益的人身罚和资格罚。①

目前,《行政处罚法(修订草案)》第12条增加了一款:"地方性法规为实施法律、行政法规,对法律、行政法规未规定的违法行为可以补充设定行政处罚。地方性法规拟补充设定行政处罚的,应当通过听证会、论证会等形式听取意见,并向制定机关作出说明。"对于这一规定,学界也有支持和反对两种观点。

(二)行政规章的行政处罚设定权

有学者认为,《行政处罚法》第13条对于可以设定行政处罚的地方政府规章制定主体不必有限制,包括第12条部门规章也不需要国务院部、委员会的限定,既然《立法法》已经对两种规章的制定主体作出规定,《行政处罚法》就不需要再强调一遍,如果未来《立法法》继续扩充两种规章的制定主体,则会产生法律之间的冲突问题。因此,在具体条文的表述上,可直接采用"部门规章"和"地方政府规章"的表述方法,如此便可以像第9条、第10条、第11条关于法律、行政法规、地方性法规行政处罚设定权的规定一样,以不变应万变。同时,这样做对于保证立法语言上的协调一致也具有重要意义。②

五 行政处罚的管辖与适用

(一)综合行政执法

为改变"几十顶大盖帽管一顶破草帽"多头执法、重复处罚的执法乱

---

① 李晴:《论地方性法规处罚种类创设权》,《政治与法律》2019年第5期。
② 高杜鹃:《对〈行政处罚法〉第十三条的再思考》,《东南大学学报》(哲学社会科学版)2017年增刊。

象,《行政处罚法》确立了相对集中行政处罚权制度,规定国务院或经国务院授权的省、自治区、直辖市人民政府可以决定一个行政机关行使有关机关的处罚权。虽未明确"综合行政执法"的概念,但为综合行政执法改革提供了法律途径和依据。① 然而很长一段时间内,城管执法的相对集中行政体制改革,实际上针对的是法律上的相对集中行政处罚权和实际上的相对集中执法权。直到《行政强制法》生效,赋予行使相对集中行政处罚权的行政机关可以实施相关行政强制措施的权力,城管执法行使强制措施权的法律"漏洞"才打上"补丁"。② 综合行政执法打破了传统上条块分割的行业管理格局,城管执法体制改革由此展开。

然而,随着综合行政执法权相对集中的职能的日益积累,《行政处罚法》第16条的规定已经不能满足综合行政执法的法律需求,③ 暴露出管理体制不顺、职责边界不清、法律法规不健全④、管理方式简单、服务意识不强、执法行为粗放等问题,⑤ 甚至直接威胁到了职权法定原则⑥和主体法定原则⑦。

为从根本上解决这些问题,党和国家不断深化行政执法体制改革,对我国行政执法体制作出了重大调整。2018年印发的《深化党和国家机构改革方案》,正式明确了我国综合行政执法体制改革的方向和路径,确立了我国综合行政执法领域的"1(城管)+5(市场监管、生态环境、文化市场、交通运输、农业)"模式,取得了一系列改革成果。对此,《行政处罚法(修订草案)(二次审议稿)》及时予以固化,以法律条文的形式确立已经成

---

① 吕普生:《中国行政执法体制改革40年:演进、挑战及走向》,《福建行政学院学报》2018年第6期。
② 杨小军:《行政执法体制改革法律依据研究》,《国家检察官学院学报》2017年第4期。
③ 金国坤:《行政执法机关间协调配合机制研究》,《行政法学研究》2016年第5期。
④ 郑新:《"城管警察"现象的审视与反思》,《行政法学研究》2017年第6期。
⑤ 马怀德:《城市管理执法体制问题与改革重点》,《行政管理改革》2016年第5期;汤磊:《2014—2015年的中国法治政府建设》,《行政法学研究》2016年第2期。
⑥ 杨丹:《综合行政执法改革的理念、法治功能与法律限制》,《四川大学学报》(哲学社会科学版)2020年第4期;徐继敏:《集中行政处罚权的价值与路径选择分析》,《学术论坛》2016年第3期。
⑦ 印子:《突破执法合作困境的治理模式辨析——基于"三非两违"治理经验样本的分析》,《法商研究》2020年第2期。

熟的"1+5"综合行政执法领域的法律地位。

《行政处罚法（修订草案）（二次审议稿）》第18条第1款进一步明确了综合行政执法和相对集中行政处罚权适用于城市管理、市场监管、生态环境、文化市场、交通运输、农业等六大领域。有学者认为，这一规定虽有利于明确职权职责、统筹执法资源、提高执法效率，但表述仍存在模糊之处，比如尚未明确六大领域的相对集中行政处罚权无须其他法律授权，以及如果仅有处罚法提供合法性支持，是否会给行政执法管辖权的配置带来混乱。①

此外，第18条第2款设定是否仍有存在的必要？有学者指出，综合行政执法与相对集中行政处罚权规定的并存，将导致二者的关系变得含糊不清。② 不如以相对集中执法权涵盖之，这样既体现了对集中行政处罚权实施过程中管理与执法难以衔接的突出问题的回应；在与机构改革相融合的情况下，也包含了综合行政执法的核心内容；又可直接作为区域综合行政执法的法律依据；还可以与集中行政强制权、集中行政许可权相对接，有更大的改进空间。有学者则持反对意见，认为仍有保留之必要：一方面，这一规定是综合行政执法改革的重要法律依据，行政处罚权的集中行使，也是综合行政执法的主要内核；另一方面，保留该条款能为各地在现有六大领域外的继续探索留下制度空间、提供法律依据。③ 有学者建议结合简政放权及审批制度改革，将重心下移，实现综合行政执法的属地化改革，④ 推进行政执法权限和力量向基层延伸和下沉。

---

① 李洪雷：《论我国行政处罚制度的完善——兼评〈中华人民共和国行政处罚法（修订草案）〉》，《法商研究》2020年第6期。
② 针对相对集中行政处罚权与综合行政执法二者间的关系，有学者认为二者性质相同，仅表述不同，被人为划分区别，但多数学者认为二者是有区别的，综合行政执法的内涵与外延均大于相对集中行政处罚权。马太建：《论相对集中行政处罚权与综合执法的关系》，《法治现代化研究》2018年第6期；张利兆：《综合行政执法论纲》，《法治研究》2016年第1期；熊文钊主编《城管论衡：综合行政执法体制研究》，法律出版社，2012，第2页；王敬波主编《城市管理与行政执法》，研究出版社，2011，第13页。
③ 应松年、张晓莹：《〈行政处罚法〉二十四年：回望与前瞻》，《国家检察官学院学报》2020年第5期。
④ 胡仙芝：《综合行政执法体制改革的实践探索与对策建议——基于成都、嘉兴的调研分析》，《中国行政管理》2016年第7期。

（二）行政处罚的管辖

对于行政处罚地域管辖权的认定，现行《行政处罚法》规定了"违法行为发生地"的中心规则。多年实践证明，该规则难以适应实践需要，理论与实务上出现了多种不同认识。对此，《行政处罚法（修订草案）》第21条予以回应，在维持"违法行为发生地"规则不变前提下，增加了"部门规章"也可以另行规定。有学者研究了行政处罚地域管辖权的设定规则，主张认定地域管辖权应当秉持多元、开放的立场，立法者应当围绕"打击违法行为"的首要目的，尽量丰富认定地域管辖权的空间连接点，授权更多行政机关参与到打击违法行为之中，并将其义务化。[①] 总体来看，学界对行政处罚管辖问题的关注明显不够，行政处罚的域外管辖等问题并没有理论研究成果。

（三）一事不再罚

《行政处罚法》第24条规定，对当事人的同一个违法行为，不得给予两次以上罚款的行政处罚。这一规定被概括为"一事不再罚"原则，但行政机关在执法实践中适用这一条款时经常遇到难题，理论上对于该条款的解释也存在不同的观点和立场。

有学者指出，当出现"想象竞合"情形时，应如何适用法律、如何确定管辖权，目前我国法律未作规定。实践中通行的处理模式是，以同类行政处罚作出的时间为标准，确定后作出的处罚决定违反"一事不再罚"原则。《行政处罚法》正在修改，为了避免"时间在先"原则的消极影响，实有必要借鉴德国、我国台湾地区的先进立法例，从增加行政处罚立案询问环节、增加补充处罚制度、构建协商确定管辖权机制等方面，完善"一事不再罚"原则的适用机制。[②]

[①] 熊樟林：《行政处罚地域管辖权的设定规则——〈行政处罚法（修订草案）〉第21条评介》，《中国法律评论》2020年第5期。

[②] 黄先雄、张少波：《"想象竞合"情形下一事不再罚原则的适用机制》，《中南大学学报》（社会科学版）2020年第2期。

有学者认为,《行政处罚法》可以增加规定,"同一违法行为违反多个行政法律规范的,应当由具有管辖权的行政机关按照法定罚款幅度内的最高限额处罚",从而解决罚款额度问题和多个机关均具有罚款权限时的管辖问题。①

(四)行政处罚的责任能力

行政处罚的责任能力问题,长期以来缺乏理论关注。有学者认为,在我国的行政处罚理论与实务中,从刑法学上借鉴而来、用以苛责"法盲"的禁止错误理论,尽管获得了全方位认可,但从历史和现实两个层面来看,其并不一定合理。禁止错误在类型上分为可避免的禁止错误与不可避免的禁止错误,前者奉行"不知法不免责",后者则可以构成免责。从整体上来看,行政处罚的政策性属性,决定了不可避免的禁止错误在行政处罚活动中大量存在,奉行严格意义上的"不知法不免责"原则,与尊重意志自由的责任主义立场相违背。立法者需要在此次《行政处罚法》修改过程中,增设禁止错误条款,实现"法盲"问题的规范化,一方面将"不知法不免责"予以法定化,另一方面将不可避免的禁止错误的处罚责任予以从轻、减轻或免除处理。②

关于判断行政处罚责任能力的基本规则问题,有学者认为,从逻辑上来说,行政处罚的责任能力应当只具有"有责任能力"和"无责任能力"两种类型,"部分责任能力"并不成立。在具体实践中,对二者的区别,除了有《行政处罚法》规定的正式途径,亦有"生理性判断标准"的非正式途径。但无论如何,对于已经判定为"无责任能力"的行政相对人,并不等同于说其无须承担任何责任,其只是不需要承担行政处罚责任,其他诸如"管教"之类的责任并不因此而得到豁免。③

---

① 马怀德:《〈行政处罚法〉修改中的几个争议问题》,《华东政法大学学报》2020年第4期。
② 熊樟林:《行政处罚上的"法盲"及其规范化》,《华东政法大学学报》2020年第1期。
③ 熊樟林:《判断行政处罚责任能力的基本规则》,《江苏行政学院学报》2016年第6期。

(五) 从轻处罚、减轻处罚、不予处罚

在部分行政管理领域，由于立法设置的行政处罚起点与行政相对人的经济承受能力不成比例，减轻处罚已成为执法实践中的惯常做法。有学者基于行政法上的减轻处罚裁量基准，认为从法律适用的角度，减轻处罚包括要件裁量和效果裁量两部分，二者共同构成一个完整的裁量权体系。在要件裁量层面，应借助情节细化技术补充创设"经济困难"的裁量基准，并对现有的法定减轻情节进行准确认定。在效果裁量层面，一方面要综合运用罪名式量罚和体系式量罚规则来重构现行的幅度减轻处罚裁量基准，一方面要透过减少罚种的数量和性质来构建种类减轻处罚裁量基准。[1]

有学者认为，无论从轻还是从重情节，都是行政主体对行政处罚的合理运用，不能将行政处罚的从重情节与行政权行使的不当性等同起来。未设置从重情节往往导致执法和审判难以把握处罚尺度。主张行政处罚应当设置从重情节。[2]

《行政处罚法》第27条规定了不予处罚制度。有学者认为，我国《行政处罚法》第27条第2款界定的不予处罚情形过度狭窄，行政机关在法实践中并不能擅自变通裁量。况且，《行政处罚法》第27条的相关规定中并未有"可以"二字的授权表述，从而致使行政机关并无依据实践情况灵活变通行为方式的空间。建议修正《行政处罚法》"不予处罚"的规定；建构附条件不予处罚制度；确立和界分行政处罚中的非正式执法手段；建立疑难复杂案件的行政处罚和解机制。[3]

(六) 单位违法的行政处罚

我国《行政处罚法》对单位违法如何处罚并未作出规定，存在明显缺失。

---

[1] 谭冰霖：《论行政法上的减轻处罚裁量基准》，《法学评论》2016年第5期。
[2] 张淑芳：《行政处罚应当设置从重情节》，《法学》2018年第4期。
[3] 陈悦：《行政处罚制度完善的便宜主义进路》，《苏州大学学报》（哲学社会科学版）2020年第2期。

有学者认为,我国应该将现有部分行政领域中以双罚为原则、以单罚为例外的单位违法责任配置模式上升为整个单位违法的基本处罚模式,为了实现这一目标,立法论上的策略应该是在《行政处罚法》中引入双罚原则的规定。由此,我们得以重新建构单位违法的处罚原则,但我们也需注意双罚原则引入后与《行政处罚法》既有原则及制度可能存在的整合问题。①

有学者认为,应当从单位违法的双重构成出发,结合比较法经验,单位违法处罚范围应走向"立法排除模式"。为此,现有的规范体系需加以重塑或者作变通理解:从立法论的角度,须引入正面认定规则与反面排除规则,以囊括所有单位违法行为。②

(七)行政处罚与刑罚处罚的关系

刘艳红、周佑勇合著的《行政刑法的一般理论》(第二版)探讨了行政刑法的性质、行政刑法规范的罪刑法定机能、行政犯罪的类型、行政执法与刑事司法的衔接机制等问题,提出了"行政刑法责任"这一新的法学范畴。③

有学者研究了行刑衔接中的行政执法边界问题,《中国行政审判指导案例》第14号案例对行政机关将涉嫌犯罪的违法行为移送司法机关追究刑事责任后能否再对行政相对人作出行政处罚予以明确。但是,无论是该案的判决理由部分还是案情事实部分,都或多或少与已有的规定和执法实践相冲突。理论上应当反思衔接的基础理论,如"刑事优先"原则、"一事不再罚"原则,反思现有衔接立法,充分发挥"信息共享机制"的作用。④

有学者研究了行政处罚与刑罚处罚的立法衔接,认为可以将我国现行法律中关于行政处罚与刑罚处罚的衔接规定归纳为"依附性的散在型立法方式"和"先行政后司法",但均存在诸多问题。实现行政处罚与刑罚处罚在

---

① 喻少如:《论单位违法责任的处罚模式及其〈行政处罚法〉的完善》,《南京社会科学》2017年第4期。
② 张运昊:《论单位违法的处罚范围确定规则》,《行政法学研究》2020年第6期。
③ 刘艳红、周佑勇:《行政刑法的一般理论》(第二版),北京大学出版社,2020。
④ 练育强:《行刑衔接中的行政执法边界研究》,《中国法学》2016年第2期。

立法上的合理衔接，应当明确行政处罚与刑罚处罚均具有惩罚和预防的目的，遵守刑法谦抑原则，力求实现执法资源的合理配置，且符合比例原则。应当采用"独立性的散在型立法方式"，且尽量减少行政处罚与刑罚处罚相衔接的领域。①

行政处罚与刑罚处罚的双向衔接包括行政机关向刑事司法机关移送涉嫌犯罪案件和刑事司法机关向行政机关移送案件两种情况。行政机关向刑事司法机关移送案件，存在行政机关有案不移、有案难移的情况；移送程序在实践中被空置的情况较为严重；对于证据的转换与认定也存在分歧；案件移送后，行政机关是否中止行政处罚程序，实践中做法不统一。刑事司法机关向行政机关移送案件的情况在理论上关注较少，由于立法不足，实践中各机关具体操作程序严重不统一。建议修改《行政处罚法》，确立行政机关向刑事司法机关移送案件线索制，并增加刑事司法机关向行政机关移送案件的条文规定。②

关于行政处罚与刑事处罚的适用衔接，有学者认为对某一行政犯罪既处以行政处罚又予以刑事处罚，不违背"一事不再罚"原则。"刑事优先"原则的适用不应当是绝对的，在对一些行政犯罪未予以刑事处罚之前，先行予以行政处罚往往也具有必要性。客观坚持"罚当其刑"原则，既要避免以罚代刑，又要防止以刑代罚。当行政处罚与刑事处罚不具有同属性时，应当合并适用。当行政处罚与刑事处罚具有同属性时，如果行政处罚先于刑事处罚，刑事处罚应当折抵适用；如果刑事处罚先于行政处罚，则行政处罚应当被吸收而不得再适用。③ 立足于我国公民的权益保护以及公法责任的体系，行政执法与刑事司法在衔接中应采用有限的"一事不再罚"原则。④

---

① 张红：《让行政的归行政，司法的归司法——行政处罚与刑罚处罚的立法衔接》，《华东政法大学学报》2020年第4期。
② 张红：《行政处罚与刑罚处罚的双向衔接》，《中国法律评论》2020年第5期；张红、刘航：《执法资源有限视角下的行刑衔接程序问题研究》，《行政管理改革》2019年第2期。
③ 周兆进：《行政处罚与刑事处罚的衔接问题研究》，《中国人民公安大学学报》（社会科学版）2017年第4期。
④ 练育强：《行刑衔接视野下的一事不再罚原则反思》，《政治与法律》2017年第3期。

（八）行政裁量基准

行政裁量基准是指行政机关以判断选择的标准化方式将行政法规范授予的裁量权限予以具体化。① 《行政处罚法（修订草案）》中新增了有关行政裁量基准的规定，成为一大亮点。

有学者认为，裁量基准对于立法而言是裁量权的一般行使，对于公务员而言则是裁量权的控制手段。裁量基准虽非立法，但经由平等对待、信赖保护等原则的转换而对行政机关具有事实上的拘束力。适用裁量基准并不意味着免除行政机关的个案考虑义务。在裁量基准适用的典型案件中，行政机关应当适用裁量基准作出决定；在非典型案件中，行政机关可以不适用裁量基准，但应当说明理由。在审查存在裁量基准的案件时，法院要进行两阶段审查，先审查裁量基准自身有无合法性，再审查在适用裁量基准上有无合法性。②

另有部分学者对广告③、环境④、邮政行业⑤和税务⑥等执法领域内的行政裁量基准进行了研究。

六 行政处罚的程序

（一）行政处罚证据

行政处罚证据虽然是行政处罚程序中的重要问题，但长期缺乏理论界

---

① 王贵松：《行政裁量基准的设定与适用》，《华东政法大学学报》2016年第3期。
② 王贵松：《行政裁量基准的设定与适用》，《华东政法大学学报》2016年第3期。
③ 郑琦：《行政裁量基准适用技术的规范研究——以方林富炒货店"最"字广告用语行政处罚案为例》，《政治与法律》2019年第3期。
④ 朱晓勤、李天相：《"原则之治"下环境行政处罚裁量基准适用规则的优化》，《吉林大学社会科学学报》2020年第2期。
⑤ 王茜：《邮政行业行政处罚裁量基准制度研究》，《政法论丛》2019年第6期。
⑥ 李登喜、李新、林剑雄：《行使税务行政处罚裁量权存在的问题与规范建议》，《税收经济研究》2017年第5期。

的关注。有学者以行政处罚证据的收集为分析视角,研究了行政处罚证据的内涵与依法取证。认为行政处罚证据应当符合"三性",基于公共利益保护的需要,行政处罚证据的关联性、合法性存在减弱和例外情形,因此,对于"毒树之果"以及通过钓鱼执法、秘密调查等方式所得证据并不必然排除。①

有学者以卫生行政处罚中食品安全、医疗卫生这两个特殊领域为研究范本,概括了涉案电子证据的内涵、特点和类型,反思了其在该领域适用中存在的问题,并主张在传统证据规则的基础上进行改革创新,形成适用于卫生行政处罚领域的电子证据规则。②《行政处罚法(修订草案)》中新增加了电子技术监控设备记录的证据要求。

有学者主张建立独立的治安管理处罚的证据规则。对证据制度的相关改造应当是系统性的,可以从降低证明标准、确立违法嫌疑人承认口供独立的证明地位以及确立律师或者委托代理人的介入机制等几个方面展开。③

(二)非现场执法程序

非现场执法模式已在我国诸多领域得到推行,大有占据行政处罚"半壁江山"之势。有学者认为,由于其出现于《行政处罚法》颁布之后,迄今尚无法律对其进行程序规范。目前,行政部门的"自定程序"存在许多不符合《行政处罚法》原则、不符合正当程序要求的问题,对行政法治和权利保障造成消极影响。主张将目前游离于《行政处罚法》的非现场执法程序纳入作为行政处罚领域基本法律的《行政处罚法》的统一规范范围,在其中专门(专节)规定非现场执法程序,确立非现场执法的专门程序法律原则和专门程序法律制度,以实现非现场执法程序的正当性和法治化,消

---

① 江国华、张彬:《证据的内涵与依法取证——以行政处罚证据的收集为分析视角》,《证据科学》2016 年第 6 期。
② 邓勇、刘威:《卫生行政处罚中的电子证据及其规则探究》,《上海交通大学学报》(哲学社会科学版)2016 年第 2 期。
③ 陈慧君:《治安管理处罚证据制度的再审视》,《中国人民公安大学学报》(社会科学版)2018 年第 5 期。

除非现场执法违法侵权的程序制度根源,实现权力与权利的平衡,加强对行政相对方合法权利的保护。①

(三)快速办理程序

有学者研究了公安机关行政案件快速办理程序,修改后的《公安机关办理行政案件程序规定》认可了这一工作机制。作为一般程序的一个特殊处理方式,快速办理的适用空间介于一定数量以上的罚款与十日以下的行政拘留之间,初步建立了权利告知制度、处罚裁量机制、处罚前告知制度和程序回转机制以保障违法嫌疑人的权利,并采用更加简化的取证方式和审核审批手续以加快案件办理速度。这些规定对《行政处罚法》的程序部分形成了理念上的冲击。以此为参照,通过全面反思其类型划分的适恰性,以程序简化、时限灵活为据重新划分行政处罚程序的类型,并构建体现快速办理程序公正和效率价值的相关机制。②

有学者探讨了自动化行政对行政处罚的挑战与回应,认为在自动化行政时代,需要坚持和发展正当程序原则,以解决在程序与证据方面面临的挑战。自动化行政对于数据的依赖与行政处罚中的数据特殊限制形成了悖论,应当通过将数据纳入公物法规制与扩大个人数据权利等方式,完善数据法治。③

(四)行政处罚程序的违法

有学者认为,现行《行政处罚法》第 3 条第 2 款关于"不遵守法定程序的,行政处罚无效"的规定,过于绝对。对程序违法的行政处罚行为予以效力否定,其制裁属性不足,因而不属于典型的法律责任。实践表明,对

---

① 茅铭晨:《从自定走向法定——我国〈行政处罚法〉修改背景下的非现场执法程序立法研究》,《政治与法律》2020 年第 6 期。
② 苏艺:《论行政案件快速办理程序的构建——以〈行政处罚法〉的修改为契机》,《行政法学研究》2019 年第 5 期。
③ 马颜昕:《自动化行政方式下的行政处罚:挑战与回应》,《政治与法律》2020 年第 4 期。

程序违法的行政处罚行为作效力上的否定性评价，不能为程序权利提供平等保护和有效救济。法院裁判在程序违法争议中坚守的行政机关准确表达意志、相对人有效参与两条主线，均有其实体公正逻辑，可作为以程序违法为由否定行政处罚行为效力的主要情形。程序违法的主体和责任承担者是行政机关及其工作人员，而非行政行为。《行政处罚法（修订草案）》删除"不遵守法定程序的，行政处罚无效"的规定，总则部分不再涉及程序违法对行政处罚行为效力的影响，但不可弱化行政处罚程序的约束力。此次修法，宜按照"责任自负"原则，设置行政机关为其程序违法、侵犯程序权利赔礼道歉的责任方式，以增强司法裁判的回应性，减少不必要地撤销程序违法、结果正确的行政处罚行为。同时，实现行政处罚程序违法认定与追究有关人员个人责任相互贯通，有利于从根本上减少行政处罚程序违法。①

（五）行政执法和解

2015年2月28日，中国证监会公布《行政和解试点实施办法》，证券领域建立行政执法和解制度是中国证监会行政执法体制改革的一个重大创新性举措。中国证监会2019年4月23日公告，中国证监会与高盛（亚洲）有限责任公司、北京高华证券有限责任公司以及前述两家公司的相关工作人员等9名行政和解申请人达成了行政和解协议，此为中国资本市场首起公开的行政和解案例。2020年1月，中国证监会依法与司度（上海）贸易有限公司等5家机构及其有关工作人员达成行政和解。不少学者主张修改《行政处罚法》应当增加行政执法和解制度的规定。殷守革博士的专著《行政和解法治论》对行政和解的正当性、实体控制和程序约束以及监督救济等问题进行了深入探讨。② 还有学者认为丰富多样的执法活动和执法场景决定了执法和解的运用不能局限于某一固定模式，而需要有多样化的安排。③

---

① 张步洪：《行政处罚程序违法的实体化处理与法律责任》，《国家检察官学院学报》2020年第5期。
② 参见殷守革《行政和解法治论》，山西人民出版社，2020。
③ 方世荣、白云锋：《行政执法和解的模式及其运用》，《法学研究》2019年第5期。

行政法学理论界对《行政处罚法》是否应当增加规定行政执法和解制度有截然不同的观点。赞同者认为行政执法和解制度可以节省行政执法资源、提高行政执法效率、化解执法纠纷,并已经有证券领域的实践基础;反对者则认为行政执法和解制度存在一定的风险,实践还不够丰富。

七 其他问题

学者们还探讨了《行政处罚法》修改应该坚持的原则、《行政处罚法》在法律体系中的地位、行政处罚的目的、行政处罚案件的司法审查,以及行政处罚附带民事纠纷解决机制等问题。

有学者探讨了《行政处罚法》修改的"新原则",认为《行政处罚法》的实施面临组织、规范、效能等方面的问题,修改《行政处罚法》应着重关注"整体主义、放管结合、高效便民"这三个"新原则"。①

有学者主张,在《行政处罚法》面临大修之际,应当坚守《行政处罚法》作为行政处罚总则的立法初心,通过设置优先适用的宣示条款、重新划分行政处罚的基本类型和有效完善行政处罚基本原则等三种路径,进一步夯实《行政处罚法》作为行政处罚总则的地位。②

关于行政处罚的目的,有学者指出,在我国,将报应论作为行政处罚的目的理论,一直是传统理论的核心。结合报应论和预防论的理论要义以及我国行政制裁多元化制度现状,行政处罚的目的应当作限缩解释,仍应围绕报应论建构行政处罚的目的体系。预防尽管有可能是《行政处罚法》的立法目的,但并不适宜作为行政处罚的主要目的,而只是次要目的,并且需要遵守相应的限制性规则。③ 有学者认为,行政处罚有两个目的:惩罚和预防。

---

① 袁雪石:《整体主义、放管结合、高效便民:〈行政处罚法〉修改的"新原则"》,《华东政法大学学报》2020年第4期。
② 参见熊樟林《论〈行政处罚法〉修改的基本立场》,《当代法学》2019年第1期;章志远《作为行政处罚总则的〈行政处罚法〉》,《国家检察官学院学报》2020年第5期。
③ 熊樟林:《行政处罚的目的》,《国家检察官学院学报》2020年第5期。

惩罚与预防并非并列关系，惩罚是对行政处罚的前提性限制，而预防是对行政处罚的价值性追求。预防又包括一般预防和个别预防。① 有学者探讨了环境行政处罚的功能，认为行政处罚是环境规制的基础性手段，应注重其规制功能，包括法律威慑、风险预防和生态恢复三个维度。②

有学者重新解读了行政处罚的委托条款，认为行政处罚委托实质是一种"间接授权"，应受法律保留原则、法律位阶原则、授权明确性原则和比例原则的约束。委托对象包括下级行政机关、没有隶属关系的行政机关、行政机构和从事公益服务的事业组织，不包括企业。委托机关只能将其拥有的部分处罚权委托行使，委托内容涉及立案权、调查权、取证权、程序事项进行权、决定权等全部权限。委托方式以行政协议为宜，委托程序应经过评估、甄选、协商签约和公告环节。被委托组织在委托权限范围内享有处罚的管辖权和决定权，应以自己的名义作出处罚决定并对外承担法律责任，委托机关享有监督权。③

有学者研究了行政处罚附带民事纠纷解决机制，认为行政处罚附带民事纠纷的解决并不一定都在诉讼过程中进行，可以在行政处罚过程中同步考量民事主体的合法权益，有必要引入行政处罚附带民事纠纷解决机制，以确保高效、专业地处理争议、维护秩序，完善多元纠纷解决机制。④

还有学者结合行政处罚案件司法审查的数据进行分析，从案件裁判中也发现，一些疑难问题仍亟待明确，包括：行政处罚的识别方法；行政处罚中行为、种类与幅度的解释方法；下位法"设定"与"规定"的权限；负责人集体讨论决定的范围；违法所得的确定标准；行政处罚与政府信息公开的衔接；相对人知情权的保障；等等。⑤

---

① 张红：《行政罚款的设定方式研究》，《中国法学》2020年第5期。
② 谭冰霖：《环境行政处罚规制功能之补强》，《法学研究》2018年第4期。
③ 孔繁华：《授权抑或委托：行政处罚"委托"条款之重新解读》，《政治与法律》2018年第4期。
④ 袁雪石：《行政处罚附带民事纠纷解决机制研究》，《中国法律评论》2020年第5期。
⑤ 耿宝建：《行政处罚案件司法审查的数据变化与疑难问题》，《行政法学研究》2017年第3期。

八 结语

行政法学界对行政处罚理论的研究，在《行政处罚法》出台之前的三四年里出现了一次热潮，之后随着《行政处罚法》的颁布实施，理论研究逐渐归于沉寂。最近五年可以说是行政处罚理论研究的第二次热潮。

综观2016~2020年有关行政处罚的论文可见，既有研究覆盖了行政处罚的原则、行政处罚的定义、行政处罚的种类、行政处罚的设定、行政处罚的管辖与适用、行政处罚的程序等诸多方面。有些问题是学界谈论的老话题，有些问题则是新话题。同时，可以很明显地看到，有些问题仍然缺乏理论上的关注与研究，包括行政处罚的域外管辖、乡镇街道的行政处罚主体、行政处罚的证明标准、行政执法和解、行政处罚的执行等。

虽然《行政处罚法》本次修改工作即将完成，但理论上尚有许多问题有待继续关注和探讨。

B.3
中国外商投资国家安全审查制度的确立和最新发展*

郝 倩**

摘 要： 中国外商投资管理体制改革不断深化和国家安全法律制度体系持续发展，外商投资国家安全审查制度随之在探索中逐渐成形。2020年12月19日国家发改委、商务部联合发布《外商投资安全审查办法》，我国建立起了统一的外商投资国家安全审查的制度框架。《外商投资安全审查办法》具有阶段性和过渡性，很多规定有待明确、细化，其主要问题体现为在立法层级、审查主体、制度透明度和当事人程序权利保障等方面存在不足。本报告建议合理配置制度依据的效力层次、完善审查机构设置及工作机制、提高审查的透明度、充分保障当事人的程序权利，进一步健全外商投资国家安全审查制度。

关键词： 外商投资　国家安全审查　安全审查办法

---

* 本报告为国家社科基金重大项目"我国集中力量战胜重大突发事件的制度优势及其法治化研究"（项目编号：20ZDA008）的阶段性成果。本报告写作过程中，中国政法大学法学院硕士研究生朴宇芊、赵爽，德国不来梅大学法学院博士研究生杨雅云协助查找了部分资料，在此表示感谢。
** 郝倩，法学博士，中国政法大学法治政府研究院副教授，主要研究方向为行政法和反垄断法。

外商投资国家安全审查[①]制度，即通过专门机构对外商投资进行审查，对影响或可能影响国家安全的外商投资予以限制或禁止，是当前西方发达国家和地区普遍建立的外资管理基础制度。[②] 这一制度的核心问题是如何平衡国家安全和外资市场开放之间的关系。如果不能全面有效防范外资流入引发的国家安全风险，东道主的国家安全和根本利益将受到严重损害。国家安全的概念不宜任意扩大，否则会增加外商投资的成本和不确定性，制约外资政策和经济发展。

我国的外资国家安全审查制度在扩大开放过程中随着投资自由化程度不断提高而逐步确立。2020年12月19日国家发改委、商务部联合发布《外商投资安全审查办法》（以下简称《安审办法》），[③] 初步建立起了统一的外商投资国家安全审查的制度框架。长远来看，《安审办法》具有阶段性和过渡性，很多规定有待明确、细化，新的外商投资国家安全审查制度亟须进一步完善。基于此，本报告回顾我国外资国家安全审查制度的发展历程，对《安审办法》的主要内容进行解析，并就制度的未来发展和完善提出建议。

一 早期外商投资领域的国家安全相关规定

我国改革开放之初建立了严格的外资准入制度，外资管理体制着眼于产业安全并以纳入国家安全因素的外资审批为基础。在2011年之前，这种体制下维护国家安全主要靠审批制度而不是专门的国家安全审查制度。在此阶

[①] 在我国，根据相关的法律、法规、规章和规范性文件，存在外国投资者并购境内企业安全审查、外商投资国家安全审查、外商投资安全审查等不同称谓。本报告作者认为国家安全审查更为准确且可避免产生歧义，因此在作为一般意义上的制度讨论时，本报告使用"外商投资国家安全审查"（或简称"外资国家安全审查"）。

[②] Frédéric Wehrlé & Joachim Pohl, Investment Policies Related to National Security-A Survey of Country Practices, OECD Working Papers on International Investment, 2016.

[③] 中华人民共和国国家发展和改革委员会、中华人民共和国商务部令第37号，2020年12月19日公布，自2021年1月18日起施行。

段有关国家安全的规定在有关"绿地投资"（新建企业）和外国投资者并购境内企业的法规文件中都曾出现。而外国投资者并购境内企业的外商投资方式出现得更晚，其中的国家安全问题更受关注。

（一）市场准入限制和审批制下的外资国家安全关注

改革开放伊始，我国确立了导向性极强的外资引进利用政策，并以外资"三法"（《中外合资经营企业法》《中外合作经营企业法》《外资企业法》）为基础建立起相应的基于准入审批加优惠措施的外商投资管理体制。在这一体制下，三资企业必须符合我国《外商投资产业指导目录》的要求并由外资主管部门审批方能设立。

我国在积极引进外资的同时也很早就意识到外商投资可能会引发国家安全问题，并且作出了相应规定。例如，1987年《指导吸收外商投资方向暂行规定》就将"涉及国家安全"的项目列入禁止外商投资之类；[①] 1990年《外资企业法实施细则》规定，申请设立外资企业，如"危及中国国家安全的"，则不予批准。[②] 但是，相关规定并没有直接体现在基础性的外资法律之中，而是分散于效力级别较低的规章、规范性文件里（见表1），主要以危害"国家安全""国家经济安全"作为禁止外商进行特定投资活动的情形之一，而且均属于简单的宣示性条文的组成部分，缺乏制度化内容及落实保障。其原因在于，此时在外商投资领域维护国家安全的功能通过外资准入限制和审批制度发挥，即首先通过《外商投资产业指导目录》的禁止类列举，将"涉及""影响""危害"国家安全的产业整体排除在外商可投资领域之外，而在每一个外资项目的设立、审批环节依据包括国家安全在内的各种因素进行严格审查。

---

① 见《国务院办公厅转发国家计委关于〈指导吸收外商投资方向暂行规定〉的通知》（1987年12月15日，国办发〔1987〕76号，已废止）第七条。
② 《外资企业法实施细则》（1990年12月12日对外经济贸易部令第1号公布施行，已失效）第六条（二）。

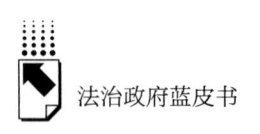

表1　2011年之前涉及外商投资国家安全的主要规定或文件内容示例

发布日期	名称	条文序号	内容
1987-12-15	《指导吸收外商投资方向暂行规定》	第七条一、	禁止外商投资"涉及国家安全"的项目
1990-12-12	《外资企业法实施细则》	第六条(二)	"危及中国国家安全的",申请设立外资企业不予批准
1995-06-20	《指导外商投资方向暂行规定》	第七条(一)、(三)	属于"危害国家安全"或"危害军事设施安全和使用效能"的,列为禁止类外商投资项目
1995-06-28	《外商投资产业指导目录》"禁止外商投资产业目录"	(十二)1.	"危害军事设施安全和使用效能的项目"属于禁止外商投资产业
1995-09-04	《中外合作经营企业法实施细则》	第九条(二)	"危害国家安全的",申请设立合作企业不予批准
2002-02-11	《指导外商投资方向规定》	第七条(一)、(四)	属于"危害国家安全"或"危害军事设施安全和使用效能"的,列为禁止类外商投资项目
2002-11-08	《利用外资改组国有企业暂行规定》	第六条(一)	利用外资改组国有企业应当遵循"保证国家经济安全"原则
2003-03-07	《外国投资者并购境内企业暂行规定》	第一、十九条	维护"国家经济安全";"存在其他严重影响……国计民生和国家经济安全等重要因素的,也可以要求外国投资者作出报告"
2006-08-08	《关于外国投资者并购境内企业的规定》	第一、十二条	维护"国家经济安全"。外国投资者并购境内企业并取得实际控制权"存在影响或可能影响国家经济安全因素的",当事人应申报;"当事人未予申报,但其并购行为对国家经济安全造成或可能造成重大影响的,商务部可以会同相关部门要求当事人终止交易或采取转让相关股权、资产或其他有效措施,以消除并购行为对国家经济安全的影响"
2006-11-09	《利用外资"十一五"规划》	四、(七)	"加强对外资并购涉及国家安全的敏感行业重点企业的审查和监管,确保对关系国家安全和国计民生的战略行业、重点企业的控制力和发展主导权。重视外商独资企业对我国经济安全、特别是产业安全的影响,建立合理的评估和预警体系"
2006-12-31	《关于企业国有产权转让有关事项的通知》	一、(一)1.	受让方的受让行为不得违反"国家经济安全"等方面的限制性或禁止性规定

资料来源:作者整理。

（二）外国投资者并购境内企业中的"国家经济安全"

在多要素的外资审批制度中，国家安全问题的相对重要性并非一成不变。在早期阶段，来华外商直接投资主要通过"绿地投资"方式，一般而言对国家安全的影响较不明显，鲜见触发国家安全担忧。1990年前后，外商开始通过各种方式并购境内企业权益。2001年中国加入世界贸易组织，为了适应全球化和入世的新形势，中国政府出台了一系列扩大开放的政策法规措施，进一步扩大了外资并购的市场空间而使其数量显著增长。然而外国投资者并购境内企业出现了一系列问题，主要如外资垄断、国有资产流失、民族品牌丧失，特别是外资对行业龙头企业"斩首式并购"，都引发了社会各界对产业安全和"国家经济安全"的强烈担忧。[1]

我国外资"三法"以"绿地投资"为基础，针对外资并购的规范存在不足。为此，2003年对外贸易经济合作部等四部局联合发布《外国投资者并购境内企业暂行规定》，[2] 专门就外资并购全面设定了实体和程序上的规范依据。该暂行规定的突出特色之一是反垄断和维护国家安全两方面的制度化探索。其中第一条强调"维护公平竞争和国家经济安全"，以四个条文创设了外资并购的并购控制制度。[3] 其中第十九条明确，外资并购存在"国家经济安全"等重要因素的，主管部门"也可以要求外国投资者作出报告"。[4] 但是，第十九条将安全审查的申报要求放入了主要内容为反垄断审查的条文

---

[1] 叶军、鲍治：《外资并购境内企业的法律分析》（2008年修订增补版），法律出版社，2008，第16~21、153页。
[2] 《外国投资者并购境内企业暂行规定》，中华人民共和国对外贸易经济合作部、中华人民共和国国家税务总局、中华人民共和国国家工商行政管理总局、中华人民共和国国家外汇管理局令2003年第3号，2003年3月7日公布。
[3] 即《外国投资者并购境内企业暂行规定》第十九条至第二十二条。外资并购的合并控制的内容后来被吸收入《反垄断法》第四章"经营者集中"。
[4] 第十九条："外国投资者并购境内企业有下列情形之一的，投资者应就所涉情形向外经贸部和国家工商行政管理总局报告……虽未达到前款所述条件，但是应有竞争关系的境内企业、有关职能部门或者行业协会的请求，外经贸部或国家工商行政管理总局认为外国投资者并购涉及市场份额巨大，或者存在其他严重影响市场竞争或国计民生和国家经济安全等重要因素的，也可以要求外国投资者作出报告。"

中而容易导致二者混淆。

2006年《外国投资者并购境内企业暂行规定》经过修订，以《关于外国投资者并购境内企业的规定》① 发布。其中将外资并购的并购控制和关于国家经济安全的规定加以明确区分。以原暂行规定第十九条至第二十二条为基础设立第五章"反垄断审查"。② 与原第十九条对应的条文中删除了包括国家经济安全在内的所有非竞争因素，③ 另纳入第二章"基本制度"下的第十二条予以规定。④ 两种制度的主管部门也不相同。⑤ 不仅如此，第十二条的内容比暂行规定更细化。外国投资者并购境内企业"并取得实际控制权"，可能影响国家经济安全的，"应"就此进行申报；未申报但并购对国家经济安全有重大影响的，商务部等部门可以"要求当事人终止交易或采取转让相关股权、资产或其他有效措施，以消除并购行为对国家经济安全的影响"。这些变化表明国家经济安全因外资并购实践中出现的突出问题而受到更多的重视。

但是，"国家经济安全"并不能涵盖"国家安全"的全部内容。而且第十二条中包含导致拥有驰名商标或中华老字号的境内企业实际控制权转移等情况，"重点行业"也显示出对产业安全的侧重，使得"国家经济安全"的

---

① 《关于外国投资者并购境内企业的规定》，商务部、国务院国有资产监督管理委员会、国家税务总局、国家工商行政管理总局、中国证券监督管理委员会、国家外汇管理局令2006年第10号，2006年8月8日公布，自2006年9月8日起施行。
② 《关于外国投资者并购境内企业的规定》第五章"反垄断审查"，第五十一条至第五十四条。
③ 第五十一条："外国投资者并购境内企业有下列情形之一的，投资者应就所涉情形向商务部和国家工商行政管理总局报告……虽未达到前款所述条件，但是应有竞争关系的境内企业、有关职能部门或者行业协会的请求，商务部或国家工商行政管理总局认为外国投资者并购涉及市场份额巨大，或者存在其他严重影响市场竞争等重要因素的，也可以要求外国投资者作出报告。"
④ 第十二条："外国投资者并购境内企业并取得实际控制权，涉及重点行业、存在影响或可能影响国家经济安全因素或者导致拥有驰名商标或中华老字号的境内企业实际控制权转移的，当事人应就此向商务部进行申报。当事人未予申报，但其并购行为对国家经济安全造成或可能造成重大影响的，商务部可以会同相关部门要求当事人终止交易或采取转让相关股权、资产或其他有效措施，以消除并购行为对国家经济安全的影响。"
⑤ 第五章的"反垄断审查"由商务部和工商总局共同进行，而第十二条涉及"国家经济安全"的审查由商务部承担。

内涵、外延皆模糊不清。这一时期在一些重大外资并购案（如凯雷收购徐工案、阿赛洛米塔尔收购莱钢案①）的审批中，虽然"国家经济安全"也被作为考虑因素之一，但与公平竞争、产业政策、国有资产流失等混杂在一起，主管部门也未能通过审查结论和正式决定对"国家经济安全"的内涵、审查标准等重要问题进行充分讨论和厘清。

二 外资领域国家安全审查制度的雏形

随着我国不断扩大开放，投资自由化程度提高，外资国家安全的"审批屏障"趋向瓦解，外资国家安全审查制度也在探索中逐渐具备了雏形。2011年我国建立了专门针对外国投资者并购境内企业的安全审查制度，使其成为独立于外资审批制度之外的一项制度。2015年国务院又开始在上海等四个自由贸易试验区试点对各类外商投资的国家安全审查措施，为在全国推行与负面清单管理模式相适应的外资国家安全审查制度进行探索。

（一）外资并购安全审查

2007年我国出台《反垄断法》，其中第三十一条特别强调，对于外国投资者并购境内企业或以其他方式参与经营者集中，涉及国家安全的，在反垄断审查之外，还应进行"国家安全审查"。② 这一条文本身没有建立外资并购安全审查制度或者修改既有的相关规定。即使有了该规定，在实践操作层面外资并购安全审查适用的仍然仅是《关于外国投资者并购境内企业的规定》第十二条。③ 但是它第一次以国家法律的形式确认了外资国家安全审查作为一项专门制度的地位，明确将反垄断审查与国家安全审查相区分，也反

---

① 王东光：《外国投资国家安全审查制度研究》，北京大学出版社，2018，第157～164页。
② 《反垄断法》第三十一条："对外资并购境内企业或者以其他方式参与经营者集中，涉及国家安全的，除依照本法规定进行经营者集中审查外，还应当按照国家有关规定进行国家安全审查。"
③ 《关于外国投资者并购境内企业的规定》于2009年修订，但第十二条没有变化，见中华人民共和国商务部令2009年第6号，2009年6月22日公布。

映了《反垄断法》立法过程中社会各界对外资并购引发的国家安全问题的高度关注[①]和对既有制度不足的忧虑,以法律条文表达强烈民意、呼吁进行相关立法和制度建设。而且,由于《反垄断法》自身"经营者集中"适用范围而突出了外资并购(而非所有外资)安全审查,所以会推动该制度沿原有路径,即《关于外国投资者并购境内企业的规定》确立的基础和方向发展。

2011年国务院办公厅发布《关于建立外国投资者并购境内企业安全审查制度的通知》[②](以下简称《外资并购安审制度通知》),对外资并购安全审查的范围、内容、工作机制、程序作出了较全面的规定。至此我国才第一次建立了外资并购安全审查的整体制度框架。同年,作为两个牵头部门之一的商务部先后制定了《商务部实施外国投资者并购境内企业安全审查制度有关事项的暂行规定》和《商务部实施外国投资者并购境内企业安全审查制度的规定》[③](以下简称《商务部实施规定》),对外资并购安全审查的程序进一步予以细化。

根据《外资并购安审制度通知》和《商务部实施规定》,外资并购安全审查制度主要构成如下。

1. 审查范围

外资并购安全审查范围按照境内被并购方分为两类:并购军工等关系国防安全的企业或单位;并购关系国家安全的一系列重要领域的企业,且实际控制权可能被外国投资者取得。外国投资者不得以任何方式实质规避外资并购安全审查。

[①] 《全国人大法律委员会关于〈中华人民共和国反垄断法(草案)〉修改情况的汇报》七,2007年6月24日,《中华人民共和国反垄断法》,中国法制出版社,2007,第38页。
[②] 《国务院办公厅关于建立外国投资者并购境内企业安全审查制度的通知》,国办发〔2011〕6号,2011年2月3日。
[③] 《商务部实施外国投资者并购境内企业安全审查制度有关事项的暂行规定》,商务部公告2011年第8号,2011年3月4日。《商务部实施外国投资者并购境内企业安全审查制度的规定》,商务部公告2011年第53号,2011年8月25日。

2. 外资并购

属于这一制度下的外资并购情形，除了《关于外国投资者并购境内企业的规定》中的股权并购、资产并购，还包括购买境内外商投资企业中方股东股权或认购境内外商投资企业增资、通过设立外资企业购买境内企业股权。也就是说，在对外资并购进行安全审查时，外资并购内涵有所扩大。

3. 审查内容

审查要考虑外资并购交易对国防安全、国家经济稳定运行、社会基本生活秩序、涉及国家安全关键技术研发能力的影响。

4. 审查工作机制

外资并购安全审查制度不同以往的一个最大特点，是建立了安全审查部级联席会议制度，由联席会议具体承担外资并购安全审查工作。联席会议在国务院领导下，由国家发改委、商务部牵头，根据外资并购所涉及的行业和领域，会同相关部门开展安全审查。

5. 审查程序

审查的申请和建议向商务部提出。[①] 商务部提请联席会议进行审查。审查分为一般审查和特别审查。联席会议作出决定或报请国务院决定。审查意见由商务部书面通知申请人。在审查过程中，申请人可申请修改交易方案或撤销并购交易。

6. 审查意见

经审查认为外资并购不影响国家安全的，申请人可以完成交易。对国家安全已经造成或可能造成重大影响的，商务部会同有关部门终止当事人的交易，或采取转让相关股权、资产或其他有效措施，以消除对国家安全的影响。

---

① 外商投资国家安全审查申报于2019年4月30日起改由国家发改委接收。见国家发改委2019年第4号公告，https://www.ndrc.gov.cn/xxgk/zcfb/gg/201904/t20190430_961220_ext.html，最后访问时间：2020年12月29日。

7. 再次审查申请

外资并购未被提交审查，或经审查认为不影响国家安全的，若此后发生变化导致该交易属于外资并购安全审查范围的，当事人应当停止有关交易并按规定提交外资并购安全审查申请。

（二）自贸区外资国家安全审查

外资并购安全审查是在当时的外商投资管理体制下，建立在既有的外资审批等相关法律制度的基础之上。但是，随着我国不断提高开放水平，外商投资管理体制也一直处于改革过程中。2008年开始，我国传统外商投资管理体制开始转型，着眼于取消内外资企业在税收、市场竞争规制等方面的差别。2013年我国宣布将采用负面清单管理模式①即高水平开放模式进行投资开放。同年9月29日中国（上海）自由贸易试验区挂牌，对开放外资进行压力测试，试点运行外资准入负面清单。② 2014年国务院又决定成立广东、天津、福建三个自由贸易试验区。

随着负面清单管理模式的实施，原先的国家安全审查必须相应发生根本改变，外资产业准入环节中的安全审查职能需要归入到统一的安全审查制度中。2014年《外商投资项目核准和备案管理办法》③ 第七条规定"外商投资涉及国家安全的，应当按照国家有关规定进行安全审查"，即指出国家安全审查将针对外商投资而非仅限于外资并购的方向。2015年商务部公布了

---

① 这一模式是指，负面清单之内的禁止投资领域，境外投资者不得实施投资，负面清单之内的限制投资领域，境外投资者须进行外资准入许可申请。对负面清单之外的外商投资，给予国民待遇。
② 见《全国人民代表大会常务委员会关于授权国务院在中国（上海）自由贸易试验区暂时调整有关法律规定的行政审批的决定》，2013年8月30日第十二届全国人民代表大会常务委员会第四次会议通过，决定自2013年10月1日起施行。根据这一决定，从2013年10月1日起，相关外资管理法律中涉及审批的规定在自贸区范围内暂停实施3年。2013年9月29日，上海市政府发布《中国（上海）自由贸易试验区外商投资准入特别管理措施（负面清单）（2013年版）》，在自贸区内实施外资准入负面清单。
③ 《外商投资项目核准和备案管理办法》，中华人民共和国国家发展和改革委员会令第12号，2014年5月17日发布，自2014年6月17日起施行。

《外国投资法（草案征求意见稿）》①，专门设置第四章"国家安全审查"，明确"国家建立统一的外国投资国家安全审查制度，对任何危害或可能危害国家安全的外国投资进行审查"，这也是面向未来对负面清单管理模式下的外资国家安全审查制度的设计构想。

为了配合自贸区的试点，2015 年国务院办公厅印发了《自由贸易试验区外商投资国家安全审查试行办法》②（以下简称《自贸区安审办法》），在上海、广东、天津和福建四个自由贸易试验区试点实施与负面清单管理模式相适应的外商投资国家安全审查措施。

与外资并购安全审查相比，自贸区外资国家安全审查主要在外商投资、审查范围、审查内容等方面有所突破或扩展，而程序仍基本适用《外资并购安审制度通知》的相关规定，主要变化有如下几点。

首先，根据《自贸区安审办法》，被审查的在自贸区的外商投资为：新建企业，股权并购和资产并购，通过协议控制、代持、信托、再投资、境外交易、租赁、认购可转换债券等方式投资。即包括直接投资和间接投资在内的所有外商投资都被纳入。

其次，审查范围增加了总原则"对影响或可能影响国家安全、国家安全保障能力，涉及敏感投资主体、敏感并购对象、敏感行业、敏感技术、敏感地域的外商投资进行安全审查"，所列举领域增加了"重要文化、重要信息技术产品和服务"。

再次，审查内容增加了对外商投资国家文化安全、公共道德的影响和国家网络安全的影响两类。

最后，还增加了两项较重要的内容。一是在通过和禁止的审查意见之外，增加了附加条件通过的种类。二是有关监管的规定。对发现外国投资者提供虚假信息、遗漏实质信息、通过安全审查后变更投资活动或违背附加条

---

① 见 http://tfs.mofcom.gov.cn/article/as/201501/20150100871010.shtml，最后访问时间：2020 年 11 月 13 日。
② 《国务院办公厅关于印发自由贸易试验区外商投资国家安全审查试行办法的通知》，国办发〔2015〕24 号，2015 年 4 月 8 日发布。

件，对国家安全造成或可能造成重大影响的，即使审查已结束或投资已实施，自贸区管理机构也应进行报告。

三 统一的外资国家安全审查制度之建立

2015年7月、2019年3月我国先后通过了《国家安全法》（新）①和《外商投资法》②。根据这两部法律，2020年12月19日国家发改委、商务部联合发布《安审办法》，于2021年1月18日起施行。在此之前，我国实行的是仅针对外资并购的安全审查和仅适用于自贸区的对所有外商投资的国家安全审查。因此，《安审办法》首次在我国建立了统一的外商投资国家安全审查的制度框架。

（一）出台背景

1. 我国推进更高水平对外开放，亟须健全外商投资国家安全审查制度

2015年通过的《国家安全法》贯彻总体国家安全观③，确认国家安全"以经济安全为基础"、应统筹"传统安全和非传统安全"，并对经济、金融、粮食、文化、自主创新能力、网络与信息安全等维护国家安全的任务提出具体要求。《国家安全法》第五十九条将对"外商投资"的国家安全审查作为国家安全审查的重要组成部分。④ 这不仅首次在法律层面为外商投资国家安全审查制度提供了直接依据，也将其明确为健全国家安全法律制度体系、推动国家安全法治建设必不可少的一环。

---

① 新《中华人民共和国国家安全法》，2015年7月1日第十二届全国人民代表大会常务委员会第十五次会议通过，中华人民共和国主席令第29号。
② 《中华人民共和国外商投资法》，2019年3月15日第十三届全国人民代表大会第二次会议通过，自2020年1月1日起施行。
③ 中共中央党史和文献研究院编《习近平关于总体国家安全观论述摘编》，中央文献出版社，2018，第3~5页。
④ 第五十九条："国家建立国家安全审查和监管的制度和机制，对影响或者可能影响国家安全的外商投资、特定物项和关键技术、网络信息技术产品和服务、涉及国家安全事项的建设项目，以及其他重大事项和活动，进行国家安全审查，有效预防和化解国家安全风险。"

此外，外商投资管理体制改革也加快推进。2016年9月自贸区范围内的相关试点届满3年。在自贸区改革试验经验的基础上，通过修订调整相关的法律制度，自2016年10月起外资负面清单管理模式正式推广到全国并逐步完善。① 为了巩固改革成果、推动高水平全面对外开放，2019年3月15日第十三届全国人大二次会议通过了《外商投资法》，该法于2020年1月1日开始实施。《外商投资法》作为一部外资基础性法律取代了原有的外资"三法"，从法律上确立了准入前国民待遇加负面清单的制度。②

在《外商投资法》酝酿起草的过程中，曾经有一种思路是制定一部包括投资促进、保护和监管各方面在内的较为详细的外资法典。2015年商务部的《外国投资法（征求意见稿）》即体现了这种设想，共11章170条，除了投资保护和投资促进，外国投资者和外国投资、准入管理、国家安全审查、信息报告、投诉协调处理也都设专章。其中国家安全审查为第四章，共27条，完整详细地规定了国家安全审查制度。但最终《外商投资法》没有采取这种思路，而是呈现出框架性法律的特点，整体内容简洁、高度原则，共6章42条，除了总则、法律责任和附则3章，只有投资促进、投资保护与投资管理分列3章。在这种体例下，《外商投资法》将国家安全审查的内容简化为第三十五条，共两款："国家建立外商投资国家安全审查制度，对影响或者可能影响国家安全的外商投资进行安全审查"

---

① 2016年9月3日第十二届全国人民代表大会常务委员会第二十二次会议通过了《全国人民代表大会常务委员会关于修改〈中华人民共和国外资企业法〉等四部法律的决定》。该决定将三资企业法以及《中华人民共和国台湾同胞投资保护法》中不涉及特别管理措施（负面清单）的相关行政审批要求修改为适用备案管理。为此商务部颁布了《外商投资企业设立及变更备案管理暂行办法》，于2016年10月8日公布实施，规定外资准入负面清单之外的领域，外商投资企业设立及变更备案管理，不再要求进行审批。该暂行办法实施后，准入前国民待遇加负面清单管理模式初步在全国实施。
② 第四条："国家对外商投资实行准入前国民待遇加负面清单管理制度。前款所称准入前国民待遇，是指在投资准入阶段给予外国投资者及其投资不低于本国投资者及其投资的待遇；所称负面清单，是指国家规定在特定领域对外商投资实施的准入特别管理措施。国家对负面清单之外的外商投资，给予国民待遇。"

"依法作出的安全审查决定为最终决定"。① 由此，如何对外商投资国家安全审查制度作出具体规定就成为《外商投资法》落地实施中的一个备受关注的问题。

2019年11月1日司法部公布《外商投资法实施条例（征求意见稿）》②，其中只字未提外商投资国家安全审查。最终于2019年12月通过的《外商投资法实施条例》又增加相关内容，但也只是重复了《外商投资法》第三十五条第一款的规定。2016年、2017年、2018年国务院的年度立法工作计划都列有起草"外商投资国家安全审查条例"的项目，但之后就再未出现，似乎是因难度较大所以出台行政法规的条件尚不成熟。

《外商投资法》规定的外商投资信息报告制度、外商投资企业投诉工作机制等其他制度、机制陆续出台。③ 2020年全国版负面清单④所列的外商投资准入特别管理措施项目仅有12类33项，而且特别说明《外商投资准入特别管理措施（负面清单）（2020年版）》中未列出的国家安全等相关措施"按照现行规定执行"，即负面清单之外须实施安全审查。2020年我国取代美国成为世界第一大外资流入国。⑤ 外商投资国家安全审查制度在《外商投资法》通过后迟迟不见落地，成为一项明显的短板。

2. 西方国家频频滥用"国家安全"，限制中国企业海外投资

自20世纪80年代以来，世界主要国家和地区陆续制定外商投资国

---

① 第三十五条："国家建立外商投资国家安全审查制度，对影响或者可能影响国家安全的外商投资进行安全审查。依法作出的安全审查决定为最终决定。"
② 《司法部关于〈中华人民共和国外商投资法实施条例（征求意见稿）〉公开征求意见的通知》，中国政府网，http://www.gov.cn/xinwen/2019-11/02/content_5447867.htm，最后访问时间：2020年12月19日。
③ 《外商投资信息报告办法》，商务部、市场监管总局令2019年第2号，2019年12月30日公布，2020年1月1日施行。《外商投资企业投诉工作办法》，商务部令2020年第3号，2020年8月25日公布，2020年10月1日施行。
④ 《外商投资准入特别管理措施（负面清单）（2020年版）》，中华人民共和国国家发展和改革委员会、中华人民共和国商务部令第32号，自2020年7月23日起施行。
⑤ United Nations Conference on Trade and Development (UNCTAD): Global Investment Trend Monitor, No. 38, January 2021, https://unctad.org/webflyer/global-investment-trend-monitor-no-38#tab-2，最后访问时间：2021年1月28日。

家安全审查制度,该制度在平衡经济利益和维护国家安全方面发挥越来越重要的作用。近年来,针对新的经济形势和国家安全风险,美国、欧盟、澳大利亚、日本等纷纷修订相关法律,英国也正在制定"国家安全和投资法"。各国之间围绕外资国家安全审查制度和实践的交流也更加频繁。

自我国实施"走出去"战略以来,中国企业海外投资增长迅速,同时因东道国的国家安全审查而受阻的实例也屡见不鲜。近几年,随着高科技领域的国家竞争加剧,西方各国频频以"国家安全"的名义打压封禁中资科技企业,其国家安全审查呈现出国家安全泛化和针对中国的突出特点。[①] 在这种情况下,完善外资国家安全审查制度,从而强化我国在外资国家安全审查领域的法治话语权,在国际范围内倡导推动建立更为公正、合理的外资国家安全审查原则和规则,就具有极为重要的意义。

2020年引发国内外极大关注的TikTok案,凸显了这一问题的急迫性。2019年5月和2020年8月,时任美国总统特朗普先后发布三项行政令,以美国公司TikTok的业务活动危害国家安全为由,对其位于中国的母公司"字节跳动"进行超常的双重法律打压:动用总统紧急权,宣布将全面禁止企业、个人与字节跳动进行交易;[②] 进行外资国家安全审查,并决定禁止2017年字节跳动收购Musical.ly的交易,命令字节跳动将TikTok出售给美国投资者。[③] 特朗普政府意在通过极限施压迫使字节跳动低价转让TikTok和字节跳动自有的核心技术,使用的关键手段就是美国的外资国家安全审查。

[①] 王保民、袁博:《美国外资安全审查的政治化趋势及我国的法律应对》,《国际贸易》2020年第10期;"Advantage, Beijing", *The Economist*, January 9th, 2021, p.14。

[②] Executive Order on Addressing the Threat Posed by TikTok, https://www.whitehouse.gov/presidential-actions/executive-order-addressing-threat-posed-tiktok/,最后访问时间:2020年11月1日。

[③] Order Regarding the Acquisition of Musical.ly by ByteDance Ltd., https://www.whitehouse.gov/presidential-actions/order-regarding-acquisition-musical-ly-bytedance-ltd/,最后访问时间:2020年11月1日。

在 TikTok 出售谈判过程中,我国调整限制出口技术目录,① 及时有效制止了字节跳动业内领先的算法和人工智能技术被迫流失,② 化解了该个案中的部分特殊风险。但是,字节跳动在美国面临被强令撤资或者改组,③ 更多的中国企业特别是高科技企业也同样可能因"国家安全"而被隔绝于美国和其他西方国家市场之外的问题,仍有待进一步通过优质的制度供给来解决。从这个意义上来看,我国不仅需要建立外商投资国家安全审查制度,而且要尽快塑造这一制度有效解决中国特有问题、克服其他国家相应制度弊端的优势。

(二)外资国家安全审查制度的主要内容

《安审办法》共 23 条,总结吸收了我国自 2011 年以来外商投资领域国家安全审查的实践经验。整体而言,除了审查机构的变化和信用惩戒的新内容,《安审办法》基本沿袭了外资并购安全审查制度和自贸区外商投资国家安全审查制度的基本框架和设计思路,同时增加了一些新的局部制度设计(详见表2)。根据《外商投资法》和《安审办法》,我国外资国家安全审查制度主要包括以下内容。

---

① 《关于调整发布〈中国禁止出口限制出口技术目录〉的公告》(商务部、科技部公告2020年第38号),科技部网站,http://www.most.gov.cn/tztg/202008/t20200828_158545.htm,最后访问时间:2020年12月19日。

② 尽管商务部声明,此次是按照国际惯例进行的例行调整,并不针对具体企业,但此次调整目录的时间点以及部分调整内容(目录新增属于限制出口的"基于数据分析的个性化信息推送服务技术"和"人工智能交互界面技术")被国内外舆论广泛解读为与 TikTok 在美国的出售谈判密切相关。从客观结果来看,这一变化导致任何包含出售 TikTok 算法的交易都必须获得中国政府许可。

③ 拜登政府上台后重启了 TikTok 案。2021 年 2 月 10 日美国司法部向两家上诉法院申请暂缓审理有关封禁 TikTok 的诉讼中政府的上诉请求,宣布将对封禁令所涉及的国家安全威胁先行评估。这仅意味着拜登政府将对 TikTok 案进行评估,考虑是否以及怎样实施上届政府的决定。见 TikTok Sale to Oracle, Walmart Is Shelved as Biden Reviews Security , Feb. 10th, 2021, https://www.wsj.com/articles/tiktok-sale-to-oracle-walmart-is-shelved-as-biden-reviews-security-11612958401,最后访问时间:2021年2月11日。而在2021年2月26日美国商务部宣布继续落实特朗普旨在以"国家安全"为由打压中国信息和通信高科技企业的第 13873 号行政令,相关配套规则于 3 月 22 日生效。见 Federal Register, Vol. 86, No. 11, p. 4909。

表2 外资国家安全审查与之前相关制度之比较

	外资并购安审、自贸区外资国家安审	外资国家安全审查
依据	《外资并购安审制度通知》及《商务部实施规定》； 《自贸区安审办法》	《安审办法》《外商投资法》
效力层级	规范性文件	规章、法律
适用范围	外国投资者并购境内企业（外国投资者并购境内金融机构的除外）； 自贸区内直接投资和以协议控制、代持、信托、再投资、境外交易、租赁、认购可转换债券等方式投资（金融领域除外）	外国投资者直接或间接在中国境内进行的投资
审查主体、机制	部际联席会议具体承担审查工作 牵头单位：国家发改委、商务部（会同相关部门开展审查） 窗口单位：商务部	外商投资国家安全审查工作机制组织、协调、指导外商投资国家安全审查工作，办公室设在国家发改委 牵头单位：国家发改委、商务部（承担审查的日常工作） 窗口单位：国家发改委
审查范围	自贸区外资国家安审比外资并购安审范围更大，具体为： 1. 军工、国防； 2. 投资关系国家安全的重要农产品、重要能源和资源、重要基础设施、重要运输服务、重要文化、重要信息技术产品和服务、关键技术、重大装备制造等领域，并取得实际控制权	与自贸区外资国家安审相比，2 中的列举部分有以下区别： 将"重要文化"改为"重要文化产品与服务"、"重要信息技术产品和服务"改为"重要信息技术和互联网产品与服务"； 增加重要金融服务
审查内容	外资并购安审有四方面影响（对国防安全、国家经济稳定运行、社会基本生活秩序、涉及国家安全关键技术研发能力的影响）； 自贸区外资国家安审有六方面影响（上述四方面＋对国家文化安全、公共道德的影响和对国家网络安全的影响）	—
审查程序	一般审查需20个工作日； 特别审查需60个工作日完成，或报国务院决定	初步审查需15个工作日，决定是否启动审查； 一般审查需30个工作日； 特别审查需60个工作日完成，特殊情况下可延长审查期限

续表

	外资并购安审、自贸区外资国家安审	外资国家安全审查
决定终局性	无规定	依法作出的安全审查决定为最终决定
违反规定行为的后果	无规定（《自贸区安审办法》仅要求自贸区管理机构应向国家发改委和商务部报告）	应报未报且拒不申报、通过虚假材料或隐瞒信息骗取通过审查且已实施投资、附条件通过而未按照附条件实施投资的：1. 工作机制办公室有权责令限期处分股权或者资产以及采取其他必要措施，恢复到投资实施前的状态；2. 应当将其作为不良信用记录纳入国家有关信用信息系统，并按照国家有关规定实施联合惩戒

资料来源：作者整理。

1. 外商投资的范围

《安审办法》所称外商投资是指外国投资者直接或者间接在中国境内进行的投资活动，包括外国投资者投资新建项目或者设立企业、外资并购股权或资产、通过其他方式的投资。其相关表述与《外商投资法》第二条并不完全一致，似乎留有更大的解释空间，可以涵盖外商在中国境内的所有方式的投资。

2. 外商投资国家安全审查机构

关于审查工作机制和审查机构的设置，《安审办法》较之前发生变化。根据《外资并购安审制度通知》《自贸区安审办法》的相关规定，外资并购安全审查部际联席会议承担审查的具体工作，联席会议在国务院领导下，由国家发改委和商务部牵头会同相关部门开展审查。审查申请和建议向商务部提出，审查意见也由商务部通知申请人。而《安审办法》规定，国家建立外商投资国家安全审查工作机制，工作机制办公室设在国家发改委，由国家发改委和商务部牵头，承担外商投资国家安全审查的日常工作。原来由商务部承担的与当事人的直接联系工作转由国家发改委承担。

3. 外商投资国家安全审查范围

属于审查范围的外商投资有两大类。一是投资军工、军工配套等关系国防安全的领域,以及在军事设施和军工设施周边地域投资。二是投资关系国家安全的重要农产品、重要能源和资源、重大装备制造、重要基础设施、重要运输服务、重要文化产品与服务、重要信息技术和互联网产品与服务、重要金融服务、关键技术以及其他重要领域,并取得所投资企业的实际控制权。

4. 外商投资国家安全审查申报机制

属于审查范围的外商投资的,当事人应在实施投资前主动申报,工作机制办公室有权要求当事人申报,即属于强制申报而非自愿申报。工作机制办公室作出决定前,当事人不得实施投资。对于应报未报的外商投资,工作机制办公室有权要求其限期申报。有关单位和个人也可向工作机制办公室提出审查建议。

5. 外商投资国家安全审查程序和时限

安全审查分为三个阶段：初步审查,在收到符合申报要求的材料之日起15个工作日内,决定是否启动安全审查；一般审查,在启动安全审查之日起30个工作日内作出通过审查的决定,或按程序进入下一阶段审查；特别审查为期60个工作日,只有未通过一般审查的投资才会进入特别审查,特殊情况下可以延长特别审查时限,在审查期间,当事人可以修改投资方案或者撤销投资。

6. 外商投资国家安全审查决定

外商投资不影响国家安全的,工作机制办公室应当作出通过安全审查的决定,当事人可实施投资。经过特别审查程序,认为申报的外商投资影响国家安全的,作出禁止投资的决定,不得实施投资；如果通过附加条件能够消除对国家安全的影响,且当事人书面承诺接受附加条件的,可以作出附条件通过安全审查的决定。依法作出的外商投资国家安全审查决定为最终决定,即不得提起行政复议和行政诉讼。

7. 违规惩戒措施

对于当事人拒不申报、弄虚作假且已实施投资、不执行附加条件等违规行为,可责令其限期处分股权或者资产以及采取其他必要措施,恢复到投资

实施前的状态，消除对国家安全的影响。另外，应将其作为不良信用记录纳入国家有关的信用信息系统，并按照相应规定实施联合惩戒。

四 完善外商投资国家安全审查制度的法治路径

我国外商投资国家安全审查制度得以建立无疑具有非常重要的意义。同时可以看到，《安审办法》主要是整合了既有制度，而对部分重要内容予以删略或没有作出明确规定，具有明显的试行和过渡色彩。一方面，这是由于上位法中的很多相应规定过于简单或者不明确。例如，《外商投资法》中"间接投资"的含义并无界定，导致《安审办法》下"其他方式"境内投资的范围极其模糊。另一方面，现实对出台外商投资国家安全审查制度的急迫需求与制度本身复杂性、敏感性、高难度之间的矛盾，使得决策者在制度设计上不得不采用权宜方案。

但是，外商投资国家安全审查制度已不能再作为对过去相关制度的简单整合与延续，而应定位为同时属于国家安全和外商投资两大领域的重要法律制度。外资国家安全审查制度应当统筹安全和发展，充分考虑维护国家安全和促进外商投资双重功能的要求，处理好二者之间的关系。一方面，应筑牢国家安全的屏障，全面防范和精准识别安全风险，避免国家安全的疏漏或泛化。另一方面，应总结我国吸引外资和优化营商环境的经验，为制度的构建和发展提供公平、合理、透明、便利的法治保障。

如前所述，由于制度供给能力所限，我国新的外商投资国家安全审查制度仅具框架而仍要进一步完善。《安审办法》的很多规定有待细化明确、实效尚需实践验证。为了真正激发外资国家安全审查制度的效能，目前应尽快从以下几方面重点予以完善。

（一）合理配置制度依据的效力层次

《安审办法》作为国家发改委和商务部联合发布的部门规章，以其确立外商投资国家安全审查制度层级过低。《安审办法》只能立足于这两个部委的职权范围之内。而外资国家安全审查制度虽然最初产生于外资管理领域，但涉及国家安全这一根本利益，所指向的风险具有全局性和政治性，作为一项重要法律制度其功能难以仅仅通过部门规章及以下的配套细则来完整承载和有效发挥。

长远来看，应当制定外资国家安全审查的专门法律。在条件成熟之前，为了确保制度的有效运行，应将已形成共识且需要有更高效力依据的部分制度内容在现有法律中予以明确规定，如审查机构组织框架和原则、审查机构有权作出禁止决定或附条件决定、为了执行审查决定审查机构有权采取的措施等。根据我国的实际，以行政法规的形式来确立外商投资国家安全审查的整体制度在近期较为适当可行。建议在继续总结经验和适当借鉴国际经验的基础上，尽快制定出台行政法规，将现在《安审办法》中的外商投资国家安全审查制度整体框架纳入其中。而部门规章仅在必要时，就外商投资国家安全审查制度某一方面的问题作出规定。

（二）完善审查机构设置及工作机制

《安审办法》将之前外资并购安全审查的"部级联席会议"制度改为"外商投资国家安全审查工作机制"，导致外商投资国家安全审查主体虚化。"部级联席会议"被明确定位为"具体承担并购安全审查工作"，在国务院领导下，由国家发改委、商务部牵头，"会同其他相关部门"进行安全审查。"外商投资国家安全审查工作机制"则是仅负责"组织、协调、指导"外商投资国家安全审查工作，工作机制办公室设在国家发改委，由国家发改委和商务部共同牵头，承担外商投资国家安全审查的"日常工作"。这一改变，使得工作机制办公室在形式上更类似于跨部门的协调议事机构，工作机制办公室作为常设机构所负责的审查"日常工作"字面上似乎也不能等同于具体承担全部审查工作，特别是作出相关重大决定。在《安审办法》之下，外商投资国家安全审查的主体究竟是谁、怎么组成都变得更加模糊。

无论是外资并购安全审查"部际联席会议"还是外商投资国家安全审

查工作机制,都体现出国家安全审查涉及多部门职能和专业领域的特点。国家发改委和商务部都长期主管外商投资管理工作,但国家安全审查重点涉及的传统领域(军事、国防)和新兴领域(科技、文化)都经常超出外资主管部门的视野和专长。在具体的行业和领域,其他相关部门的角色不应仅限于提供意见,还应实质参与甚至主导审查。为了充分发挥工作机制的作用,真正发挥跨部门审查优势,建议对工作机制的组成和工作方式、程序等予以明确,确保相关部门能切实参与到审查中并有效发挥作用。

(三)提高审查的透明度

一般而言,外资国家安全审查的透明度比其他普通的行政管理活动更低,因为审查过程中会收集使用更多的国家秘密、特殊敏感信息和商业秘密,最终决定也主要基于政治考量。[1] 但我国涉及外资的国家安全审查制度透明度过低。外资并购安全审查制度确立以来,有关制度运行情况的公开信息极少。只有个别社会关注度高的并购交易经媒体报道,或者通过上市公司的公告,公众才能间接获知有关个案安全审查的零散信息。而根据《安审办法》,新的外商投资国家安全审查制度在审查主体和审查因素等重要方面比之前更不清晰,只有增加的可在申报前进行"咨询"的规定可能有助于增进当事人对审查工作的了解,然而作用也比较有限。

建议在对审查决定结论、个案信息保密的前提下,大力提高审查规则和工作概况的透明度。《安审办法》的规定较为原则,需要尽快制定配套规则或指南解释,为申报人、相关方以及公众了解外资国家安全审查提供更清晰的指引。可结合实践经验和新问题、新发展,尽快明确审查关注的重点。还应对"控制权""附加条件"等重要概念、申报中涉及的程序性问题予以界定和澄清。工作机制办公室承担外资国家安全审查工作并且设置于国家发改委,可通过国家发改委的政府信息公开渠道公布其基本信息和工作动态。此

---

[1] Jonathan Wakely & Andrew Indorf, "Managing National Security Risk in an Open Economy: Reforming the Committee on Foreign Investment in the United States", *Harvard National Security Journal* 9 (2018): 30-31.

外，建议采纳 2015 年商务部《外国投资法（草案征求意见稿）》中关于发布外资国家安全审查年度报告的设想，每年定期向社会公开审查数据统计和分析情况。

（四）充分保障当事人的程序权利

外资国家安全审查的过程及最终决定对当事人经济利益的负面影响往往非常严重。而国家安全审查的特殊性又导致其透明程度和监督强度低于一般水平，特别是司法审查极其有限或完全被排除，因而审查权力被滥用的空间更广、可能性更大。程序权利的充分保障在保护当事人权益和规范约束审查权两方面都至关重要。《安审办法》对当事人程序权利的保障主要有保护商业秘密和各阶段决定的书面通知。但是在其他一些重要程序权利方面存在缺失或不足，主要是：仅要求工作机制办公室将是否进行审查的决定、启动特别审查的决定和最终的审查决定书面通知当事人，但没有明确要求向当事人告知审查的具体事由以及依据；当事人无从全面了解审查内容和重点，也没有机会进行说明辩解并有针对性地提供证据；调查各阶段虽然有期限规定，但缺乏刚性约束而不具确定性。

建议优化程序规定，充分保障当事人的程序权利。在审查的各阶段，应书面告知当事人审查关注的问题及所依据的公开信息，还应给予当事人进行陈述和申辩的机会，明确审查机构应充分听取当事人的意见。为了防止审查时限被规避，应对相关条文进行细化。针对特别审查阶段的期限可以延长的规定，应当严格明确限定"特殊情况"以消除任意解释的空间。

B.4 经济技术开发区法律规范现状调查

——基于50份国家级经济技术开发区规范文件的分析[*]

张 莉 张玉鹏 吕之滨[**]

摘 要： 经济技术开发区是改革开放伟大实践的历史创举。50份国家级经济技术开发区规范文件的分析表明：各地的经济技术开发区规范以地方性法规为主，呈现出较强的顶层驱动性；规范与当地经济发展水平存在一定的相关性；立法缺失、滞后与革新并存；不同规范的立法目的相近，但又不失地方特色；规范的篇章结构与立法更新的时间相关；规范结构科学性不一。诸多经济技术开发区规范呈现出国家级经济技术开发区功能定位落后于国家政策的共性问题。此外还存在经济技术开发区管理机构法律地位不明、管理体制机制创新的规定不足、重大行政决策机制阙如、赋权不到位导致"放管服"改革落地艰难、法律责任条款缺失等共性问题。未来的经济技术开发区立法应当加强顶层设计，可以采用行政法规的形式，确立经济技术开发区产城融合的发展思路，明确经济技术开发区管理机构派出机关的法律地位，赋予其更多的体制机制创新权，为国家级经济技术开发区的长远发展提供法律保障。

---

[*] 本报告系横向委托课题"北京市经济技术开发区法治保障优化研究""长沙高新技术产业开发区管理委员会法治园区项目"的阶段性研究成果。

[**] 张莉，法学博士，中国政法大学法治政府研究院教授，博士生导师，主要研究方向为行政法；张玉鹏，中国政法大学法学院硕士研究生，主要研究方向为部门行政法；吕之滨，中国政法大学法学院本科生，主要研究方向为行政法。

关键词： 经济技术开发区　法律规范　法律地位

为了推进改革开放、促进经济发展，继设立经济特区之后，经济技术开发区（以下简称"经开区"）应运而生。通过适用某些特殊的优惠政策和措施，大力发展外向型、技术密集型产业，经开区带动了区域经济发展，为中国经济腾飞作出了重要贡献。

自1984年国务院批准设立首批14个国家级经开区起，经过近40年的发展，中国现有国家级经开区217个，[①] 其已成为中国国民经济发展中举足轻重的促进因素。统计数据显示，2019年，全国218个国家级经开区实现地区生产总值10.8万亿元，占同期（余同）国内生产总值的比重为10.9%；实现财政收入2.1万亿元，占全国财政收入的比重为10.9%；实现税收收入1.9万亿元，占全国税收收入的比重为11.7%；实际使用外资和外商投资企业再投资金额532亿美元，占全国吸收外资的比重约为20%；实现进出口总额6.3万亿元，占全国进出口总额的比重为19.9%。[②]

市场经济是法治经济，法治是最好的营商环境。20世纪90年代起，与国家级经开区发展相适应，各地陆续出台文件以规范经开区的发展。笔者以国家级经开区规范为切入点，通过对比分析，探寻国家级经开区立法的趋势与问题，并结合当前法治政府建设新形势，提出未来经开区立法的建议。

一　国家级经开区规范之概念界定

经开区是众多功能区中的一类，国家级经开区更是多层级经开区中的翘

[①] 截至2015年，国家级经开区数量增加至219个，经过综合发展水平考核评价，酒泉经开区与石嘴山经开区分别于2019年、2020年被退出。

[②] 中华人民共和国商务部：《2019年国家级经济技术开发区主要经济指标情况》，中华人民共和国商务部网站，http://ezone.mofcom.gov.cn/article/n/202007/20200702987161.shtml，最后访问时间：2020年8月28日。

楚,从历史发展角度看,这类经济区域较早成为各级各类法律规范调整的对象,发挥着引领方向、保驾护航的重要作用。

(一)经济技术开发区

经济开发区是指通过政府特定程序划定的新兴经济区域,具有制造业和相关服务业集聚,享有特殊政策、体制和手段等特点。① 在体制安排上,为屏蔽传统体制对开发区的负面影响,国家通过特殊的政策和手段,构建开发区"封闭运行"的小环境,保障开发区小范围内的先行先试,其体制设计具有极强的自主安排性,表现为政府和企业混合运作、职能上的强授权、行政级别上的高配置、财力和资源上的超级安排、地方政府的直接保护、减少社会性管理负担以及解脱对权力机构(如人大)的定期汇报义务等。②

广义上的经济开发区包括经济特区、经济技术开发区、保税区、自由贸易试验区、高新技术产业开发区、国家旅游度假区等(见图1)。狭义上的经济开发区不包括经济特区,主要是指除经济特区外的以经济技术开发区和高新技术产业开发区为主的开发区。

本报告所研究的经开区是最狭义理解层面的经济技术开发区,有别于高新技术产业开发区,是以发展知识密集型和技术密集型工业为主的特定区域,以增加区域经济总量为直接目标,以外来投资拉动为主,产业以制造加工业为主。

(二)国家级经济技术开发区

依据批准设立的主体不同,经开区可以分为国家级经开区、省级经开区、市级经开区等不同级别。其中,国家级经开区是指经国务院批准设立的经开区,既包括自设立之初就是由国务院批准设立的国家级经开区,也包括经过一定时间的发展,从省级经开区等升级为国家级的经开区。

---

① 刘传铁主编《科技园区创新性品格——高新区体制机制创新研究》,人民出版社,2010,第5页。
② 鲍克:《中国开发区研究——入世后开发区微观体制设计》,人民出版社,2002,第73~106页。

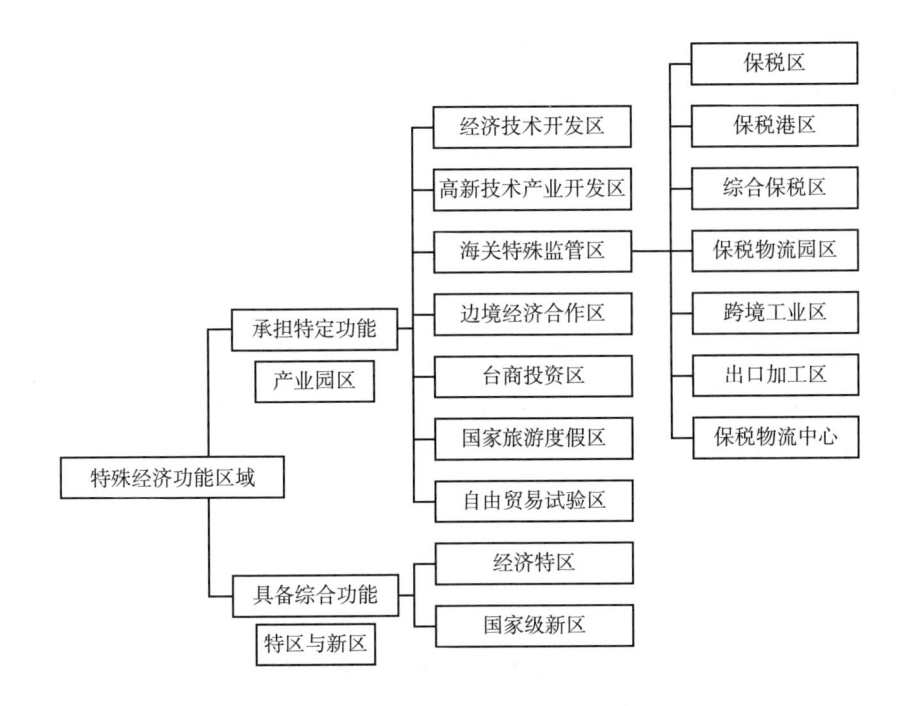

图 1　中国经济开发区的分类（广义）

资料来源：《一文读懂产业园区分类体系》，搜狐网，https://www.sohu.com/a/259873115_100137839，最后访问时间：2021年1月28日。

这类经开区级别最高，数量有限，不仅是先进制造业的聚集区，也是实施区域发展战略的重要载体和区域经济增长极，更是中国经济发展的强大引擎、对外开放的重要载体和体制机制改革的试验区域。因此，深入研究这类经开区，对于把握中国经济社会发展的总趋势、中国体制机制改革的新方向具有重要的指引作用。

（三）国家级经开区规范

本报告所指的"规范"是泛指用以调整国家级经开区的地方性法规、地方政府规章等法律规范。在中国开发区发展的过程中，为了保障开发区内外部各项政策有效实施，各地制定了一系列"条例"或"办法"。这些文件虽然在名称、效力等方面存在差异，但在内容上均侧重对包括国家级

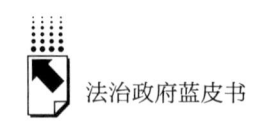

经开区在内的开发区的体制机制、发展方向、方针政策等宏观问题进行整体部署,对中国国家级经开区的发展起到了引领方向、保驾护航的重要作用。笔者将这类文件统称为"国家级经开区规范",即本报告的主要研究对象。

借助网络资源,笔者共搜索整理出现行有效的、适用于国家级经开区的规范文件50份(见附录一),并以此为素材展开分析。此外,由于现有的文件覆盖范围不广,为了尽可能保障研究的全面性,笔者还选取了一些相关度较高、具有一定参考价值,但已失效或属于征求意见稿的国家级经开区规范作为研究的补充和参考(见附录二)。

二 国家级经开区规范特征分析

中国的国家级经开区广泛分布于全国除港澳台地区以外的31个省级行政区中,因受地方政府管理,故用以调整经开区的文件以地方规范为主,呈现出明显的多样化特征。下面将从经开区规范的外部特征、立法特征和结构特征三个方面展开分析。

(一)外部特征

1. 规范的顶层驱动性强

经开区是时代的产物,也是政策的产物。众所周知,经开区并非一级行政区划,其产生、发展得益于政策的大力扶持。同时,由于有关经开区的法律或行政法规始终处于空白状态,公共政策在国家级经开区立法过程中处于举足轻重的地位,对国家级经开区规范的制定与更新起到了较强的推动与导向作用。

近几年来,中央政府高度重视国家级经开区发展,发布了一系列文件。笔者借助网络资源,共检索到中央层面关于国家级经开区的规范4部(见表1),并以此为主要依据展开分析。

表1　中央层面关于国家级经开区的规范

序号	文件名称	发布时间
1	《国务院办公厅关于促进国家级经济技术开发区转型升级创新发展的若干意见》(国办发〔2014〕54号)	2014-10-30
2	《国务院办公厅关于完善国家级经济技术开发区考核制度促进创新驱动发展的指导意见》(国办发〔2016〕14号)	2016-03-16
3	《国务院办公厅关于促进开发区改革和创新发展的若干意见》(国办发〔2017〕7号)	2017-01-19
4	《国务院关于推进国家级经济技术开发区创新提升打造改革开放新高地的意见》(国发〔2019〕11号)	2019-05-18

资料来源：笔者以"经济技术开发区""国家级"为关键词，在北大法宝上检索规范性文件，该表格系笔者根据检索结果整理。

从形式上看，上述4份文件中3份由国务院办公厅发布，1份由国务院发布。由于《宪法》和《国务院组织法》中仅规定有权发布决定、命令的主体是国务院，[①] 不包括国务院办公厅，因此，严格来说，国务院办公厅发布的规范性文件的法律性质不属于国务院规范性文件。但这种理解值得商榷。因为根据《国务院组织法》，国务院总理、国务院秘书长与国务院办公厅存在相互连续的领导与被领导关系。[②] 实践中，国务院办公厅也经常事实上行使制定非立法性国务院规范性文件的权力。[③] 本报告涉及的3份由国务院办公厅发布的规范性文件，在首部均提及了"经国务院同意，现提出如下意见"。因此，这4份文件均可以被看作国务院规范性文件。

从内容上看，4份文件均属于指导意见型，但这并不影响其具有相当的法律效力。依据《立法法》等相关法律规定，4份文件属于非立法性行政规范，不属于中国的正式法源。[④] 但在行政执法与司法救济等实践中，该类文

[①] 《宪法》第89条规定"国务院行使下列职权：（一）根据宪法和法律，规定行政措施，制定行政法规，发布决定和命令"。《国务院组织法》第3条："国务院行使宪法第八十九条规定的职权。"

[②] 《国务院组织法》第7条："国务院秘书长在总理领导下，负责处理国务院的日常工作。国务院设副秘书长若干人，协助秘书长工作。国务院设立办公厅，由秘书长领导。"

[③] 刘滢：《试论行政法律政策——由"国务院办公厅通知"引发的思考》，《法制与社会》2017年第5期。

[④] 陈丽芳：《非立法性行政规范研究》，中共中央党校出版社，2007，第20页。

件都具有法源地位与效力，具有"法"的类似属性，是当代中国重要的非正式法源，其效力来源于法律的授权传导，① 中国《民法通则》第6条就曾规定："民事活动必须遵守法律，法律没有规定的，应当遵守国家政策。"此外，上述文件内容均未采用倡导性表达，整体行文偏向命令、决定式，与其具有法律效力之属性亦相符合。

在一系列中央文件发布后，地方政府亦迅速反应，立法促进经开区的转型升级和创新发展。据笔者统计，中国现行有效的国家级经开区规范中，2015年及以后修订或制定的有11部，涉及76个国家级经开区。在中国现有的217个国家级经开区中，现行有效的规范共在152个国家级经开区中被适用。通过对比不难发现，随着国家政策的推动，近5年内，53%的国家级经开区规范被更新或创制，显著推进了1/3的国家级经开区的法治进程。在具体修订内容上，各地方在调整国家级经开区的规范中亦积极响应，如很长一段时间内，经开区管委会的法律地位问题悬而未决，而在《国务院办公厅关于促进开发区改革和创新发展的若干意见》（国办发〔2017〕7号）提出"开发区管理机构作为所在地人民政府的派出机关，要按照精简高效的原则，进一步整合归并内设机构"后，相继制定或修订的8部国家级经开区规范中，即有过半数的规范都明确了经开区管委会系地方政府派出机关，② 直接推动了50余个国家级经开区管委会法律地位进一步明晰。

2. 规范与经济发展水平具有相关性

国家级经开区在上承接国家政策，在下立足地方实际，对区域经济的发展起到带动作用。经济基础决定上层建筑，与此相应，国家级经开区规范的状况也在一定程度上折射出区域经济的发展水平。在中国，地区间经济发展水平存在差异是一个不争的事实，地方政府的法治水平则在某种程度上直接

---

① 陈丽芳：《非立法性行政规范研究》，中共中央党校出版社，2007，第41~56页。
② 8部规范包括：《江苏省开发区条例》《辽宁省开发区条例》《山西省开发区条例》《湖北省开发区条例》《江西省开发区条例》《天津市经济技术开发区条例》《中国－马来西亚钦州产业园区条例》《库尔勒经济技术开发区条例》。其中，前5部对经开区管委会法律地位为"派出机关"进行了明确。

反映出这一差异。① 具体到经开区立法，国家级经开区规范的最初颁布时间也呈现出东部相对较早、西部相对较晚、中部居中的总体趋势。② 在经济相对发达地区，国家级经开区的运行和发展有明确立法依据的比例也相对较高。较之专门针对某一经开区制定规范，一些省（区、市）立足全省（区、市），制定了适用于省（区、市）内所有经开区的规范，如山东、江苏等。而在部分经济欠发达省（区、市），国家级经开区无规范可适用的情况比较普遍，如甘肃、青海等。总体而言，东部国家级经开区规范总量大于中、西部国家级经开区，这与中国东部地区发展早、经济体量大，中、西部次之的状况相一致。

当然，经开区规范与经济发展水平呈正相关的总体趋势下也不乏例外。尽管区域经济发展水平对国家级经开区规范制定时间的早晚、制定数量的比例有着不小的影响，但近年来，在一些经济欠发达地区，国家级经开区发展水平也有所提升，如2019年，西部48个国家级经开区进出口总额为2165亿元，同比增长5%，仅从增长率来看是东部地区的8倍以上。③ 通过附录一可以看出，近几年西部地区国家级经开区加快了规范制定与修订的步伐，而诸如北京、上海等经济发达地区，经开区规范却始终停留在20世纪八九十年代的最初状态。

（二）立法特征

1. 立法缺失、滞后与革新并存

自1984年第1批国家级经开区设立至今，一些国家级经开区已运行30余年，而有的国家级经开区的成长还不足10年。不同经开区的历史不同，

---

① 中国政法大学法治政府研究院主编《中国法治政府评估报告（2020）》，社会科学文献出版社，2020，第10页。
② 此处东、中、西部地区划分标准与商务部国家级经开区数据统计中的标准相同，具体为：东部地区包括京、津、冀、辽、鲁、苏、浙、沪、闽、粤、琼；中部地区包括黑、吉、豫、晋、湘、鄂、皖、赣；西部地区包括陕、甘、宁、内蒙古、青、新、云、贵、川、渝、桂、藏；不包含港澳台地区。下同。
③ 中华人民共和国商务部：《2019年国家级经济技术开发区主要经济指标情况》，中华人民共和国商务部网站，http://ezone.mofcom.gov.cn/article/n/202007/20200702987161.shtml，最后访问时间：2020年8月28日。

经开区规范的制定时间、修订状况、立法水平亦不同。目前，仍有74个国家级经开区面临着无规范可依的局面，约占全国国家级经开区总数的1/3。现行有效的版本中，最早的国家级经开区规范是1989年的《上海市经济技术开发区条例》；此外还有包括《北京经济技术开发区条例》《河北省经济技术开发区条例》等在内的9部20世纪90年代制定、至今仍未更新的国家级经开区规范。2015年及以后修订或制定的规范有11部，占国家级经开区规范总数的22%（见图2）。

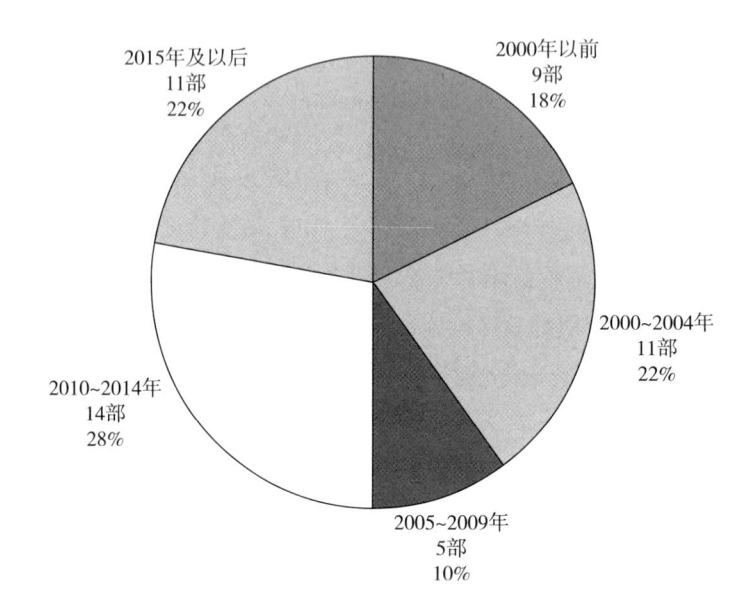

图2　现行有效的国家级经开区规范最新版本通过时间

资料来源：该图系笔者根据50份国家级经开区规范文件的整理结果绘制而成。

此外，国家级经开区规范的修订频率不同，呈现出"新条例，勤更新；老条例，不更新"的倾向。现行有效的规范中，有很多国家级经开区规范已经历经多次修订，修订次数最多的是1993年制定的《芜湖经济技术开发区条例》，迄今已被修订过5次。有趣的是，现有规范的修订频率与规范的制定时间之间存在很强的负关联性：在2015年及以后修订或制定的11部规范中，修订的有2部，且本次修订距离上次修订时间都在

5年左右。① 反观2010年以前制定且在近10年内未曾更新的规范则多达25部，占现行有效规范总数的一半。

2. 法律位阶以地方性法规为主

在现行有效的50部国家级经开区规范中，除《晋城市经济技术开发区管理办法》、《湖南省开发区管理办法》、《中国－马来西亚钦州产业园区管理办法》、《国家级曲靖经济技术开发区管理办法》和《西藏拉萨国家级经济技术开发区管理办法》5部分别由晋城市人民政府、湖南省人民政府、广西壮族自治区人民政府、曲靖市人民政府和西藏自治区人民政府制定并发布，应属于地方政府规章外，其余45部规范均属于地方性法规。其中44部由省级人大审议通过或者市级人大审议通过后由省级人大批准，仅1998年的《厦门海沧台商投资区条例》是由经济特区所在地的市人大常委会制定后直接生效的，但这亦符合2015年修正的《立法法》第72条第6款②之规定，其在性质上仍属于地方性法规。

3. 相近的立法目的中不乏地方特色

通过比较不同国家级经开区规范，可以发现关于立法目的的表述具有较高的相似度，不外乎以下几个方面：发展对外经济技术合作，促进经开区建设与发展；规范开发区管理，营造良好的投资环境；促进经开区体制机制创新，推动产业结构调整和经济转型升级；发挥经开区的引领、示范和带动作用，推动区域经济社会发展；等等。

一些具有特殊功能的经开区，在上述立法目的之外，还有针对性地增加有关地方特色的表述，如：《长春汽车经济技术开发区条例》的立法目的中

---

① 《天津经济技术开发区条例》：2016年3月30日天津市人大常委会第一次修正并生效，2019年5月30日天津市人大常委会第二次修正并生效。《西安市开发区条例》：2010年7月15日西安市人大常委会通过第一次修正，2010年9月29日陕西省人大常委会批准第一次修正，2010年11月5日第一次修正生效；2016年12月22日西安市人大常委会通过第二次修正，2017年3月30日陕西省人大常委会批准第二次修正，2017年5月9日第二次修正生效。

② 《立法法》第72条第6款规定："省、自治区的人民政府所在地的市，经济特区所在地的市和国务院已经批准的较大的市已经制定的地方性法规，涉及本条第二款规定事项范围以外的，继续有效。"

提及"加快汽车产业发展";《中国-马来西亚钦州产业园区条例》的立法目的中提及"发挥其在服务'一带一路'建设、推动中国-东盟合作中的示范引导作用";《厦门海沧台商投资区条例》的立法目的中提及"推动台湾海峡两岸经济技术合作和交流";等等。

(三)结构特征

1. 篇章结构与制定时间的关联性

从宏观上看,国家级经开区规范的篇章结构与制定时间密切相关。制定较早的规范更多地保留了当时发展阶段的烙印。随着改革探索的深入推进,越来越多的实践成果在最新制定或修订的规范中实现制度化。

具体来讲,对于2010年之前的规范,其条文数量多为30余条;篇章结构主要包括总则、管理体制、投资与经营、优惠待遇、附则5个方面。而2015年及以后最新制定或修订的规范,条文数量越发充实,多超过40条;篇章结构也得到扩充,主要包括总则、管理体制、设立整合、规划建设、管理与服务、附则6个章节。其中《山西省开发区条例》总共设置10章,远远超过其他国家级经开区规范的章节数量。从不同章节的篇幅占比来看,2010年之前的规范,有关经开区政策导向与优惠的条款篇幅占比最大,这与经开区最初作为特殊政策区的功能定位相适应。而在2015年及以后制定或修订的规范中,有关管理和服务的内容占据较大篇幅,反映出"放管服"改革对经开区发展的助推作用。

2. 规范结构科学性不一

从微观上看,章节和条文的立法位置反映出各地国家级经开区规范在立法科学性上的不同。第一,不同地方制定的经开区规范对各个章节所规定事项的立法位置认识存在差别。如,同样是管理体制一章,《江苏省开发区条例》将其放置在第4章,《湖北省开发区条例》则将其放置在第2章。相同内容的不同位置体现了不同立法者对同一事项的认识水平、重视程度的差异性。第二,不同经开区规范对原则与规则的结构安排的考虑程度不一。众所周知,作为立法的统领和指导,总则部分一般对其后的法律条文所涉及的基本原则作出规定，总则以下的各章对不同事项所涉及的具体规则作出规定。然而，在一些国家级经开区规范中，原则与规则混杂，立法价值与具体措施糅合。如《江苏省开发区条例》在规定管理体制的第4章中第23条第2款①的规定，将原则与规则统合在一个条文中；《湖北省开发区条例》第4条②和第5条③，将属于管理体制事项的规则内容放在总则部分。

三 国家级经开区规范的共性问题

国家级经开区规范存在问题，往往带来法治保障与实践操作的脱节。尽管规范的落后或缺失不一定必然导致经开区发展的后退，但对于国家级经开区来说，规范的不完善就意味着经开区不能准确把握发展机遇、将政策优势及时转化为法治优势。反之，一些与时俱进的经开区规范则能够给对应的国家级经开区带来更多的发展利好。例如，《江苏省开发区条例》最新版本于2018年5月通过，其中涵盖了最新的立法理念和具体措施。④ 得益于地方立法的保障，在2019年商务部发布的国家级经开区综合实力排行榜中，江苏

---

① 《江苏省开发区条例》第23条第2款："开发区管理机构应当根据工作职责，按照精简、统一、效能的原则，科学合理设置职能机构，具体承担相应职责。"
② 《湖北省开发区条例》第4条："县级以上人民政府应当加强对开发区工作的领导，将开发区的建设和发展纳入国民经济和社会发展规划，制定促进开发区建设和发展的政策措施，建立议事协调机制，完善和落实开发区工作目标责任制。县级以上人民政府有关部门按照各自职责，做好开发区的相关工作。"
③ 《湖北省开发区条例》第5条："省人民政府设立开发区工作领导小组，统筹开发区的建设与发展，研究解决开发区建设与发展中的重大问题。省开发区工作领导小组办公室设在省人民政府发展改革部门，统筹负责全省开发区改革和创新发展的指导、协调和服务工作。省人民政府有关部门按照职责分工负责开发区的具体指导、管理和服务工作。"
④ 《江苏省开发区条例》总则第3条吸纳了创新、协调、绿色、开放、共享的先进发展理念，将开发区定位为践行新发展理念和培育发展新动能的引领区、高水平营商环境和便利创业创新的示范区、先进制造业和现代服务业的集聚区、深化改革开放和体制机制创新的先行区；第2章第6条第2款对产城融合发展作出了明确规定，第8条对土地集约利用进行了详细规定；第4章第23条明确规定了开发区管理机构作为县级以上人民政府派出机关的定位；第5章"服务与保障"的内容更是对优化营商环境提供了有力支持。

省的苏州工业园区、昆山经开区、江宁经开区和南京经开区分别排第1、5、7、9名,仅江苏一省就占据了综合榜单前10名中40%的名额。① 好成绩的取得得益于多种因素,其中经开区规范的作用不可忽视,毕竟正如习总书记所强调的,法治是最好的营商环境。先进的地方立法对国家级经开区建设的引领作用可见一斑。为此,笔者全面梳理50部国家级经开区规范,检视其中存在的问题,以便为日后国家级经开区规范的完善提供参考。

(一)国家级经开区的功能定位调整不及时

现行多数国家级经开区规范中有关经开区功能定位的规定落后于中央最新表述。

2014年10月30日,《国务院办公厅关于促进国家级经济技术开发区转型升级创新发展的若干意见》(国办发〔2014〕54号)指出:"探索有条件的国家级经开区与行政区融合发展的体制机制,推动国家级经开区依法规范发展。"2019年5月18日,《国务院关于推进国家级经济技术开发区创新提升打造改革开放新高地的意见》(国发〔2019〕11号)在"指导思想"部分指出:"坚持新发展理念……以高质量发展为核心目标……着力推进国家级经开区开放创新、科技创新、制度创新……打造改革开放新高地。"在"完善国家级经开区对内合作平台的功能"这一部分,文件指出:"促进与所在城市互动发展。在保障信息安全的前提下,支持国家级经开区与所在地人民政府相关机构共享公共资源交易、人口、交通、空间地理等信息……推动国家级经开区完善高水平商贸旅游、医疗养老、文化教育等功能配套,规划建设城市综合体、中央商务区、专家公寓等。对公共服务重点项目,地方人民政府和国家级经开区可提供运营支持。"可见,作为中国城市化和工业化的主力军,历经近40年的发展,国家级经开区的经济社会生态发生了极

---

① 《2019全国经开区排行榜名单》,http://www.ttpaihang.com/news/daynews/2020/20011907541.htm,最后访问时间:2020年7月11日。

大的变化。伴随着从新兴园区走向成熟的经开区，经开区的社会功能不断增强，扩区的需求与日俱增。从国家级经开区的使命来看，其逐步从单一的经济功能走向综合性功能，从单一的工业园区走向兼具经济功能和社会功能、产城融合的城市新区。事实上，经济进步与社会发展不是相互割裂的两个议题，区域产业、经济的聚集与人口的聚集能够相互促进。无论多么诱人的产业发展规划，没有与之相对应的人力资源，也终是空中楼阁。因此，新时代背景下，中央最新的政策文件对国家级经开区的功能定位有了更新、更高的要求。

这些新定位反映到国家级经开区规范中，就要求把近年来国家"放管服"改革形成的有益经验规范化、制度化，实现从政策引导到经验探索，最后通过法律规范固化改革成果的完整闭环，从而形成法律规范和现实实践的良性互动。此种要求的法理基础在于以下两方面。一方面，中央提出的创新、协调、绿色、开放、共享等新发展理念的实质是国家级经开区内人与自然关系的变化，也即生产力的变化。国家级经开区内不同主体所处地位的变化，从本质上看是生产关系的变化。而一定发展阶段的生产力所决定的生产关系的总和构成一定社会的经济基础。经济基础的变化必然引发法律规范的发展变化。法律规范需要不断得到调整，以反映发展变化的生产关系的不同内在需求。另一方面，法对经济基础具有反作用。法律规范不仅是社会现实的反映，更能以国家强制力为保障，发挥其对经济基础的引领作用。法律规范可以通过提供行为规范，以法的形式总结和反映成功的经验，来促进经济关系和经济活动朝着健全、完善的方向发展，对落后的经济基础实行限制、削弱甚至是废除。[1]

而反观目前的国家级经开区规范，尚不能很好地折射政策助推下国家级经开区的新发展，更遑论其推动国家级经开区朝着产城融合的方向高质量发展的功能使命。现行多数国家级经开区规范依旧停留在仅仅关注产业发展的单一使命的状态，尚未对经开区扩区等基础性问题作出合理安排，也没有对

---

[1] 舒国滢主编《法理学导论》，北京大学出版社，2012，第278～283页。

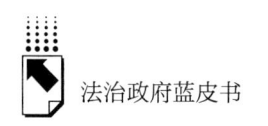

人才引进、待遇保障、公共服务等内容作出制度设计。即便近几年最新出台的规范根据中央文件中"与所在城市互动发展"的要求设置了相应的条款，但是也难除照搬中央政策文件的弊病，① 尚未结合地方实际作出稳定且具有可操作性的规定。这就要求在未来的经开区立法中，要重新审视国家级经开区的功能定位。

（二）经开区管理机构法律地位不明

综观现行国家级经开区规范，在经开区管理机构的法律地位问题上，呈现出派出机构和派出机关两种态度。从现有的50部规范来看，将经开区管委会的法律地位规定为"派出机构"的有13部，② 规定为"派出机关"的则有5部，③ 其余的文件，或者仅称其为经开区管理机构，或者回避经开区管委会法律地位问题。"派出机构"与"派出机关"虽然只有一字之差，背后的法律逻辑却不同，相应的法律后果也大不相同。

若将经开区管理机构定性为"派出机构"，则容易引发行政相对人对管委会职权的质疑。经开区管理机构实际行使的行政职权以区域为基本框架，涉及区域经济社会发展的方方面面，与同为"委、办、局"的其他政府部门基于行业领域的管理范围相比，带有更强的综合性，但同样承担相对独立的公务使命。④ 然而，法律上，经开区管理机构既不属于《地方各级人民代表大会和地方各级人民政府组织法》中规定的"县级以上人民政府"，也不

---

① 如2019年11月最新通过的《湖北省开发区条例》第40条第2款规定的"支持开发区管理机构与开发区所在地人民政府有关部门可靠交换、安全共享经济和社会发展相关统计数据以及公共资源交易、人口、交通和空间地理等信息"与中央文件中的规定如出一辙。
② 包括：《大同市经济技术开发区条例》、《呼和浩特经济技术开发区条例》、《长春经济技术开发区管理条例》、《长春汽车经济技术开发区条例》、《中国－马来西亚钦州产业园区条例》、《贵州省开发区条例》、《昆明经济技术开发区条例》、《西藏拉萨国家级经济技术开发区管理办法》、《陕西省经济技术开发区条例》、《银川经济技术开发区条例》、《石河子经济技术开发区管理条例》、《库尔勒经济技术开发区条例》和《阿拉尔经济技术开发区条例》。
③ 包括：《山西省开发区条例》、《江苏省开发区条例》、《江西省开发区条例》、《湖北省开发区条例》和《辽宁省开发区条例》。
④ 顾玉琪：《国家级经济技术开发区体制机制创新研究》，《唯实（现代管理）》2018年第11期。

属于地方政府组成部门，不具有独立的行政主体资格，管委会在制定规范、作出决定时，面临合法性质疑。

中国经开区管理体制以政府主导的模式为主，即所在地政府成立专门的经开区管委会，处理与经济建设相关的工作，为入区企业提供服务。若据此将经开区管理机构定性为"派出机关"，对于各省、自治区内的国家级经开区管理机构，依据《地方各级人民代表大会和地方各级人民政府组织法》第68条第1款[1]的规定，并不存在法律障碍。然而，对于各直辖市内的国家级经开区管理机构，目前并没有明确的上位法依据。若将其直接定性为"派出机关"，不仅背离《地方各级人民代表大会和地方各级人民政府组织法》对"派出机关"的穷尽式列举，[2] 更不符合《宪法》对行政区划的设计，[3] 与依法行政原则背道而驰。

从相关政策的历史变革来看，在早期，为避免前文所述的抵触上位法，中央发布的规范性文件以及地方性法规均将经开区管委会定性为"派出机构"。[4] 2017年，《国务院办公厅关于促进开发区改革和创新发展的若干意见》明确指出，开发区管委会作为所在地人民政府的"派出机关"，上文所述的5部地方性法规即更新于此文件颁布之后。2018年，最高人民法院的司法解释也认可了由国务院、省级人民政府批准设立的开发区管理机构的独

---

[1] 《地方各级人民代表大会和地方各级人民政府组织法》第68条第1款："省、自治区的人民政府在必要的时候，经国务院批准，可以设立若干派出机关。"

[2] 《地方各级人民代表大会和地方各级人民政府组织法》第68条："省、自治区的人民政府在必要的时候，经国务院批准，可以设立若干派出机关。县、自治县的人民政府在必要的时候，经省、自治区、直辖市的人民政府批准，可以设立若干公所，作为它的派出机关。市辖区、不设区的市的人民政府，经上一级人民政府批准，可以设立若干街道办事处，作为它的派出机关。"

[3] 《宪法》第30条："中华人民共和国的行政区域划分如下：（一）全国分为省、自治区、直辖市；（二）省、自治区分为自治州、县、自治县、市；（三）县、自治县分为乡、民族乡、镇。直辖市和较大的市分为区、县。自治州分为县、自治县、市。自治区、自治州、自治县都是民族自治地方。"

[4] 如，2005年国务院办公厅转发商务部等部门的《关于促进国家级经济技术开发区进一步提高发展水平的若干意见》（失效）指出"（五）……国家级经济技术开发区的管理机构一般是所在地市级以上人民政府的派出机构"。

立主体地位，并认定管理机构的职能部门具备行政主体资格。①

可见，将经开区管理委员会认定为"派出机关"已经成为当下的趋势。但同时，以国务院规范性文件和地方性法规这些低位阶的规范为依据，进而突破组织法对"派出机关"的规定，显然存在一定的问题，经开区管委会的合法性危机仍是一个亟待解决的问题。

（三）管理体制机制创新的规定不足

中央顶层政策中有关创新国家级经开区管理体制机制的新表述，尚未在现行经开区规范中得到充分贯彻。中国最近几次的国家机构调整越来越朝着大部制的方向发展，按照精简、统一、高效的原则，合理设置各部门的内设机构。这无疑对各地方乃至国家级经开区的管理体制机制提出了同样的要求。为此，中央政策文件多次强调要创新国家级经开区的管理体制机制。《国务院办公厅关于促进国家级经济技术开发区转型升级创新发展的若干意见》（国办发〔2014〕54号）指出："鼓励国家级经开区创新行政管理体制，简政放权，科学设置职能机构。"2016年3月16日，《国务院办公厅关于完善国家级经济技术开发区考核制度促进创新驱动发展的指导意见》（国办发〔2016〕14号）指出："坚持以体制创新为保障，加大简政放权力度。"《国务院关于推进国家级经济技术开发区创新提升打造改革开放新高地的意见》（国发〔2019〕11号）强调，要赋予国家级经开区更大的改革自主权，优化机构职能和运营主体管理机制。

检视国家级经开区的发展和其规范的规定，发现其并未充分落实上述要求。随着产业和人口的集聚，一些发展成效较好的经开区进入了快速城

---

① 《最高人民法院关于适用〈中华人民共和国行政诉讼法〉的解释》第21条："当事人对由国务院、省级人民政府批准设立的开发区管理机构作出的行政行为不服提起诉讼的，以该开发区管理机构为被告；对由国务院、省级人民政府批准设立的开发区管理机构所属职能部门作出的行政行为不服提起诉讼的，以其职能部门为被告；对其他开发区管理机构所属职能部门作出的行政行为不服提起诉讼的，以开发区管理机构为被告；开发区管理机构没有行政主体资格的，以设立该机构的地方人民政府为被告。"

镇化阶段，对管理体制、运行机制等提出了更高的要求。一些地方出于争取资源、吸引人才、激励干劲等考虑，多设机构、多配职数，进而陷入了机构膨胀、效率低下的怪圈，与国家大部制改革的趋势背道而驰。[①] 还有一些地方则处在人手紧缺、上级政策执行不到位、疲于应对考核指标的尴尬状态。

从理论上讲，国家级经开区管理体制机制的调整本应受到经开区规范的约束，而在实践中，由于经开区管理机构的法律地位不明，各国家级经开区规范对经开区管理体制机制的规定五花八门。第一，在机构设置方面，有的规范规定经开区管理机构根据经开区所在地县级以上人民政府的授权行使相应的职权，其他具体职能部门的职权交由同级政府各部门在经开区的派出机构行使；[②] 有的规范尚未厘清经开区管委会与经开区所在地的人民政府及其部门的关系，机构设置手续繁杂。[③] 第二，在人员配备方面，尽管《国务院关于推进国家级经济技术开发区创新提升打造改革开放新高地的意见》（国发〔2019〕11号）指出"地方人民政府可根据国家级经开区发展需要，按规定统筹使用各类编制资源"，但是多数国家级经开区规范，尚未赋予经开区在选人用人事项上的自主权。第三，在事权划分方面，目前国家级经开区规范多忽视这一点，仅仅关注经开区管委会内部的机构设置和职权行使，对经开区管委会与外部的同级人民政府和上下级人民政府及其各部门、代管乡镇和街道之间的关系，以及职权协调、管辖范围等内容的规定阙如。即使有的规范考虑到了这一点，但其以委任性规则

---

① 参见庞明礼、徐干《开发区扩张、行政托管与治权调适——以H市经济技术开发区为例》，《郑州大学学报》（哲学社会科学版）2015年第2期。
② 《四川省开发区管理条例》第14条："开发区所在地县级以上人民政府（含地区行政公署，下同）设立开发区管理机构，根据本级人民政府的授权对开发区实行管理。管理机构的主要职责是：……"第15条："财政、税务、工商、公安、国土、建设、环保、海关、商检等有关部门可以在开发区设立办事机构或派出机构，依法履行职责。"
③ 《陕西省经济技术开发区条例》第10条："开发区管理委员会行使下列职权：……"第11条："有关部门在开发区设立派出机构或者分支机构，须经开发区管理委员会同意，并报设立开发区的人民政府批准。"第12条："开发区内的民政、公安、教育、文化、卫生、环保等方面社会管理的职责范围，由设立开发区的人民政府规定。"

加以规定的立法操作在实践中往往形同虚设。① 加之,即便省级政府对此作出了规定,国家级经开区作为经国务院批准设立的功能区,在落实国家经济规划中起着重要作用,能否将此种权力交由地方分别行使亦值得探讨。世界是普遍联系的,任何事物都不是孤立的。因此,在未来的经开区立法中,深刻把握中央有关文件的核心要义,赋予国家级经开区创新体制机制的权力,同时厘清其与内外部不同主体之间的事权范围及运作机制势在必行。

(四)重大行政决策机制阙如

国家级经开区法律地位的不明,使得经开区规范对国家级经开区运行过程中重大行政决策机制的规定缺失。早在2014年,《国务院办公厅关于促进国家级经济技术开发区转型升级创新发展的若干意见》(国办发〔2014〕54号)就指出,要完善决策、监督机制。2019年,为了健全决策机制,规范重大行政决策程序,提高决策质量和效率,明确决策责任,国务院制定了《重大行政决策程序暂行条例》。其中确立了科学、民主、依法决策的基本原则,详细规定了公众参与、专家论证、风险评估、合法性审查和集体讨论决定、决策执行和调整、法律责任。从决策前、决策中、决策后全程规范,最大限度地减少决策失误,为县级以上地方人民政府重大行政决策提供了明确的程序规范。

然而,因经开区管理机构的法律地位不明晰,其不能被《重大行政决策程序暂行条例》第2条中的"县级以上地方人民政府"这一法律概念所涵摄,所以在实践中,多数经开区管委会认为其重大行政决策并不受《重大行政决策程序暂行条例》规定调整。反映到国家级经开区规范中,则表现为重大行政决策机制条款的粗疏甚至缺失。比如,《大同市经济技术开发区条例》第17条仅仅概括规定:"开发区管委会对涉及开发区长远发展

---

① 《河北省经济技术开发区条例》第14条:"开发区管理委员会与当地县级人民政府的关系,由省人民政府规定。"但是笔者并未检索到省级人民政府对此的规定。

和公众利益等的重大事项应当实行民主决策制度。"但是依照何种程序操作方可视为民主决策，则并无相关规定。《天津经济技术开发区条例》第14条规定："开发区管委会对涉及开发区长远发展和单位、个人利益的重大决策事项，推行听证制度，并不断加以完善。"但是通过何种程序组织听证、哪些主体参加听证，都没有详细规定。此外，更有大量国家级经开区规范对决策机制只字未提。规范中的重大行政决策机制阙如，使得国家级经开区管委会的重大行政决策游离于法定程序之外，不仅不利于国家级经开区管委会对外树立公平公正公开的形象，也影响经开区决策的公信力和执行力。

（五）赋权不到位导致"放管服"改革落地艰难

国家级经开区规范对经开区赋权的不到位，导致"放管服"改革的推进困难重重。2015年5月12日，国务院召开的全国推进简政放权放管结合职能转变工作电视电话会议，首次提出了"放管服"改革的概念。"放管服"改革围绕政府与市场关系，简政放权、放管结合、优化服务三管齐下，推动政府职能转变，优化营商环境，以激发市场活力和社会创造力，促进经济持续健康发展。具体来说，简政放权就是以减少行政审批为主要抓手，将不该由政府管理的事项交给市场、企业和个人，减少政府的微观管理，减少政府对资源的直接配置和对经济活动的直接干预，激发市场主体的活力；放管结合就是在简政放权的同时加强事中、事后监管，从"严进宽管"转向"宽进严管"，转变监管理念，创新监管方式，强化公正监管，维护公平竞争的市场秩序；优化服务就是强化服务意识，创新服务方式，优化办事流程，推行"互联网＋政务服务"，提升政务服务水平，为企业和公众提供高效便捷的政府服务。[①]

从2015年至今，"放管服"改革持续向纵深推进，已经推广到各级各类行政区，甚至是开发区这类功能区。2019年，《国务院关于推进国

---

① 沈荣华：《推进"放管服"改革：内涵、作用和走向》，《中国行政管理》2019年第7期。

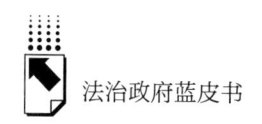

家级经济技术开发区创新提升打造改革开放新高地的意见》（国发〔2019〕11号）在"赋予更大改革自主权"这一部分指出："深化'放管服'改革。支持国家级经开区优化营商环境，推动其在'放管服'改革方面走在前列，依法精简投资项目准入手续，简化审批程序，下放省市级经济管理审批权限，实施先建后验管理新模式。深化投资项目审批全流程改革，推行容缺审批、告知承诺制等管理方式。全面开展工程建设项目审批制度改革，统一审批流程，统一信息数据平台，统一审批管理体系，统一监管方式。"

然而实践中，国家级经开区内"放管服"改革的落地仍然道阻且长。首先，在简政放权环节，下级承接以及合理配置下放的职权存在困难。在审批权下放过程中，承接单位往往面临配套政策缺乏、人员专业度不够、人手不足等问题。其次，在放管结合环节，"审管分离"模式虽然有效解决了"审管合一"模式下行政机关只注重对行政相对人的监督，却放松对自身的监管，从而造成审批监管不公的问题，但因信息壁垒的存在，容易出现审管脱节的新问题。在日常监管方面，审批机关与监管机关的信息交流不畅，甚至会出现监管机关不清楚具体监管对象的情形。在事后执法方面，"事前审批"向"事前备案"或"事中、事后监管"的转变，虽然减轻了行政相对人的负担，却给执法主体带来极大的压力，多头执法、重复执法也让经开区内的市场主体不堪其扰。为了克服多头执法、监管碎片化，以北京经开区为代表的一些经开区设立综合行政执法局。① 然而，机构改革后执法人员不足，也让事后监管大打折扣。最后，在优化服务环节，与普通的地方行政区相比，经开区对高效行政、法律、金融、知识产权等优质服务的需求更加紧迫，但经开区管理机构行使管理职能尚且力不从心，何谈将相关服务顺利接入经开区？

究其原因，现行国家级经开区规范并未赋予经开区足够的改革自主权。综观50部国家级经开区规范，于2015年以前出台且至今仍未修改过的大约

---

① 沈荣华：《推进"放管服"改革：内涵、作用和走向》，《中国行政管理》2019年第7期。

占了4/5,"放管服"改革的有益成果尚未被及时法治化。编制的束缚、用人权限的羁绊依旧存在;容缺审批、告知承诺制、时限办理等新型的管理方式尚未在地方立法中确立;基于部门权力争夺产生的信息烟囱尚未被创新型的智慧监管的立法规定所打破。因此,在未来的经开区立法中,通过立法为国家级经开区改革创新充实自主权迫在眉睫。

(六)法律责任条款缺失

国家级经开区规范中法律责任条款的缺失弱化了规范的法律功能。不可否认,经开区是国家政策的产物,经开区规范也因此具有较强的政策色彩。但是从性质上看,其依旧属于广义的法律。而从立法原理上讲,完整的法律规范需要具备假定条件、行为模式和法律后果三个要素。法律责任即行为主体没有履行法定或约定义务或者主体虽未违反法律义务但仅仅由于法律规定而应承担的某种不利的法律后果。法律责任具有法定性和国家强制性,能够通过对违法主体施加法律责难,发挥惩罚和教育作用,倒逼行为主体依法依规行使权力(或权利)、履行义务,[①] 如此法律规范才能发挥其应有的作用,有效运行。

而反观目前的国家级经开区规范,对法律责任的规定明显不足甚至是缺失。规范中更多是应然性的表述,如"不同主体应当如何""不同主体可以如何"等,而对于行为主体违反立法规定的法律后果,却难以在经开区规范中找到对应的责任条款。对于国家级经开区内的私主体,其违法行为往往能够在民事或刑事法律规范中找到对应的法律责任;而对于经开区内的公主体,特别是目前法律地位尚未明确的经开区管理机构及其工作人员,法律责任的缺失将导致在现实中,对明显违反规范要求的主体的处理陷入神秘主义。如果没有经过行政诉讼、信息公开等程序,公众可能永远无法知晓很多违法行为的处理结果,一些违法行为甚至可能未经处理就不了了之了。由此势必形成一种恶性循环,纵容经开区管理机构及其工作人员的

---

① 舒国滢主编《法理学导论》,北京大学出版社,2012,第161页。

慵懒散漫、恶意刁难、推诿扯皮等不正之风，行政效率低下的问题也就随之而来。① 而对于国家级经开区来说，行政效率的降低势必会大大影响其营商环境的优化。因此，完善法律责任条款，对提升国家级经开区运行效能的意义不言自明。

四 国家级经开区规范的立法建议

（一）及时将政策转化为顶层立法

当前中国国家级经开区规范呈现出明显的地方先行先试特征。中央层面只有4份国务院规范性文件，直接调整国家级经开区的法律或行政法规缺失。地方在立法过程中往往以对《立法法》及相关法律的理解和当地经开区发展与治理过程中的经验为依托，相互借鉴参考，形成各自的规范文本。国家级经开区的顶层立法缺失看似并未给中国的经开区发展带来巨大的阻碍——如上文所述，经开区的相关经济统计数据反映经开区发展形势一片大好，但这并不能掩盖其中存在的种种法律隐患，如困扰各地经开区多年的管委会法律地位的问题等。

在国家级经开区立法的地方主导性与顶层立法缺失的背后，是国家政策长期在经开区规范的制定和调整过程中发挥重要作用的客观事实。政策是政府及其部门或行政机构，运用其职能来规范、引导经济法人实体、市场主体和个人行为，以及有效调动和利用社会经济资源，有利实现公平与效率目标的主张或决定。就性质而言，政策是一种政治决策，而不是法律规范。② 从本质上讲，现行的4份有关国家级经开区的国务院规范性文件属于政策。较之法律，政策本身带有很强的灵活性和及时性，其虽然也能划入广义的法律法源，发挥导向作用，但是一旦实践要求政策深度发挥法

---

① 参见沈岿《论行政法上的效能原则》，《清华法学》2019年第4期。
② 刘平：《立法原理、程序与技术》，上海人民出版社，2017，第137页。

律规范的作用时，政策的不稳定性、程序的非规范性、实施的非强制性，则有可能与法之安定性、严肃性、国家强制力保障实施等特点形成张力。相比较而言，法律具有长远性和普遍性，在巩固改革成果、发挥引航作用方面更胜一筹。当然，政策与法律的差异并不会割裂二者天然的内在联系。政策经过一定时间的推行，若被证明是适用的，便可以通过立法转化为规范。[1] 因此，在国家级经开区的规范方面，政策与法律之间的及时转化就显得尤为重要。

在中国经开区发展的过程中，"试点—推广"是一项重要的治理模式改革方法论。从短期来看，基于改革的需求，中央层面的政策性文件在一定程度上可以发挥立法的作用。但是，当改革进入全面、深入阶段，从长期来看，顶层立法的出台就势在必行。事实上，早在2005年《关于促进国家级经济技术开发区进一步提高发展水平的若干意见》在"促进国家级经济技术开发区提高发展水平的工作重点"部分就提到"抓紧研究制定《国家级经济技术开发区管理条例》"。但是，由于立法条件和时机等多种因素的制约，该条例一直没有出台。目前，国家级经开区已经经过30余年的成长与发展，从分散混乱逐步走上正轨。对国家级经开区相关的法律问题进行整体性、归纳性立法的时机已经成熟。[2] 因此，建议国家适时出台"国家级经济技术开发区管理条例"，为经开区的长远发展提供统一的法治保障。

（二）准确调整国家级经开区的功能定位

建议在未来的国家和地方层面立法中，增补或及时调整关于国家级经开区功能定位的条款。立足创新、协调、绿色、开放、共享的新发展理念，引导国家级经开区朝着产城融合的趋势发展。[3] 产城融合的发展思路可以通过

---

[1] 刘平：《立法原理、程序与技术》，上海人民出版社，2017，第138页。
[2] 参见伊士国、李先真《论开发区管理委员会的法律地位》，《行政与法》2009年第9期。
[3] 参见方雪等《长春市国家级开发区产城融合度的评价》，《安徽师范大学学报》（自然科学版）2017年第1期。

两种途径实现：一是根据经开区实际情况，通过赋予开发区管委会准政府职权，使其逐步过渡成为行政区；① 二是维持现状，通过建立高效的合作机制，协调好经开区与所在行政区在社会管理、公共服务和市场监管方面的职权。② 无论何种选择，都要坚持以人为本的原则，充分考虑国家级经开区中人的需求的多样性及其对美好生活向往的合理性，以及开发区内公、私法人和非法人组织等不同主体利益的多元性。通过完善对国家级经开区功能定位的表述，充分尊重个体价值，扩充经开区内多元主体的自由空间，③ 发挥法律规范对人行为的指引作用、对人才引进的导向作用。如此，方能推动整个国家级经开区的经济社会协调发展。

在法律条文的具体表述上，2015年以来现行的地方立法中主要有两种表述。一是概括规定经开区应当坚持产城融合的发展原则，推进经济和社会全面进步。如《阿拉尔经济技术开发区条例》第3条④、《库尔勒经济技术开发区条例》第4条⑤和《天津经济技术开发区条例》第3条⑥。二是将新发展理念和对经开区具体的发展定位明确表述，主要内容为：开发区在建设和发展时应当坚持创新、协调、绿色、开放、共享的新发展理念，建设成为培育发展新动能的引领区、打造高水平营商环境和便利创新创业的示范区、发展先进制造业和现代服务业的集聚区、深化改革开放和体制机制创新的先

---

① 参见储著斌《功能区整体托管行政区的体制创新与融合路径——基于武汉经济技术开发区（汉南区）的调研分析》，《决策与信息》2018年第9期。
② 参见北京市规划自然资源委、北京经济技术开发区管委会《加强城市综合治理 推动构建基本没有"城市病"的地区——以北京经济技术开发区为例》，《前线》2020年第2期。
③ 薛刚凌：《多元化背景下行政主体之建构》，《浙江学刊》2007年第2期。
④ 《阿拉尔经济技术开发区条例》第3条："开发区的建设、发展和管理，应当遵循统一规划、市场主导、产业聚集、内引外联、产城融合的原则，有效利用区位优势，优化产业结构，提升综合竞争实力，重点发展农副产品精深加工和纺织服装产业集聚区。"
⑤ 《库尔勒经济技术开发区条例》第4条："开发区应当坚持市场运作、政策引导、统筹协调、创新机制、生态优先、产业驱动、产城融合的原则，提高开放合作水平，增强市场活力和发展动力。"
⑥ 《天津经济技术开发区条例》第3条："开发区应当成为设施完善、功能齐全、技术先进、环境优越、产业结构合理、生产力高度发达、经济和社会全面进步的现代化国际港口大都市的标志性区域。"

行区、生态文明建设可持续发展的绿色生态区。如《湖北省开发区条例》第 3 条[①]和《辽宁省开发区条例》第 3 条[②]。

（三）明确经开区管理机构的法律性质

在未来立法中，建议循序渐进，通过法定程序逐步确立国家级经开区管理机构作为经开区所在地省级人民政府"派出机关"的法律地位。[③] 如前所述，对于分布于各省、自治区的国家级经开区，依据《地方各级人民代表大会和地方各级人民政府组织法》第 68 条第 1 款，无论是从实践需求，还是从国务院规范性文件、《最高人民法院关于适用〈中华人民共和国行政诉讼法〉的解释》来看，都已经反映出赋予国家级经开区管理机构以"派出机关"法律地位的必要性，只要再经过国务院批准，其取得"派出机关"的法律地位就不存在法律障碍。而对于北京、上海、天津、重庆这类直辖市内的国家级经开区管理机构，如果要在未来的"国家级经济技术开发区管理条例"中统一赋予其"派出机关"的法律地位，则仍需要依法履行相应的程序。

具体来讲，《立法法》第 13 条规定，根据改革发展的需要，全国人民代表大会及其常务委员会有权决定在一定期限内在部分地方暂时调整或停止适用法律的部分规定。为此，对于直辖市内的国家级经开区管理机构，有关主体可以提请全国人大常委会暂时调整《地方各级人民代表大会和地方各

---

① 《湖北省开发区条例》第 3 条："开发区应当坚持创新、协调、绿色、开放、共享的发展理念，遵循统一规划、市场主导、产业集聚、特色发展的原则，建设成为新型工业化发展的引领区、开放型经济和体制创新的先行区、创新创业的集聚区、生态文明和可持续发展的绿色生态区、高水平营商环境的示范区。"

② 《辽宁省开发区条例》第 3 条："开发区的建设和发展应当坚持创新、协调、绿色、开放、共享的发展理念，坚持改革创新、规划引领、集聚集约、发展导向的原则，成为践行新发展理念和培育发展新动能的引领区、打造高水平营商环境和便利创新创业的示范区、发展先进制造业和现代服务业的集聚区、深化改革开放和体制机制创新的先行区以及生态文明建设可持续发展的绿色生态区。"

③ 张克轩、樊祥胜：《开发区"准政府"管理体制机制分析与改进策略研究——基于洛阳市高新区、伊滨区等各功能区的分析》，《行政科学论坛》2018 年第 8 期。

级人民政府组织法》第68条的适用，将同属于省级行政区划的直辖市也包含到第1款中。[①] 这样就可以依据全国人大常委会的决定，确认直辖市内的国家级经开区管委会作为"派出机关"的法律地位。由此即可以在"国家级经济技术开发区管理条例"中合法合理地统一赋予国家级经开区管理机构以"派出机关"的法律地位。具体条文可以表述为：国家级经开区管理机构为经开区所在地省级人民政府的派出机关，依照本条例规定的职责对国家级经开区实行统一管理。

（四）为管理体制机制创新赋权赋能

在未来的立法中，应该紧紧围绕赋予国家级经开区改革创新的自主权，以明确的条款将改革的最新成果制度化，使国家级经开区有职权、有能力创新体制机制。

首先，以明确列举和概括兜底的形式，明确国家级经开区管理机构本身的职责。其中兜底条款中既包括法律、法规规定的由国家级经开区管理机构行使的职权，也包括省级人民政府授予经开区管理机构的职权。除依法应当由省级人民政府管理的重大事项以外，省级人民政府及其职能部门可以采用清单形式，将省级管理权限授予或者委托经开区管理机构行使，以提高行政效率。

其次，多方面赋予经开区管理机构创新体制机制的自主权。建立容错免责机制，以鼓励国家级经开区先行先试。在机构设置方面，立法鼓励、支持经开区管理机构按照精简高效的原则，根据经开区发展需要，自主调整内设机构，创新管理体制，推进机构设置和职能配置优化、协同、高效。[②] 在选人用人方面，赋予经开区自主用人权，鼓励经开区创新选人用人机制。对经开区管理机构负责人和高级管理人员实行竞争选拔制和任期目标制，推行全员聘任制。以岗定薪，建立岗位绩效工资体系，对于高层

---

① 邹奕：《检视开发区管理机构的法律性质——基于规范分析的视角》，《中南大学学报》（社会科学版）2017年第4期。

② 白岩曦：《我国开发区管理体制创新问题研究》，《劳动保障世界》2020年第2期。

次管理人才，可以探索实行年薪制、协议工资制等多种工资分配形式。①调动人员履职尽责的积极性，确保"能者上，庸者下"。② 在事权划分方面，经开区所在地省级人民政府行政执法部门，根据经开区的实际需要和承接能力，可以依法委托经开区管理机构行使相应的行政执法权。经开区管理机构经依法批准可以整合内部执法力量，设立综合行政执法机构，优化执法环境，提高执法效率。

最后，统筹协调内外部不同主体之间的关系。省级人民政府可以建立议事协调机制，完善和落实经开区工作目标责任制。经开区所在地人民政府应当做好经开区的社会管理、公共服务和市场监管等工作。根据经开区管理机构的实际需要和承接能力，将必要的管理和服务职能交由经开区管理机构行使。明确经开区管理机构与经开区所在地乡镇、街道的关系，根据需要，将乡镇、街道交由经开区管理机构代管。

（五）建立健全重大行政决策机制

在未来的国家级经开区立法中，应该完善国家级经开区管理机构的决策机制，以使得决策有法可依。经开区管理机构应当规范行政决策和执行程序，建立重大行政决策公众参与、专家论证、风险评估、合法性审查、公平竞争审查、集体讨论决定和责任追究制度。对涉及经开区内企业和其他经济组织或者个人利益的重大行政决策事项，推行听证制度，完善对听证程序的细化规定，以确保科学、民主、依法决策。

（六）以制度落实"放管服"改革

在国家级经开区立法中，应该通过法定的制度来巩固"放管服"改革的成果。

---

① 陈荣奇：《完善开发区管理体制机制加快开发区发展的调查与建议——以XX经开区为例》，《经济师》2020年第5期。
② 嵇晓雯：《创新开发区管理体制机制的若干思考——以东部某省为例》，《行政科学论坛》2020年第5期。

以目录制度落实简政放权。在审批权方面,省级人民政府应当制定并向经开区公布放权目录。对于暂时未下放的职权,可以通过在经开区设置服务窗口等方式开展工作。经开区应当对编制的权责清单实行动态调整。在处罚权方面,以2021年新修订的《行政处罚法》为依据,因地制宜,在城市管理、市场监管、生态环境、文化市场、交通运输、应急管理等领域建立推行综合行政执法制度,实行相对集中行政处罚权。省级人民政府应当将有关的行政处罚权限,依法下放到经开区管理机构。经开区管理机构或者其职能机构可根据经开区所在地政府有关行政执法部门的委托事项目录,行使相应的行政执法权。对于项目立项、建设等管理权限,各级人民政府也应当尽可能地将其依法下放到经开区管理机构,做到"园区的事不出园区",并对下放或者委托的事项实行目录管理。

信息化制度助力放管结合。全面推进智慧园区建设,借助数字化,打造智慧监管,让数据多跑路,让群众少跑腿。建立电子政务审批平台等信息系统,打通审批和监管部门之间的信息壁垒,减少审监分离造成的信息不对称。实行政务公开制度,借助政府网站及其他媒体渠道,及时公开审批、监管、执法等信息,发挥典型执法案例的警示、震慑作用。借助信息的互联互通,用好信用监管这一工具。经开区管理机构应当完善市场主体信用信息数据库及信用公示平台,依法及时公布、公示和共享市场主体的社会信用信息,实行守信联合激励和失信联合惩戒。政府购买服务,鼓励信用服务机构开展信用论证和等级评价,为行政监管、市场交易等提供信用论证及评价服务。

立法推动政务服务转型升级,不断优化。第一,提升基本政务服务的效率。经开区所在地人民政府和经开区管理机构应当统筹政务信息系统和服务资源,统一服务标准,优化服务流程,为经开区市场主体提供一个窗口受理、一站式、一网通办的政务服务。立法确认容缺审批、告知承诺制、时限办理等新型管理方式,提升服务效率。第二,立法鼓励拓展服务范围。经开区管理机构和有关政府部门要急企业所急、想企业所想。一是为产学研一体化、项目孵化提供支持:鼓励企业、高等院校、科研机构在经开区创办高新技术企业，实施高新技术成果产业化项目，兴办科技园、创业园、创业中心等各种形式的企业孵化器。二是丰富出资形式：建立健全知识产权应用和保护机制，鼓励在经开区设立企业的单位和个人，以专利权、非专利技术等无形资产作为注册资本出资。三是加大资金支持力度：经开区管理机构每年可从可支配财政收入中拨出一定比例的资金，设立科技发展基金、产业投资基金、创业投资基金，建立基金规模动态补充机制，扶持高新技术产业发展，引导社会资金建立风险投资基金，鼓励单位和个人设立风险投资机构及专业投资服务管理机构。四是做足专业配套服务：经开区管理机构应当完善重大招商项目跟踪服务机制，鼓励在开发区内设立金融、保险、法律、会计、评估、咨询等服务机构，推动优质资源向优势企业集聚，为单位和个人的生产、经营和创业活动提供全面的服务。第三，完善维权救济、多元纠纷化解机制。建立维权投诉协调机制，受理企业、投资者反映的诉求以及对各类违法违规行为的投诉和举报。同时，培育和发展专业化、国际化的律师事务所，以及仲裁、调解、公证、鉴定等法律服务机构，为经开区内的企业提供确权、维权机制和多元纠纷化解机制。

（七）增设法律责任条款

明确经开区管理机构、政府、有关部门及其工作人员违反立法规定的法律责任，通过法律责任倒逼行政效能的提升。在国家级经开区立法中，应该增设法律责任专章，合理设置确定性规则和准用性规则，强化对法律责任条款的规定。对未依法履行法定职责、未及时办理有关事项、干扰经开区管理机构正常行使管理职权从而影响工作的行为，运用确定性规则，作出相应的不利后果的规定。对在经开区管理和服务工作中滥用职权、玩忽职守、徇私舞弊的经开区管理机构工作人员，进行必要的行政处分，情节严重构成犯罪的，准用《刑法》中的有关规定，依法追究刑事责任。要坚持严管与厚爱相结合、约束与激励并重，做到依法依规问责。既要防止问责不力，也要防止问责泛化。开发区作为体制机制创新的苗圃，要建立健全容错纠错机制，切实保护担当作为、干事创业人员的积极性。

五 结语

不同层级的经开区规范能够为国家级经开区的发展提供不同维度的法治保障。结构合理、制度明晰、具有一定前瞻性的经开区规范能够适应"放管服"改革的要求,为经开区的高速发展助力。针对当前各国家级经开区规范差异化明显、顶层立法缺失的现状,应该加强国家立法回应,明确经开区管理机构的法律地位,理顺体制机制,为经开区可持续、长远发展保驾护航。

附录

附录一 现行有效的国家级经开区规范

序号	文件名称	适用范围[1]	生效时间[2]
1	《上海市经济技术开发区条例》	上海市内国家级经开区[3]	1989-01-01
2	《上海市漕河泾新兴技术开发区暂行条例》	上海漕河泾新兴技术开发区	1990-05-01
3	《晋城市经济技术开发区管理办法》	晋城经济技术开发区	1992-11-21
4	《河北省经济技术开发区条例》	河北省内国家级经开区[4]	1992-12-01
5	《湛江经济技术开发区条例》	湛江经济技术开发区	1993-06-02
6	《长春经济技术开发区管理条例》	长春经济技术开发区	1994-01-18
7	《武汉经济技术开发区条例》	武汉经济技术开发区	1994-02-06
8	《北京经济技术开发区条例》	北京经济技术开发区	1995-06-01

[1] 仅列举适用范围中的国家级经开区。
[2] 此处指该文件最新版本的生效时间。
[3] 包括闵行经济技术开发区、虹桥经济技术开发区、上海漕河泾新兴技术开发区、上海金桥出口加工区、上海化学工业经济技术开发区、松江经济技术开发区等6个国家级经开区。
[4] 包括秦皇岛经济技术开发区、廊坊经济技术开发区、沧州临港经济技术开发区、石家庄经济技术开发区、唐山曹妃甸经济技术开发区、邯郸经济技术开发区等6个国家级经开区。

续表

序号	文件名称	适用范围	生效时间
9	《四川省开发区管理条例》	四川省内国家级经开区①	1997-01-01
10	《厦门海沧台商投资区条例》	厦门海沧台商投资区	1998-10-01
11	《宁波经济技术开发区条例》	宁波经济技术开发区	2001-12-28
12	《温州经济技术开发区条例》	温州经济技术开发区	2001-12-28
13	《杭州经济技术开发区条例》	杭州经济技术开发区	2001-12-28
14	《萧山经济技术开发区条例》	萧山经济技术开发区	2001-12-28
15	《陕西省经济技术开发区条例》	陕西省内国家级经开区②	2002-03-28
16	《福州市经济技术开发区条例》	福州经济技术开发区	2002-05-31
17	《福清融侨经济技术开发区条例》	福清融侨经济技术开发区	2002-05-31
18	《东山经济技术开发区条例》	东山经济技术开发区	2002-06-04
19	《哈尔滨经济技术开发区条例》	哈尔滨经济技术开发区	2002-08-17
20	《天津经济技术开发区条例》	天津经济技术开发区	2003-03-01
21	《广州经济技术开发区条例》	广州经济技术开发区	2003-05-07
22	《乌鲁木齐经济技术开发区管理条例》	乌鲁木齐经济技术开发区	2004-12-15
23	《大同市经济技术开发区条例》	大同经济技术开发区	2005-07-01
24	《石河子经济技术开发区管理条例》	石河子经济技术开发区	2005-07-01
25	《呼和浩特经济技术开发区条例》	呼和浩特经济技术开发区	2006-05-01
26	《南宁经济技术开发区条例》	南宁经济技术开发区	2006-11-01
27	《芜湖经济技术开发区条例》	芜湖经济技术开发区	2007-08-24
28	《兰州经济技术开发区条例》	兰州经济技术开发区	2010-01-01
29	《河南省开发区条例》	河南省内国家级经开区③	2010-07-30
30	《洋浦经济开发区条例》	洋浦经济开发区	2010-10-01
31	《大连经济技术开发区条例》	大连经济技术开发区	2010-10-25
32	《湖南省开发区管理办法》	湖南省内国家级经开区④	2011-01-30

① 包括成都经济技术开发区、广安经济技术开发区、德阳经济技术开发区、遂宁经济技术开发区、绵阳经济技术开发区、广元经济技术开发区、宜宾临港经济技术开发区、内江经济技术开发区等8个国家级经开区。

② 包括西安经济技术开发区、陕西航空经济技术开发区、陕西航天经济技术开发区、汉中经济技术开发区、榆林经济技术开发区等5个国家级经开区。

③ 包括郑州经济技术开发区、漯河经济技术开发区、鹤壁经济技术开发区、开封经济技术开发区、许昌经济技术开发区、洛阳经济技术开发区、新乡经济技术开发区、红旗渠经济技术开发区、濮阳经济技术开发区等9个国家级经开区。

④ 包括长沙经济技术开发区、岳阳经济技术开发区、常德经济技术开发区、宁乡经济技术开发区、湘潭经济技术开发区、浏阳经济技术开发区、娄底经济技术开发区、望城经济技术开发区等8个国家级经开区。

续表

序号	文件名称	适用范围	生效时间
33	《西藏拉萨国家级经济技术开发区管理办法》	拉萨经济技术开发区	2011-09-14
34	《贵州省开发区条例》	贵州省内国家级经开区①	2012-07-01
35	《银川经济技术开发区条例》	银川经济技术开发区	2012-11-01
36	《国家级曲靖经济技术开发区管理办法》	曲靖经济技术开发区	2013-06-01
37	《宁波大榭开发区条例》	宁波大榭开发区	2013-06-14
38	《长春汽车经济技术开发区条例》	长春汽车经济技术开发区	2014-06-01
39	《昆明经济技术开发区条例》	昆明经济技术开发区	2014-12-01
40	《中国-马来西亚钦州产业园区管理办法》	中国-马来西亚钦州产业园区	2015-01-01
41	《山东省经济开发区条例》	山东省内国家级经开区②	2016-10-01
42	《阿拉尔经济技术开发区条例》	阿拉尔经济技术开发区	2016-11-01
43	《西安市开发区条例》	西安经济技术开发区	2017-03-30
44	《中国-马来西亚钦州产业园区条例》	中国-马来西亚钦州产业园区	2017-10-01
45	《江苏省开发区条例》	江苏省内国家级经开区③	2018-05-01
46	《库尔勒经济技术开发区条例》	库尔勒经济技术开发区	2018-07-01
47	《辽宁省开发区条例》	辽宁省内国家级经开区④	2019-01-01

① 包括贵阳经济技术开发区和遵义经济技术开发区两个国家级经开区。
② 包括青岛经济技术开发区、烟台经济技术开发区、威海经济技术开发区、东营经济技术开发区、日照经济技术开发区、潍坊滨海经济技术开发区、邹平经济技术开发区、临沂经济技术开发区、招远经济技术开发区、德州经济技术开发区、明水经济技术开发区、胶州经济技术开发区、聊城经济技术开发区、滨州经济技术开发区、威海临港经济技术开发区等15个国家级经开区。
③ 包括南通经济技术开发区、连云港经济技术开发区、昆山经济技术开发区、苏州工业园区、南京经济技术开发区、扬州经济技术开发区、徐州经济技术开发区、镇江经济技术开发区、吴江经济技术开发区、江宁经济技术开发区、常熟经济技术开发区、淮安经济技术开发区、盐城经济技术开发区、锡山经济技术开发区、太仓港经济技术开发区、张家港经济技术开发区、海安经济技术开发区、靖江经济技术开发区、吴中经济技术开发区、宿迁经济技术开发区、海门经济技术开发区、如皋经济技术开发区、宜兴经济技术开发区、浒墅关经济技术开发区、沭阳经济技术开发区、相城经济技术开发区等26个国家级经开区。
④ 包括大连经济技术开发区、营口经济技术开发区、沈阳经济技术开发区、大连长兴岛经济技术开发区、锦州经济技术开发区、盘锦辽滨沿海经济技术开发区、沈阳辉山经济技术开发区、铁岭经济技术开发区、旅顺经济技术开发区等9个国家级经开区。

续表

序号	文件名称	适用范围	生效时间
48	《山西省开发区条例》	山西省内国家级经开区①	2019-03-01
49	《江西省开发区条例》	江西省内国家级经开区②	2019-10-01
50	《湖北省开发区条例》	湖北省内国家级经开区③	2020-03-01

注：借助北大法宝和政府官方网站，笔者共检索到50部现行有效的国家级经开区规范，表中文件按照规范的生效时间排序。

附录二　已失效或属于征求意见稿的国家级经开区规范

序号	文件名称	适用范围	效力状态
1	《沈阳经济技术开发区条例》	沈阳经济技术开发区	2004-06-15废止，已失效
2	《重庆经济技术开发区管理条例》	重庆经济技术开发区	2014-05-29废止，已失效
3	《甘肃省开发区条例（草案）》	甘肃省内国家级经开区④	2015-12-02公开征求意见，未生效

注：借助北大法宝和政府官方网站，笔者共检索到2部已失效的国家级经开区规范，1部属于征求意见稿的国家级经开区规范。

---

① 包括太原经济技术开发区、大同经济技术开发区、晋中经济技术开发区、晋城经济技术开发区等4个国家级经开区。

② 包括南昌经济技术开发区、九江经济技术开发区、赣州经济技术开发区、井冈山经济技术开发区、上饶经济技术开发区、萍乡经济技术开发区、南昌小蓝经济技术开发区、宜春经济技术开发区、龙南经济技术开发区、瑞金经济技术开发区等10个国家级经开区。

③ 包括武汉经济技术开发区、黄石经济技术开发区、襄阳经济技术开发区、武汉临空港经济技术开发区、荆州经济技术开发区、鄂州葛店经济技术开发区、十堰经济技术开发区等7个国家级经开区。

④ 包括兰州经济技术开发区、金昌经济技术开发区、天水经济技术开发区、张掖经济技术开发区等4个国家级经开区。

B.5
基层社会治理法治化的问题与对策

李红勃　王　婧*

摘　要： 在建设法治社会的背景下，全国各地基层社会治理的法治化水平不断提高，在基层群众自治、行业协会自治、司法所的基层法律服务等方面取得了一定的成绩，但也存在一些不足，包括基层群众性自治组织行政色彩浓厚、行业协会自治效果不佳、司法所职能发挥不全面等。因此，需要采取积极措施，理顺群众自治、行业自治与政府管制之间的关系，激发群众自治和行业自治的活力，加强司法所能力建设，优化基层法律服务供给，不断提升基层社会治理的法治化水平，为法治中国打牢社会基础。

关键词： 社会治理　基层群众自治　行业协会　司法所

2019年，党的十九届四中全会通过的《中共中央关于坚持和完善中国特色社会主义制度，推进国家治理体系和治理能力现代化若干重大问题的决定》指出："健全党组织领导的自治、法治、德治相结合的城乡基层治理体系，健全社区管理和服务机制，推行网格化管理和服务，发挥群团组织、社会组织作用，发挥行业协会商会自律功能，实现政府治理和社会调节、居民自治良性互动，夯实基层社会治理基础。加快推进市域社会治

---

* 李红勃，法学博士，中国政法大学法治政府研究院教授，主要研究方向为法理学、行政法学、教育法学；王婧，中国政法大学法学院法理学专业硕士研究生，主要研究方向为法理学。

理现代化。推动社会治理和服务重心向基层下移,把更多资源下沉到基层,更好提供精准化、精细化服务。"2020年,中共中央印发的《法治社会建设实施纲要（2020—2025年）》指出："法治社会是构筑法治国家的基础,法治社会建设是实现国家治理体系和治理能力现代化的重要组成部分。建设信仰法治、公平正义、保障权利、守法诚信、充满活力、和谐有序的社会主义法治社会,是增强人民群众获得感、幸福感、安全感的重要举措。"

根据国家的统一部署,社会治理必须在法治的轨道上进行,治理的目标就是建成法治社会。当前,我国基层社会治理在各方面均取得了一定的成就,但也存在缺陷和不足,治理过程中出现选择化、碎片化、行政化等非法治化现象,社会治理法治化面临诸多困境。[1] 本报告将以基层群众自治、行业协会自治、司法所的基层法律服务三个方面为例,选择全国若干有代表性的地区,总结其基层社会治理的做法,分析存在的问题,在此基础上,提出进一步推进基层社会治理法治化的对策建议。

一 基层群众自治

通过村民委员会和居民委员会进行的基层群众自治,在推进社会治理法治化过程中发挥着重要作用,是社会治理的基础环节,也是社会治理的重点和难点。截至2019年,全国基层群众性自治组织约有64万个（见图1）,在地方政府的指导和支持下,基层群众性自治组织切实履行法定职能,开展自我管理、自我服务,推动了基层社会治理的健康发展。

（一）取得的成绩

基层治理,应做到自治、法治、德治相结合,让广大群众真正成为基层

---

[1] 秦媛媛、刘同君：《论政府法治论视角下的社会治理方法与路径》,《江苏大学学报》（社会科学版）2020年第6期。

图1 2015~2019年基层群众性自治组织情况

资料来源：民政部《2019年民政事业发展统计公报》。

群众自治的主体。目前，基层群众自治取得了一些成绩，具体表现为：自治基础得到有效夯实，社区治理体系不断优化，社区自治程度不断提高，城乡社区协商实践不断深化，社区减负工作有效开展。

1. 自治基础得到有效夯实

《村民委员会组织法》和《城市居民委员会组织法》修订后，其有效实施对推进基层群众自治发挥了基础性作用。截至2019年底，全国共有30个省（自治区、直辖市）制定或者修订《村民委员会组织法》实施办法，29个省（自治区、直辖市）制定或者修订《村民委员会选举办法》，28个省（自治区、直辖市）实现了村民委员会和居民委员会换届选举统一届期、统一部署、统一指导、统一实施。全国85%的村建立村民会议或者村民代表会议制度，89%的社区建立居民代表大会制度。村（居）委会选举工作制度化、规范化水平不断提升，村（居）民参选率达90%以上。[①]

除国家法律之外，村规民约、居民公约等民间规范在规范基层群众自治方面有着不可替代的价值。截至2019年底，全国98%的村制定了村规民约

[①] 何立军：《共建共治共享 谱写基层社会治理新篇章——"十三五"期间我国城乡社区治理取得历史性进展》，《中国民政》2020年第23期。

或村民自治章程，城市社区普遍制定了居民公约或居民自治章程。① 在民政部等联合下发《关于做好村规民约和居民公约工作的指导意见》后，各地纷纷出台相关政策文件推动当地村规民约、居民公约的有效实施，充分发挥村规民约、居民公约在城乡基层社会治理方面的引领作用。例如：甘肃省出台了《关于做好村规民约和居民公约工作的实施意见》，从提高思想认识、从严工作要求、强化监督落实、加强组织领导等四个方面对村规民约、居民公约提出了要求；山东省出台了《开展村规民约和居民公约监督落实专项行动工作方案》，进一步规范村规民约、居民公约的制定和实施。

2. 社区治理体系不断优化

2017 年，中共中央、国务院《关于加强和完善城乡社区治理的意见》明确指出要"全面提升城乡社区治理法治化……水平"。之后，重庆、北京、甘肃等地纷纷出台了本地的《关于加强和完善城乡社区治理的实施意见》，坚持以基层党组织建设为关键、政府治理为主导、居民需求为导向，健全体系、整合资源、增强能力，完善城乡社区治理体制，推动社会治理重心向基层下移，实现党领导下的政府治理和社会调节、居民自治良性互动，全面提升城乡社区治理社会化、法治化、智能化、专业化水平。中共武汉市委还专门出台了《武汉市社区党组织领导社区治理若干规定》，对党组织领导社区自治、法治、德治建设作出了相应规定。北京市还制定了全国首部《社区管理与服务规范》地方性标准，印发了《关于加强城乡社区协商的实施意见》《北京市社区议事厅工作指导规程》，推广"参与型"社区治理模式，全市所有城市社区全部建立社区议事厅，农村超过 80% 的村建立了议事厅。

3. 社区自治程度不断提高

为了推动群众自治，各地广泛搭建了群众参与社区活动和公共事务的平台，创新群众参与社区治理的形式，社区自治更加充分。例如，北京市西城区探索形成了"社区服务+物业管理+居民自治"、"专家+社会组织+专

---

① 何立军：《共建共治共享　谱写基层社会治理新篇章——"十三五"期间我国城乡社区治理取得历史性进展》，《中国民政》2020 年第 23 期。

业社工"、自管会带动居民自治等多种工作模式，通过"坊间茶会"等形式进行民主协商与讨论，停车管理、胡同精细化管理、老旧小区自我服务管理等热点难点问题得到有效解决。① 浙江省杭州市西湖区创新打造共建共治共享的社区治理体系的路径，坚持把82个无物业小区划分为60个自管片区，整体推进家园自管小组组建，社区居委会通过居民代表大会形式赋予自管小组开展自我服务管理的权力，极大地增强了居民开展自治的参与感和获得感。②

4. 城乡社区协商实践不断深化

城乡社区协商是基层群众自治的有机组成部分，是人民群众直接行使民主权利的有效途径。2015年，中办、国办出台《关于加强城乡社区协商的意见》后，城乡社区协商在全国各地普遍开展，全国约64%的社区成立了协商议事委员会，③内容不断丰富，机制逐步健全，形式广泛多样，取得了显著成效。例如，广州市增城区出台《开展农村社区协商，加强农村基层治理》，首先以石滩镇下围村为试点进行探索，初步形成了"民主商议、一事一议"的下围村模式，并逐步在全区推广，获得了良好的社会反响。④ 贵州省福泉市大胆创新，形成一套将村组权力"交给"村民、重大公共事务决策由村民商议的"5+3"（"5"即5步决策：集议—动议—合议—复议—决议。"3"即3项监督：群众监督、监事会监督、主管部门监督）城乡社区协商工作模式，有效地激发了村级自治的活力。⑤

5. 社区减负工作有效开展

民政部会同五部门联合印发《关于改进和规范基层群众性自治组织出

---

① 《北京市西城区"十三五"时期民政事业发展规划》，北京市西城区人民政府网站，https：//www.bjxch.gov.cn/xxgk/xxxq/pnidpv657934.html，最后访问时间：2021年1月17日。
② 《西湖区西溪街道打造共建共治共享的社区治理体系新路径》，民政部网站，http：//www.mca.gov.cn/article/wh/whbq/jczqjs/201901/20190100014597.shtml，最后访问时间：2021年1月17日。
③ 民政部基层政权和社区建设司：《基层政权和社区建设全面加强》，《中国社会报》2017年10月9日，第3版。
④ 《开展农村社区协商 加强农村基层治理》，民政部网站，http：//www.mca.gov.cn/article/wh/whbq/jcmz/201709/20170915005765.shtml，最后访问时间：2021年1月17日。
⑤ 《"5+3"社区协商模式激发村级自治活力》，民政部网站，http：//www.mca.gov.cn/article/wh/whbq/jcmz/，最后访问时间：2021年1月17日。

具证明工作的指导意见》，明确社区治理要善做减法，规范各地基层群众性自治组织出具证明工作，推动社区减负工作不断开展。湖南省制定《基层群众性自治组织权责清单》，"三个清单"明确了基层群众性自治组织依法自治事项、协助政府工作事项、减负工作事项，厘清了基层政权和基层群众性自治组织的权责边界，推进基层群众性自治组织自治工作有效开展。

（二）存在的不足

在取得成绩的同时，当前基层群众自治工作在一些方面仍然存在不足，例如，基层党组织与基层群众性自治组织的关系有待改进、基层群众性自治组织行政负担较重、群众自治意识和能力有待进一步增强等。

1.基层党组织与基层群众性自治组织的关系有待改进

我国有370多万个基层党组织，这些基层党组织中活跃着7500多万名基层党员。基层党组织是基层社会治理的领导核心和政治核心，在推动党的路线方针政策贯彻方面发挥着引领作用。根据我国《村民委员会组织法》和《城市居民委员会组织法》，基层群众性自治组织是村（居）民实行自我管理、自我教育、自我服务的社会组织。按照党内法规和有关法律的规定，基层党组织与基层群众性自治组织之间是一种领导与被领导的关系，这就意味着基层党组织应当在基层群众性自治组织开展活动过程中扮演积极角色，基层群众性自治组织要在坚持基层党组织领导下开展各项工作，贯彻执行基层党组织的各项重大决策。然而，在基层社会治理实践中，少数地区还存在基层党组织与基层群众性自治组织关系不协调的问题，主要原因在于基层党组织和村（居）委会在"领导—被领导"关系方面存在片面认识：基层党组织过分强调自己的领导作用，而忽视了基层群众性自治组织的自治权力；村（居）委会则过分强调自己的自治权力，对基层党组织的领导未能重视。[1]

---

[1] 李占宾：《基层治理的现实困境及法治化路径》，《河南师范大学学报》（哲学社会科学版）2016年第1期。

2. 基层群众性自治组织行政负担较重

基层群众性自治组织是由农村村民、城市居民选举的非政府、自治性社会组织，然而在基层社会治理实践中，却一直存在基层群众性自治组织行政化倾向严重、行政负担过重等问题，村委会、居委会与基层政权关系不协调，缺乏独立性与自主性。近几年，政府出台一些政策文件，通过制定权责清单等方式，推动基层群众性自治组织减负工作开展，取得一定成效。但是一些地区的村委会、居委会仍存在严重行政化倾向，考核硬指标等沉重的行政负担，导致村委会、居委会成员压力过大，疲于应对。

在村民自治组织的日常工作中，村民自治权利有时会被政府行政权力所掩盖。乡镇政府在村委会工作中应当扮演指导、支持和帮助的角色，政府指导应当以促进而不是妨碍村（居）民自治为界限，不可过度干预基层群众性自治组织的日常工作。但是，在实际工作中有些乡镇政府将自己视为村委会的上级领导，指派各种计划、指令或指标等任务，使得村委会在村级公共事务决策中的自主性受到侵害。城市居委会同样如此，在工作中承担着过重的行政负担。许多居委会的主要日常工作就是协助政府部门开展工作，存在检查考核多、硬性指派任务多等问题，导致居委会无暇顾及社区自身建设与发展，严重弱化了居委会作为基层群众性自治组织的职能，影响社区自治的健康发展。

3. 群众自治意识和能力有待进一步增强

村民、居民是基层群众性自治组织的主力军，应当在基层群众自治中发挥主体作用。但是，目前在有些地方，在基层群众性自治组织中参与活动的，主要是年纪比较大的人，其精力、能力和创新意识有限，年轻人则认为基层群众自治工作与自己无关，漠视群众性自治组织的存在，这导致基层群众整体参与积极性不高、参与能力不足，群众参与积极性尚未被充分调动起来，主体作用尚未充分发挥。

究其原因，主要在于基层自治活动内容单一，群众参与渠道不通畅，群众对基层自治组织工作认可度低，对基层干部不信任等。在一些地区，存在基层政权、宗族势力等因素干扰基层选举的问题，指定选举、贿赂选举、强迫选举等现象时有发生，严重损害了基层群众自治制度，使得群众民意无法正常表达，导致基层群众性自治组织公信力下降。同时，一些基层干部滥用自治权力，严重侵犯群众合法权益，出现欺压百姓的"村霸"，基层民主遭到严重破坏；有些基层干部为了尽早完成"上级任务"，将民主决策变为内部形式程序，严重违反基层民主程序，使得基层民主流于形式。

（三）改进的建议

为了推进基层群众自治的健康发展，应当采取积极措施，促进基层党组织与基层群众性自治组织关系协调发展，减轻基层群众性自治组织的行政负担，提高群众参与意识和自治能力。

1. 促进基层党组织与基层群众性自治组织关系协调发展

一方面，完善体制机制，着力强化党建引领，加强基层党组织建设，发挥党的领导核心作用，将基层党建贯穿于基层社会治理的全过程和各方面，坚持"党建带社建"。加强对基层党员的教育，创新基层党建工作方式，正确认识基层党组织对基层群众性自治组织的领导作用，同时要尊重基层群众性自治组织的自治权力。另一方面，对基层群众性自治组织成员进行思想教育，提高其思想认识水平，理解基层群众自治权力的行使必须以坚持党的领导为前提，任何工作的开展都必须矢志不渝地贯彻落实党的方针政策。

2. 减轻基层群众性自治组织的行政负担

为解决基层群众性自治组织行政负担过重的问题，需要进一步完善相关法规政策，坚定推进基层群众性自治组织"去行政化"工作，构建基层政权和基层群众性自治组织之间的良性工作关系。具体而言，可以通过制定基层群众性自治组织权责清单、开展"村（社区）万能章"专项整治活动等方式，明确基层群众性自治组织的工作内容、范围，使基层群众性自治组织的工作人员能够有充足的精力投入到基层群众自治事业中来。除此之外，还可以考虑增加村（社区）对基层政权职能部门满意度测评的权重，倒逼基层政权转变工作作风，减少对基层群众性自治组织指派工作任务，减轻村（社区）负担。

3. 提高群众参与意识和自治能力，切实发挥主体作用

党的十九大报告指明了基层社会治理的发展方向，即"完善党委领导、政府负责、社会协同、公众参与、法治保障的社会治理体制"。作为基层社会治理的核心和重点，基层群众自治必须保证群众广泛、真实的参与，以便焕发基层自治的活力。一方面，要培育群众的参与意识和自治能力，具体可以通过设立村（居）群众代表大会、议事会、监事会、恳谈会、听证会等民主协商形式，推动村（居）民深度参与基层群众自治实践，引导群众依法行使民主权利，不断提升参与意识和自治能力。另一方面，为改变群众对基层群众性自治组织和干部不信任的局面，提高公信力，应当确保群众对基层选举、日常工作的参与权、知情权和监督权，让他们在参与中加深理解，在监督中建立信任。

二 行业协会自治

在政府进一步"简政放权"后，行业治理需要行业协会承担更多自治责任。行业协会通过制定行业规范、开展行业管理、惩戒违规成员，在行业自治方面发挥了独特作用。目前，全国共有社会组织900409个，其中民政部登记的共2276个。[①] 在全部社会组织中，社会团体占很大的比例，而在全部社会团体中，行业协会也占很大的比例，这些行业协会是行业自治的中坚力量，在基层社会治理中发挥着独特作用（见图2）。

（一）取得的成绩

行业协会商会是构建社会治理新格局的重要主体，是推进国家治理体系和治理能力现代化的重要组成部分。[②] 随着我国改革开放的不断深入和社会

---

① 中国社会组织政务服务平台，http://www.chinanpo.gov.cn/，最后访问时间：2021年2月14日。
② 沈永安、应新安：《行业协会商会参与社会治理的多元路径分析》，《治理研究》2020年第1期。

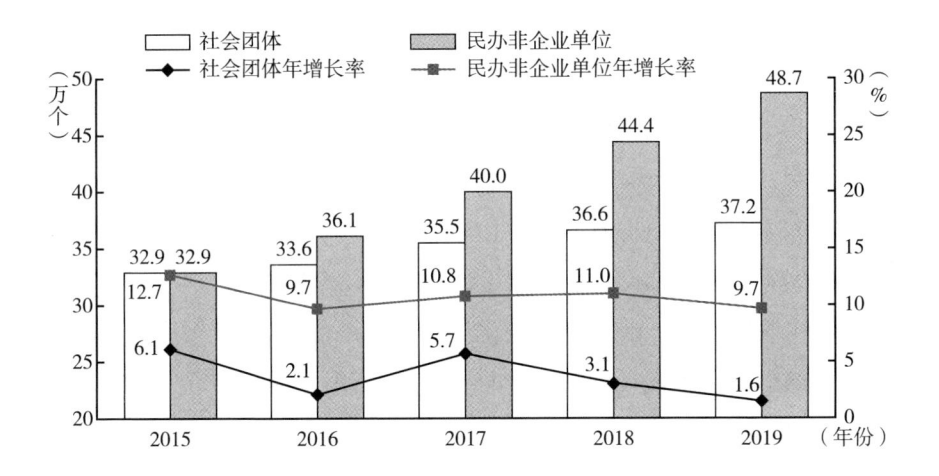

图 2 2015~2019 年社会团体、民办非企业单位情况

资料来源：民政部《2019 年民政事业发展统计公报》。

主义市场经济体制的逐步完善，行业协会得到了快速发展，在积极履行自律协调职能、积极扮演行业纠纷第三方调解角色等方面发挥着重要的作用。

1. 积极履行自律协调职能，制定相关行业规范与标准

党的十九届四中全会通过的决定指出："发挥群团组织、社会组织作用，发挥行业协会商会自律功能，实现政府治理和社会调节、居民自治良性互动，夯实基层社会治理基础。"为加强行业自律规范建设，各个行业协会根据章程示范文本的要求，纷纷制定本行业的章程，大致包括总则、宗旨和业务范围、会员、组织机构、财务、章程修改程序、终止程序和财产处理、附则等内容。同时，各行业协会根据行业特征和实际情况制定符合自身需求的专门行业规范。通过制定行业规范和行业标准，规范会员行为，维护行业秩序，抵抗恶性竞争，保持行业健康持续发展。例如，温州商会与行业协会制定相关行业规范与标准，规范会员企业行为，积极履行自律协调职能，促进产业良性循环发展，有效规避了产业混乱。①

---

① 沈永安、应新安：《行业协会商会参与社会治理的多元路径分析》，《治理研究》2020 年第 1 期。

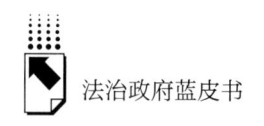

2. 积极承担社会责任，倡导社会新风尚

行业协会商会作为社会治理主体，积极承担社会责任，参与社会治理，倡导社会新风尚。例如，在习近平总书记对制止餐饮浪费行为作出重要指示后，各地餐饮、烹饪协会积极行动起来，接连发出倡议，在会员单位和广大消费者中大力倡导节约行为，倡导节约新风尚。江苏省餐饮行业协会在倡议书中明确，餐饮服务单位要将制止餐饮浪费纳入餐饮生产、加工、服务的全过程，减少餐厨垃圾；山东省旅游饭店协会要求，各地旅游饭店行业协会要积极引领绿色饭店餐饮发展方向，打造节约型饭店餐饮，深入开展"光盘行动"，将制止餐饮浪费行为作为饭店餐饮业常态化工作任务；武汉餐饮业协会发出倡议，推行"N-1"点餐模式，即点餐数比实际人数少一，不够再增加，在确保顾客吃好的同时，从源头杜绝餐饮浪费。

3. 积极扮演行业纠纷第三方调解角色

2019年，最高人民法院和全国工商联联合印发《关于发挥商会调解优势推进民营经济领域纠纷多元化解机制建设的意见》，提出发挥行业协会商会调解优势，加强诉调对接工作，推进民营经济领域纠纷多元化解机制建设。在该意见指导下，各行业协会商会积极扮演行业纠纷第三方调解角色，根据本行业特色创新调解方式，化解社会矛盾。例如，北京网络行业协会创新推出"网民与网站间矛盾纠纷调解"和"网站与自媒体用户网风评议"两项举措，旨在广泛动员民众参与到网络社会治理中，实现网络矛盾预防在前、化解在后，打造新时代全民共建共治共享的健康网络社会新局面。

4. 参与法规政策制定

2019年，国务院办公厅印发《关于在制定行政法规规章行政规范性文件过程中充分听取企业和行业协会商会意见的通知》，据此，各地区、各部门在制定行政法规规章行政规范性文件过程中，安排听取企业和行业协会商会意见，行业协会商会积极参与法规政策制定，为相关领域科学立法作出了自己的贡献。

（二）存在的不足

1. 行业协会违法违规现象频发

我国行业协会数量众多，由于监督不足，行业协会违法违规行为时有发生，造成了不良影响，降低了社会对行业协会的信任。例如，在"娄丙林诉北京市水产批发行业协会横向垄断协议纠纷上诉案"［北京市高级人民法院（2013）高民终字第4325号民事判决］一案中，北京市水产批发行业协会在其《北京市水产批发行业协会手册》中规定："禁止会员向本协会会员所在的市场向非会员销售整件扇贝""禁止会员不正当竞争，不按协会规定的销售价格折价销售扇贝"。娄丙林退出水产批发行业协会后无法获得獐子岛扇贝供货渠道，无法销售獐子岛扇贝。法院审理后认为：水产批发行业协会的行为构成《反垄断法》所禁止的横向垄断协议，损害原告合法权益。[①] 再比如，人力资源和社会保障部、国家市场监督管理总局明确规定：行业协会商会按照要求承担相关职业资格认定工作的，不得收取除考试费、鉴定费外的其他任何费用。在实践中，个别行业协会商会却存在违规"搭车"收费行为。

2. 行业规范存在缺漏，行业管理有待加强

就总体情况而言，各行业协会在制定行业规范、开展行业管理方面水平参差不齐，存在不少问题。一方面，自治规范建设方面有待改进，有的行业协会，制度规范建设不完善，在行业"自我立法"方面主动性不够，该有的规范存在缺失，现有的规范在合法性和合理性上还存在不足，这导致行业自律先天不足；另一方面，行业管理方面有待改进，有的行业协会开展行业管理的动力不足，对行业事务的管理不够，出现"有协会无管理"的情形，有的行业协会重管理而轻服务，在维护成员利益方面不作为，导致成员对行业协会缺乏认同。

3. 行业协会政府主导色彩浓厚，自治性较差

要实现行业的有效自治，政府必须适当放手，给行业协会留下发挥自治

---

① 《2008－2018年中国法院反垄断民事诉讼10大案件案情简介》，《人民法院报》2018年11月17日，第3版。

功能的机会和空间。目前，尽管行业协会与行政机关脱钩的工作早都已经展开，但效果并不理想，一些行业协会仍然存在与政府机构"一个机构两个牌子"的问题，行业协会负责人来自主管单位，甚至直接由主管单位领导兼任，行业协会政府主导的色彩浓厚。如果行业协会依附于政府，行业发展就必然会受到政府部门的掣肘，行业协会自治性就很差，其自治职能就无法有效发挥。

（三）改进的建议

1. 推进行业协会监管体系转型

长期以来，我国对行业协会的监管体系呈现"双重管理"的格局，即由民政部门和业务主管部门分别就登记事项和业务事项对行业协会进行监管。随着《民法典》的出台，行业协会的管理模式应该有所改进和转型。一方面，行业协会属于法人，政府应当尊重其独立地位；另一方面，政府要科学监管，不断优化行业发展环境。在行政部门积极承担监管责任的同时，要打破行业的自我封闭状态，适度引入社会监督。

2. 加强行业协会自身建设

行业协会自治功能的有效发挥，也受到自身内部因素的限制。目前，行业协会存在内部治理结构不顺、人才配备不足等问题，这些都制约了行业协会自治的推进。因此，应当优化内部治理机构，强化工作团队能力，聘用专职人才，加强人员培训，提升其工作能力，加强行业协会的自身建设，促进行业协会的规范发展。同时，有关部门要加大扶持力度，为行业协会发展提供资金支持和政策扶持，加强人才培训，加快行业协会发展，发挥行业协会专业优势，为经济社会发展作出重要贡献。

3. 继续推进行业协会与行政机关脱钩

政府代表官方，行业协会代表民间，二者之间既要有联系，也要有分工。在优化行业协会监管体制的同时，要继续推进行业协会与行政机关脱钩工作全面展开，将带有政府主导色彩的行业协会与政府部门分开，使行业协会的筹建、选举、经费筹集、人员聘任、会务管理实现自主化，推动行业协会自治重新焕发活力,从而在行业管理和社会治理中发挥更大的作用。

三 司法所的基层法律服务

截至 2019 年底,全国共有基层法律服务机构 1.5 万多家,其中乡镇所 9400 多家,占 61%;街道所 5900 多家,占 39%。① 在基层社会治理中,司法所是极其重要的法律服务机构,承担着调处纠纷、基层普法、社区矫正、刑满释放人员安置帮教、法律咨询等诸多职能,发挥着"协调推进辖区内基层法治建设,统筹提供基层公共法律服务,促进和维护基层社会和谐稳定"的重要作用。

(一)取得的成绩

1. 建设智慧司法所

近年来,随着社会治理方式的创新发展,利用"互联网+"进行社会治理成为新趋势,各地纷纷建设智慧司法所。浙江省桐乡市司法局为加速推进"数字法治、智慧司法"信息化体系建设,依托乌镇为世界互联网大会永久举办地独特优势,利用"互联网+"在乌镇打造智慧司法所,形成线上线下、内网外网协调一致,便捷实用、互联互通的"智慧司法"运作模式,大幅提升了司法行政质效,切实增强了群众的获得感、幸福感、安全感。② 江苏省也不断加强智慧司法所建设,截至 2020 年 8 月,全省 1276 个司法所已全面使用"智慧司法所"平台,实现了智慧采集、智慧分析、智慧服务、智慧指挥,走在全国前列。③ 2020 年安徽司法所建设进一步提档升

---

① 《2019 年度律师、基层法律服务工作统计分析》,司法部网站,http://www.moj.gov.cn/government_public/content/2020-06/22/634_3251200.html,最后访问时间:2020 年 12 月 30 日。
② 钱晓丽、郭芸:《用好"互联网+" 打造智慧司法所》,《人民调解》2020 年第 1 期。
③ 《我省智慧司法所平台使用率实现 100%》,江苏政府法制网,http://doj.jiangsu.gov.cn/art/2020/8/14/art_48513_9453142.html,最后访问时间:2021 年 1 月 17 日。

级,积极建设智慧司法所,实现"一个平台登陆、一个账户办理",不断提高司法所工作效率和服务能力。①

2.司法所队伍建设成效明显

司法所在基层社会治理中发挥着重要的作用,各地纷纷采取措施加强司法所队伍建设,取得了明显成效,队伍工作能力进一步加强。例如,河南省各地通过机关工作人员下沉司法所、增加事业编制人员、乡镇(街道)调剂、政府购买服务(一名以上社区矫正专职社工、两名以上专职人民调解员)等多种措施,建设司法所队伍,为司法所开展各项工作提供人员保障。据统计,河南省226个司法所共配备1469名工作人员,所均6.5人,10人以上司法所有7个,人员最多的达13人。截至2019年底,全省司法所配备专职人民调解员4328名,其中聘用经费按不低于当地最低工资标准配备的有1612名,各地配备情况良好。②江苏省赣州市章贡区为解决基层有"人"能干事问题,通过积极争取专项编制、购买社会服务等途径,实现全区司法所所均人数达到5人,在编在岗工作人员15人,彻底消除过去的"无人所"和"一人所"现象。③

3.建立科学的司法所工作考评体系

司法所是推进基层法治建设的重要力量,建立科学的司法所工作考评体系将有利于提高司法所的工作质量和水平。近年来,内蒙古为切实解决以往司法所传统考核方式存在的工作绩效考评制度不健全、执行不严格、评价不精准等问题,建立司法考评人民满意标准,同时加强对司法所履职能力的客观工作标准评价,建立围绕大局服务中心工作标准,实行科学有效的考评办法,推动内蒙古司法所建设与发展。④

---

① 《安徽实施司法所建设提档升级三年行动计划》,法制网,http://www.legaldaily.com.cn/judicial/content/2020-01/14/content_8100104.html,最后访问时间:2021年1月17日。
② 宋瑞萍、杨高阳:《把司法所建设责任扛在肩上——河南省星级规范化司法所建设工作的调研与思考》,《人民调解》2020年第4期。
③ 江西省赣州市章贡区司法局:《"三强化",司法所建设齐步走》,《人民调解》2020年第5期。
④ 内蒙古自治区司法厅人民参与和促进法治处:《对建立人民满意的司法所考评体系的思考》,《人民调解》2020年第6期。

4. 司法所职能有效发挥

首先,调解矛盾纠纷。基层司法所的重要职责之一就是对矛盾纠纷进行调解。基层司法所受理的案件主要包括邻里纠纷、农村土地承包经营纠纷等,这类夹杂着复杂人情关系的案件具备进行调解的可能性和必要性。基层司法所凭借自身优势,多采用"动之以情,晓之以理"的调解方法,在依法处理的同时也体现出地方性特色。

其次,进行普法宣传。基层司法所在普法宣传工作方面发挥着重要的作用。全国各地基层司法所在开展普法宣传工作时,会根据各地群众文化水平、接受程度等因素,采取符合当地特色的普法方式,实现普法的目的。

最后,提供其他法律服务。基层司法所承担着提供基层法律服务的职能,具体包括提供法律咨询、代理诉讼和开展法律援助等,这对于提高乡村社会的法治水平、维护社会安全稳定和公平正义发挥着重要作用。

(二)存在的不足

1. 司法所专业水平有待进一步提高

虽然司法所队伍建设取得了突出成绩,工作能力有所提高,但队伍专业化水平仍有待进一步提高。由于各地基层司法所面临的实际情况比较复杂,这就对司法所工作人员的能力提出了新的要求。另外,司法所的工作重点之一是社区矫正,这也需要工作人员具备较强的专业素养和工作能力。

2. 纠纷化解效果有限

随着经济社会的发展,基层矛盾不断增多且日益复杂,导致司法所面临的解决纠纷的压力不断增大,在此背景下,有些司法所在解决纠纷的过程中,刻意追求调解时间短、次数少,对于纠纷解决的实质性内容和最终效果有所忽视,无法达到真正解决纠纷的目的。

3. 有些职能未能有效承担

根据《司法所条例(征求意见稿)》第8条的规定,司法所依法履行以下职责:"(一)指导辖区内人民调解、行业性专业性调解、行政调解工作,参与调处重大疑难复杂纠纷。(二)组织开展基层普法依法治理工作,指导

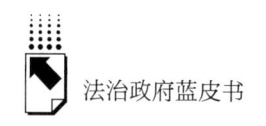

推动基层法治文化建设。(三)受社区矫正机构的委托,承担社区矫正相关工作。(四)协调相关部门和单位组织开展对刑满释放人员的安置帮教工作。(五)受法律援助机构委托受理法律援助申请并进行初审,开展法律咨询服务,提供律师、公证、司法鉴定、仲裁等法律业务需求指引。(六)负责辖区内行政执法协调工作。(七)指导监督基层法律服务所、乡镇(街道)公共法律服务工作站、村(社区)公共法律服务工作室工作。(八)具体承担或协调指导乡镇人民政府(街道办事处)法律顾问工作。(九)指导监督村(社区)法律顾问工作;参与面向社会征集立法建议,协助开展人民陪审员选任工作。(十)完成法律法规赋予和县(市、区、旗)司法局交办的其他事务。"就目前情况看,因为受到各种因素的制约,司法所在承担有些职能方面还不到位,比如担任乡镇政府法律顾问、开展法治文化建设、刑满释放人员安置帮教、征集立法建议、陪审员选任等。

(三)改进的建议

《法治社会建设实施纲要(2020—2025年)》指出:"到2022年,基本形成覆盖城乡、便捷高效、均等普惠的现代公共法律服务体系,保证人民群众获得及时有效的法律帮助。"在此背景下,未来司法所工作应该从如下方面开展。

1. 进一步提高司法所队伍专业化水平

面对司法所队伍专业化水平有待提高的问题,要进一步加强基层法律队伍人才建设,开展专业培训,购买法律服务,推动智慧司法所建设,不断提高基层法律服务能力,确保运转规范、衔接有序、智慧高效。

2. 建立矛盾纠纷多元化解长效机制

及时化解矛盾纠纷是维护社会长治久安的重要方式与途径,这就要求司法所应当与政府、公安派出所、人民法院派出法庭等部门加强沟通合作,建立矛盾纠纷多元化解长效机制,不断优化工作协调机制,统筹各单位力量,通力合作,及时有效化解矛盾纠纷。

3. 全面承担基层社会治理的各项职能

随着法治建设对基层社会治理的要求不断提高，司法所未来承担的法律服务职能会越来越多。在此背景下，司法所要注意工作的协调性和全局性，在做好法律咨询、矛盾调解、普法宣传等传统工作之外，还要积极承担起社区矫正、刑满释放人员安置帮教、立法建议征集、陪审员选任等职能，这些工作有的任务重，有的属于新领域，需要司法所尽快熟悉业务，全面承担职能。

四 推进基层社会治理法治化的方向

2020年12月，中共中央印发《法治社会建设实施纲要（2020—2025年）》，明确指出："全面提升社会治理法治化水平，依法维护社会秩序、解决社会问题、协调利益关系、推动社会事业发展，培育全社会办事依法、遇事找法、解决问题用法、化解矛盾靠法的法治环境，促进社会充满活力又和谐有序。"社会治理的法治化发展方向，就是在法治模式下完成对社会治理体系的建构，具体包括进一步完善社会治理体制机制、推进多层次多领域依法治理、充分发挥多元主体在社会治理中的作用、推动矛盾纠纷多元化长效解决等方面。

（一）进一步完善社会治理体制机制

在社会建设从社会管理向社会治理迈进的过程中，已有的社会治理体制机制需要进一步完善，要逐步完善党委领导、政府负责、社会协同、公众参与、法治保障的社会治理体系，打造共建共治共享的社会治理格局。

1. 坚持党建引领

党的领导是中国特色社会主义最本质的特征，是中国特色社会主义制度的最大优势，也是实行有效社会治理的根本保证。

首先，充分发挥基层党组织的领导核心作用，把党的领导融入基层社会治理，确保基层社会治理政治方向不偏离，形成党领导下的自治、德治、法

治的有机统一。

其次,加强基层党组织建设,扩大基层党组织的覆盖范围,推动基层党组织有效嵌入各类基层社会组织,切实将党的政治优势、组织优势、制度优势等转化为社会治理优势。

最后,充分发挥党员先锋模范带头作用,通过党员密切联系群众、了解群众诉求、有效服务群众等方式推动基层社会治理水平不断提升。

2. 增强自治活力

基层群众自治是社会主义民主的本质要求,增强自治活力是推进基层社会治理法治化的重要内容之一。要深入开展民主决策实践、民主治理实践、民主监督实践,推进基层群众自治制度化、规范化、程序化,引导人民群众依法行使民主权利。

(二)推进多层次多领域依法治理

实现良好的社会治理,要求政府、基层群众性自治组织、社会组织和企业职责明确、各负其责,共同管理社会公共事务。

1. 深化基层群众性自治组织和行业治理

基层群众性自治组织和行业协会是社会的重要组成单元,在社会治理中具有重要地位。深化基层群众性自治组织治理,要求深入贯彻落实基层群众自治法律法规,完善基层群众性自治组织,推动基层群众性自治组织自我管理、自我服务。深化行业治理,要求大力推动各行业普遍开展依法治理,健全行业自治的国家立法和行业内部规章,推进行业协会内部建设,积极开展有效的行业管理。

2. 发挥社会规范在社会治理中的积极作用

现代社会治理规则体系,除国家法律外,还包括村规民约、居民公约、行业规章等多种形式的社会规范,这些社会规范既是法律的补充,也是法律的细化,在社会治理法治化中发挥着不可替代的作用。因此,国家要鼓励、扶持自治团体出台相关社会规范,并为这些社会规范发挥独特作用提供空间。

（三）充分发挥多元主体在社会治理中的作用

传统的社会管理模式主体单一，即由政府主导管理。随着社会的发展，这样的社会管理模式已经无法满足当下的需要，社会治理主体开始由单中心向多中心转变，这就要求充分发挥多元主体在社会治理中的作用。

1. 明确政府的角色定位

随着社会治理模式的转型，为了使得多元主体参与的社会治理焕发生机与活力，就必须对政府的角色进行明确的定位，防止政府过度干预而影响其他主体参与社会治理的积极性和主动性，也要发挥政府的职能作用，实现二者的有机平衡与协调统一。在社会治理方面，政府要坚持依法行政，严格按照法律赋予的权力履行职责；坚持科学民主决策，建立健全决策程序，减少决策失误；严格公正执法，提升执法水平；转变政府职能，建设服务型政府。

2. 充分发挥社会组织的治理作用

社会组织是政府与市场之间、政府与社会之间、政府与公民之间的桥梁和纽带，是社会治理的重要主体。在推进社会治理法治化的进程中，各级政府部门必须转变观念，认真对待社会组织，要充分发挥社会组织在基层社会治理中的积极作用，要引导和支持社会组织参与依法治理，完善社会组织管理相关法律法规，建立健全社会组织发挥作用的机制和制度化渠道。

（四）推动矛盾纠纷多元化长效解决

随着中国改革和现代化建设进入新时期，各类社会矛盾纠纷将会不断显现，因此，需要建立矛盾纠纷多元化解长效机制，依法有效化解纠纷，维护社会安定团结和公平正义。

1. 要完善多元调解模式

调解是中国传统的纠纷解决方式，体现了中国人独特的正义观与和谐观。当前社会治理对纠纷解决提出了很高的要求，需要构建矛盾纠纷多元化解长效机制，其中特别要重视调解的价值。相比于诉讼，调解方式灵活、成

本低廉、易于执行,且能够实现案结事了,对于化解不尖锐的社会矛盾而言,其应该成为首选方式。因此,要不断完善多元调解模式,综合运用人民调解、行业调解、行政调解、司法调解等多种手段,形成合力,推进社会矛盾纠纷的有效解决。

2. 进一步完善人民群众利益表达机制

随着社会发展,利益复杂化,随着社会公众权利意识的不断提升,人民群众对于事关自身利益的事务有了越来越多的关注,表达和参与的意愿也越来越高。在此背景下,社会治理一定要尊重公众的知情权、参与权和表达权,不断畅通民意表达的渠道。要进一步完善信访制,通过信访制度,让人民有不满可以表达、有建议可以传达、有问题可以提出;要充分发挥大众传媒的积极作用,通过客观的传媒,建立起一个反映社会变化和传达政府回应的专业、快速、有效的机制。

五 结论

在全面依法治国的进程中,需要坚持法治国家、法治政府、法治社会一体建设,其中,法治社会是建设法治国家的前提和基础,是实现国家治理体系和治理能力现代化的重要组成部分。当前,我国的社会治理正在经历由政府单一主导模式向多元共治模式的转型,正在走上依法治理的道路。推动基层社会治理法治化,是法治社会建设的一个重要环节,要通过夯实法律基础、激活基层自治、提供法律服务供给,推动和保障基层社会治理在法治的轨道上行稳致远,为法治中国打下扎实的根基、营造良好的氛围。

二 部门行政法

B.6
《传染病防治法》的检视与完善

赵 鹏*

摘　要： 传染病防治向来依赖公共权力的运用，在新冠肺炎疫情暴发的紧急情况下更是如此。对法律来说，挑战在于，如何在授予政府必要权力与对这种权力保持反思品质之间寻求平衡。从本次新冠肺炎疫情防控来看，在新发传染病监测、纳入法定传染病管理前的即时控制等方面，法律赋予政府的权力与职责似不充分；将新发传染病纳入法定传染病管理的行政程序也缺少规范。与此同时，新冠肺炎疫情暴发后，在确保常态法制和非常态法制顺畅、规范地切换，为重大管制措施划定基本条件、范围和程序要求等方面，也有不少值得反思之处。为了提升传染病防治的法治水平，在未来修改《传染病防治法》时，需要进一步完善新发传染病的监测预警和报告制度，系统提升应对新发传染病风险的处置能力，进一步规范传染病种类划定的程序，进一步明确传染病管控中的法律适用，适度优化疫区宣布的措施。

关键词： 《传染病防治法》 风险防控 政府权力

---

* 赵鹏，法学博士，中国政法大学法治政府研究院教授，博士研究生导师，主要研究方向为行政法学、风险规制、网络法等。

2020年初，突如其来的新冠肺炎疫情成为新中国成立以来在中国发生的传播速度最快、感染范围最广、防控难度最大的一次重大突发公共卫生事件。维系公共卫生安全高度依赖行政权力。本次疫情应对既检验了政府依法合理使用行政权力的能力，也检验了政府直面突发事件时的应急管理能力。本次疫情检验，也在一定程度上暴露出了现行法制体系在相关制度方面的完备性和妥当性问题。为此，习近平总书记强调：疫情防控不只是医药卫生问题，而是全方位的工作，是总体战。"疫情防控越是到最吃劲的时候，越要坚持依法防控，在法治轨道上统筹推进各项防控工作，全面提高依法防控、依法治理能力，保障疫情防控工作顺利开展，维护社会大局稳定。"[①]

传染病防治是一个涉及权力运用的话题，法律在其中既要授予政府必要的权力，以采取措施限制疾病传播，又要为有关授权设置必要的边界。就前者而言，当面对疫情暴发等紧急时刻，需要授权政府采取积极有效的行政执法手段乃至刑事司法措施以强化防控的效果；就后者而言，则需要明确有关强制性措施的适用对象、原则和条件，并控制好有关权力运用的强度和规模。因此，本文从法律角度，运用更加理性和可预见的制度安排来平衡相互冲突的法益，通过反思本次疫情应对以及《中华人民共和国传染病防治法》（以下简称《传染病防治法》）的实施来检视长期的制度安排。

一 现行法框架下传染病防治的权力运行逻辑

中国传染病防治采取法定主义模式。《传染病防治法》详细列举了法定传染病的种类，并将其细分为甲、乙、丙三类。在此基础上，强化政府对上述有关传染病的干预，授权政府采取必要的预防和控制措施。这一模式的好处在于，为需要政府采取干预措施的法定传染病框定了直接对应的监测、预防和控制体系。因此，在应对已经被列入法定管理目录内的传染病时，有关

---

① 习近平：《全面提高依法防控依法治理能力，健全国家公共卫生应急管理体系》，《求是》2020年第5期。

权力运行的方式、模式相对成熟,其权力运行的制度逻辑主要体现在以下几个方面。

(一)监测传染病

在传染病防治体系中,监测制度无疑具有基础性的地位。监测制度的实施需要设定社会公众、医疗机构及其人员的法定报告义务,需要平衡公共利益和患者隐私权利的保护范围等,因此,传染病防治是一个需要法律系统予以调整的具体领域。关注传染病防治,就不能仅限于单纯的技术和管理领域。

目前,《传染病防治法》针对法定传染病系统地规定了医疗机构、疾病预防控制机构等主体的报告义务。国务院卫生行政部门发布了《中华人民共和国传染病防治法规定管理的传染病诊断标准》[1],有关制度体系相对清晰。就此而言,法定传染病一经被发现,有关主体须遵循法律要求,履行将其纳入疫情报告体系并依法采取干预措施的法定义务。不过,相比较而言,对于新发传染病,《传染病防治法》对监测的具体要求语焉不详,仅概括性地规定了监测义务。[2]

(二)划定传染病的种类

哪些传染病需要政府干预,以及政府应采取何种手段予以干预,都不是简单的技术问题,需要协调不同的法益。传染病防治之所以采取法定主义模式,即意在通过立法机关立法的法益平衡机制来保障规则设计的民主性,协调传染病划定和防控中的政治、经济和伦理争议。毕竟防治传染病不是一个单纯的医学技术问题,必须与社会的权利观念和伦理共识相协调。"非典"以后,为了汲取防治"非典"的经验,2004年在修订《传染病防治法》的时候,就传染病的划定进行了一定的调整,从而较之前的《传染病防治法》

---

[1] 《传染病防治法》第78条第1项。
[2] 《传染病防治法》第17条第3款。

产生了两点变化。一是虽然仍规定乙类和丙类传染病调整的权力归属于国务院卫生行政部门，但并未以此类推将调整甲类传染病的权力授予国务院，相反，仍保留于立法机关。① 二是基于控制传染病效率的考虑，在规定乙类传染病的预防和控制措施方面，创造了一种不完全对称的管制结构。具体而言，即明确了乙类传染病的具体类别，但又规定国务院卫生行政部门在履行向国务院报批的手续之后，可以将一些适用于甲类传染病的防控手段适用于部分乙类传染病，从而为其他类别的传染病采取甲类防控措施留有余地。② 在本次新冠肺炎防治中，国家卫健委即是根据上述规定，将新冠肺炎列入乙类传染病，并经国务院批准，采取甲类传染病的预防、控制措施。③

（三）采取管制措施

划定法定传染目录只是控制传染病的第一步。划定目录的目的在于明确控制传染病应当行使的权力和承担的义务，从而将传染病的防控接入《传染病防治法》的管制框架。就此而言，《传染病防治法》所搭建的是一个层次多元、逻辑递进的管制框架。首先，需要将某种传染病列入法定的传染病目录进行管理，而一旦被列入目录，有关管制方案便接入了法律所确定的相对固定的管制框架；其次，如果传染病呈现暴发、流行的态势，则需要启动应急响应，在行政区域内开展更多的社会管控措施。当传染病进一步出现跨区域扩散的风险时，有关管制框架就上升到一个新的层级，由此可能采取跨区域的检疫措施乃至全面封锁等手段。由此，在这一管制体系不断升级和扩散的过程中，需要就有关法益进行衡量，从而选择和适用不同的具体管制措施。

首先，按照甲类传染病进行管理为采取隔离措施提供了前提。隔离可通过限制当事人的行动自由阻断病原传播的路径。其在具体的管制环节，又可

---

① 《传染病防治法》第3条。
② 《传染病防治法》第4条。
③ 《中华人民共和国国家卫生健康委员会公告》（2020年第1号）

以细分为不同的管制手段,如针对病人、病原携带者、疑似病人的隔离治疗,对有关密切接触者、无症状感染者的医学观察或其他防控措施,以及对发生病例的特定场所及其人员的隔离措施等。

其次,由于隔离是在特定病例发生后,对已经被证实的具体危险展开的防卫行为。一旦出现传染病暴发、流行,这种"点"式防御可能不够充分,进而需要在"面"上对社会活动采取更为全面的限制。因此,更大范围的应急响应与社会活动的管控也就顺理成章了。

最后,传染病疫情暴发以后,还需开展疫区宣布和跨区域的旅行限制等管制措施。在本次疫情应对中,一些地方政府就采取了外地抵达人员进行居家隔离、劝返特定地区抵达人员乃至对特定地区实施全面封锁等管制手段。这些措施在本质上是设定实际或者虚拟的防疫线,从而对人员跨区域的旅行和流动设定条件乃至全面禁止。

二 现行制度框架下传染病防治的法律难题

(一)对新发未知传染病监测和报告的滞后问题

一是对传染病的监测、报告存在制度缺陷。传染病防治的关键是落实"四早"措施,特别是早发现、早隔离,有利于迅速切断传染链条,将传染病扼杀于初发状态。"非典"、新冠肺炎等传染病,由于其突然发生,且传播迅速,控制疫情暴发的时间窗口很小,对传染病监测预警系统的灵敏性要求极高。就此而言,《传染病防治法》在监测新发传染病方面欠缺具体的制度设计,导致实际应对过程暴露出了问题。尽管"非典"以后,为了使"非典"初期的错误不再重演,中国卫生健康行政部门曾作出巨大投入建设全球规模最大的传染病疫情和突发公共卫生事件网络直报系统,[①] 但是由于

---

① 李斌:《国务院关于传染病防治工作和传染病防治法实施情况的报告》,2013年8月28日在第十二届全国人民代表大会常务委员会第四次会议上。

缺乏针对新发传染病系统化的监测标准，该系统在有效监测新发传染病方面，并未达到理想的效果。

具体而言，《传染病防治法》第30条虽然概括规定了相关主体的传染病报告义务，但未就新发未知传染病的报告作出具体而明确的制度安排。这使得现有传染病报告局限于"法定传染病"的信息速报，而未明确涵盖"疑似传染病"，难以对新发未知传染病开展有效监测。虽然卫生健康行政部门在实际操作中有所扩张，但由于没有法律的明确规定，卫生健康部门的扩张缺乏刚性约束。各类新发和未知的疑似传染病出现后，需经相关部门组织专家进行确认，方可被纳入网络直报系统，这期间存在的较长时滞可能降低疫情防控效率。特别是如果地方相关部门懈怠，或者出于其他考虑隐瞒疫情，有关信息可能不会被网络直报系统有效监测到。

二是传染病报告义务主体设计不够精细。《传染病防治法》第30条将报告的义务主体限定于各级各类医疗机构、疾病预防控制机构、采供血机构及其执行职务的人员，这与很多国家和地区将报告义务明确到医务人员个人有明显差别。虽然卫生健康部门发布的《突发公共卫生事件与传染病疫情监测信息报告管理办法》和《传染病信息报告管理规范（2015年版）》等细化了首诊医生、乡村医生、个体开业医生等主体的报告义务，但由于缺乏上位法的明确规定，在实际执行中也难以形成刚性约束。在个人（例如首诊医生）向机构报告，再由机构向主管部门报告的程序设计下，无论是从报告效率，还是从漏报、瞒报的可能性来看，都存在一定的缺陷。

上述问题反映出《传染病防治法》在贯彻风险预防原则方面存在的结构性缺陷。由于当代社会生活环境和社会观念的变化，消极的"危险防卫"已经难以适从。为此，政府需要扩大安全保障的职责范围，将权力运行的逻辑起点从应对明确而现实的威胁扩张至不那么确定的潜在威胁，这即是"风险预防"原则的内在要求[1]。事实上，新的疫情并非远在天边，也不是百年不遇的偶然事件，而是往往以几年就发生一次的高频

---

[1] 姜明安主编《行政法论丛》，法律出版社，2009，第191页。

率出现。① 如此密集的发生频率和对人类生命健康造成的巨大威胁，显然不在社会可以普遍容忍和接受的范畴。法律的作用就在于通过制度化的方式，强化积极的风险预防职责，当"史无前例"的危机不期而至的时候，整个国家的疾病预防控制系统能够随时做好迎面阻击的准备。

（二）对应急响应和社会活动管控职权的配置真空问题

监测到新发传染病以后，需要通过法定程序来确定具体的管制方案。根据《传染病防治法》，只有被纳入法定传染病特别是甲类传染病管理的，才能采取相应的隔离、指定场所医学观察等阻断传播措施。对于突发原因不明的传染病需要采取相应预防、控制措施的，须由国务院卫生行政部门报经国务院批准后予以公布、实施。由于从发现疾病具备传染性到将其纳入法定传染病管理需要时间，这期间，基层可以采取何种措施阻断疾病传播缺乏法律的明确授权，很容易贻误处置的时机。在疫情防控初期，地方政府对于采取措施的权力就具有不同的认知，也不乏一些超前应对的事例。比如，根据媒体报道，在国家宣布将新冠肺炎纳入乙类传染病并按照甲类传染病进行管理之前，湖北潜江就率先在辖区内采取了隔离措施。这一行为尽管遭遇了"冒险违规"的非议，但从传染病防治的实际效果来看，却被证明高度有效，从而成为典型事例。不过，如果从严格的法治主义视角来看，有关强制隔离等措施往往涉及限制人身自由，属于地方无权干涉的立法保留事项，如果没有明确的法律授权，地方政府的权力行使即使结果正确，也会面临很大的法律障碍。②

---

① 王晨：《全国人民代表大会常务委员会执法检查组关于检查〈中华人民共和国传染病防治法〉实施情况的报告》，2018 年 8 月 28 日在第十三届全国人民代表大会常务委员会第五次会议上。
② 实际上，2018 年全国人大对传染病防治法的执法检查已经发现了这一问题，制度矫正未能及时推进。参见王晨《全国人民代表大会常务委员会执法检查组关于检查〈中华人民共和国传染病防治法〉实施情况的报告》，2018 年 8 月 28 日在第十三届全国人民代表大会常务委员会第五次会议上。

（三）对传染病种类进行划定的程序阙如问题

国家卫健委将新冠肺炎纳入法定传染病进行管理虽然在形式上只是一纸公告，但实质上具有立法的性质。正是这一公告补充了既有法律应对新兴情况之不足，从而将《传染病防治法》所设定的疫情报告、发布、控制等规范适用于新冠肺炎。正如台湾学者的分析，行政机关划定传染病的行为属于实质意义上的制定法律规范的活动。① 然而，我国现行立法对于将新发传染病纳入法定传染病进行管理这类具备实质性补充法律效力的立法行为还缺乏明确的程序设计。②

不仅如此，在采取前述方式将新发传染病纳入法定传染病进行管理之后，仍面临进一步的法律程序难题。比如，由于划定传染病的种类具有补充法律效力的性质，行政机关在作出划定传染病种类的行政决定之后，是否需要经过事后评估进而向人大报备，以及如何评估、如何报备，凡此种种，更加缺乏法律层面的规定。在《传染病防治法》修订过程中，有一种意见认为，国务院卫生行政部门将疾病划归乙类但经国务院批准采取甲类的管理措施，应当是一项暂时性的权力。③ 法定传染病既然是法定，增加或者减少病种就应由全国人大常委会通过修改法律的方式予以决定，但是基于防范未被列入法定传染病目录的新发烈性传染病的需要，立法者又不得不赋予行政机关一定的临机处置之权。不过，虑及确定甲类传染病病种绝非小事，故立法者又采取了较为审慎的立场，取消了国务院径直调整甲类传染病的权力，而是退而求其次，基于应对新发突发性传染病应急处理的需要，设定了国务院

---

① 台湾学者李建良曾经针对台湾当局指定SARS为传染病的决定性质进行过分析，可供参考。参见李建良《从正当法律程序观点透析SARS防疫相关措施》，《台湾法学杂志》2003年第49期。
② 朱芒：《论行政规定的性质——从行政规范体系角度的定位》，《中国法学》2003年第1期。
③ 李飞、王陇德主编《中华人民共和国传染病防治法释义》，法律出版社，2004，第241~246页。

批准按照甲类传染病进行管理的权力。① 但问题在于，立法并未直接赋予国务院调整甲类传染病的权力，如果认定国务院的批准就可以视作一种调整甲类传染病的常态化手段，那么就等于变相赋予了国务院调整甲类传染病的权力，这将可能与提升甲类传染病设定权限的规范意旨相冲突。特别是，甲类传染病的管理因涉及限制人身自由等强制措施，而相对明确地属于法律保留事项，因此，如果理解为实质赋予国务院直接调整甲类传染病的权力，就实际上承认了国务院可以增设限制人身自由的措施，这又将与《中华人民共和国立法法》（以下简称《立法法》）的意旨产生明显的冲突。②

（四）采取管制措施的法律适用不统一问题

首先，法律秩序的切换程序问题。在防控传染病之时，政府的行政权力应如何从常态化的社会管制向非常态下的全面管控和应急处置扩张尚欠缺清晰的法律依据。一种观点认为，前述法律秩序的转换应当以《传染病防治法》规定的疫区宣布为前提。③ 然而，从当下的实定法来看，这种主张似乎并无明确依据。《传染病防治法》第42条规定了政府可以采取的紧急措施。对于这些措施的适用，需要满足"传染病暴发、流行"、"按照预防、控制预案进行防治"和"报经上一级地方政府决定"三个要件，并未要求以疫区宣布为前提。④ 实际上，疫区宣布是在该法第43条予以规定的，从其文本中也难以推导出宣布疫区是采取相关紧急措施的前提。相反，从第43条的规范意旨来看，宣布疫区主要是为采取第42条之外的其他管制措施，包括对出入疫区的人员、物资和交通工具实施卫生检疫以及封锁疫区提供依

---

① 胡光宝：《全国人大法律委员会关于〈中华人民共和国传染病防治法（修订草案）〉修改情况的汇报》，2004年6月21日在第十届全国人民代表大会常务委员会第十次会议上。
② 韩大元：《论紧急状态下公民基本权利的限制与保障》，《学习与探索》2005年第4期。
③ 参见朱芒《SARS与人身自由——游动在合法性和正当性之间的抗SARS措施》，《法学》2003年第5期。
④ 《传染病防治法》（1989年版）第25条规定："传染病暴发、流行时，当地政府当立即组织力量进行防治，切断传染病的传播途径；必要时，报经上一级地方政府决定，可以采取下列紧急措施：……"

据。考虑到《突发公共卫生事件应急条例》和《中华人民共和国突发事件应对法》(以下简称《突发事件应对法》)就公共卫生事件应对设定了分级响应制度,并强化了地方政府制定应急预案的法定职责,因此,《传染病防治法》第42条关于"按照预防、控制预案进行防治"的要求实际上衔接了《突发公共卫生事件应急条例》和《突发事件应对法》的上述规定。就此而言,在疫情暴发、流行后,常态法制向非常态法制的转换,应当通过启动突发公共卫生事件应急预案,同时向社会宣布应急响应来完成。

其次,疫情应急处置中的法律适用问题。针对疫情防控可以采取的紧急措施,《传染病防治法》以第42条为核心,对政府可以采取的紧急措施进行了明确列举,包括限制或者停止人群聚集的活动,停工、停业、停课,封闭或者封存水源、食品以及相关物品,控制或者扑杀染疫动物,封闭可能造成传染病扩散的场所等。但是,《突发事件应对法》以第49条为中心,也授予了政府采取部分应急处置措施的权力,且《突发事件应对法》的授权更加灵活和宽泛。在本次疫情应对中,应适用《传染病防治法》的紧急措施,还是适用《突发事件应对法》的应急措施,尚未厘清。

(五)地区间旅行检疫措施的实施难题

如前所述,尽管结合有关法律意旨,疫区宣布并不是从常态法治向非常态法治切换的前提,但是疫区宣布仍然是有价值的。根据《传染病防治法》第43条规定,县级以上地方人民政府报经上一级人民政府决定,可以宣布本行政区域部分或者全部为疫区;国务院可以决定并宣布跨省、自治区、直辖市的疫区。疫区划定和宣布是对出入疫区的人员、物资和交通工具实施卫生检疫的前提,为出入疫区的人员、物资和交通工具实施检疫提供了依据。遗憾的是,在本次疫情防控中,出现了一些并未严格遵守这一程序的现象。例如个别地区在没有宣布疫区的情况下即对所有外地抵达人员采取隔离管控等措施,更有甚者,以损毁道路、阻断交通等手段采取名目繁多的"硬封锁",甚至对其他地区的人员、交通工具和物资向武汉、湖北等付出极大代价的重点疫区进行正常流动造成了不利影响。这一系列相互限制和重复管制的策略产生了代价巨大的权利限制，值得从法律层面予以反思。

四　完善《传染病防治法》的具体路径

（一）进一步完善新发传染病的监测预警和报告制度

一是扩大传染病监测预警、报告的范围。建议将专业机构和相关人员的报告义务扩张至"疑似传染病"，以便将可能造成传染病流行的潜在风险因素、能够判断疾病暴发传的信息数据均纳入监测、报告的网络。同时，法律可以要求卫生健康部门或者疾控机构对报告事项发布明确的指引性规则。例如，考虑到一些疾病的病理现象，如不明原因发热、上呼吸道感染、腹泻的聚集性发生，往往预示存在传染病或者其他突发公共卫生风险，因此，法律可以要求相关主管部门对这些疾病群聚的报告发布指引，规定一旦满足一些人、时、地的关联性，就需要进行报告，而无须等到确诊之后。

二是细化疫情报告责任人的传染病报告义务。根据近年来中国在金融监管、环境保护、食品药品监管等领域的经验，"责任到人"是一项加强制度约束的重要手段。建议《传染病防治法》清楚界定"疫情报告责任人"的具体范围，对于医务人员等个人的疫情报告义务和法律责任作出明确规定。

（二）系统提升应对新发传染病风险的处置能力

相对于实定规则，行政机关应遵循的基本程序要素更具有制度层面的独特价值。由于传染病防治在本质上是一种面向未来、着眼于不确定事件的风险规制活动，而防控传染病本身又是高度专业的、复杂的和情景依赖的，因此，人大立法很难就此予以充分的事先认知，有关法律规范就不可避免地失

于原则，而难以用确定化的规范表达予以明定。① 相比较而言，行政机关在人员组织结构、专家资源和产业合作网络等方面具有立法机关无可比拟的优势。因此，行政机关能够开展相对更为及时的风险调查，并在此基础上形成更具专业性的、符合"事物本质"的规制方案。②

现代风险兼具客观性和主观建构的特点。③ 就传染病防治而言，对"事物本质"的探究，既要考虑疾病本身的致病性、传播能力、传播途径等技术问题，又必须充分平衡民众的风险偏好、社会可接受度以及疾病防控的实际能力和水平等政策性问题。不过，技术性问题仍是基础。就此而言，需要通过强化有关制度来提升破解技术性问题的能力。

一是尽可能全面地获得关于疾病的科学知识。行政机关自身不可能生产关于这方面的知识，因此，专家咨询在这类决定中是不可或缺的程序安排。在疫情应对的过程中，尽管卫生健康部门也高度重视发挥专家作用，但有关工作仍存在可资提升的巨大空间。究其根本，在于专家发挥作用的程序性保障机制仍不健全。事实上，专家在决策咨询中的角色和纯粹科学研究中的角色有很大的差异，外部压力、政策考量、学科知识、个人偏好都可能深刻地影响咨询意见的质量。特别是，在面临重大社会稳定问题时，不排除专家会基于决策后的舆论压力而不自觉地削弱决策的科学技术，放弃全面客观地科学评估，而选择迎合决策者的政策取向。因此，迫切需要健全有关程序性制度，在专家遴选、意见发表、记录公开、同行评审等方面堵塞制度漏洞，以程序性机制保障专家充分发挥诚实的科学代理人作用。④

二是谋相对确定于不确定。从科学上讲，对新发传染病的认识不是一蹴而就的，而是需要经历一个科学探索的过程。对传染病致病性和传播性

---

① 哈贝马斯认为，这种依赖预测的活动，民主过程只能实现部分的调整。参见〔德〕哈贝马斯《在事实与规范之间——关于法律和民主法治国的商谈理论》，童世骏译，生活·读书·新知三联书店，2003年出版，第1页。
② 陈爱娥：《事物本质在行政法上的适用》，《中国法律评论》2019年第3期。
③ 金自宁：《风险行政法研究的前提问题》，《华东政法大学学报》2014年第1期。
④ 王锡锌：《中国公共决策专家咨询制度的悖论及其克服——以美国〈联邦咨询委员会法〉为借鉴》，《法商研究》2007年第2期。

的研究的技术路线即使从一开始就是正确的，有关科学结论的取得也必须经过严密的实验和论证。然而，行政决策不等人。当疾病来袭时，行政决策需要在有限的时间和有限的证据面前一锤定音，进而采取相应的管制措施。因此，行政决策要善于谋相对确定于不确定。这是因为，在证据尚且有限的时候，基于风险预防的考虑就作出决定，相当于为了保护尚未受到波及的人群，而让即将受到限制的人群承担可能的错误成本；而如果选择等待进一步证据后再做决定，则相当于让已经暴露于风险的人群承担可能的错误成本。

因此，建议《传染病防治法》规定地方政府和相关基层部门的临时性干预职权。对已经发现传染迹象但原因不明的疾病，在国家决定是否将其纳入法定传染病管理以及按照何种类别进行管理之前，应当采取适度的临时性干预措施，以阻断传染病传播。与此同时，也尽可能通过法律规定行政主体实施此类措施所需遵守的程序和受影响个体的救济途径，以规范其使用。总体而言，行政机关在采取应急响应和社会活动的管控措施时需要重点考虑是否符合比例原则的要求，通过充分考虑当事人受到感染的概率，传播疾病的危险是否显著，乃至病原的传播规律、建筑物的结构等因素综合进行审慎的裁量。比如，针对密切接触者的处置方案，国家卫健委基于医学方面的共识制定的管理方案就相当于行政机关的裁量基准，为具体决定的作出提供了正当化的保障机制，[①] 参照这种方案处理，一般不会出现系统性的问题。对于一些涉及人员较多、权利影响较大的管制措施就需要采取更加慎重的处置措施。比如，可以通过设定程序来限制和规范权力的行使，如要求决定机关同时向上一级人民政府报告，且明确上一级人民政府有否决权等。此外，考虑到传染病防控的决定具有高度的科学依赖属性，因此，还需要设定专家咨询等机制来弥补纯粹行政管控的不足。为此，尚需要对相关专家咨询机构的组织架构、议事规则和信息记录作出明确的法律安排，确保专家客观、中立地

---

① 裁量基准的研究可以参考周佑勇《裁量基准的正当性问题研究》，《中国法学》2007年第6期。

开展工作，不受干扰地表达专业意见，从而确保政策选择建立在坚实的科学基础之上。

（三）进一步规范传染病种类划定的程序

如前所述，划定传染病是一种实质性补充法律效力的活动，具有明显的立法属性，因此，需要按照立法的要求平衡各方面的法益，从而需要严密的程序设计予以保障。① 此外，对于传染病划定后是否需要向人大报备的问题，应该从理念层面予以突破。一方面，赋予行政机关采取果断措施划定传染病种类并将其纳入法定传染病的管制权力架构，本身是符合风险预防原则的。试想，新发传染病疫情暴发伊始，行政机关对病毒的致病性、变异的可能性缺乏充分理解，医疗体系准备不足且民众心理高度恐慌，此时，只有及时采取高强度的干预措施，才能有效回应社会关切，也才能将风险损失降到最小。另一方面，承认行政机关这一权力的有限性和临时性，也是确保依法行政、民主行政的需要。当疫情稳定之后，社会的理性因素增多，此时，得以有机会对行政机关划定传染病种类的行为进行科学评估，既评估其干预的力度是否和传染病本身的性质相适应，又评估其干预的强度是否符合社会公众的预期以及社会的风险承受程度，如不符合，则可通过立法的民主形式予以纠偏。事实上，仅从法治政府建设的意义上看，在疫情稳定后启动程序对传染病划定行为进行后评估，并在必要时向最高权力机关报备说明，接受立法机关的监督，本身也体现政府决策开放反思品质。②

（四）进一步明确传染病管控中的法律适用

法律明确性并非要求法律预设唯一正确的管制选项，而是力图建构一个

---

① 周汉华：《行政立法与当代行政法——中国行政法的发展方向》，《法学研究》1997 年第 3 期。
② 开放反思对政府决策合法性的意义可参见沈岿《因开放、反思而合法——探索中国公法变迁的规范性基础》，《中国社会科学》2004 年第 4 期。

关于管制秩序的框架性要求。① 它也应当允许阶层化的适用，在面对新冠肺炎疫情这类科学认识不足、经验积累缺乏又情况紧急的事件时，在管制措施适用构成要件的明确性方面作适当的放宽。②

其一，在采取旨在切断传播路径、控制传染的核心措施时，应当优先适用《传染病防治法》规定的紧急措施。《传染病防治法》第42条规定的紧急措施，是基于历来传染病防治经验总结出来的行之有效的管制手段，本身就是针对疫情暴发、流行而专门设计的措施。为了保证行政机关在使用这些措施的过程中有灵活应对的余地，这些措施的构成要件已经相当开放，行政机关有充分的政策因应空间，完全可以根据疾病性质和防控形势采取适当的行动。

其二，《突发事件应对法》可以作为维护传染病防治秩序的补充规范。《传染病防治法》的措施对于干预、控制疾病传播本身已经足够，但是它自身无法支撑整个疫情控制所需要的法律秩序。首先，疫情暴发期间，可能产生衍生的管制需求，例如基本生活物品供应的管制、交通管控的特殊要求等。对此，《传染病防治法》并未提供相应的规则供给，此时，如果该领域缺乏特别法律规定，可以依据《突发事件应对法》建立管制秩序。其次，《传染病防治法》的法律责任规范并未考虑紧急情况下管制命令的执行需求，因此，地方政府可以按照应急预案在启动应急响应之后，对违反政府依据《传染病防治法》授权发布的决定、命令行为认定为违反应对突发事件的决定、命令的行为，进而依照维护应急秩序的相关规范进行制裁。③

---

① 裴洪辉：《在价值理想与客观认知之间：法律明确性原则的理论空间》，《法学论坛》2019年第2期。
② 台湾学者对SARS期间台湾地区管制措施与法律明确性要求之间关系的讨论可供参考。陈爱娥：《疾病控制的宪法问题》，台北《月旦法学杂志》2004年第2期；黄锦堂：《疾病的控制的行政法问题——以严重急性呼吸道症候群（SARS）为讨论》，台北《月旦法学杂志》2004年第2期。
③ 例如，《中华人民共和国治安管理处罚法》第50条规定："有下列行为之一的，处警告或者二百元以下罚款；情节严重的，处五日以上十日以下拘留，可以并处五百元以下罚款：（一）拒不执行人民政府在紧急状态情况下依法发布的决定、命令的；……"

（五）适度优化疫区宣布的措施

虑及"疫区"的术语容易产生污名化的后果，影响社会团结，建议修订《传染病防治法》关于"疫区宣布"的规定，吸纳本次疫情划分"高、中、低"风险区域的做法，来替代"疫区宣布"，并将其作为在不同区域间建立"防疫线"措施的法定前提。同时，法律应当明确要求国务院卫生健康行政部门对于风险区域的划分及时出台指引性规范。此外，本次疫情应对也暴露出北京作为首都，需要采取不同于一般地区的管控手段，在修订法律时也可以考虑对此进行明确的规定。

B.7 法律原则在重大突发公共卫生事件防控中的适用[*]

宋华琳 刘英科[**]

摘 要： 当没有实定法规范或实定法规范不合理时，可通过对法律原则的补充适用来审视重大突发公共卫生事件防控措施的合法性。在重大突发公共卫生事件防控过程中，应秉承由法律优越原则、法律保留原则组成的依法行政原则；应以比例原则导引规范性文件中对管控措施的设定，为隐私权和个人信息保护提供指针；应适用平等原则，禁止对相同事物作不同对待，禁止对不同事物作相同对待。

关键词： 重大突发公共卫生事件 法律优越原则 法律保留原则 比例原则 平等原则

突发公共卫生事件是指突然发生，造成或者可能造成社会公众健康严重损害的重大传染病疫情、群体性不明原因疾病、重大食物和职业中毒以及其他严重影响公众健康的事件。[①] 新冠肺炎疫情是新中国成立以来发生的传播

---

[*] 本文为国家社科基金重大项目"突发重大公共卫生事件防控的法治体系研究"（项目编号：20&ZD188）的阶段性成果。

[**] 宋华琳，法学博士，南开大学法学院教授、副院长，博士研究生导师，主要研究方向为行政法学；刘英科，南开大学法学院宪法学与行政法学专业博士研究生，主要研究方向为宪法学、行政法学。

[①] 《突发公共卫生事件应急条例》第2条。

速度最快、感染范围最广、防控难度最大的一次重大突发公共卫生事件，面对新冠肺炎疫情，行政机关及法律、法规授权的组织要制定应急预案、颁布规范性文件，开展个人信息收集、检验、检测、诊断、流行病学调查等行政调查，采取隔离治疗、医学观察、强制检疫、强制消毒、封闭场所、限制公共场所活动等行政强制措施，进行应急征收征用。

目前我国在应对重大突发公共卫生事件时，一方面存在需要进一步精准施策、增强防控措施有效性的问题；另一方面存在缺少上位法依据、不符合比例原则、未能充分保障行政相对人合法权益等问题，而法律原则可为防控行为提供必要的导引。

法律原则是法律规范的主要类型之一，是法律体系的重要组成部分。行政法由于所调整对象的复杂性与易变性，许多只能有赖于在长期法律实践和学理讨论中，通过法律共同体对话、论辩形成的法律原则。[1] 当没有实定法规范或实定法规范不合理时，可通过对法律原则的补充适用来审视重大突发公共卫生事件防控措施的合法性。[2] 本文审视法律原则在重大突发公共卫生事件防控中的适用，并围绕依法行政原则、比例原则、平等原则的适用展开述评。

一　依法行政原则的适用

依法行政原则是行政法最为重要的原则，是行政法体系建立的基石。可将依法行政原则视为法治国家原则的下位概念，它要求行政受法律的拘束，以避免因行政权恣意行使而侵害行政相对人权利。"依法行政"中的"法"应涵盖法律、法规与规章。在重大突发公共卫生事件防控中，主要涉及《传染病防治法》、《突发事件应对法》及《突发公共卫生事件应急条例》等法律法规，行政行为应以上述法律法规为依据，不得违反上述法律法

---

[1] 李洪雷：《行政法释义学》，中国人民大学出版社，2014，第65~66页。
[2] 翁岳生主编《行政法》（上册），中国法制出版社，2009，第154页。

规。① 在重大突发公共卫生事件防控过程中，应秉承依法行政原则，即须恪守法律优越原则、法律保留原则的要求。从比较法观之，法律优越原则是消极地禁止违反现行法律，法律保留原则则是积极地要求行政活动具有法律依据。②

（一）法律优越原则

法律优越原则体现了法律与行政的关系，它是指法律在行政的活动中具有优越地位，行政权受法律的拘束。对现行有效的法律，行政权必须予以适用，所谓"适用之强制"；行政权须遵循法律的规定，不得违反法律，不得与法律相抵触，所谓"偏离之禁止"。③《传染病防治法》、《突发事件应对法》和《突发公共卫生事件应急条例》对重大突发公共卫生事件防控已有规定，因此在应对重大突发公共卫生事件时，行政权应以法定的权限、范围、条件和程序为遵循，不得逾越法律的边界。以下将以应急物资征用和分配为例，讨论法律优越原则的适用。

1. 应急物资征用征收

《传染病防治法》第45条对调集人员、调用物资、临时征用设施进行疫情控制工作加以规定，指出"传染病暴发、流行时，根据传染病疫情控制的需要，国务院有权在全国范围或者跨省、自治区、直辖市范围内，县级以上地方人民政府有权在本行政区域内紧急调集人员或者调用储备物资，临时征用房屋、交通工具以及相关设施、设备"。传染病暴发、流行时，疫区波及范围较大，仅靠局部地区防治力量已不能满足控制疫情的需要，需要合理优化配置医疗、防疫、日常生活必备的各项资源，各地主管部门为应对疫情防控的需要，对基础物资和设施进行征用。

较为典型的反证为，在2020年疫情暴发之初，个别地方政府针对性防疫资源储备不足，基层管理部门在防疫过程中，为保障本地防疫需求，存在

---

① 赵宏：《疫情防控下个人的权利限缩与边界》，《比较法研究》2020年第2期。
② 〔德〕哈特穆特·毛雷尔：《行政法学总论》，高家伟译，法律出版社，2000，第104页。
③ 陈敏：《行政法总论》，台北：新学林出版有限公司，2016，第156~157页。

违法征用物资的情形。如 2020 年 2 月 2 日，云南省大理市卫生健康局对云南顺丰速运有限公司大理分公司承运的发往重庆市的口罩实施"紧急征用"，该批口罩为重庆市疫情防控指挥部委托有关企业从海外采购的一批口罩，其中包括帮助湖北黄石代买的口罩。①

大理市卫生健康局这种行为的违法之处有三。第一，根据《传染病防治法》的规定，大理市人民政府仅有权在本行政区域内紧急调集人员或调用物资，不得跨省调用，该批物资虽属于云南顺丰速运有限公司大理分公司承运的在途货物，但所有权仍属于重庆方面的收件人。大理市卫生健康局作出的决定实际上构成了对重庆方面收件人财产所有权的剥夺，法律未规定可对跨区域的应急物资加以征收，此行为以征用之名，行征收之实，违反了《传染病防治法》第 45 条的规定。② 第二，《传染病防治法》第 45 条规定的征调主体为地方人民政府，由大理市卫生健康局作为征调物资的主体，其并非适格的行政行为主体，构成超越法定职权。第三，《传染病防治法》第 45 条第 2 款规定："紧急调集人员的，应当按照规定给予合理报酬。临时征用房屋、交通工具以及相关设施、设备的，应当依法给予补偿；能返还的，应当及时返还。"大理市卫生健康局征用口罩时，未给予补偿，违反了《传染病防治法》第 45 条第 2 款的规定。法律优越原则要求行政的一切活动不得违反法律，因此大理市卫生健康局的行为不仅违反了《传染病防治法》的规定，也违反了法律优越原则。

2. 捐赠应急物资分配

《突发事件应对法》第 32 条第 1 款规定，国家建立健全应急物资储备保障制度，完善重要应急物资的监管、生产、储备、调拨和紧急配送体系。《突发公共卫生事件应急条例》第 32 条规定，突发事件发生后，"国务院有关部门和县级以上地方人民政府及其有关部门，应当保证突发事件应急处理所

---

① 《发往重庆市的口罩被大理征用　大理市卫健局回应》，新浪网，https://news.sina.com.cn/c/2020-02-05/doc-iimxyqvz0510972.shtml，最后访问时间：2021 年 1 月 14 日。
② 刘连泰：《疫情防控中征用对征收规范的借鉴——以甲市征用乙市口罩事件为例》，《财经法学》2020 年第 3 期。

需的医疗救护设备、救治药品、医疗器械等物资的生产、供应"。就捐赠应急物资分配而言,《慈善法》第73条规定:"具有公开募捐资格的慈善组织应当定期向社会公开其募捐情况和慈善项目实施情况。"《红十字会法》第23条规定:"红十字会应当建立健全信息公开制度,规范信息发布,在统一的信息平台及时向社会公布捐赠款物的收入和使用情况,接受社会监督。"

在新冠肺炎疫情暴发之初,湖北省、武汉市出现应急医用物资等短缺,当时全国各界捐赠的应急物资云集武汉,但仍出现一线医护人员医疗物资"告急"的现象,这反映出重大突发公共卫生事件中捐赠应急物资分配制度的不完善。民政部于2020年1月26日发布了《关于动员慈善力量依法有序参与新型冠状病毒感染的肺炎疫情防控工作的公告》,① 指出"慈善组织为湖北省武汉市疫情防控工作募集的款物,由湖北省红十字会、湖北省慈善总会、湖北省青少年发展基金会、武汉市慈善总会、武汉市红十字会接收,除定向捐赠外,原则上服从湖北省、武汉市等地新型冠状病毒感染的肺炎防控指挥部的统一调配"。

根据2020年1月30日湖北省红十字会公布的物资分配情况,② 作为定点发热门诊的协和医院仅获得社会爱心人士定向捐赠的3000只口罩,而不在发热门诊和定点医疗救治机构名单之列的武汉"仁爱医院""天佑医院"则分别获得了KN95口罩1.8万只。湖北省红十字会于2020年2月1日面对社会质疑发布了解释声明,③ 说明1月26日下午湖北省红十字会先是收到了一家爱心企业捐赠KN95口罩3.6万只的意向,但因"KN95口罩不在新型冠状病毒肺炎疫情防控用品清单目录内",湖北省红十字会根据"1月26日上午仁爱医院等单位的紧急求助信息",协调捐赠方于1月27日将该批口罩分别捐赠给天佑医院1.8万只、仁爱医院1.8万只。

---

① 民政部公告第476号,2020年1月26日。
② 《捐赠接收和使用情况公布》(六),湖北省红十字会网站,http://www.hbsredcross.org.cn/xxgk/4858.jhtml,最后访问时间:2021年1月14日。
③ 《湖北省红十字会关于捐赠物资分配有关情况的说明》,湖北省红十字会网站,http://www.hbsredcross.org.cn/xxgk/18031.jhtml,最后访问时间:2021年1月14日。

在重大突发公共卫生事件防控中，法律优越原则不仅要求公权力活动不得违反现行法律，还要求公权力活动"积极适用法律"，因此权力行使者要通晓现行相关法律规范，了解法律规范的目的，以检视所为活动与法律的契合性，以保证法律优越原则的践行。[1] 在上述口罩分配事例中，湖北省红十字会等慈善组织未能按照《慈善法》《红十字会法》的要求，在统一的信息平台及时向社会公布捐赠款物的收入和使用情况。而且在重大突发公共卫生事件防控构成中，捐赠应急物资的分配关系到防控工作的开展，因此不仅须公开捐赠物资的分配或使用情况，还须公开确定分配或使用物资优先次序的理由。慈善组织在分配捐赠应急物资时，未能制定分配规则，未能及时公开捐赠接收和使用情况，未能说明分配优先次序及理由，构成了对实定法律规范的违反，也有违立法目的，有违法律优越原则的要求。

（二）法律保留原则

法律保留原则要求，在某些领域，行政机关必须有法律的授权，才能采取行政措施，这被称为"积极的依法行政原则"。[2] 法律保留原则决定着行政机关采取某种措施介入社会的容许性，让立法机关在保障基本权利、控制行政权方面发挥重要作用。[3] 2004年国务院颁布的《全面推进依法行政实施纲要》中指出："行政机关实施行政管理，应当依照法律、法规、规章的规定进行；没有法律、法规、规章的规定，行政机关不得作出影响公民、法人和其他组织合法权益或者增加公民、法人和其他组织义务的决定。"在应对重大突发公共卫生事件时，无论是确定传染病类型，还是依法开展应急处理、采取必要的管理控制措施，都可能涉及对公民、法人和其他组织权利的克减或义务的课予，须受法律保留原则的支配。

《传染病防治法》第42条规定，传染病暴发、流行时，县级以上地方人民政府为切断传染病的传播途径，必要时报经上一级人民政府决定，可以

---

[1] 王贵松：《论行政法上的法律优位》，《法学评论》2019年第1期。
[2] 李洪雷：《行政法释义学》，中国人民大学出版社，2014，第72页。
[3] 王贵松：《行政活动法律保留的结构变迁》，《中国法学》2021年第1期。

采取"封闭可能造成传染病扩散的场所"的紧急措施,并予以公告。"封闭可能造成传染病扩散的场所"是对有关场所经营者或所有人财产权利的较大限制,旨在防止传染病扩散。

在新冠肺炎疫情发生早期,无论是行政管理者还是科学家,都对该种新型病毒的传染源、传播途径和易感人群等传染病流行过程缺乏全面了解。为了应对疫情,第一时间切断病毒传播链,当时对湖北省、武汉市对外通道实施最严格的封闭和交通管控。2020 年 1 月 23 日,武汉市城市公共交通停运,关闭机场、火车站离汉通道,开始了真正意义的"封城"。[1] 武汉市新冠肺炎疫情防控指挥部于 2020 年 2 月 10 日发布第 12 号通告,要求"在全市范围内所有住宅小区实行封闭管理。对新冠肺炎确诊患者或疑似患者所在楼栋单元必须严格进行封控管理"。[2]

此后,确诊人数仅次于武汉的湖北省孝感市于 2020 年 2 月 16 日发布 17 号令要求辖区内城镇居民足不出户、农村村民不得遛弯聚集、所有车辆不得上路,违反者将移交公安机关处理,同时将被纳入失信名单。[3] 其他省市的部分区域不同程度地采取了农村封村、封路和城镇小区封闭管理的措施。[4] 不同地区

---

[1] 《凌晨宣布:武汉全面进入战时状态!》,新浪网,http://finance.sina.com.cn/wm/2020-01-23/doc-iihnzhha4279005.shtml,最后访问时间:2021 年 1 月 14 日。
[2] 《武汉市新冠肺炎疫情防控指挥部发布第 11 号、第 12 号通告》,中国政府网,http://www.gov.cn/xinwen/2020-02/11/content_5477104.htm,最后访问时间:2021 年 1 月 14 日。
[3] 《孝感发布"17 号令"》,澎湃新闻网,https://www.thepaper.cn/newsDetail_forward_6031773,最后访问时间:2021 年 1 月 14 日。
[4] 这些措施包括:深圳市新型冠状病毒感染的肺炎疫情防控指挥部 2020 年 2 月 6 日发布《关于建立健全社区联防联控机制的若干措施》,深圳市人民代表大会常务委员会 2020 年 2 月 11 日发布的《关于依法全力做好当前新型冠状病毒肺炎疫情防控工作 切实保障人民群众生命健康安全的决定》;北京市新型冠状病毒感染的肺炎疫情防控工作领导小组办公室 2020 年 2 月 9 日发布的《关于进一步加强社区(村)疫情防控工作的通告》;重庆市住房和城乡建设委员会 2020 年 2 月 10 日发布的《关于切实做好物业小区封闭式管理的通知》;广西壮族自治区新型冠状病毒感染的肺炎疫情防控工作领导小组指挥部 2020 年 2 月 11 日发布的《关于进一步加强社区和农村疫情防控工作的通知》;等等,以上列举的规范性文件关于社区或村管理的规定,主要内容涵盖了实施小区(村)封闭管理,对人员和车辆进行登记,严格控制非本小区人员或车辆进入,并对来自或途经疫情区域的人员进行严格管控,加强出租屋的管理等内容。

的区域封闭管理政策不尽相同,但普遍要求凭证出入;在2020年1月和2月疫情暴发之初,普遍限制外卖、快递人员进入小区,部分地区要求住户隔一天可派一人外出采买,自我居家管控14天,不得出门。① 此类防控措施旨在限制人员流动,减小小区内居民感染的可能性。

在新冠肺炎疫情防控过程中,我国各地政府采取了"强制隔离""隔离治疗""集中医学观察""医学检查""强制检疫""限制或停止人群聚集活动""停工、停业、停课",以及"封闭村庄""封闭小区""封闭道路""封锁城市"等场所封闭措施。可大致将这些措施归为《行政强制法》中规定的"行政强制措施",即"行政机关在行政管理过程中,为制止违法行为、防止证据损毁、避免危害发生、控制危险扩大等情形,依法对公民的人身自由实施暂时性限制,或者对公民、法人或者其他组织的财物实施暂时性控制的行为"。这些行政强制措施能延迟乃至阻断新型冠状病毒的扩散,但也会影响相应行政相对人的人身权、财产权等权利,增加经济成本和社会成本。

《行政强制法》第4条规定:"行政强制的设定和实施,应当依照法定的权限、范围、条件和程序。"《行政强制法》第10条规定:"法律、法规以外的其他规范性文件不得设定行政强制措施。"这也是法律保留原则的生动体现。我国授权作出上述行政强制措施规定的法律、法规主要有《传染病防治法》《国境卫生检疫法》《突发事件应对法》《突发公共卫生事件应急条例》。

我国在应对重大突发公共卫生事件过程中所采取的行政强制措施,有的缺少法律依据,有的在实施过程中超出了法定的权限、范围、条件和程序。在法律保留原则的导引下,应梳理现有行政强制措施的法律根据。重大突发公共卫生事件防控过程中采取的行政强制措施,应以法律、法规规定的行政强制措施范围为限。《立法法》第6条第2款规定,法律规范应

---

① 《西安多区县实行出行管控 每户每2天派1人外出采购》,人民网,http://sn.people.com.cn/n2/2020/0205/c226647-33768493.html,最后访问时间:2021年1月14日。

当明确、具体，具有针对性和可执行性。《立法法》第10条规定，授权决定应当明确授权的目的、事项、范围、期限以及被授权机关实施授权决定应当遵循的原则等。行政强制措施的设定和实施，应以法律法规中明确设定的规制规范为依据，如仅以《突发公共卫生事件应急条例》和《国家突发公共卫生事件应急预案》为依据，即概括性设定和实施超出实定法律规范之外的行政强制措施，违反了《立法法》对授权明确性的要求，也与法律保留原则相悖。

行政强制措施是一种暂时性控制措施，《行政强制法》第20条规定："实施限制人身自由的行政强制措施不得超过法定期限。实施行政强制措施的目的已经达到或者条件已经消失，应当立即解除。"因此，应限定在重大突发公共卫生事件应对中所采取行政强制措施的时间范围。当行政强制措施达到了法定期限，即应解除行政强制措施；行政强制措施的期限须以流行病学调查结果为基础，可以根据相关医学研究成果，对行政强制措施的期限进行动态调整。

应依法设定行政强制措施程序。行政强制措施是依法对公民人身自由实施暂时性限制，或者对公民、法人或者其他组织的财物实施暂时性控制的行为，其涉及对人身权、财产权的限制。尽管应对重大突发公共卫生事件时采取的这些措施有应急行政的色彩，崇尚效率的简化，但仍应考虑如何保障相对人"最低限度的公正"。目前我国《传染病防治法》第56条规定，卫生行政部门工作人员依法执行职务时，应当不少于两人，并出示执法证件，填写卫生执法文书，但并未给出更为详尽的程序规定；《传染病防治法》第39条依据患病即隔离的医学标准，着重强调隔离的应急性；《传染病防治法》第41条只规定了对场所和场所内人员的隔离措施，但没有规定详尽的法律标准。在重大突发公共卫生事件管控中，行政强制措施应恪守《行政强制法》《传染病防治法》《突发公共卫生事件应急条例》等法律法规中的程序性规定，在执法时应履行告知、送达、说明理由等义务。

二 比例原则的适用

比例原则内涵有三：其一，行政所采用的限制手段应有助于行政目的的实现，即合目的性原则，所谓"特定目的与手段之间的适宜性"；其二，限制方式和手段不超过实现目的的必要程度，当有多种实现目的的手段时，应选择影响最轻微的手段，即最小侵害原则，所谓"手段的最小侵害性"；其三，行政所采取手段造成的损害不得与欲达成的目的显失均衡，即相对于相关法益的达成而言，手段具有均衡性和合比例性。我国《突发事件应对法》第11条规定："有关人民政府及其部门采取的应对突发事件的措施，应当与突发事件可能造成的社会危害的性质、程度和范围相适应；有多种措施可供选择的，应当选择有利于最大程度地保护公民、法人和其他组织权益的措施。"《行政强制法》第5条规定："采用非强制手段可以达到行政管理目的的，不得设定和实施行政强制。"这都是比例原则的体现。

应关注比例原则在重大突发公共事件防控中的适用，在保障人民群众生命安全和身体健康、防范公共卫生风险和保障行政相对人基本权利之间，需进行损益均衡。应努力在依法管控重大公共卫生事件与疫情防控常态化之间寻求平衡，以尽可能少地限制相对人权利，尽可能削减疫情防控给经济社会发展带来的影响。在重大突发公共卫生事件防控时，所采取的医学检验检测、检疫、医学观察、隔离治疗、人员排查、疫情监测、信息采集等手段与程度，应当与疫情防控的目的相匹配。基于比例原则，应根据公共卫生事件的响应等级，分类、分级、分层次地设定和实施防控重大突发公共卫生事件的措施，以提高疫情防控的科学性、精准性和针对性。

第一，当行政能对特定传染病病人、病原携带者、疑似病人及这些群体的密切接触者加以确证时，此时可采取限制强度最高但限制群体范围最小的隔离治疗、医学观察等措施，对相关群体予以精准管控，使社会和经济影响范围降至最小。

第二，当行政对传染源和传播途径只掌握部分信息，但所掌握信息不完全时，则考虑采取"封闭社区""中断干线交通""封锁城市"等更大范围的管控措施，但应依法确定采取此种管控措施的适用范围和适用期限。

第三，当行政对传染源和传播途径掌握的信息更为概略，且重大突发公共卫生事件已在蔓延，各地很难迅速控制时，可考虑全面推行要求公众保持社交距离的强制措施，如"停工、停业、停课""限制或者停止集市、娱乐场所活动或其他人群聚集的活动"。但如果能有效追踪传染源、传染途径，即不宜采取这种无差别的隔离和封锁，因为这样普遍性的限制会增加执法成本与守法成本，给人身权利带来不必要的限制。例如，上海市于2020年末的疫情防控中，秉承比例原则，体现精准防控。上海市未开展全员检测，公布患者时保护个人隐私信息，并采取精准有序的隔离方案，科学确定密接者、密接者的密接者以及其他一般接触人员，分为三类人，分别落实了闭环管理措施。这样的隔离方案保护了不同程度接触者的健康安全，又做到了坚持"陶瓷店里抓老鼠"，既抓住老鼠，又不要打破瓷器，把握了疫情防控与经济社会发展的平衡，把握了公共卫生风险防控与公民自由保障之间的平衡。①

（一）规范性文件中对管控措施的设定

常态化疫情防控中如何依法防控、适度干预成为目前工作的主要着眼点，不考虑社会经济、国民生活的"一刀切"的过度防疫举措，会给行政相对人权利带来不当限制，给经济社会发展带来消极影响。下文以湖北省黄冈市黄州区政府发布的规范性文件对公民的不当限制问题展开探讨。

2020年12月10日，湖北省黄冈市黄州区新冠肺炎疫情防控指挥部通报，由于2020年12月8日湖北省疫情防控指挥部披露武汉市洪山区昌晶冷链仓储中心进口冷链的巴西进口猪肉核酸检测呈阳性，湖北省黄冈市黄州区24户居民通过美团优选平台网上采购了同批次产品，黄州区市场监管部门

---

① 《不做全员检测，发布不提人，上海防疫如何做到"无战时"？》，"央广网"百家号，https://baijiahao.baidu.com/s?id=1690360282860318583&wfr=spider&for=pc，最后访问时间：2021年3月9日。

对四户购买未食用的该批次产品进行封存销毁，黄州区疫情防控指挥部对相关环境和接触人员开展流行病学调查并进行核酸检测和环境终末消毒，黄州公安分局对美团优选黄州区合作方进立案调查，同时对购买该批次产品的24户居民处以200元罚款，要求其自费核酸检测和居家隔离。①

黄州区新冠肺炎疫情防控指挥部通报中处理行为的依据是《黄州区新冠肺炎疫情防控指挥部通告（第27号）》，该文件第1条规定，黄州区从2020年10月28日开始在"全区范围内全面禁止采购、储存和销售进口冷冻肉品和海鲜产品"，该文件属于行政规范性文件，其规定直接限制了本地居民在黄州区域内购买进口冷冻肉品和海鲜品的权利。目前国家层面专门针对冷链食品的防疫规定的文件有国务院应对新型冠状病毒肺炎疫情联防联控机制综合组于2020年11月8日印发的《进口冷链食品预防性全面消毒工作方案》（联防联控机制综发〔2020〕255号），该文件仅要求各地对进口冷链食品按规定消毒，实施闭环管控，提供消毒证明后方可上市销售，并未规定不得采购、储存和销售进口冷冻肉品和海鲜产品，也未规定行政处罚。黄州公安分局对24户居民所作的处罚公布后，引发了互联网舆情，2020年12月12日黄州区人民政府网站发布通告，由原处罚机关撤销对24户居民所作处罚，并公开道歉，但仅公布撤销了结果，并未陈述撤销理由。

根据《立法法》第82条的规定，没有法律、行政法规、地方性法规的依据，地方政府规章不得设定减损公民、法人和其他组织权利或者增加其义务的规范。秉承"举重以明轻"的法理，规范性文件更无权设定减损公民、法人和其他组织权利或者增加其义务的规范。因此，黄州区政府第27号通告规定"全区范围内全面禁止采购、储存和销售进口冷冻肉品和海鲜产品"，违反了依法行政原则，其所实施的行政处罚行为欠缺法律依据，不具有合法性。

"全面禁止采购、储存和销售进口冷冻肉品和海鲜产品"固然有助于防

---

① 《湖北一地24户居民违规网上采购进口冷链食品：每人罚款200元，自费核酸检测》，搜狐网，https://www.sohu.com/a/437550087_115362，最后访问时间：2021年1月14日。

控公共卫生风险，符合比例原则中的合目的性原则，但其并非最小侵害的干预措施，可以通过对进口冷链食品按规定消毒、实施闭环管控、建立追溯体系、提供消毒证明等措施，既满足公众对进口冷链食品的需求，又有效防控进口冷链食品风险；"一刀切"式的禁止给食品进口、生产、经营行业造成了不利经济影响，如将受影响的公民经营自主权、财产权和所捍卫的健康权益进行比较衡量，可知此禁止不具有均衡性和合比例性。因此黄州区政府第27号通告设定的内容违反了比例原则的要求。[1]

在2021年春节返乡人员管理中，也有违反比例原则"层层加码"的现象。在《关于印发冬春季农村地区新冠肺炎疫情防控工作方案的通知》（联防联控机制综发〔2021〕11号）中，规定"返乡人员需持7天内有效新冠病毒核酸检测阴性结果返乡，返乡后实行14天居家健康监测，期间不聚集、不流动，每7天开展一次核酸检测"。[2] 但"返乡人员"是指"外地返回农村地区的人员"，有的地方不当扩张了"返乡人员"的范围，乃至要求对低风险地区跨省流动到城市的非重点人群进行核酸检测；有的地方甚至一律将"返乡人员"的健康码变更为"橙码"，乃至对返乡人员实施集中和居家隔离措施，随意延长居家健康监测期限。[3] 这些不当举措扩张了居家健康监测、居家隔离的范围，乃至向行政相对人施加了不当的过度管控措施，违反了比例原则。

未来应引入成本收益分析、比较衡量的方法，在比例原则的观照下，去思考面对不同层次的公共卫生风险，应选用怎样的重大突发公共卫生事件管控措施，令手段与目标相匹配，既实现"更好规制"，又将对经济社会生活的影响降至最小。

---

[1] 谢世宪：《论公法上之比例原则》，载城仲模主编《行政法之一般法律原则》（一），台北：三民书局，1999，第126页。
[2] 国务院应对新型冠状病毒肺炎疫情联防联控机制综合组、中央农村工作领导小组办公室，2021年1月19日发布。
[3] 《返乡绿码变橙码，"变色加码"符合"六个不"吗?》，新华网，http：//www.xinhuanet.com/local/2021-02/02/c_1127052371.htm，最后访问时间：2021年2月14日。

（二）隐私权和个人信息保护

从比较法上考察，可将隐私权视为"个人信息的自我控制权"，认为个人的私人生活有受到尊重、不被他人随意侵入的权利，个人有权利不公开不想被他人知道的个人生活方面的事实和信息。[①]《民法典》第1032条第2款将"隐私"界定为"自然人的私人生活安宁和不愿为他人知晓的私密空间、私密活动、私密信息"。《民法典》第1032条第1款规定："自然人享有隐私权。任何组织或者个人不得以刺探、侵扰、泄露、公开等方式侵害他人的隐私权。"在发生重大突发公共卫生事件时，生存权和健康权的保障处于重要的地位，但即使出于疫情防控需要，仍需保护公民隐私权。《传染病防治法》第12条规定："疾病预防控制机构、医疗机构不得泄露涉及个人隐私的有关信息、资料。"《民法典》第1039条规定："国家机关、承担行政职能的法定机构及其工作人员对于履行职责过程中知悉的自然人的隐私和个人信息，应当予以保密，不得泄露或者向他人非法提供。"

《民法典》第1034条将个人信息界定为"以电子或者其他方式记录的能够单独或者与其他信息结合识别特定自然人的各种信息，包括自然人的姓名、出生日期、身份证件号码、生物识别信息、住址、电话号码、电子邮箱、健康信息、行踪信息等"，并规定自然人的个人信息受法律保护。《传染病防治法》第12条、第54条分别规定了配合传染病工作、配合监督检查的义务。《突发事件应对法》第57条规定了突发事件发生地的公民的服从与配合协助义务，行政主体依法搜集个人信息的行为，这相当于为相对人设定了如实上报个人信息的义务。

但重大突发公共卫生事件防控中个人信息的收集、利用与发布，应符合比例原则的要求。根据比例原则的三项子原则，合目的性原则要求对个人信息的收集应以疫情防控目的为限；最小侵害原则要求收集个人信息时，应采

[①] 〔日〕五十岚清：《人格权法》，铃木贤、葛敏译，北京大学出版社，2009，第154、160页。

用对当事人侵害最小的方式；均衡原则要求在维护健康权益和个人信息权利限制之间能实现损益平衡。①《民法典》第1035条规定，处理个人信息时，应当遵循合法、正当、必要原则，不得过度处理。根据《民法典》第1038条的规定，信息处理者未经自然人同意，不得向他人非法提供其个人信息。

在2020年以来的新冠肺炎疫情防控中，相关部门依法公开传染病疫情信息会涉及对传染病病人、病原携带者和疑似传染病病人及密切接触者情况的信息公开。考察疫情集中暴发的武汉、零星散发的四川成都及部分聚集发生疫情的河北石家庄等地区可知，由于疫情防控信息收集涉及各级人民政府、卫生健康行政部门、疾病预防控制机构、公安机关及基层社区等主体，涉及疫情防控多个环节，如不对公民个人信息做严格保护、加密处理，在任何环节都有泄露信息的可能。社会公众对公共卫生风险认知存在可得性启发、概率忽略和情绪效应等偏颇，因此可能高估风险，对传染病病人、疑似病人和密切接触者可能持不理解的态度，乃至对行动轨迹活跃者加以质疑，最后甚至会上升为人身攻击或者网络暴力。对相关人员信息的过度搜集和披露，会导致对相关人员的"精准画像"，导致其名誉权受损。

重大突发公共卫生事件防控中个人信息的收集、利用与公布，应秉承比例原则要求。其一，在个人信息收集环节，应参照国家标准《信息安全技术个人信息安全规范》的要求，坚持最小范围原则，收集对象原则上限于确诊者、疑似者、密切接触者等重点人群，一般不针对特定地区的所有人群，防止形成对特定地域人群的事实上歧视。其二，为疫情防控、疾病防治收集的个人信息，不得用于其他用途。其三，任何单位和个人未经被收集者同意，不得公开姓名、年龄、身份证号码、电话号码、家庭住址等个人信息。② 可借鉴上海等地的做法，公开传染病病人和疑似病人信息时，可以只公布病例所涉的公共区域和场所情况，而无须披露患者年龄、性别等信息，也无须详细通报其行动轨迹。

---

① 李晓楠：《"数据抗疫"中个人信息利用的法律因应》，《财经法学》2020年第4期。
② 《关于做好个人信息保护利用大数据支撑联防联控工作的通知》，中央网络安全和信息化委员会办公室，2020年2月4日。

《民法典》第 1038 条将"经过加工无法识别特定个人且不能复原的"信息排除在个人信息之外，这相当于对相关个人信息进行加工脱敏去识别化处理后，使得针对脱敏处理后的信息，用"一切合理的方法"都无法识别出具体的特定个人，此时相关信息已非个人信息，即可被纳入公开的范围。[1] 这也体现了在信息集聚利用、发展大数据产业和保护个人信息权利之间的平衡。

三 平等原则的适用

《宪法》第 33 条规定："中华人民共和国公民在法律面前一律平等。"平等同时具有"主观公权利"和"客观法秩序"的双重性质，平等是权利，也是原则。平等要实质化，就必须针对全体产生的一般性基准，来形成能有效发挥作用的平等原则。平等原则是行政机关为达成行政目的而作出行政行为时的准则。行政行为要求对本质上相同的事物，加以相同的处理或对待，对不同事物则予以不同的处理或对待，除非有重大合理事由，否则不得恣意地差别对待，即"等者等之，不等者不等之"或"平等者平等之，不平等者不平等待之"的实质平等。

《传染病防治法》第 16 条第 1 款规定："任何单位和个人不得歧视传染病病人、病原携带者和疑似传染病病人。"在重大突发公共卫生事件防控过程中，应防止因性别、年龄、职业、民族、种族、国籍、地域、家庭出身、宗教信仰、受教育程度、财产状况、个人能力等因素的不同，而施加不合理的差别对待，尤其应防止针对未成年人、老年人、残疾人等特殊群体、弱势群体的不合理差别对待；在进行信息收集、采取管控措施时，防止针对特定地区、特定籍贯群体的不合理差别对待。

如将"差别对待"作为一种手段，结合差别对待的目的，或可架构出如下的审查步骤。①差别对待所追求的目的是否具有正当性？差别对待的

---

[1] 宋华琳：《中国政府数据开放法制的发展与建构》，《行政法学研究》2018 年第 2 期。

分类目的是否合理？②差别对待是否有助于达到所要追求的目的？③就追求所实现的目的而言，是否有必要进行差别对待？换言之，除了采取此差别对待手段外，是否有其他方式可以同样有效达到目的，而对当事人权益造成相对较小的损害？④差别对待与所追求目的之间是否处于合理的关系？即在差别对待所造成的损害与所希望达成目的的利益之间，是否存在显失均衡？①

（一）禁止对相同事物作不同对待

世界上没有两片相同的树叶，所谓"相同事物"只能是一种相对的概念。人、事、物是否相同，也是经由相互比较的结果。法律通常会有适用范围与适用对象，立法者会通过构成要件来规范一定的群体、事实、行为方式。"相同事物相同处理"中的"相同事物"，只是一种法律上或规范上相对的概念，需要透过法律的规范意旨与规范事实，经由相互比较后加以界定。② 在我国，国务院将"平等对待行政管理相对人，不偏私、不歧视"作为依法行政的基本要求。③ 本部分以健康码为例，讨论相同事物相同对待的原理。

健康码，即负载持有人疫情风险等级信息的二维码，其生成分为个人申报、后台分析和最终发码三个阶段。行政机关可利用健康码负载的信息发挥动态管理的功能，相比纸质登记和分散扫码登记，健康码有利于解决因多次登记带来的信息重合问题，也有利于解决分散登记带来的信息碎片化问题；健康码有利于信息流转共享，公平统一地判定个人的疫情风险等级；健康码有利于提高行政规制的效率，有助于实施"量体裁衣"式的规制。④ 生成健

---

① 李建良：《经济管制的平等思维——兼评大法官有关职业暨营业自由之宪法解释》，《政大法学评论》2008年第2期。
② 李建良：《经济管制的平等思维——兼评大法官有关职业暨营业自由之宪法解释》，《政大法学评论》2008年第2期。
③ 《国务院关于印发全面推进依法行政实施纲要的通知》（国发〔2004〕10号），2004年3月22日。
④ 查云飞：《健康码：个人疫情风险的自动化评级与利用》，《浙江学刊》2020年第3期。

康码，在行政法上的行为类型属于行政评级，其过程是自动进行的，其方式是对个人信息的处理。①

健康码的局限性体现在以下几个方面。

第一，健康码的生成依赖两部分数据，一部分为申请人自主填写，另一部分为行政机关所掌握的公共数据，这两部分数据都可能存在质量瑕疵，继而导致不公平的结果。

第二，健康码以算法为基础，算法难免蕴含价值判断，算法有时会植入不当目的；算法会不当地将特定对象、特定项目、特定风险给予不当的权重；算法过于依赖规则和数字，而无法对规则和数字之外的因素加以充分考量；算法通过深度学习而不断寻求自身的调适，算法结果因此也存在一定程度的不可预见性，进而影响对行政相对人的平等对待。②

第三，随着疫情防控常态化，健康码成为出行、出门必备，而健康码的使用者需要掌握智能手机操作和基本的网络应用，但我国仍有不少人不会上网、不会使用智能手机，无法充分享受智能化服务带来的便利，这些非网民面临的"数字鸿沟"问题日益凸显。根据中国互联网络信息中心（CNNIC）2020年9月发布的第46次《中国互联网络发展状况统计报告》，截至2020年6月，我国非网民的规模为4.63亿，③ 仍占我国总人口的较高比重，如果疫情防控仅依据网络信息登记的各类虚拟通行证完成，将对该部分人群造成极大不便。北京市曾要求巡游出租车或网约车出示"到访人信息登记二维码"，乘客扫码出行，对未扫码的乘客，司机可以拒载。④ 无论是健康码的凭码通行，还是北京市要求出租车司机可拒载未扫二维码乘客的政策，都

---

① 查云飞：《健康码：个人疫情风险的自动化评级与利用》，《浙江学刊》2020年第3期。
② 宋华琳、孟李冕：《人工智能在行政治理中的作用及其法律控制》，《湖南科技大学学报》（社会科学版）2018年第6期。
③ 根据报告数据，非网民不上网原因比重由高到低依次为不懂电脑或网络（48.9%）、文化程度限制（18.2%）、缺乏电脑等上网设备（14.8%）、年龄太大或者太小（12.9%）、没时间上网（8.2%）、不感兴趣（6.2%）等。
④ 《新增"1+1"系父子，明起乘网约车需扫健康码！北京发布会要点汇总》，央广网，https://m.news.cctv.com/2021/01/10/ARTIjKXtVvKCBlpzsTZViS21210110.shtml，最后访问时间：2021年1月14日。

构成了对非网民群体的差别对待，尤其给老年人出行带来不便。

在重大突发公共卫生事件防控过程中，对因无智能手机或不掌握互联网技术无法获得或出具健康码的人实施差别对待，貌似这些群体与有智能手机、能出具健康码的人存在"差别点"，但就同在社会上生活、同有出行要求等方面而言，两个群体之间含有相同的比较点，可被归为相同事物，这样的"比较点"或"关联点"构成了相互比较事物的"共同点"，可构成相同的事物。① 因此，在重大突发公共卫生事件防控过程中，不得对这些处于信息弱势地位的群体和个人作差别对待。

在疫情防控的背景下，国务院办公厅印发了《关于切实解决老年人运用智能技术困难实施方案的通知》，要求在各类日常生活场景中，必须保留老年人熟悉的传统服务方式，充分保障在运用智能技术方面遇到困难的老年人的基本需求。国务院办公厅要求，各地不得将"健康码"作为人员通行的唯一凭证，对老年人等群体可采取凭有效身份证件登记、持纸质证明通行、出示"通信行程卡"作为辅助行程证明等替代措施。有条件的地区和场所要为不使用智能手机的老年人设立"无健康码通道"，做好服务引导和健康核验。② 多省市对老年人等使用智能化信息登记不便的群体提供了人工信息登记的变通举措，如上海推出老年人专版健康码，广东省上线适用身份证刷卡核验健康防疫状态等措施，来方便老年人出行，这有助于保障在重大突发公共卫生事件防控过程中，对老年人等特殊群体予以平等对待。

（二）禁止对不同事物作相同对待

禁止"对不同的事物作相同的处理"，即"相同对待的禁止"。③ 如果要对不同事物作出相同的处理，也需要有法律上的正当化事由。目前行政管

---

① 李建良：《经济管制的平等思维——兼评大法官有关职业暨营业自由之宪法解释》，《政大法学评论》2008年第2期。
② 《国务院办公厅印发关于切实解决老年人运用智能技术困难实施方案的通知》（国办发〔2020〕45号），2020年11月15日。
③ 李建良：《经济管制的平等思维——兼评大法官有关职业暨营业自由之宪法解释》，《政大法学评论》2008年第2期。

理中的诸多"一刀切"做法,往往是"对不同的事物作相同的处理"。以疫情防控政策的制定和实施为例,应当是分级分类精准监管,而个别地方政府和行政机关采取了"层层加码"和"一刀切"进行核酸检测的做法,其实是没有看到性质不同事物的不同点,貌似"相同事物相同处理",实则是"对不同的事物做相同的处理",违反了平等原则。

四 结语

我国采取的重大突发公共卫生事件应对措施,多以实定法律为依据,但有时在应急行政的背景下,在没有法律授权的情况下,额外地限制了行政相对人的权利和自由,这反映出的是社会对法律、对公共权力的实质要求,此时社会各界更期望行政来实质解决由新冠肺炎疫情引发的公共卫生危机,当实定法的资源不足以实质性满足社会需要时,即以此种"必要性"产生的正当性来维持这些管控措施的有效运作。[①] 但这些措施存在有违法律规定和法律原则的情形,需要担心的是,当疫情防控趋于常态化后,乃至未来疫情平息后,这些措施有可能被保留,有可能趋于常态化,[②] 这可能会持续侵蚀法治的精义,持续违法限制行政相对人的基本权利。

在未来,应努力加快构建系统完备、科学规范、运行高效的公共卫生法律法规体系,有针对性地推进《传染病防治法》《突发事件应对法》等法律法规的修改工作,健全权责明确、程序规范、执行有力的疫情防控执法机制。但在加强立法的同时,在公共卫生行政管理实践中,还应加强法律原则对公共卫生法治体系的导引作用。

依法行政原则、比例原则、平等原则等法律原则的运用,有助于让变动不居的公共卫生行政法律规范保持基本稳定的价值,有助于尽量弥合不同行

---

① 朱芒:《SARS 与人身自由——游动在合法性和正当性之间的抗 SARS 措施》,《法学》2003 年第 5 期。
② 《Zoom 危机与"健康码"抗疫:你愿意让渡多少隐私?》,新浪网,http://tech.sina.com.cn/csj/2020-04-17/doc-iircuyvh8270558.shtml,最后访问时间:2021 年 1 月 14 日。

政法规范之间的冲突,有助于提升公共卫生行政法规范的立法质量。① 法律原则凝结了法律共同体的共识,在法律存在疏漏与罅隙之处,法律原则不仅可以用来解释具体的法律规则,还可为行政行为提供恰当的导引,进而推动我国公共卫生治理法治化水平的提升。②

---

① 周佑勇:《行政法基本原则》,法律出版社,2019,第 5~13 页。
② 何海波:《实质法治:寻求行政判决的合法性》,法律出版社,2020,第 202 页。

B.8
公共卫生应急法律体系的发展和完善

林鸿潮 蓝禹柔 高 霞*

摘 要: 在此次新冠肺炎疫情防控中,我国的公共卫生应急法律体系发挥了重要作用,也暴露了一些短板。这不仅推动了公共卫生应急领域的新一轮立法、修法活动,也引发了对如何实现法律体系化的思考。本报告通过梳理我国公共卫生应急法律体系的发展演变过程,分析现行制度存在的一些不足,并提出了相应的完善建议,以期加快构建系统完备、科学规范、运行高效的公共卫生法律法规体系,提高应对重大突发公共卫生事件的能力和水平。

关键词: 公共卫生 应急管理 疫情防控 法律体系

一 中国公共卫生应急法律体系的发展演变

(一)问题显露阶段:1989年《传染病防治法》实施之前

新中国成立后,为了应对天花、鼠疫、霍乱、血吸虫病等传染性疾病肆虐,改善传染病严重威胁人民群众身体健康的状况,党和政府贯彻"预防

---

* 林鸿潮,法学博士,中国政法大学钱端升讲座教授、应急管理法律与政策研究基地主任,博士研究生导师,主要研究方向为行政法学;蓝禹柔,中国政法大学法学院硕士研究生,主要研究方向为行政法学;高霞,中国政法大学法学院硕士研究生,主要研究方向为行政法学。

为主"的方针,加强公共卫生方面的法制建设,制定颁行了一系列法规和政策。例如,政务院在1950年颁布了《关于发动秋季种痘运动的指示》,卫生部于同年制定了《种痘暂行办法》。1955年卫生部颁布的《传染病管理办法》首次规定,将传染病分为甲、乙两类进行管理,并确立了法定传染病的报告制度和对传染病病人的隔离治疗制度,规定可以采取限制集体活动等紧急控制措施。在《1956年到1957年全国农业发展纲要》中,党中央提出在一切可能的地方基本消灭和积极防治对人民健康危害最大的各类传染病的任务。毛泽东同志更是号召"一定要消灭血吸虫病",并亲自领导和部署消灭血吸虫病的斗争。1958年,毛泽东得知江西省余江县率先根除血吸虫病、百姓获得新生的情况后,欣然提笔写下脍炙人口的七律《送瘟神》。①卫生部于1978年颁布的《急性传染病管理条例》中,提出要制订免疫计划并组织实施,赋予了卫生防疫站对传染病管理工作的业务指导和监督检查权,明确了法定传染病的报告时限要求。在这个时期,还出台了《国务院关于消灭血吸虫病的指示》(1957年)、《国境口岸传染病监测试行办法》(1980年)、《食品卫生法(试行)》(1982年)、《植物检疫条例》(1983年)、《药品管理法》(1984年)、《艾滋病监测管理的若干规定》(1988年)、《野生动物保护法》(1988年)等。为了防止传染病经国境输入或传出,全国人大常委会和国务院先后制定颁布了《国境卫生检疫条例》(1957年)、《国境卫生检疫法》(1986年)、《国境卫生检疫法实施细则》(1989年)等法律法规。

由此可见,在新中国成立后到1989年《传染病防治法》施行前的这个阶段,我国公共卫生应急领域的立法主要集中在传染病防控方面,对于重大食物和职业中毒、群体性不明原因疾病等公共卫生事件缺乏关注。此外,这一时期的立法集中于行政法规层面,单行性法律较少,综合性法律尚无。同时,虽然这一时期的传染病防治工作成果显著,但是人民依然面对传染病的严重威胁。1988年初,上海各医院的腹泻病人骤增,1988年全年发病达到

---

① 柳杰:《新时代"送瘟神"》,《学习时报》2020年3月11日。

35万例。此次疫情最终被确认为生食被甲肝病毒污染的毛蚶而导致的甲肝疫情。为应对甲肝疫情，社会各界共同发力，防疫部门积极采取措施。上海甲肝疫情的暴发再一次反映出传染病防治不是仅靠卫生部门就能完成的，而是一项社会性很强的工作，需要整个社会的共同努力。因此，必须以立法的形式来明确公民、社会组织和政府部门的责任，才能有效地控制传染病。加之当时传染病管理在世界各国逐渐走向法律化，故在总结防治上海甲肝防控经验与教训的基础上，1989年2月21日，七届全国人大常委会六次会议通过了《传染病防治法》，并于同年9月1日起施行。

（二）体系初成阶段：1989年《传染病防治法》实施之后

《传染病防治法》首次提出疫情公布制度，首次增加法律责任的规定，明确了实行预防接种制度，明确了卫生行政部门的监督职能，设立传染病管理监督员……标志着我国传染病防治工作初步进入法制化、规范化的管理轨道。1991年12月6日，卫生部颁布了《传染病防治法实施办法》，作为《传染病防治法》的配套行政法规，其对《传染病防治法》中的规定予以细化。在1989年到2003年"非典"疫情之前，我国公共卫生事件领域的立法逐步趋向体系化，除了传染病防治领域，也开始关注食品安全和职业中毒等领域以及其他和公共卫生相关的立法。在此期间，出台了《化妆品卫生监督条例》（1989年）、《进出境动植物检疫法》（1991年）、《红十字会法》（1993年）、《食品卫生法》（1995年）、《动物防疫法》（1997年）、《献血法》（1997年）、《国内交通卫生检疫条例》（1998年）、《公益事业捐赠法》（1999年）、《职业病防治法》（2001年）等法律法规。

总体观之，此阶段的立法以单行法为主，相较上一阶段法律层级有所提升，并以行政法规配套主要法律实施，体系性进一步增强。同时，《传染病防治法》《进出境动植物检疫法》《动物防疫法》等重点领域法律的制定实施填补了单行法上的立法空白，我国公共卫生应急法律体系由此初步形成。

（三）体系形成阶段："非典"暴露出来的立法需求

发生在 2003 年的"非典"疫情，是推动我国应急管理体系发展进入"快车道"的里程碑式事件，公共卫生应急法律体系的发展同样如此。2003 年以前，我国的应急立法呈现"一事一法"的立法模式，处于分散状态，未形成完整体系。这种立法方式的缺陷在 2003 年的"非典"疫情中暴露无遗，因为"非典"疫情虽然表现为公共卫生事件，但其应对工作却不仅仅涉及主管的卫生部门，还广泛涉及交通、公安、教育、民航、民政、市场监管、商务等其他部门和广大基层政府，需要政府发挥综合协调作用才能有效应对。[①] 为了应对此次危机，国务院仅用一个月左右的时间就制定了《突发公共卫生事件应急条例》。在吸取"非典"经验教训的基础上，《传染病防治法》于 2004 年进行了首次修订，主要体现为增加了"医疗救治"和"保障措施"两章内容，使得应急立法体系更加完备；更加重视传染病的早期预防，规定了监测预警制度，同时规定了传染病防治的其他各项基本制度，例如，疫情报告公布制度、疫情控制与应急处理制度、医疗救治制度、监督管理制度、保障制度等；强调医疗机构在传染病预防中的作用，细化了卫生行政部门及医疗卫生机构的职责；意识到保护个人信息的重要性，增加了保护传染病患者个人隐私的规定；考虑到紧急状态中行政权力无法避免的扩张，为其行使的合法性提供了法律依据，如规定了应急征用制度。与此同时，各地方政府积极配合上位法的实施，结合本地实际情况制定了相应的地方政府规章，进一步明确了工作流程和工作制度。以上海市为例，其在《突发公共卫生事件应急条例》颁布后的数月内就迅速制定了《上海市实施〈突发公共卫生事件应急条例〉细则》。

2003 年之后，我国的应急管理体系与法治理念、现代应急管理理念逐渐接轨，以"一案三制"为核心的应急管理体系开始形成，也同步建立起了公共卫生应急法制的基本框架。这一阶段的代表性立法成果便是应急管理

---

① 林鸿潮：《应急法概论》，应急管理出版社，2020，第 28~29 页。

领域的综合性法律《突发事件应对法》在2007年颁布施行。此外，在"一案三制"的应急管理体系下，公共卫生应急法律体系在内容上更加细化、层次上更加丰富，先后出台了《国境口岸突发公共卫生事件出入境检验检疫应急处理规定》（2003年）、《突发公共卫生事件与传染病疫情监测信息报告管理办法》（2003年）、《重大动物疫情应急条例》（2005年）、《国务院关于加强食品等产品安全监督管理的特别规定》（2007年）、《食品安全法》（2009年）、《精神卫生法》（2012年）、《慈善法》（2016年）、《中医药法》（2016年）、《疫苗管理法》（2019年）等。

"非典"疫情之后，我国公共卫生事件时有发生。为了适应不断变化发展的实际情况，2003年以来公共卫生领域的法律修改活动也极为频繁。例如，2013年全国人大常委会对《传染病防治法》的部分条款进行修正，国务院卫生行政部门获得了对乙类、丙类传染病病种的更为广泛的调整权；《职业病防治法》分别于2011年、2016年、2017年以及2018年进行了四次修正；《食品安全法》于2015年进行修订、2018年进行修正。总体来说，由于2003年"非典"疫情暴露出来的立法需求，我国公共卫生应急法律体系在这一阶段正式建立起来并不断完善。

（四）体系革新阶段：新冠肺炎疫情发生后

习近平总书记十分重视法治在新冠肺炎疫情防控中的支撑、保障作用，他在2020年2月5日召开的中央全面依法治国委员会第三次会议上就强调"要完善疫情防控相关立法，加强配套制度建设"。[①] 立法机关在新冠肺炎疫情发生之后的立法修法活动迅速启动，全国人大常委会在2020年4月17日就确定了"强化公共卫生法治保障立法修法工作计划"，将30部法律的制定修订一揽子纳入，其中包括备受各界关注的《突发事件应对法》《传染病防治法》《生物安全法》《野生动物保护法》等。此后，根据习近平总书记

---

① 《习近平主持召开中央全面依法治国委员会第三次会议强调　全面提高依法防控依法治理能力　为疫情防控提供有力法治保障》，《人民日报》2020年2月6日，第1版。

在2020年6月2日专家学者座谈会上的讲话精神，有关部门又单独启动了突发公共卫生事件应对法的起草工作。

除了上述正在制定和修订中的法律法规，新冠肺炎疫情发生后，在国家立法层面，《基本医疗卫生与健康促进法》开始施行，这有利于进一步保障和提高公民的基本医疗卫生服务，通过控制影响健康的危险因素，提高疾病的预防控制水平。在地方立法层面，《深圳经济特区突发公共卫生事件应急条例》于2020年8月26日通过，自2020年10月1日起正式实施。作为新冠肺炎疫情后全国首部地方公共卫生事件应急条例，该条例首创"应急专家委员会"制度，并对"吹哨人"加强保护，规定非恶意不追责。《北京市突发公共卫生事件应急条例》于2020年9月25日通过并开始施行，其"紧急情况可越级报告""造谣传谣或被追究刑责""私人诊所需履行发现报告义务""探索特定疾病医药费豁免"[1]等规定对公共卫生应急法律体系的革新具有重要意义。《上海市公共卫生应急管理条例》于2020年10月27日通过，自2020年11月1日起施行。其建立健全了各方参与的公共卫生社会治理体系，规范了相关主体责任，对"个人防护常态化"提出了具体要求。例如，于公民个人习惯而言，在日常生活中应当加强自我健康管理，养成不食用野味、使用公筷公勺、勤洗手等文明健康生活习惯；于其饲养的宠物而言，则应按时对其进行免疫接种。《成都市突发重大公共卫生事件应急医疗保障办法》自2020年12月1日起施行，根据其规定，突发重大公共卫生事件应急响应期间，定点医疗机构应当实行先救治、后收费，以防患者因费用问题无法得到及时救治。《天津市突发公共卫生事件应急管理办法》于2020年5月18日通过并施行，其充分总结了此次疫情防控的实践经验，通过拓展报告渠道、减少报告层级、压缩报告时限、实现扁平化管理等方式，创新、强化了报告制度，使突发公共卫生事件信息报告流程能够在2~3个小时内完成。[2]《浙江

---

[1]《〈北京突发公共卫生事件应急条例〉通过：紧急情况可越级报告》，中国政府网，2020年9月27日，http：//www.gov.cn/xinwen/2020-09/27/content_5547686.htm。
[2] 王俊：《创新报告制度，〈天津市突发公共卫生事件应急管理办法〉出台》，澎湃新闻网，https：//www.thepaper.cn/newsDetail_forward_7458754，最后访问时间：2020年5月19日。

省突发公共卫生事件应急办法》于 2020 年 10 月 13 日通过，自 2020 年 12 月 1 日起施行。其完善了分级、分层、分流的应急医疗救治体系，对预警权限作了明确规定，对信息发布权限予以调整。《威海市突发公共卫生事件应急办法》自 2021 年 2 月 1 日起施行，其创新了医保支付政策，规定在突发公共卫生事件应急响应期间，应急医疗救治定点医疗卫生机构救治相关患者的医疗费用不纳入医疗卫生机构医疗保险总额预算；在突发公共卫生事件应急响应期间，医疗保障主管部门应当提前预付医疗机构不少于 1 个月的疫情防控医保基金，并根据需要及时追加。此外，《山东省突发公共卫生事件应急办法》（2021 年修订）自 2021 年 2 月 7 日起实施，完善了疾病预防控制体系建设，健全了集医疗防治、技术储备、物资储备、产能动员于一体的公共卫生应急保障体系，建立了突发公共卫生事件信息报告制度，完善了突发公共卫生事件报告系统。

上述法律规范的制定与修订，以新冠肺炎疫情的经验与教训为镜鉴，并结合各地防疫的具体实际，将进一步完善我国公共卫生应急法律框架体系，优化信息预警、信息发布等制度设计，加强上位法与下位法、一般法与特别法之间的内部协调。这对我国公共卫生应急法律体系而言，将是一次历史性的革新，能够使其更好地服务于重大突发公共卫生事件的依法防控、依法治理。

二 完善公共卫生应急法律体系的必要性

（一）"应激式"的立法模式存在不足

1. 偏重于关注突发事件的个别性问题

通过上文对我国公共卫生应急法律体系发展过程的梳理可知，该领域的立法活动都是以某次重大突发事件或重大行政体制变革为契机，围绕具体的事件和问题进行立法、修法。这种"应激式"立法模式不易触及应急管理理念的转变、应急管理体制的变革、应急管理机制的整体优化等深层次问题。①

如在2003年的"非典"疫情中，国务院制定了《突发公共卫生事件应急条例》，为了有针对性地解决信息报告渠道不畅通、信息统计不准确等问题，该条例的第三章便详细规定了突发公共卫生事件信息的报告制度。随后，为了进一步缩短报告时间、压缩报告层级，国家又建立了从基层直通顶层的传染病信息网络直报系统。但是，突发公共卫生事件报告和决策的及时性并非仅与报告时限的长短、报告系统的便捷化、信息化水平有关，深层次的原因在于应急决策体制不够合理。首先，以部门为中心、信奉专业主义的疫情防控决策机制所造成的"条""块"矛盾，决定了地方政府干预信息上报的理由复杂多样。其次，专业主义的决策模式意味着追求决策的权威性，因此对决策的证明标准要求严格，所以即使及时获得了第一手信息，也需花费时间进行反复求证。在应急决策体制没有改变的情况下，仅仅通过压缩信息报告的层级和时间，并不能有效解决突发公共卫生事件报告和决策的及时性问题。

2. 忽略了法律体系内部的统一性、协调性

虽然2007年颁布实施的《突发事件应对法》确定了我国应急管理的基本制度框架，确立了政府综合协调、属地管理为主、应急响应重心下移等基本原则。但遗憾的是，当时并未秉持这些符合应急管理基本规律的原则对整个应急法律体系进行全面的梳理与革新，使得一些领域的应急单行法还保持着以部门为主、"条"重于"块"的色彩。例如，《传染病防治法》对于疫情防控的体制仍然是决策期"以条为主"，实施期"以块为主"的模式，在之后的修正中这种专业主义的模式仍然没有被动摇。

此次新冠肺炎疫情初期所暴露出的一个重要问题便是疫情信息发布的迟延，而致使该问题出现的根本原因之一便是法律上对于疫情信息发布权限的规定不相一致。《突发事件应对法》第53条规定"履行统一领导职责或者

---

① 林鸿潮、赵艺绚：《应急管理领域新一轮修法的基本思路和重点》，《新疆师范大学学报》（哲学社会科学版）2020年第6期。

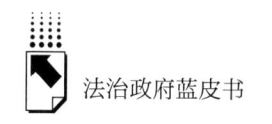

组织处置突发事件的人民政府，应当按照有关规定统一、准确、及时发布有关突发事件事态发展和应急处置工作的信息"；而《传染病防治法》第38条规定"传染病暴发、流行时，国务院卫生行政部门负责向社会公布传染病疫情信息，并可以授权省、自治区、直辖市人民政府卫生行政部门向社会公布本行政区域的传染病疫情信息"。两者对同一问题的规定不一致的原因在于：《突发事件应对法》坚持综合协调和属地管理的应急管理体制，即把突发事件的应急职责与属地政府紧密联系在一起，原则上属地政府应对其行政区域内突发事件的应对工作负责；只有在事态发展超出其应对能力时，上级政府（而不是主管部门）再扩大响应；而《传染病防治法》则考虑到主管部门的专业性，认为应该发挥主管部门在疫情应对中的作用，并规定了卫生部门，特别是国家卫生行政部门的统领作用。

但通过总结"非典"疫情中的教训可知，在突发的公共卫生事件中，政府的属地管理和综合协调比主管部门的专业更重要。因为每种突发事件的应对都会涉及各种要素的交互作用。任何单一部门的功能都无法提供应对重大突发事件的全部资源，而政府在突发事件应对中具备更强大的应急处置能力：一是其协调、统筹水平较高，能够迅速调配各方资源；二是其考虑问题更为全面，采取的应急处置措施更能兼顾全局。《传染病防治法》规定的决策期"以条为主"、施策期"以块为主"的结构导致了决策环节的专业主义偏执，可能会使疫情的防控工作耗费较多的成本，以及错过最佳的决策时机。因此，在此次公共卫生应急法律制度的修改中，应当尽快解决应急领域立法理念的冲突问题，使《突发事件应对法》确立的原则有其"用武之地"，形成统一协调的综合化突发事件应对格局。

3. 立法风格偏于粗放

法律追求的稳定性、普适性与突发事件的个别性、不确定性之间存在一种天然的冲突。因为缺乏对突发事件的可预见性，法律往往对一些新出现的问题没有规定，或者其现有的规定无法适应实际的需要。为了避免法律过于细致的规定与将来应对突发事件的实际情景不符，从而导致法律的权威性过度受损，也为了在较短的时间内完成立法任务，立法机关往往来不及进行精细的制度设计，而是对很多问题有意地进行模糊化、原则化处理，进行概括抽象性的表达。因此，应急管理方面的立法理念常常是"宜粗不宜细"。但这也造成了实践中很多问题的应对缺乏细化的可操作的指引，一些解决措施并没有法律上明确的依据，而是靠非制度因素发挥作用，导致应急领域中法律权威的流失。

例如，在此次新冠肺炎疫情中，武汉在实行"封城"后一度出现应急准备不足、应急物资储备与调配不到位、应急征用和补偿失序的局面，这都和现有应急法律体系对相关制度的规定较为粗放有关。我们必须认识到，在应急管理领域，法律的重要功能之一就是通过对突发事件应对中所需的人、财、物等资源提前作出安排以保证行政紧急措施的有效实施，如果对这些内容不加以详细、具体的规定，必然导致法律实施的效果大打折扣。

（二）"总分结构"法律体系的效力层次过于繁复

长期以来，我们习惯于按照简单的"总分结构"来认识公共卫生领域不同法律之间的关系，继而按照"特别法优于一般法""新法优于旧法"等效力等级规则来确定其如何适用。但是，这个思路的运用在本轮新冠肺炎疫情防控和立法修法中遇到了不少困难。例如，相对于公共应急领域的"总法"《突发事件应对法》，《传染病防治法》是特别法，因为前者适用于包括公共卫生事件在内的四大类突发事件，后者只适用于公共卫生事件中的一种，就是传染病。但《传染病防治法》是2004年修订的，虽然有个别条款于2013年经过修正，但绝大部分条款的生效时间仍然是2004年，而《突发事件应对法》是2007年施行的，是"新的一般法"，《传染病防治法》作为"旧的特别法"，两者的效力难分高低，其相互抵牾之处就在于难以确定孰先孰后。

再如，按照"总分结构"的体系化思路，本轮立法修法之后的公共卫生法律体系层次将十分繁复。如果我们将《突发事件应对法》作为这个结构中的第一层，正在起草中的突发公共卫生事件应对法就是第二层，因为它只调整四大类突发事件中的一类，相对于《突发事件应对法》当然是"特别"的;《传染病防治法》是第三层,因为它调整的是四种公共卫生事件中的一种,相对于突发公共卫生事件应对法是"特别"的;《生物安全法》是第四层,因为它和传染病有关的章节只涉及"重大新发突发传染病",相对于《传染病防治法》是"特别"的;《野生动物保护法》是第五层,因为源于野生动物的传染病病原只是生物性病原的一部分,它相对于《生物安全法》是"特别"的。细分到五个层次之多的公共卫生法律体系将给执法者、司法者以及社会公众的理解力带来较大的挑战。在这种情况下,我们必须扬弃简单的"总分结构",使用新的框架、新的思路来完成公共卫生法律的体系化构建,理顺法律之间错综复杂的关系。

(三)《突发事件应对法》并未发挥好应急领域基本法的作用

《突发事件应对法》实施十多年来的实践证明,其并未发挥好作为应急领域基本法的作用。诚然,这部法律确认了"非典"疫情之后我国应急管理制度革新的主要成果,实现了从零散的"一事一法"向综合立法模式的跨越,为应急法治提供了一个基本框架,但这部法律的实施效果并未达到其出台之初的预期。[①] 首先,《突发事件应对法》试图涵盖自然灾害、事故灾难、突发公共卫生事件、社会安全事件四大类突发事件应对的全过程,提取"最大公约数",但是这四类突发事件的应对方法存在较大差异,最后提取出来的"最大公约数"比较抽象、原则,可操作性差,在实践中难以运用。其他关于突发公共卫生事件应急的法律法规也较为零散,无法形成一个完整的法律体系。其次,《突发事件应对法》虽然确立了很多正确的应急管理理念和原则,但其作为一般法的定位,受制于特别法优先的法律适用原则,而很多领域的特别法又未能贯彻与其相同的理念和原则,实际上被架空。在这一点上,新冠肺炎疫情防控中《突发事件应对法》与《传染病防治法》在疫情公开、预警发布、应急处置等权责配置上的冲突,就是一个典型例子。

---

① 林鸿潮、詹承豫:《非常规突发事件应对与应急法的重构》,《中国行政管理》2009年第7期。

最后,《突发事件应对法》将常规突发事件作为制度设计的情景假设,在应急体制设计、应急能力的集中、应急决策的权变性、应急资源的统筹等方面,与非常规突发事件应对的要求存在明显差距,其本质上仍停留在应对一般性的行政应急管理事务,无法上升至《宪法》高度为非常规突发事件的应对提供新的法律秩序。[①]

（四）未能真正确立紧急状态制度

在此次新冠肺炎疫情发生之后,我国没有宣告全国或重点疫区进入紧急状态,而是由各省（区、市）分别启动重大突发公共卫生事件一级响应。这只是一种行政应急状态,根据《突发事件应对法》《传染病防治法》的规定,此状态下的隔离对象、隔离空间应当是构成危险源的特定人或特定区域,但在疫情暴发初期,全国各地大多以村组、小区、居民点为单元实行无差别隔离、封锁的现象。在没有宣告紧急状态的情况下直接依据现行法律采取针对一般目标的封锁隔离,在合法性上难免引起争议。同时,在没有宣告紧急状态的情形下,各地却频频使用更为严重的"战时状态""战时机制"等用语。这些表述形象生动地突显了疫情形势的严峻和防控任务的艰巨,表达了党领导全国人民战胜疫情、夺取最终胜利的决心,鼓舞振奋着人心。但从法律角度来看,这种提法不够准确和严谨,容易和《宪法》规定的"战争状态"相混淆。这种概念混淆从侧面反映出我国紧急状态法制的缺失。《宪法》虽然对紧急状态的决定与宣布主体作出了规定,但没有给出紧急状态的确切定义,也没有对紧急状态的决定与宣布程序作出具体规定。而作为应急领域基本法的《突发事件应对法》仅在附则部分笼统地规定"采取本法和其他有关法律、法规、规章规定的应急处置措施不能消除或者有效控制、减轻其严重社会危害,需要进入紧急状态的,由全国人民代表大会常务委员会或者国务院依照宪法和其他有关法律规定的权限和程序决定"。至于

[①] 林鸿潮、孔梁成：《论我国紧急状态法制的重构——从反思〈突发事件应对法〉切入》,《上海大学学报》（社会科学版）2020年第5期。

《传染病防治法》等特别法，更找不到有关紧急状态的内容。这些立法上的缺失导致社会状态转换的合法性问题始终悬空，使得《宪法》中关于紧急状态的规定难以实施，还造成实践中一些超越《宪法》秩序却具有实质正当性的紧急处置措施面临合法性争议。新冠肺炎疫情的出现，促使人们对我国既有的应急法制体系重新反思，也更加清楚地意识到完善紧急状态法制的紧迫性。

三 公共卫生应急法律体系的完善建议

（一）重视应急法的特点，把握好其中几对特殊关系

应急法是一种非常态的法，这些法律、法规在调整对象、适用范围、具体措施等方面与其他法律、法规存在较大差异。这是由法律的刚性、稳定性和普适性以及突发事件及其应对过程固有的不确定性、灵活性、个别性之间的紧张关系所决定的。把握好以下几对关系，是推动应急法演变发展的永恒主题。[①]

1. 应急法中刚性和弹性的关系

突发事件的不确定性决定了法律所预设的某些制度可能滞后于危机应对的实践需要。为了尽快克服紧迫的公共危机，法律不得不倾向于保障行政紧急权力的优先性，为了保障这种优先性，就需要赋予行政紧急权力在运行过程中，特别是在应急决策和应急处置环节中更大的弹性空间。因此，我们需要考虑在应急法基础上建立一些对形式违法行为的效力追认和责任豁免、减轻制度。这些制度在目前的应急法体系中基本是空白的，需要利用本轮修法契机加以填补。

2. 应急法中"变"和"不变"的关系

应急管理领域的很多基本经验、基本准则源于人们对长期与突发事件进

---

① 林鸿潮、赵艺绚：《应急管理领域新一轮修法的基本思路和重点》，《新疆师范大学学报》（哲学社会科学版）2020年第6期。

行斗争的经验教训的提炼,在法律上得到确认后,能够长期发挥作用,不可轻易变动。同时,人权保障、公私平衡、信息公开等法治的基本价值也必须在应急法中被贯彻始终。但是,突发事件固有的不确定性,以及社会发展与科学技术所带来的危机应对方法的进步,决定了每一次危机应对都可能带给人们新的经验或者突破旧的认知,这就决定了作为经验性法则的应急法必须与时俱进,其变动频率必然高于其他法律。正因如此,"大灾之后必修法"才会成为一种普遍的立法现象。在应急管理领域,立法机关不能过分偏执于追求法律的稳定性,而应当把保持法律对实践的适应性摆在更加突出的位置,允许这个领域的法律、法规以较快的频率迭代。因此,在本轮修法中,我们固然要把握好此次契机,将已经发现的问题尽量修改完善到位;但也不应过度执着于要"毕其功于一役",对于这一次没有发现的问题,或者因认识还不够深刻而没有彻底解决的问题,在此后一段时间内还可以继续修改,没有必要等到问题积累得足够多、法律和实践严重背离时再谋划修法。

3. 应急法中"粗"和"细"的关系

应急法的一个重要功能是为紧急情况下政府采取的超常规措施授权,由于立法者很难对瞬息万变的应急处置过程作出预判,这些授权性规定势必比较概括、笼统。但是,对前端的风险管理和应急准备来说,这些工作需要投入大量的时间、精力和资源,如果规定得太笼统,就很难被有效落实,因此,需要规定得十分明确、具体。过去在应急领域的立法中更多关注前者而忽视了后者,很多法律制度未能发挥实际作用。在本轮修法中,我们必须摒弃"宜粗不宜细"等已经不合时宜的立法理念。正确的做法是采取"两头细、中间粗"的立法思路——对于应急准备、恢复重建等应急管理的事前和事后环节中的人、财、物及相关制度着力细化,甚至制定专门的法律予以规范,法律条文的形式以义务性规范为主,因为这两个阶段往往需要大量的资源投入,但绩效显示度较低,如果不进行明确、具体的规定将很难落实。对于应急处置和应急救援等应急管理事中环节的人、财、物及相关制度进行适当放宽,法律条文的形式以授权性规范为主,同时建立一些非常状态下对

形式违法但实质合法行为的效力追认和责任豁免、减轻制度,保留事中环节的"弹性空间"。

(二)按照法律制度适用情景建构公共卫生应急法律体系

在公共卫生治理中,人们可能面临的情景有三种:一是日常风险防控,绝大多数时候我们处于这样的状态,在制度设计上要求突出专业性、科学性、长远性、均衡性,在制度实施上依托日常的政府科层组织;二是常规应急管理,虽然属于特殊情景,但也时常出现,如群体性食物中毒、群体性职业中毒、一般传染病暴发流行等,此时公共卫生风险外溢到其他社会领域但尚未形成对社会秩序的强烈冲击,在制度设计上强调灵活性、前瞻性,个人一般权利可能受到一定克减,在制度设施上依托作出适度变革、功能有所拓展的科层组织;三是超常规应急处置,属于罕见的特殊情景,如"非典"、新冠肺炎这样的大规模新发突发传染病,此时公共卫生风险引发严重社会危机,在制度设计上强调果断性、超前性,个人基本权利可能受到较大幅度克减,在制度实施上需要依托经过政治动员、经过剧烈组织适应之后形成的党、政、军一体化组织体系。在这三种不同情境下,法律制度设计的目标取向及其实施机制都存在重大差别。如果我们无视这种差别,将各种制度扁平化地"折叠"到一起,按照以法律调整范围大小为划分标准的"总分结构"来认识这些法律之间的关系,不但会造成法律体系的重叠繁复、法律规范的冲突抵触,在实际运行过程中还会因"情景"的错位而造成严重损失。因此,相对于简单的"总分结构",按照法律制度的不同适用情景来确定其相互关系,是一种更加合理的思路。当然,按照新的思路来实现公共卫生法律的体系化,并不意味着彻底抛弃"总分结构",而是将其作为退居第二位的辅助性标准来使用。

本轮立法、修法之后,我国的公共卫生法律体系应当呈现如下面貌:日常风险防控的法律体系主要由《传染病防治法》《食品安全法》《职业病防治法》等构成,在此之下有些领域还包括若干第二、第三层级的特别法,例如与传染病有关的《生物安全法》《野生动物保护法》等;常规应急的法律体系包括两个层次，即以《突发事件应对法》为主体，以《传染病防治法》《食品安全法》等法律中有关疫情、事故应急的章节为补充；超常规应急则以《宪法》中的紧急状态条款为最高依据，未来通过突发公共卫生事件应对法在公共卫生领域具体实施。按照这样的体系化思路，首先可以使不同性质的法律和不同的公共卫生治理情景相匹配，各部法律各安其位、各司其职，避免因制度和情景的错配而酿成灾难；其次能够简化法律体系的内部层次，不至于给执法、司法和守法带来理解上的困难；最后是有利于找准立法空白，廓清新法的制度空间，将突发公共卫生事件应对法定位为专门针对重大突发公共卫生事件的特别措施法、公共卫生领域的紧急状态单行法，避免对既有法律的无意义重复或者简单地"提取公约数"。

当然，按照法律制度适用情景来建构公共卫生法律体系，必须解决一个前提性问题，就是法律上应当对公共卫生治理的不同情景作出清晰的描述界定，为日常风险防控和常规应急之间、常规应急和超常规应急之间的情景切换提供明确标准，这是本轮立法修法应当特别重视的关键问题。在目前已经公布的一些法律草案中，我们已经看到了立法机关的这种努力。例如，在2020年10月19日国家卫健委报送国务院的《传染病防治法》修订草案中，就对传染病的暴发、流行等状态进行了比较严密、科学的界定，值得其他法律重视和借鉴。

（三）理顺法律中关于应急管理体制的规定

应急管理领域存在一个普遍规律，越是严重的突发事件，其应对过程就会有越多形态的组织适应出现，而组织内外关系的协调程度与组织适应灾变的效果呈正相关关系。[①] 在非常规突发公共卫生事件情景下，应急管理组织系统拓展为国家系统和社会系统，前者包括党、政、军等公权力部门，后者

---

① 童星、陶鹏：《灾害危机的组织适应：规范、自发及其平衡》，《四川大学学报》（哲学社会科学版）2012年第5期。

包括企业、非政府组织和个人等。① 实现复杂应急组织系统的部分协调与整体协调是短时间内实现公共应急能力最大化的关键所在。我们曾在"非典"疫情等多次非常规突发事件的应对中取得了一些基本经验，这些经验被总结为统一领导、综合协调、分级负责、属地管理为主的应急管理基本原则。因此本轮修法的一大关键之处，就是在公共卫生应急领域贯彻这些基本原则。第一，党的集中统一领导是我国在重大突发事件应对中发挥制度优势的关键所在，必须将这个体制在法律上明确下来，可以考虑设立统筹党政权力的各级应急委员会，在平时决策全国或者本区域应急管理的重大事项，在紧急状态下作为应急指挥机构。第二，要优化分级负责体制，对地方政府在突发事件第一响应、先期处置、上级扩大响应等问题上的职责划分和程序设计方面作出更加明晰的规定。第三，完善跨区域突发事件应对体制，例如对于跨行政区域但级别不高的突发事件，以及跨区域、高级别突发事件中的非全局性问题，这些问题表明地方政府间的矛盾比较突出，不便引入高位协调机制，应当建立一定条件下的强制性区域合作机制，以及临时性的跨区域统一指挥机制来解决。第四，设立应急管理日常办事机构，参照目前北京市等地的模式，明确各级应急委员会依托本级政府应急管理部门设立日常办事机构，承担原来政府应急办的综合协调职能。第五，依托各级政府设立的专项应急指挥机构，明确不同政府部门在各类突发事件应对中综合管理和专门管理、日常管理和应急处置、牵头负责和保障支持等分工合作关系，编制和公布部门应急权责清单。

（四）重启紧急状态法的立法

紧急状态虽然是社会常态的例外表现，但不能成为法治的真空地带。与常规突发事件的应急管理相对，紧急状态往往伴随着公民权利大幅受限，国家权力运行常态遭遇障碍，甚至从根本上改变社会秩序，这样的应对活动需

---

① 薛澜、张强、钟开斌：《危机管理——转型期中国面临的挑战》，清华大学出版社，2003，第8页。

要具备法律依据，应当通过紧急状态法作出明确规定。

首先，可以考虑将现有的《突发事件应对法》拆分为应急管理法和紧急状态法。拆分之后，之所以建议将前者称为应急管理法，主要是考虑到2018年国务院机构改革之后已经组建了承担综合性应急管理职能的应急管理部门，"应急管理"一词相对于"突发事件应对"来说更加约定俗成。这部法律主要解决常规突发事件的应对问题，对应的是行政管理秩序的切换。其要点包括继续坚持"政府综合协调、属地管理为主、响应重心下移"等原则，在此基础之上按照"统一指挥、专常兼备、反应灵敏、上下联动"的方针构建应急管理体制，明确突发事件应对中"条与块""防与救""中央与地方""政府与社会"等体制问题，使这部法律承担"应急组织法"的功能。同时，为了避免应急管理法被应对特定类型突发事件的单行法再度架空，应当设立特别效力条款彻底解决法律冲突问题。

其次，拆分之后制定紧急状态法解决非常规突发事件的应对问题，对应的是宪法秩序的切换。其要点包括以下三个方面。首先，将宣告紧急状态的入门条件定位在发生"特别重大突发事件"，需要启动国家层面一级应急响应的情况。这个级别的突发事件不确定性强，演变过程复杂，损害后果特别严重，其应对可能需要运用超出法律规定的措施，足以引起法律秩序的明显改变。只有宣告紧急状态、颁布临时法令，才能为其提供合法性依据。其次，摆脱紧急状态法制的源头即戒严制度的色彩，将紧急状态划分为自然灾害紧急状态、事故灾难紧急状态、公共卫生紧急状态、社会安全紧急状态和戒严五种类型，并将前四种类型和戒严明确区分开来。再次，主要围绕事中和事后环节建立紧急状态制度。因为紧急状态法解决的是非常状态下社会秩序切换的合法性和标识问题，其成因复杂、不确定性强、过程多变、涉及因素广泛，且不同类型事件的特点、规律均不相同，导致危机发生之前呈现的预兆和社会状态各异，很难像常规突发事件一样去规定风险管理和应急准备、监测预警等相关制度。因此，紧急状态法只需要对事中应对和事后恢复环节作出规定，例如明确规定紧急状态的宣告、非常措施和特别法令、紧急状态的延长和解除、恢复与重建等内容。最后，有必要在紧急状态法中建立

对特殊情况下采取必要应急处置措施的追认机制。例如，在重大突发公共卫生事件的应对中，政府可能需要采取针对一般区域和一般人群的大范围封锁、隔离措施，这超出了《传染病防治法》关于封锁特定区域、隔离特定人员的授权范围，不符合形式法治的基本原则，但这些措施的采用具有实质正当性。因此，通过事后追认机制，能够降低政府遭受非难甚至承担赔偿责任的风险。

四 结语

2003年"非典"疫情之后，我国逐步形成了以"一案三制"为主体内容的公共应急体系。2007年应急管理领域基本法《突发事件应对法》的颁布实施，标志着我国应急法制体系框架初步形成。但此次新冠肺炎疫情暴发之初，我国的公共卫生应急法律体系却暴露出了不少短板，表现在传统的"应激式"立法模式存在不足，"总分结构"法律体系的效力层次繁复，《突发事件应对法》并未发挥好应急领域基本法的作用，未能真正确立紧急状态制度等。这推动了公共卫生应急领域的新一轮立法、修法活动，也引发了对如何实现法律体系化的思考。总体而言，本文建议在此次立法、修法中，应当把握好应急法中的几对特殊关系，按照法律制度适用情景来建构公共卫生应急法律体系，理顺法律中关于应急管理体制的规定，避免相互间"叠床架屋"在适用中造成的困扰。同时，建议重启紧急状态法的立法，将《突发事件应对法》拆分为应急管理法和紧急状态法，分别对应常规和非常规突发事件的需求，解决紧急状态法制长期缺失所造成的问题。

B.9
基层防疫应急预案的运行障碍及其功能修复*

韩阳 胡萧力**

摘 要： 在我国应急预案体系中，基层防疫应急预案处于先期应急处置的功能定位，对疫情防控工作至关重要。但在实际运行中，基层防疫应急预案存在先期处置无力、预警机制异化、法治保障不足等制度障碍，透射出的实际上是我国疫情防控应急管理的模式选择问题。为正视社会公众疫情防控需求，提高疫情防控应对效率，辅助上级疫情防控工作，我国疫情防控应当由自上而下的中心主导模式逐渐转变为上下联动的多元治理模式。本文据此提出了加强基层应急预案先期处置功能、重塑基层疫情防控预警机制、供给基层防疫应急预案法治资源等基层防疫应急预案的功能修复路径。

关键词： 基层防疫 应急管理 应急预案 疫情防控

2020年初，新冠肺炎疫情在我国快速传播，给全社会造成了巨大的生命财产损失，也对以"一案三制"为代表的应急管理体系提出了严峻考验。

---

* 本文为国家社会科学基金应急专项项目"健全重大疫情预警及信息公开的体制机制研究"（项目编号：20VYJ066）的阶段性研究成果。
** 韩阳，北京大学法学院博士研究生，主要研究方向为行政法学、网络与信息法学；胡萧力，法学博士，厦门大学法学院副教授，厦门大学党内法规研究中心研究人员，主要研究方向为行政法学、宪法学、地方治理制度等。

新冠肺炎疫情防控中，应急预案已经成为各级政府有效应对病毒传播的首要依据和直接工具。应急预案作为我国应急管理的"龙头"起点，在我国发展迅速。① 截至2019年底，我国已编制应急预案780余万件，其中2019年新修订编制200余万件，涵盖了自然灾害、事故灾难、公共卫生事件和社会安全事件等各个领域。② 由此可见，我国应急预案体系不断发展完善，自上而下、门类完备、数量庞大，形成了"横向到边、纵向到底"的应急预案体系。

我国的公共卫生类专项应急预案有《国家突发公共卫生事件应急预案》、《国家突发公共事件医疗卫生救援应急预案》、《国家突发重大动物疫情应急预案》和《国家重大食品安全事故应急预案》等。在新冠肺炎疫情防控中主要发挥作用的是国家和地方各级制定的突发公共卫生事件应急预案，如《国家突发公共卫生事件应急预案》《湖北省突发公共卫生事件应急预案》《武汉市突发公共卫生事件应急预案》《江汉区突发公共卫生事件应急预案》等。

一 问题的提出

2003年"非典"（SARS）疫情后，为了及时应对突发事件，我国迅速制定了各种应急预案。各类应急预案的出现，有效承载了应急体制、应急机制和应急法制的功能禀赋，及时填补了某些应急管理领域的制度性空白，引领了应急体制、应急机制和应急法制的发展方向，呈现"预案先行、法制滞后"的发展特征。应急预案发挥预决策的制度功能，在规范行政机关应急处置行动的同时，也可以有效提高应急管理的行动效能。当某一紧急事件发生之后，有关政府的第一反应就是"启动应急预案"，而不是依据某一法

---

① 高小平：《中国特色应急管理体系建设的成就和发展》，《中国行政管理》2008年第11期。
② 参见《应急管理部召开全国应急预案体系建设现场会》，中华人民共和国应急管理部网站，http://www.mem.gov.cn/xw/bndt/202010/t20201014_370020.shtml，最后访问时间：2021年2月17日。

律或行政法规行动。① 对于疫情防控而言，效率是应急预案运行的首要目标，在最短时间内采取措施切断传染链，防止疫情进一步扩散，就可以最大限度挽救生命。

时至今日，人们已经普遍认识到应急预案高效运行的重要性。然而认识与实践存在差距，我国应急预案数量在几何式增长的同时，在不同程度上被诟病缺乏针对性、可操作性与实践性，难以真正发挥实效。究其原因，不同学者给出不同观点。有学者从预案编制技术出发，认为我国应急预案编制缺少风险评估作为基础，针对性不足，内容多为原则性规定，鲜见具体行动方案，容易导致应急处置中指挥协调困难的局面。② 有学者建议应改进我国应急预案内容，完善应急预案的制定程序，重视应急预案的修订。③ 甚至有学者提出，实际上没有必要在法律、法规之外，再建立一套应急预案制度。特别是没有必要将已经在法律、法规中有明确规定的事项再在应急预案中加以重复，结果导致在实践中，具体负责突发事件应对工作的机构和人员很难判断究竟是应当依据应急预案来采取措施，还是应当严格依法办事，出现了突发事件应对工作中的"双重依据"问题。④ 由此可见，针对应急预案的运行效率问题，不同学者给出了不同的解决方案。究竟什么是应急预案呢？"一案三制"之间又是什么关系呢？从"一案三制"的内在逻辑来看，应急体制主要指应急管理的组织体系，应急机制主要指应急管理的流程体系，应急法制主要指应急管理的规则体系，应急预案则是应急管理的行动体系，受制于组织体系、流程体系、规则体系的共同作用，是应急体制、应急机制与应急法制的综合体现与直接表现。⑤ 本文认为，应急预案作为预先制定的行动方案，受制于应急体制、应急机制和应急法制所建构的外部制度环境。提升应急预案的运行实效，应回归以"一案三制"为代表的应急管理体系，将

---

① 孟涛：《中国非常法律的形成、现状与未来》，《中国社会科学》2011年第2期。
② 宋劲松、刘文婧：《提高我国应急预案效力的路径选择》，《中国应急管理》2012年第6期。
③ 张红：《我国突发事件应急预案缺陷及其完善》，《行政法学研究》2008年第3期。
④ 莫纪宏：《突发事件应对法及其完善的相关思考》，《理论视野》2009年第4期。
⑤ 张海波：《中国应急预案体系的运行机理、绩效约束与管理优化》，《中国应急管理》2011年第6期。

顺应急预案与应急体制、应急机制和应急法制的关系，化解因"一案三制"内部冲突而产生的制度性障碍。

在此次应对新冠肺炎疫情过程中，我国的疫情防控应急预案是怎样运行的呢？是否完成了高效应对新冠肺炎疫情的制度使命呢？不妨简要回顾新冠肺炎疫情应对过程：2019年12月8日武汉卫健委通报首例确诊病例，2019年12月29日武汉开始流行病学调查，2020年1月20日国务院将新冠肺炎纳入《传染病防治法》和《国境卫生检疫法》管理，2020年1月22日湖北省启动突发公共卫生事件二级响应，2020年1月23日浙江、广东、湖南启动重大突发公共卫生事件一级响应，2020年1月24日湖北、重庆、山东启动重大突发公共卫生事件一级响应。① 尽管不同主体都制定了疫情防控应急预案，但是在新冠肺炎疫情暴发最初的40多天里，由于尚不能确定新冠肺炎是否属于传染病，各地疫情防控应急预案并未被正式启动。在大众视线中，人们习惯性地关注国家、省级和地市级应急预案的实施，而基本忽视了基层防疫应急预案的存在。在疫情防控初期，基层政府和基层组织作为传染病防治系统的"神经末梢"，距离传染病传播源更近，更容易感知突发公共卫生事件的发生，如果能切实发挥基层防疫应急预案的作用，可以有效延缓传染病的肆意传播。考察此次新冠肺炎疫情防控初期实践可知，我国基层防疫应急预案的实际运行，存在先期处置无力、预警机制异化、法治保障不足等制度障碍。本文以基层防疫应急预案的实际运行为切入点，结合此次新冠肺炎疫情防控初期实践，试图探究制度障碍背后的深层次原因，从而为提高基层防疫应急预案运行效率建言献策。

二 基层防疫应急预案的运行障碍

应急预案是应急体制、应急机制和应急法制的实现载体，应急体制、应

---

① 国务院新闻办公室：《抗击新冠肺炎疫情的中国行动》，http://www.scio.gov.cn/zfbps/32832/Document/1681801/1681801.htm，最后访问时间：2020年12月20日。

急机制和应急法制构成了应急预案运行的外部环境。预案体系是建立在法制、体制、机制之上的行动体系，预案体系的科学构建和有效运行离不开法制、体制、机制协调有力的支持保障。① 因此，探究基层防疫应急预案运行的制度障碍，仍需寻根溯源、按图索骥，从应急体制、应急机制和应急法制中寻求线索。基层防疫应急预案运行的制度障碍，主要表现在以下三个方面。

1. 应急体制障碍：先期处置无力

《突发公共卫生事件应急条例》对于疫情防控应急预案的设定主体规定较高，只赋予了国家和省级两级行政机关应急预案制定权。《传染病防治法》扩大了制定应急预案的主体范围，第20条规定：县级以上地方人民政府应当制定传染病预防、控制预案，报上一级人民政府备案。《传染病防治法》作为《突发公共卫生事件应急条例》的上位法，将疫情防控应急预案的制定主体扩大至县级人民政府。相较于《突发公共卫生事件应急条例》和《传染病防治法》，《突发事件应对法》赋予了乡镇政府和县级以上人民政府职能部门应急预案制定权。② 而《突发事件应急预案管理办法》不仅进一步扩大了有权制定应急预案的主体范围，明确基层组织、企事业单位和社会团体可以制定应急预案，而且根据制定主体的行政级别和管辖范围，确定了各类应急预案不同的功能定位。国家层面的应急预案应当体现政策性和指导性，省级层面的应急预案应当体现指导性，市县级应急预案应体现应急处置的主体职能，而乡镇街道的应急预案应体现先期处置特点。由此可知，在制度文本层面，县和乡镇层面应急预案被定位为先期应急处置的制度功能，并承担责任较重的主体职能。

新冠肺炎属于新型传染病，人们对其发病特征、传播规律尚待了解，采取监测预防、应急处置等防控手段也需要一定时间。但这一时间段恰恰是切

---

① 姜传胜、曾明荣：《我国应急预案体系的主要问题与对策》，《中国应急管理报》2020年1月27日。
② 《突发事件应对法》第17条规定：国务院部门可以制定部门应急预案，地方各级人民政府和县级以上地方各级人民政府有关部门可以制定相应的突发事件应急预案。

断新冠肺炎传播链的黄金时期,在正式启动应急响应之前,如果能有效采取一定的先期处置手段,会起到事半功倍的作用。何为先期应急处置呢?以本次新冠肺炎疫情防控为例,2019年12月8日武汉卫健委通报首例确诊病例,到2020年1月22日湖北省启动突发公共卫生事件二级响应。在这40多天内,武汉市开展了流行病学调查,积极收治患者,关停了华南海鲜市场,但并未发现武汉市内区级政府或街道办事处等基层政府发挥先期应急处置功能。阅读《江汉区突发公共卫生事件应急预案》等基层防疫应急预案(华南海鲜市场位于武汉市江汉区),并未发现针对不明原因疾病或新传染病可以采取哪些先期处置措施。那么高层级的疫情防控应急预案对先期应急处置有规定吗?

《湖北省突发公共卫生事件应急预案》第5条第2款规定:突发公共卫生事件发生后,事发地政府和政府有关部门、有关单位在向上级报告的同时,应立即采取措施控制事态发展,组织开展先期处置工作。重特大突发公共卫生事件发生后,事发地市、州、县政府主要负责人要迅速赶赴现场,成立现场应急指挥部,组织、协调、动员有关专业应急力量和当地群众进行先期处置、需求评估,及时对事件的类别、危害程度、影响范围、防护措施、发展趋势等进行分析评估和上报,立即实施紧急医疗救援行动,组织实施可能的传染源或污染源的隔离、控制,切断传播途径、保护易感人群;利用有效方式向社会公众发出危险或避险警告;紧急调配辖区资源用于应急处置;对需要上级支持、帮助的,及时提出明确的请求和建议;以及采取法律法规规定的其他必要处置措施。尽管《湖北省突发公共卫生事件应急预案》就先期处置措施作出了规定,但是在较大、一般突发公共卫生事件发生后,应该采取哪些具体的先期处置措施呢?即便后一款就先期处置措施作出了详细规定,但又应该如何判定重特大突发公共卫生事件已经发生呢?

《国家突发公共事件总体应急预案》对先期应急处置也有涉及,第3条第2款第2项规定:突发公共事件发生后,事发地的省级人民政府或者国务院有关部门在报告特别重大、重大突发公共事件信息的同时,要根据职责和规定的权限启动相关应急预案,及时、有效地进行处置,控制事态。由此可知，疫情防控应急预案实际上具有两个行动方向，一个是面向先期处置行为，另一个是面向应急响应行为。通过上述规则梳理可以发现，尽管基层防疫应急预案处于先期应急处置的功能定位，但实际上基层防疫应急预案并未有效匹配到足够的先期应急处置手段。换言之，疫情防控应急体制在基层防疫环节功能错配，导致了基层防疫应急预案先期处置无力。有学者曾做过调查研究，数据显示40%的调查对象认为本单位在应急管理中权责匹配，而多数调查对象认为自己权轻责重，甚至是有责无权。[①] 而相比应急响应行为，疫情防控应急预案体系过度关注了前者，相当程度上忽视了先期处置行为，这本质上违背了国家对传染病防治实行的"预防为主"方针。

2. 应急机制障碍：预警机制异化

根据突发公共卫生事件性质、危害程度、涉及范围，突发公共卫生事件划分为特别重大（Ⅰ级）、重大（Ⅱ级）、较大（Ⅲ级）和一般（Ⅳ级）四级，其应急处置主体责任分别归属于国务院、省级、地市级和县级人民政府。《突发事件应对法》第43条、第44条规定：可以预警的公共卫生事件即将发生或者发生的可能性增大时，县级以上地方各级人民政府应当根据有关法律、行政法规和国务院规定的权限和程序，发布相应级别的警报。在发布三级、四级警报，宣布进入预警期后，县级以上地方各级人民政府应当根据即将发生的突发事件的特点和可能造成的危害，启动应急预案。由此可见，《突发事件应对法》尽管将预警主体扩大到县级人民政府，但将突发公共卫生事件的预警权限程序指引到《传染病防治法》。而《传染病防治法》第20条规定：地方人民政府和疾病预防控制机构接到国务院卫生行政部门或者省、自治区、直辖市人民政府发出的传染病预警后，应当按照传染病预防、控制预案，采取相应的预防、控制措施。由此可见，接到国务院或省级政府发出的传染病监测预警，是基层政府启动应急预案的前提条件。换言之，在疫情防控过程中，基层政府只能被动启动本级应急预案，而不能自我预警主动启动防疫应急预案。

[①] 林鸿潮：《政府应急能力建设及其自我认知调查》，《行政法学研究》2009年第1期。

从疫情预警的信息输入端看，《传染病防治法》规定任何机构和个人都负有疫情信息报告义务，包括基层政府和基层组织。从疫情预警的信息输出端看，并非所有主体都可以对外发布疫情预警信息。《传染病防治法》第38条规定：传染病暴发、流行时，国务院卫生行政部门负责向社会公布传染病疫情信息，并可以授权省、自治区、直辖市人民政府卫生行政部门向社会公布本行政区域的传染病疫情信息。公布传染病疫情信息应当及时、准确。传染病预警信息属于传染病疫情信息的一种，因此预警信息的对外发布也应适用该条，只有国务院卫生行政部门和被授权的省、自治区、直辖市人民政府卫生行政部门有权对外发布疫情预警信息，基层政府和基层组织无权对外发布疫情预警信息。由此可见，基层政府和基层组织有信息汇报之责，而无信息发布之权，也无疫情预警之权。对于基层政府和基层组织而言，由于只有信息输入端，而无信息输出端，收集到的疫情信息无法有效转化为疫情预警，因而基层疫情预警机制发生功能异化，同化为疫情信息内部报告制度，基层政府和基层组织也就相应丧失了自我预警和自主启动应急预案的机会和能力。而实践中相关部门也对预警存在误解，将预警仅理解为通过特定渠道的信息上报。①

进一步讲，无论是传染病防治，抑或是突发公共卫生事件应对，两类规范都在传染病这一概念产生交集，实际发挥作用的逻辑前提都依赖传染病的定性判定。而基层政府并不具有判定传染病的权限，需要上级政府逐级核实确认。如《江汉区突发公共卫生事件应急预案》第6条第2款规定：经初步调查核实之后，区应急专业委员会应立即组织区专家组对突发公共卫生事件的性质、可能危害程度进行评估，并报市应急专业委员会进行确认。一般突发公共卫生事件发生时，由区应急专业委员会向区人民政府提出启动应急响应的建议，由区人民政府宣布启动预案，并上报市人民政府。根据《传染病防治法》第4条之规定：其他乙类传染病和突发原因不明的传染病需要采取本法所称甲类传染病的预防、控制措施的，由国务院卫生行政部门及时报经国务院批准后予以公布、实施。因此，由于基层政府和基层组织不具

---

① 袁秀挺：《从新冠肺炎反思我国传染病预警制度》，《民主与法制时报》2020年3月7日。

有自我预警和自主启动应急预案的权限，实际上全社会启动疫情防控应急预案的条件是同一的，都必须等待国务院卫生行政部门确认不明原因疾病属于传染病后，才能启动应急预案。此次新冠肺炎疫情的应对过程也是如此。2020年1月20日，国家卫健委发布公告，将新冠肺炎纳入《传染病防治法》规定的乙类传染病，并采取甲类传染病的预防、控制措施。自此，湖北、浙江、广东、湖南等地才相继启动地方突发公共卫生事件应急预案。由此可见，由于疫情预警机制发生功能异化，针对不明原因传染病而启动疫情防控应急预案的难度是相当大的，在不明原因疾病被确认为传染病之前，任何一方主体实际上都无法采取较为有效的防疫措施，而这段时间恰恰是控制传染病扩散的最佳时期。

3. 应急法制障碍：法治保障不足

应急预案根据涉及问题的类别，受到不同专业领域法律的调整，文本内容属于应急管理工作方案，因此也受到预案体系本身的影响。就基层防疫应急预案而言，该类预案一方面受到《传染病防治法》《突发事件应对法》《突发公共卫生事件应急条例》《突发事件应急预案管理办法》等专业领域法律的调整，另一方面也属于《国家突发公共事件总体应急预案》《国家突发公共卫生事件应急预案》和各地省级总体、公共卫生专项应急预案的调整范围。

基层防疫应急预案运行所遇到的应急法制障碍，包含三个层面。第一，法律之间相互冲突矛盾。由于历史原因和调整对象不同，《传染病防治法》和《突发事件应对法》存在一定冲突，导致了疫情防控应急预案运行不畅。概括而言，在信息收集、研判和公布、预警期启动、应急响应机制启动、危险区域或疫区宣布、应急措施规定等方面都有不一致的地方，《突发事件应对法》把这些权力赋予县级以上地方人民政府，而《传染病防治法》则将这些权力赋予省级和中央人民政府或其主管机构。[①] 可能出于此种原因，2014年制定的《武汉市突发公共卫生事件应急预案》甚至未将《突发事件

---

① 王晨光：《疫情防控法律体系优化的逻辑及展开》，《中外法学》2020年第3期。

应对法》作为其编制依据。① 第二，应急预案和法律规定之间存在冲突。由于历史原因，我国选择了"预案先行、法制滞后"的发展路径，大量疫情防控应急预案早于应急法律制度产生，因此不可避免地存在一些规则冲突甚至功能越位。例如，应急预案早于《突发事件应对法》完成并付诸实践，法律与预案的协调问题一直没有完全解决并形成和延续了下来，应急预案事实上成为适用力最强的应急制度，这在很大程度上影响了《突发事件应对法》的适用力。如何改进应急预案与法律的关系，也是健全国家应急制度需要解决的问题。② 第三，一系列重要事项缺乏详细规定，如应急预案的信息公开要求、公民权利保护和救济程序、疫情预警公布程序、应急预案评估修订程序等。以疫情防控应急预案的信息公开为例，有学者调研发现，政府因应急预案中的有些内容可能关乎社会稳定和公共安全而对公开有所顾虑，企业也因商业秘密之故对公开应急预案有所担忧，因而包括上海市在内的我国大部分应急预案均处于非公布状态。③

三 我国疫情防控应急管理的模式选择

通过对先期处置、预警机制和法治保障三个具体问题的分析，可以发现影响基层防疫应急预案顺畅运行的制度障碍背后，实际上隐藏了我国疫情防控应急管理的模式选择问题。应对传染病疫情，我国传统上采取的是自上而下的中心主导模式，在这种模式下疫情防控应急预案的制定主体范围窄、启动条件高、先期处置能力弱，难以有效发挥基层政府和基层组织的防疫能

---

① 《武汉市突发公共卫生事件应急预案》编制依据：依据《传染病防治法》《食品安全法》《职业病防治法》《国境卫生检疫法》《突发公共卫生事件应急条例》《国内交通卫生检疫条例》《国家突发公共事件总体应急预案》《国家突发公共卫生事件应急预案》《湖北省突发公共卫生事件应急预案》《武汉市突发事件总体应急预案》制定本预案。
② 于安：《论国家应急基本法的结构调整——以〈突发事件应对法〉的修订为起点》，《行政法学研究》2020年第3期。
③ 徐向华、刘志欣：《上海环境风险应急管理制度检讨及立法完善》，《法学杂志》2011年第S1期。

力。因为基层政府和基层组织只要服从中心统一领导部署即可,不需要主动启动应急预案的预决策功能。相比之下,在上下联动的多元治理模式中,疫情防控应急预案的制定主体范围较宽、启动条件低、先期处置能力强,可以有效发挥基层政府和基层组织的防疫能力。理由在于,不同主体都主动参与疫情防控,势必会积极启动自身应急预案,主动采取先期处置措施,而不是单一等待疫情防控指挥中心发来的行动指令。

在自上而下的中心主导模式中,疫情防控参与主体数量较少,基层政府和基层组织大多是被动参与,国家依靠强制力驱使其参与疫情防控,难以发挥他们的积极性、主动性和创造性。而在上下联动的多元治理模式中,疫情防控参与主体相对多元,基层政府和基层组织的属地责任得以彰显,有利于发挥其先期应急处置的功能优势。从自上而下的中心主导模式过渡到上下联动的多元治理模式,实际上反映了我国疫情防控应急管理模式由注重突发事件应急处置转变为关注常规风险危机管理,更加符合风险传导的客观规律,也有利于危机管理关口前移。除此之外,上下联动的多元治理模式还具有以下优势。

1. 正视社会公众的疫情防控需求

不可否认,联防联控机制依托我国单一制的国家体制和集中统一领导的政府运行模式,在全国一盘棋、统一指挥、统一调度、统一防控的治理思路指引下,集中安排和调度资源,全国各地驰援武汉,及时解决了资源不足和收治不力的局面,在短期内实现了应收尽收和应治尽治的目标。[①] 但相比上级政府,基层政府和基层组织的疫情防控需求更为迫切。基层政府和基层组织缺乏必要的资金、物资和知识储备,应对疫情的抵抗能力弱,更需要提前知悉疫情防控信息、启动疫情防控应急预案行动。传统自上而下的中心控制模式,决策层距离基层较远,应急决策传达到社会端需要一定的时间。过度强调以统一决策应对疫情防控,可能致使基层政府和基层组织也难以采取有效的应对手段。

---

① 王晨光:《疫情防控法律体系优化的逻辑及展开》,《中外法学》2020 年第 3 期。

提升疫情防控应急预案的时效性,同样需要正视基层政府、基层组织和社会公众的正常疫情防控需求。编制应急预案需要大量听取基层意见,结合普通民众的社会生活需要,有针对性地设计应急处置措施。有学者指出,我国"条"的行政指导容易使应急预案逐级复制,"上下一般粗",脱离本地实际。从这一角度看,中国的应急预案体系自上而下的建设过程与应急预案体系基于危险源自下而上逐级启动的过程存在内在的冲突。① 实践中,应急预案的制定遵循的是一种自上而下的途径。下级机关在制定应急预案时,多数情况下照搬上级机关的预案,没有社会各群体的参与制定,内容更没有体现出本级别、本地区的特殊性。对此,有学者建议采用参与式编制应急预案,认为多方参与编制可以增强动态变化中的灵活性。②

2. 提高疫情防控应对效率

采取上下联动的多元治理模式,各种疫情防控应急预案可以设置不同的应急预案启动条件,设计强弱不一的预警机制。制定主体抵御传染病疫情的能力越强,对于疫情信息的敏感度越低,距离传染病危险源的路程越远,其应急预案的启动条件可以适当提高。制定主体抵御传染病疫情的能力越弱,对于疫情信息的敏感度越高,距离传染病危险源的路程越近,其应急预案的启动条件可以适当降低。这种应急预案启动条件的配置方式,更加符合传染病疫情传播的客观规律。同时,由于疫情防控能力较弱的人群一般距离疫情传播源更近,因此鼓励基层政府和基层组织率先启动应急预案,可以有效提高疫情防控应对效率。

自上而下的中心控制模式与上下联动的多元治理模式相比,更适合应对已知的各类突发事件,如战争、地震、海啸和已知传染病。而对于未知的各类突发事件,采取上下联动的多元治理模式效率则相对更高。面对不明原因的传染病,上层与下层之间各自占据不同的信息优势,上层组织信息收集能力更强,可以采取有效的应急措施。而下层组织更靠近危险源,信息收集成

---

① 张海波、童星:《中国应急预案体系的优化——基于公共政策的视角》,《上海行政学院学报》2012年第6期。
② 詹承豫、顾林生:《转危为安:应急预案的作用逻辑》,《中国行政管理》2007年第5期。

本更低，也能采取适当的应对手段。从逻辑角度分析，应急预案相当于在用一套确定的体系去应对不确定的突发性危机事件，所以应急预案就不可避免地承担起两个功能。一方面是以确定性去应对危机事件当中都会遇到的确定性问题，核心就是资源的调配和事故权责体系构建；另一方面是以灵活性去应对危机事件当中的不确定性，核心就是危机分析与危机决策。① 而上下联动的多元治理模式参与主体更多，处置手段更丰富，因而相比自上而下的中心控制模式具有更强的灵活性，可以更为有效地应对未知风险。

3. 辅助上级疫情防控工作

采取上下联动的多元治理模式，并非完全脱离上级政府的统筹领导，而是积极发挥基层政府、基层组织和普通公众的参与感和责任感，尤其是发挥基层政府的主体责任和先期处置能力，辅助上级开展疫情防控工作。基层应急预案的率先启动，可以帮助上级政府收集数据、积累经验，也可以成为更大规模应急预案运行的观察渠道。随着基层疫情防控能力的充分释放，疫情防控的应对力量不断下沉，在广大公众、社会组织和基层政府开展互助自救措施的同时，可以减轻上级政府的压力。对此有学者提出，与其在法律中固守自上而下的层层权力保留，不如在充分放权的同时从条件、范围、程序、程度等诸多方面加强对紧急权力的控制，将紧急权配置的模式由当前的"对上集权、对下限权"转变为"对下放权、同时控权"，更为适当。② 同时，多元治理格局的出现，有利于增强不同主体之间的沟通了解，消除彼此之间的利益冲突。

四 基层防疫应急预案的功能修复路径

通过探究基层防疫应急预案运行的各种制度障碍，可以观察应急预案运行不畅背后的深层次原因，在于疫情防控过程中政府、社会、公众之间存在

---

① 詹承豫：《动态情景下突发事件应急预案的完善路径研究》，《行政法学研究》2011年第1期。
② 林鸿潮：《政府应急能力建设及其自我认知调查》，《行政法学研究》2009年第1期。

一定张力，单纯依靠自上而下的防疫决策响应方式，不利于激发基层政府和社会组织的抗疫能力，也不利于有效解决先期处置无力、预警机制和缺乏法律依据的问题。因此，我国的疫情防控应急管理应当由自上而下的中心控制模式转变为上下联动的多元治理模式。本文沿着这一制度模型框架，进一步提出我国基层防疫应急预案的功能修复路径。

1.加强基层应急预案先期处置功能

人们对传染病疫情的认识是一个逐渐的过程，这本质上是一个科学问题。从突发公共卫生事件发生到疫情确定启动应急响应前，尽管尚未完全了解此类传染病的各种科学特征，但是并不意味着人们无法采取合理手段抑制疾病的发生传播。这一阶段是疫情防控的黄金时间，加强完善基层防疫应急预案的先期处置功能，本质上是通过事先的想象与计划，为未来应急管理做充分准备。由于尚未确定疾病是否属于传染病，因此不能采取隔离观察等应对措施，但可以采取劝诫引导、物资发放、追踪回访等先期处置措施。同时，应引入信息竞争机制，为广大公众和社会组织启动应急预案提供足够的信息供给。[①]

2.重塑基层疫情防控预警机制

传染病监测预警是启动防疫应急预案的前提条件。不同主体制定的疫情防控应急预案应当具备不同的启动条件，应当避免过去应急预案启动条件"上下一般粗"的问题。基层应急预案具有先期应急处置优势，应当适当降低其应急预案启动条件。省级应急预案连接地方政府和中央政府，应着重挖掘其信息传递的功能优势。国家层面应急预案掌握全国的防疫应急资源，应保持其统一协调的功能定位。设计疫情防控应急预案启动条件，应考虑制定主体抵御传染病疫情的能力、对于疫情信息的敏感度和距离传染病危险源的路程等合理的相关因素，可以分梯次、分领域、分地域、分级别设计，对应疫情防控的不同特点，逐步触发升级疫情防控应急预案。同时，应当依靠先进的科技手段，运用大数据、物联网、5G等技术措施提升疫情监测预警能

[①] 王锡锌：《传染病疫情信息公开的障碍及克服》，《法学》2020年第3期。

力,提高应急预案启动实施的自动化、智能化水平,减少人为的不当干预,解放人力的大量投入,增强应急预案实施的客观性与科学性。

在上下联动的多元治理模式中,疫情防控应急预案的制定主体更为多元,政府、社会组织和公众从不同的安全需求和利益视角出发,有针对性地制定符合自身情况的疫情防控应急预案。疫情防控应急预案制定主体的增多并不必然造成应急预案运行的低效和混乱。应急预案制定主体的增多,应相应带来应急体制、应急机制和应急法制的变化,一些新的问题有待进一步研究确定,如哪些事项的应急处置属于政府层面的权力范围,不同主体制定的应急预案效力等级如何确定,部分主体违规启动应急预案造成损害,应当如何追责等。同时,对于一些共同涉及的应急处置事项,上级政府应当统筹协调,尤其是涉及跨地域、跨领域、跨部门、跨层级的应急事项,努力实现不同应急预案的有效衔接,避免不同应急预案的不当冲突。

3. 供给基层防疫应急预案法治资源

基层防疫应急预案的顺畅运行,离不开应急法制提供足够的法治资源。疫情防控过程中,应急处置的正当性需要权威性、急迫性和合法性三者同时补充,单纯依靠权威性、急迫性难以长久支持疫情防控工作,更需要合法性为防疫工作补足正当性需求。习近平总书记指出,依法科学有序防控至关重要,疫情防控越是到最吃劲的时候,越要坚持依法防控,在法治轨道上统筹推进各项防控工作,全面提高依法防控、依法治理能力。应急法制与应急预案产生运行障碍,一方面需要化解法律之间的矛盾冲突,另一方面应着手修订应急预案本身,努力做到预案中的每项内容都必须有确切的法律依据。[①]保持应急预案与应急法制的良性互动,尤其是保障基层防疫应急预案法治资源供给,对于开展基层疫情防控工作尤为重要。

具体来说,统筹修订《传染病防治法》和《突发事件应对法》等法律,化解涉及信息收集、研判和公布、预警期启动、应急响应机制启动、危险区

[①] 林鸿潮:《论应急预案的性质和效力——以国家和省级预案为考察对象》,《法学家》2009年第2期。

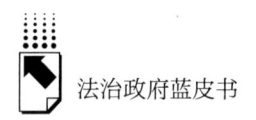

域或疫区宣布、应急措施规定等方面的法律冲突。对照应急法制要求，修改基层防疫预案中的违法规定，基层政府出于维护公共利益和社会秩序的考量，应当严格依照应急法制的要求，按照行政程序启动疫情防控应急预案，依法合理采取必要的疫情防控处置措施。对于影响基层应急预案运行的重要事项，应急法制应当给予详细规定，如完善突发公共卫生事件的确认和宣告制度，规定公民基本权利保障制度，细化财产补偿制度和补充疫情防控行政监督制度，等等。

B.10
中国儿童福利行政的现状与发展方向（2020）*

李程 潘华杰**

摘 要： 儿童福利行政是中国实现普惠型儿童福利的基本途径。儿童福利行政近年来取得了巨大成就：儿童健康水平显著提高，发育状况不断改善；各教育阶段成果显著；儿童生活环境与社区环境日益改善，文化产品与活动场所更加丰富；儿童权益保障法律法规政策体系进一步完善；儿童福利和救助机构数量稳中有升，孤儿生活质量继续改善等。同时，中国儿童福利行政也存在一些问题：农村留守儿童问题亟待解决；儿童教育依然存在薄弱环节；城乡之间、区域之间儿童福利水平相差较大；等等。未来应加强对儿童福利行政对象的精准识别、精准帮扶、精准管理；应当完善儿童福利立法，制定儿童福利基本法等。

关键词： 儿童福利行政 儿童救助 留守儿童

2020年是中国脱贫攻坚决战决胜之年，又是全面建成小康社会之年，还是《中国儿童发展纲要（2011—2020年）》（简称《纲要》）实施收官之年。儿童阶

---

* 本报告为北京社会科学基金决策咨询项目"北京市儿童福利立法必要性及重点问题研究"（项目编号：20JCC113）的阶段性成果。
** 李程，法学博士，中国政法大学法治政府研究院《行政法学研究》编辑，主要研究方向为儿童福利法、未成年人法、教育法；潘华杰，中国政法大学法学院硕士研究生，主要研究方向为刑法、未成年人法。

段是人生发展的关键阶段，儿童也是人类的未来。儿童必要的生存、发展、受保护和参与的机会与条件，依赖儿童福利行政的实施。中国儿童福利的目标需要进一步提升，儿童福利行政需要更加有所作为。

一 中国儿童福利行政机构与职能

（一）儿童福利行政的重要意义

党和政府一直把儿童事业发展放在优先位置，始终致力于保护每一个儿童的权利，促进每一个儿童健康成长，培养担当中华民族伟大复兴大任的时代新人。儿童福利的实现依赖国家、政府与社会的共同努力。儿童身心尚未发育成熟，在经济上无法自立，在法律上不具有（或者不完全具有）行为能力，儿童的健康成长不能脱离成人社会而实现。儿童权利的保障与儿童福利的实现离不开儿童福利行政。儿童福利行政是指政府机关或公共团体促进儿童身心健全发展与正常生活的行政过程，是社会福利行政的重要一环。儿童的生存与发展、适当的生活水准、医疗保健及特殊的照料等福利权的实现与儿童福利行政密切相关。[①] 儿童福利行政的高效运行促进了儿童福利中关于救治、预防、发展等一系列功能的真正实现。

（二）中国儿童福利行政机构设置及职能分配

目前，中国中央和地方没有单独设置专门负责儿童工作的福利行政机构，但在政府内部设置了多个儿童工作部门[②]，主要包括以下机构。

1. 国务院妇女儿童工作委员会

这是一个综合协调机构，由国务院系统与儿童有关的政府部门、中央直属机关组成，如团中央、妇联、教育部、司法部等，其常设机构设在全国妇

---

① 吴鹏飞：《中国儿童福利权研究》，中国政法大学出版社，2015，第37页。
② 姚建平：《国与家的博弈：中国儿童福利制度发展史》，格致出版社、上海人民出版社，2015，第165页。

联,负责协调政府有关部门做好维护儿童权益工作,指导全国的儿童工作。

2. 民政部门

在具体工作安排上,民政部门主要负责福利输送,一方面作为政府机构,贯彻落实国家制定的关于儿童福利的政策和法规;另一方面侧重于针对弃婴、孤儿、盲童和聋哑等特殊儿童及智障与残疾等身心障碍儿童的补充性及替代性儿童福利服务。2019年1月,民政部设立儿童福利司,这是民政部首次单独就儿童福利设立相关司局。

3. 共青团

共青团在中央及各省市设立少年部,专门负责儿童的各项事务,其职能主要包括:研究少年儿童的思想品德教育,推动少年儿童提高综合素质,全面发展;协调和配合社会有关部门对儿童情况的调查研究;协助政府制定和发布儿童政策;指导少年儿童校外阵地,如少年宫(家)、少年军校等的建设;协调、动员社会力量服务儿童;维护儿童权益,净化儿童生活环境,代表儿童开展国际交往。

4. 妇联

妇联系统的工作对象主要是0~6岁的儿童,特别是与母亲关系比较密切的婴幼儿和学龄前儿童,工作重心较多聚焦于妇女与儿童的天然关系上。妇联下设儿童部,具体包括社区儿童工作处、家教学会等部门,主要负责学龄前儿童教育、家长教育,开展有益于儿童的活动,并协调与社会团体及政府部门的关系。

二 中国儿童福利行政取得的成就[①]

(一)儿童健康

1. 儿童健康水平显著提高

为了保证儿童身体健康,降低儿童死亡率,中国建立了覆盖城乡的儿童

---

① "中国儿童福利行政取得的成就"的数据来源主要为国家统计局2020年12月发布的《2019年〈中国儿童发展纲要(2011—2020年)〉统计监测报告》。

健康服务体系，提升了儿童医疗保健服务的质量与能力。2017 年，中国共有 3000 多所妇幼保健机构，约 35 万名专业卫生技术人员直接从事妇幼保健工作，形成了以妇幼保健机构为核心、以基层医疗卫生机构为基础、以大中型医疗机构和相关科研教学机构为技术支持的妇幼健康服务体系。① 2019 年，中国婴儿死亡率和 5 岁以下儿童死亡率分别为 5.6‰、7.8‰，明显低于《纲要》中"10‰和13‰以下"的目标。

2. 儿童发育状况不断改善

中国重视扩大新生儿早期基本保健措施的覆盖面，重视儿童早期发育工作，通过出生后皮肤接触、袋鼠式护理、6 个月内纯母乳喂养等措施来增强儿童体质。2019 年，中国儿童低出生体重发生率为 3.24%，低于"4%以下"的《纲要》目标；5 岁以下儿童低体重率、贫血患病率和生长迟缓率分别为 1.37%、5.38% 和 1.12%，均远优于"5%以下"、"12%以下"和"7%以下"的《纲要》目标。

3. 儿童疾病防治效果显著

中国自 1978 年推出国家免疫规划，成千上万的儿童得到保护，免于感染疫苗可预防的疾病。近年来，中国逐步建立了国家、省、市、县四级免疫规划监测管理体系，以及县、乡、村三级预防接种服务网络，实现了适龄儿童免疫规划的信息系统和疫苗电子追溯的协同平台对接。为了使更多的儿童受益，中国大力推动普及儿童免疫，2004 年《中华人民共和国传染病防治法》进行了修订，儿童常规预防接种全部免费。2007 年，中国国家免疫规划的疫苗种类扩大到预防 12 种传染病。② 2019 年，中国超过 97% 的适龄儿童接种了各种纳入国家免疫规划的疫苗。③ 全国 3 岁以下儿童系统管理率为 91.9%，7 岁以下儿童健康管理率为 93.6%。

---

① 金曦等主编《中国 0~6 岁儿童生存发展策略——从证据到行动》，北京大学医学出版社，2018，第 44 页。
② 联合国儿童基金会、国务院妇女儿童工作委员会办公室、国家统计局社会科技和文化产业统计司：《中国儿童发展指标图集 2018》，2018。
③ 纳入国家免疫规划的疫苗包括卡介苗、脊灰疫苗、百白破疫苗、含麻疹成分疫苗、乙肝疫苗、甲肝疫苗、乙脑疫苗及流脑疫苗。

（二）儿童教育

1. 0~3岁儿童早期教育初步发展

0~3岁儿童早期健康与教育对儿童未来的发展具有重要意义。中国通过开展生命早期1000天营养健康行动、免费为6~23月龄贫困地区儿童发放营养包等活动，保障儿童早期健康。中国还在一定范围内进行试点工作，以社区为依托建立0~3岁婴幼儿早期教养服务和示范基地，为儿童生长发育、亲子游戏活动、家庭养育等项目提供综合服务。[①]

2. 学前教育得到进一步重视和加强

在幼儿园接受优质学前教育对于激发儿童的好奇心和学习兴趣、发展社会性和建立自信心都将产生重要影响。2011~2019年，中国以县为单位实施三期学前教育三年行动计划，3~6岁学前教育发展连迈新台阶。2019年，全国公办幼儿园达10.8万所，民办幼儿园达17.3万所，共有幼儿园28.1万所，幼儿园教职工有491.6万人，专任教师有276.3万人。全国学前教育毛入园率达到83.4%。

3. 义务教育实现全面普及

2011年，中国宣布全面完成普及九年免费义务教育的战略目标，进入以提高质量为主的均衡发展新阶段。2013年，政府启动义务教育发展基本均衡县督导评估认定工作，截至2017年，全国累计2379个县义务教育发展实现基本均衡，占全国总县数的81%。[②] 2019年，全国普通小学达16万所，初中学校达5.2万所，义务教育阶段学校达21.3万所。全国普通小学专任教师有626.9万人，初中专任教师有374.7万人，共有专任教师1001.7万人。全国普通小学在校生有1.06亿人，初中在校生有

---

① 联合国儿童基金会、国务院妇女儿童工作委员会办公室、国家统计局社会科技和文化产业统计司：《中国儿童发展指标图集2018》，2018。
② 《2017年全国义务教育均衡发展督导评估工作报告》，教育部网站，http://www.moe.gov.cn/jyb_xwfb/xw_fbh/moe_2069/xwfbh_2018n/xwfb_20180227/sfcl/201802/t20180227_327990.html，最后访问时间：2020年12月24日。

0.48亿人，义务教育阶段在校生共1.54亿人。全国九年义务教育巩固率达94.8%。

4. 高中阶段教育规模持续扩大

在普及义务教育的基础上，中国高中阶段毛入学率持续上升。2019年，全国共有高中阶段教育学校24375所，全国招生1439.9万人，在校学生有3994.9万人，全国高中阶段毛入学率从1992年的仅26%提升到2019年的89.5%。政府提出在提高普及水平的同时，加强办学条件保障，提升教育质量，提高中等职业教育招生比例。2017年，全国共有1592万名中等职业教育在校生，占高中阶段教育在校生总人数的40%。①

（三）儿童的成长环境

1. 儿童生活环境日益改善

中国大力推进生态文明建设，生态环境治理取得重大成就，儿童健康成长的自然环境得到极大改善。2019年，中国城市建成区绿化覆盖率为41.5%，城市污水处理率为96.8%，城市生活垃圾无害化处理率为99.2%。城市面貌日益改善，人均公园绿地面积为14.4平方米。农村生活环境也日益改善，集中式供水受益人口比重达到87%。

2. 儿童社区环境持续优化

儿童生存发展和保护离不开稳定而功能完善的社区环境。根据2019年统计数据，儿童社区环境各项指标均较往年有较大提升：全国儿童之家（或儿童中心）数量比上年增加6.2万个，达28.9万个，城乡社区覆盖面进一步扩大；社区服务中心（站）数量比上年增加7.6万个，达25.2万个；基层组织中持有证书的专业社会工作者数量比上年增加1.4万人，达6.1万人。

3. 儿童文化产品和活动场所更加丰富

2019年，全国出版初中及以下少年儿童图书共计9.5亿册4.4万种，

---

① 《2017年全国教育事业发展统计公报》，教育部网站，http://www.moe.edu.cn/jyb_sjzl/sjzl_fztjgb/201807/t20180719_343508.html，最后访问时间：2020年12月24日。

出版初中及以下少年儿童期刊共计 3.8 亿册 206 种。全国 3196 个公共图书馆中共有少儿文献 1.3 亿册。全国电视动画节目、少儿电视节目、少儿广播节目播出时间分别为 39.9 万、57.4 万和 26.6 万个小时。全国未成年人参观博物馆、科技馆人数分别为 28653 万人次、1874 万人次。

（四）儿童的法律保护

1. 儿童权益保障法律法规政策体系进一步完善

2020 年，中国先后修订完善了《未成年人保护法》和《预防未成年人犯罪法》，切实保护未成年人合法权益，预防未成年人走上违法犯罪道路。近年来，中国在未成年人节目、学校食品安全与营养等方面出台了相关管理规定，保障未成年人身心健康。同时，政府进一步健全农村留守儿童和困境儿童关爱服务体系，出台相关政策加强事实无人抚养儿童保障。

2. 加大打击拐卖儿童犯罪的力度

拐卖儿童行为严重侵犯了儿童的合法权益，中国一直将这种行为作为重大犯罪行为予以严惩。2019 年，全国破获拐卖儿童案件 413 起，相较于 2015 年下降了 45.4%，拐卖儿童现象明显减少。2017~2019 年，儿童失踪信息紧急发布平台发布了近 4000 名儿童的失踪信息，其中 3900 余名儿童被找回，找回率超过 98%。

3. 儿童犯罪情况持续好转

近年来，中国高度重视对儿童犯罪的治理，儿童犯罪人数占比持续下降。14~16 周岁儿童犯罪人数明显减少，低龄儿童犯罪形势向好。[1] 2019 年，全国儿童犯罪人数为 4.3 万人，比 2010 年减少 2.5 万人，降幅达 36.9%。儿童犯罪人数占同期犯罪人数的比重为 2.59%，比 2010 年下降 4.19 个百分点。

---

[1] 最高人民检察院：《未成年人检察工作白皮书（2014—2019）》，2020。

三 中国儿童福利行政中存在的主要问题

（一）农村留守儿童问题

根据民政部 2018 年数据：全国共有 697 万名农村留守儿童。从监护情况来看，农村留守儿童由祖父母或者外祖父母隔代照料的高达 96%，其余 4% 由亲戚朋友监护。从年龄分布来看，6～13 岁的农村留守儿童规模最大，各省数据均超过 50%。全国具体数据为：21.7% 的农村留守儿童为 0～5 周岁，67.4% 的农村留守儿童为 6～13 周岁，10.9% 的农村留守儿童为 14～16 周岁，14 周岁以下农村留守儿童占比高达 89.1%。从入学情况来看，2018 年义务教育阶段农村留守儿童占比为 78.2%，比 2016 年提高了 12.9 个百分点。农村留守儿童在学阶段呈现更为集中的趋势。①

农村留守儿童主要有以下问题。第一，在生活方面，隔代监护很容易造成对儿童的溺爱，只重视对留守儿童的物质满足，忽视对其精神和道德的约束。第二，在教育方面，农村留守儿童在义务教育阶段家庭社会化不足，缺乏父母约束，容易造成学习目的不明确、学习习惯不好，甚至逃学、辍学等。② 第三，农村留守儿童可能在性格和行为上容易出现偏差。一项 2005 年的研究表明，农村留守儿童的心理健康问题检出率很高：在 271

---

① 《图表：2018 年农村留守儿童数据》，民政部网站，http://www.mca.gov.cn/article/gk/tjtb/201809/20180900010882.shtml，最后访问时间：2020 年 6 月 24 日。另外，2013 年，全国妇联根据中国 2010 年第六次人口普查数据推算，中国共有 6102.55 万名农村留守儿童。而 2016 年多部门联合开展的农村留守儿童摸底排查工作统计认为，全国不满 16 周岁、父母均外出务工的农村留守儿童数量为 902 万人。留守儿童的数量从 6102.55 万人减少到 902 万人有以下原因。其一是留守儿童的年龄截止期限改变。过去的报告是以不满 18 周岁为口径的统计，而这次的统计口径却是不满 16 周岁。其二是统计范围上的差异。旧的报告是以父母一方外出即算留守儿童，而新的统计方式是只有父母双方外出务工，或一方外出务工，另一方无监护能力的，才算是留守儿童。此处民政部 2018 年数据采用的是 2016 年的新标准。
② 姚建平：《国与家的博弈：中国儿童福利制度发展史》，格致出版社、上海人民出版社，2015，第 175 页。

名被试留守儿童中，28.8%有轻度的不良心理反应，2.2%有比较明显的心理问题。① 第四，农村留守儿童更容易走上违法犯罪道路。根据2015年对江苏省A市的未成年人犯罪案例调研，留守儿童犯罪占据农村地区未成年人犯罪的40%。在缺乏父母一方或双方监护和教育的情况下，未成年人容易因疏于管教而产生认识偏差和受到社会不当影响，进而走上犯罪的道路。②

（二）残疾儿童问题

根据2006年第二次全国残疾人抽样调查数据推算，中国有504万名残疾儿童，占全国儿童总数的1.6%，占全国残疾人总数的6.1%。③ 残疾儿童的医疗费用与抚养成本过高，残疾儿童被遗弃问题较为严重，生活中残疾儿童各项合法权益也难以得到保障。

从社会福利的角度来看，养育残疾儿童的家庭如果得不到支持和帮助，就无法真正改善残疾儿童的生存状况。目前中国对残疾儿童家庭支持不够，残疾儿童服务主要还是靠家庭自己的力量来解决。在残疾儿童的教育问题上，根据教育部《2013年全国教育事业发展统计公报》，截至2013年底，全国未入学适龄残疾儿童约为8.5万人，残疾儿童义务教育入学率仅为72.7%，远低于普通小学的净入学率（99.71%）和初中的毛入学率（104.1%）。④ 在残疾儿童康复问题上，2015年专项调查结果显示，2600万名持证残疾人和残疾儿童中有康复需求的比重为59.6%，得到康复服务的不足20%。⑤ 残

---

① 叶曼、张静平、贺达仁：《留守儿童心理健康状况影响因素分析及对策思考》，《医学与哲学》2006年第11期。
② 刘艳红、李川：《江苏省预防未成年人犯罪地方立法的实证分析——以A市未成年人犯罪成因和预防现状为调研对象》，《法学论坛》2015年第2期。
③ 中国残疾人联合会：《中国残疾儿童现状分析及对策研究》，2008。尽管近10年来在中国总人口增长的同时儿童人口在不断减少，同时政府积极采取包括预防出生缺陷、儿童伤害预防等措施降低残疾发生率，但考虑到诱发残疾的危险因素有所增加，因此估计截至2020年底中国残疾儿童人口规模与2006年抽样调查时接近，约为500万人。
④ 叶增编：《我国残疾儿童学前教育权益保护政策探析》，《教育与教学研究》2014年第1期。
⑤ 《张海迪：康复是残疾人小康最迫切需求》，中国残疾人联合会网站，http://www.cdpf.org.cn/yw/201603/t20160309_543404.shtml，最后访问时间：2020年12月23日。

疾儿童康复工作未被纳入国家社会保障的相关制度中，残疾儿童接受康复服务缺乏持续、稳定的支持。在残疾儿童环境保障问题上，一方面，中国物质之"硬环境"的无障碍保障尚存在欠缺，残疾儿童的生活、学习存在诸多不便；另一方面，人文之"软环境"的无障碍保障也存在问题，虽然法律有禁止歧视残疾人的相关规定，但是中国残疾儿童生存的社会文化环境依然比较严峻，残疾人在教育、就业等方面遭受歧视依然是客观事实。

（三）学前及中小学教育问题

中国逐年持续增加教育经费投入，对各项教育政策的落实起到了保障作用，惠及数亿城乡儿童。2019年，全国教育经费总投入为50178.12亿元，占GDP比重连续8年保持在4%以上。[①] 中国儿童教育在取得巨大成就的同时，也存在着一些问题。

首先，学前教育和早教服务是教育中的薄弱环节。农村地区早教与幼教师资匮乏，经过系统学前教育学习的幼师毕业生往往不愿意去乡村幼儿园任教。城市地区（尤其是大城市）存在"入园难"、"入托难"和"早教过度商业化"的问题。人们对学前教育与早教服务的认识也存在偏差，有些家长和老师认为幼儿入园应该学很多知识，但这反而对儿童成长不利。除此之外，公办幼儿园在园幼儿数占比逐年走低，2018年为43.3%，较2010年下降近10个百分点[②]，普惠性学前教育依旧有提升空间。其次，儿童教育的部分指标与确定的目标尚存在差距。2019年九年义务教育巩固率为94.8%、高中阶段毛入学率为89.5%，《纲要》中95%与90%的目标尚未完成。从高中阶段教育职普比看，2019年比值为0.65∶1，与2015年（0.7∶1）和2010年（0.92∶1）相比均有所下降，与《国家职业教育改革实施方案》提

---

① 《2019年全国教育经费执行情况统计公告》，教育部网站，http：//www.moe.gov.cn/srcsite/A05/s3040/202011/t20201103_497961.html，最后访问时间：2020年12月23日。
② 国家统计局：《2018年〈中国儿童发展纲要（2011—2020年）〉统计监测报告》，2019。

出"保持高中阶段教育职普比大体相当"的目标还有一定差距。[①] 再次，流动人口子女教育问题需要得到重视。20%的义务教育阶段流动儿童因为自身的高流动性或者当地公办学校针对流动人口的特别规定（包括收取相关费用）等，只能选择在民办学校就读，包括质量较差的打工子弟学校。[②] 最后，当前义务教育阶段在一定程度上存在重智育轻美育体育、学生综合实践能力相对缺乏、课业负担偏重等问题。

（四）地区发展不均衡

长期以来，由于计划经济体制、户籍制度、城乡差别和城乡二元社会福利制度，城市儿童享有儿童健康照顾、优质基础教育和较好的生活环境，乡村儿童则较少具有享受儿童福利的社会环境和条件。改革开放以来，在经济基础的影响下，东部、中部、西部的儿童福利也存在较大差别，东部的儿童福利经费支出、专业化服务水平等往往处于更高水平。虽然国家致力于通过转移支付等手段实现儿童福利均等化，但是城乡之间、东部与中西部之间依然存在较大差距。

以婴儿死亡率、5岁以下儿童死亡率为例。2018年，全国农村婴儿死亡率为7.3‰，城市婴儿死亡率为3.6‰，农村高于城市1倍多。全国农村5岁以下儿童死亡率为10.2‰，城市5岁以下儿童死亡率为4.4‰，农村高于城市1.3倍。5岁以下儿童死亡率区域间差距也较大，东部为4.2‰，中部为7.2‰，西部为12.7‰，西部高于中部近1倍，高于东部2倍。[③] 城乡之间、东部与中西部之间在教育上也存在较大差距。城市与东部地区，由于经济更为发达，拥有更多的教育经费用于基础设施建设、教师工资、教师培训和课程改革，往往拥有更高的教学质量，学生能得到更加充分的发展，也拥有更大的可能性接受高等教育。相比之下，乡村与中西部地区由

---

① 国家统计局：《2019年〈中国儿童发展纲要（2011—2020年）〉统计监测报告》，2020。
② 联合国儿童基金会、国务院妇女儿童工作委员会办公室、国家统计局社会科技和文化产业统计司：《中国儿童发展指标图集2018》，2018。
③ 国家统计局：《2018年〈中国儿童发展纲要（2011—2020年）〉统计监测报告》，2019。

于教育经费的缺失与人才的流出，教育质量也相对较低。城乡之间、区域之间存在一定程度上的教育公平问题。城乡之间、区域之间福利保障水平相差也较大。2017年全国城市低保平均标准为每人每月541元，农村低保平均标准为每人每月358元。低保标准也因各省发展状况以及政府财力的不同而存在明显的地区差异，东部省份低保标准普遍高于中西部省份。除此之外，城乡之间、区域之间的收入水平、医疗水平、环境水平也相差较大。

四 中国儿童福利行政的发展方向

（一）精准识别、精准帮扶、精准管理

儿童福利行政需要改变以往"粗放式"的特点，针对不同地区的特点、不同儿童的状况，运用科学有效的程序对儿童福利行政对象进行精准识别、精准帮扶、精准管理。精准识别是儿童福利行政精准帮扶、精准管理的前提，因此统计、分析和了解现阶段儿童事业的基本情况极为重要。但是，中国一直未能建立一个关于全国儿童（特别是贫困家庭儿童）生存发展现状的汇总统计数据库，对儿童基本情况的把握只能依靠分散在各个统计数据库中的少许相关事业发展资料以及借助学者的抽样研究统计数据来粗略推算。① 在此基础上出台儿童福利政策在需求对接和实施效果方面都有一定的风险。

儿童福利行政难以做到精准识别、精准帮扶、精准管理很大的原因在于分散化、行业化、分段式和条块分割的儿童福利行政管理体制。儿童福利行政机构在中央层面虽然有国务院妇女儿童工作委员会，但是其性质是"协调议事机构"，并不具有儿童福利行政的职能；除此之外，国务院妇女儿

---

① 黄晓燕、万国威：《中国儿童社会政策的理论反思与实践检验：2010—2015》，高等教育出版社，2017，第319页。

工作委员会挂靠在性质是"人民团体"的全国妇联之下，客观上降低了行政管理权威，弱化了协调议事的职能。① 在缺乏中央统一领导的情况下，政府各部门之间往往行政协调沟通不畅，每个部门从自己角度出发提出儿童福利政策，导致儿童福利无法精准投放，也造成了资源的浪费。所以在中央层面建立一个统一的儿童福利行政机构便成为当务之急。

儿童福利行政的精准识别、精准帮扶、精准管理同样离不开基层机构的工作。从2010年起，民政部和联合国儿童基金会合作，先后在7个省（区、市）20个试点县，相继从不同的侧重点开发了基层儿童福利和保护服务模式。该模式在自然村（组）设儿童主任协理员；在村居设立儿童主任、招募志愿者并开办儿童之家；在乡镇设立儿童督导员；在县民政局设专项工作负责人，建立协调制度和儿童信息动态系统。此外，该模式还由儿童主任主导的工作团队基于村居儿童信息，主动为儿童提供直接关爱服务、经济和其他资源链接服务以及关爱保护关系建设服务；由县乡级通过购买社会组织服务促进服务常规督导及专业化；省和国家级支持固定的社会工作核心专家为各级工作长期提供多层次多形式的技术指导。试点地区通过近10年的工作探索和积累，已经初步确立了适合当地的基层儿童福利与保护牵头机构和多部门协调制度、核心工作队伍、社区服务场地和最困境儿童急需的最基层兜底服务内容等。② 基层机构的工作一方面使儿童福利与保护各项政策落实到每位儿童，另一方面使所有儿童及家庭动态困境信息及时更新并被服务人员掌握，使服务人员有针对性地开展儿童保护和发展相关的服务，真正做到精准识别、精准帮扶与精准管理。

（二）儿童救助

1. 儿童救助保护机构数量稳中有升

针对生活困难儿童、社会散居儿童、残障儿童、暂时无人监护儿童，中

---

① 刘继同：《中国儿童福利制度研究》，中国社会出版社，2017，第67~68页。
② 联合国儿童基金会、北京师范大学中国公益研究院：《贫困地区儿童保护兜底服务项目2020年度报告》，2020。

国设立了众多儿童福利和救助保护机构。截至2019年底,全国共有儿童福利和救助保护机构686个,机构共有床位9.9万张。儿童福利和救助保护机构社工规模逐年扩大,从2009年的288人增长至2018年的1359人。①

2. 孤儿生活质量继续改善

随着中国经济发展与社会进步,遗弃儿童的现象大幅度减少,中国孤儿数量连续7年下降。截至2019年底,中国共有孤儿23.3万人,比上年减少7.2万人。其中,集中养育孤儿6.4万人,社会散居孤儿16.9万人。社会散居孤儿5.6%被家庭收养,进一步实现了孤儿回归家庭的美好愿望。中国不断提高孤儿保障水平,2019年中央财政补贴孤儿基本生活费标准提高50%,集中养育孤儿和社会散居孤儿每人每月基本生活保障平均标准分别为1499.2元和1073.5元,孤儿的生活质量得到了明显改善。

(三)儿童福利立法

儿童福利需要法律保障。但是目前中国儿童福利立法存在一些问题。其一,立法理念落后,重视程度不够,儿童福利法律大多数被淹没在成人立法中。其二,儿童福利立法层次普遍不高、立法形式分散。专门保障儿童权利的法律与行政法规屈指可数,大多数是部门规章。儿童福利权保障散落在《未成年人保护法》《社会救助暂行办法》《母婴保健法》等法律法规之间。其三,儿童福利法律存在诸多立法空白,对于受虐待儿童、受遗弃儿童、贫困家庭儿童、单亲或者失去双亲儿童、残疾儿童及流浪儿童等弱势儿童群体都缺乏专门立法。② 与中国相比,西方国家往往将制定《儿童福利法》作为衡量儿童权利保护的重要措施,美国、瑞典、德国、日本等国家都根据本国需要进行了儿童福利相关立法。③

---

① 联合国儿童基金会、北京师范大学中国公益研究院:《全面构建新时代中国特色现代化儿童福利保护体系:中国儿童福利与保护政策报告2020》,2020。
② 吴鹏飞:《我国儿童法律体系的现状、问题及其完善建议——以域外相关法律体系为借鉴》,《政治与法律》2012年第7期。
③ 吴海航:《儿童权利保障与儿童福利立法研究》,《中国青年研究》2014年第1期。

中国应当尽快制定儿童福利基本法。为了更好地确保儿童福利权有法可依，一方面，要及时清理现行儿童福利相关法律法规，梳理中国目前的儿童福利相关政策，在已有法律基础上将儿童福利做到最好；另一方面，应当大力推进儿童福利立法，使立法层次不高、形式分散的儿童福利法律得到统一适用，促使儿童福利权法治化的形成与完善。儿童福利立法应该以安全、平等和发展作为价值①，明确儿童福利的责任承担者、服务对象和服务质量，规定儿童福利权保障措施与法律责任，为由补缺型儿童福利转向适度普惠型儿童福利提供法律保障。

（四）构建适度普惠型儿童福利制度

中国现阶段儿童福利行政的目标应该确定为建设适度普惠型儿童福利制度。改革开放以来的很长一段时间内，中国实行的是一种典型的补缺型儿童福利制度，主要是通过举办儿童福利院为残疾儿童和孤儿、弃婴提供保护。②首先，补缺型儿童福利制度针对极少数有特殊需求的儿童，而这些儿童在身份和身体上一般具有较为明显的弱势特征，实施不到位的福利手段有可能成为此类儿童弱势特征的放大镜。其次，补缺型儿童福利制度"机构为中心"的运行模式不能很好地回应新时代的儿童问题。将包括孤儿、残疾儿童在内的服务儿童对象接到儿童福利院进行教养的模式忽视了当下大量困境儿童所面临的问题。最后，补缺型儿童福利制度的覆盖群体和保障水平在很大程度上已经很难适应当代社会的生活需求。③

适度普惠型儿童福利制度是国家为了解决社会转型时期补缺型儿童福利制度覆盖面过窄、福利项目单一、保障水平低等问题而提出的一项创新型儿童福利制度。适度普惠型儿童福利制度是指逐步建立覆盖全体儿童的普惠福

---

① 易谨：《儿童福利立法的理论基础》，《中国青年政治学院学报》2012年第6期。
② 姚建平：《从孤残儿童到困境儿童：适度普惠型儿童福利制度概念与实践》，《中国民政》2016年第16期。
③ 姚建龙主编《困境儿童保障研究——主要以上海市为例》，中国政法大学出版社，2018，第7~8页。

利制度。"普惠"与"补缺"相对,指通过再分配对国民实行统一的福利标准,全面无差别地实施福利制度。不过,当前中国尚处于社会主义初级阶段,完全普惠型儿童福利制度是缺乏现实依据的,所以对适度普惠型儿童福利制度的理解重点应该放在"适度"上。所谓适度,主要表现在以下方面。

第一,儿童福利面向群体的适度。现阶段儿童福利不应该无差别地面向所有儿童。适度普惠型儿童福利制度以重点保障特殊儿童群体为中心,适度扩大面向的范围,从而达到保障绝大多数儿童的目的。第二,儿童福利保障水平的适度。适度普惠型儿童福利制度要求相对提高儿童福利的保障水平,改变以往补缺型儿童福利制度的应急性、救助性特点。同样地,这种保障水平要与国情相适应,应根据经济条件等因素进行重点和非重点的区分,在人力、物力有限的情况下达到最高的效率。第三,儿童福利支持体系的适度。将原有的"机构为中心"的运行模式调整为"家庭为本位"的支持体系,将资金集中在家庭层面,同时将流浪救助站和儿童福利院等机构援助作为兜底机制。①

适度普惠型儿童福利制度并不是儿童福利行政的最终目标,只是根据中国国情实事求是提出的现阶段目标。儿童福利行政的最终目标应当是实现完全普惠型儿童福利制度,让每一个儿童都能享受到来自政府的福利,促进儿童全面发展。

---

① 姚建龙主编《困境儿童保障研究——主要以上海市为例》,中国政法大学出版社,2018,第10~11页。

·三 科技发展与法治政府·

B.11
数字政府建设的地方创新与法治现状（2020）

马颜昕*

摘　要： 数字政府是一种运用现代化信息手段并符合数字时代治理理念的政府模式，涉及组织形式、内外关系、行政工具、行政方式、行政程序等多个维度。各地近年来纷纷出台举措，对数字政府的建设进行了有益的探索，在具体领域中进行了一些立法尝试。结合地方经验来看，当前数字政府建设重点集中在组织建设、平台建设、数据共享与开放、行政程序变革等几个领域。

关键词： 数字政府　地方创新　地方立法

一 数字政府建设概述

十九届四中全会作出《中共中央关于坚持和完善中国特色社会主义制度　推进国家治理体系和治理能力现代化若干重大问题的决定》，明确提出："建立健全运用互联网、大数据、人工智能等技术手段进行行政管理的制度规则。推进数字政府建设，加强数据有序共享，依法保护个人

---

* 马颜昕，法学博士，华南师范大学法学院特聘副研究员、数字政府与数字经济法治研究中心主任，主要研究方向为行政法学、数字政府法律问题、教育法学等。

信息。"将数字政府建设的要求提升到了全新高度。各地近年来也纷纷出台各类举措，释放地方创新潜力，对数字政府的建设进行了各种有益的探索。

（一）数字政府的发展沿革

数字政府是一个正在发展中的新型治理模式，其不断变化，内涵与外延也在逐渐拓展。从概念的角度，"数字政府"或者说"digital government"在早期主要是作为电子政府或者说电子政务的同义替换①，近年来，数字政府越来越发展出自己独特的含义。从这个角度来说，数字政府是电子政府的一种发展。

传统的电子政府以信息传递的电子化、无纸化、网络化为核心，以提升办公和管理效率为主要目标，对外以政务网站建设为特点，对内以办公自动化建设为重点。② 1999 年"政府上网工程"的启动是中国电子政府发展的重要标志。在早期电子政府建设中，政务网站往往只能像一个公告板一样单向传递信息，公众无法进行相应的互动。随着电子政府建设的不断推进，公众逐渐可以通过搜索、查询、定制个性化服务等方式动态地获取信息。而近年来，留言、投诉等公众信息反馈功能的不断强化，真正将政务网站变成了信息交互的工具，赋予了电子政府监督行政的重要功能。③

随着电子政府的推进，人们逐渐发现信息技术带来的便利不仅仅在于信息传递的电子化、无纸化、网络化，更在于大量信息数据化后自身能够释放的巨大潜力。1998 年 1 月美国副总统戈尔首次提出"数字地球"概念，引

---

① 在许多学者的表述中，电子政府（electronic government）与数字政府（digital government）经常作为同义词替换，如 Darrell M. West, *Digital Government*: *Technology and Public Sector Performance*（Princeton: Princeton University Press, 2005）。
② 需要注意的是，此时的办公自动化指的是利用计算机等工具提高办公流程的信息化程度，与本报告将会讨论的"自动化行政"概念并不完全一致。
③ Darrell M. West, *Digital Government*: *Technology and Public Sector Performance*（Princeton: Princeton University Press, 2005），p. 11.

发关注。① 电子政府开始逐渐向数字政府转变。这一阶段以数据的共享与利用为核心，以优化政务服务为主要目标，以行政服务集中办理与政务数据（即政府数据）公开为主要特征。这一阶段的代表性成果便是"一网、一门、一次"改革，通过跨部门数据共享与标准化，实现了政务服务线上"一次登录、全网通办"，线下"只进一扇门"，企业和群众"最多跑一次"。

近年来，随着人工智能、大数据等新技术的发展，数字政府又进一步进入智能时代，有学者将其称为"智慧政府""智能政府""数字政府2.0"，甚至是"数字政府3.0"。② 这些纷繁复杂的称谓本身反映了数字政府自身的不断衍变发展。应该说，这些阶段的划分更多是用于对某一个时期的重点特征的表述，并不是绝对的，往往是相互交叠，共同前进。这一阶段以人工智能与大数据为技术核心，以行政智能化为主要目标，以自动化决策、智慧城市等特征应用为代表。这一阶段仍然处于快速发展中，大量新应用不断涌现（见表1）。

表1 数字政府的发展阶段

阶段	技术核心	主要目标	特征应用
电子政府	电子化、无纸化、网络化	提升办公和管理效率	政务网站、办公自动化
数字政府	数据的共享与利用	优化政务服务	行政服务集中办理、政务数据公开
智慧政府（智能政府、数字政府2.0、数字政府3.0）	人工智能、大数据	行政智能化	自动化决策、智慧城市

资料来源：笔者整理。

---

① 戴长征、鲍静：《数字政府治理——基于社会形态演变进程的考察》，《中国行政管理》2017年第9期。
② 张建锋：《数字政府2.0——数据只能助力治理现代化》，中信出版社，2019，第41~42页；何圣东、杨大鹏：《数字政府建设的内涵及路径——基于浙江"最多跑一次"改革的经验分析》，《浙江学刊》2018年第5期；周雅颂：《数字政府建设：现状、困境及对策——以"云上贵州"政务数据平台为例》，《云南行政学院学报》2019年第2期。

（二）当前数字政府的概念界定

从数字政府的发展历程可以看出，数字政府的概念本身并不是一成不变的，而是随着技术手段、行政理念的发展在不断的更新变化之中。许多学者对数字政府进行了一些定义，比如有学者认为，"数字政府"并不仅仅是指政府办公流程的"数字化"和政务处理的"电子化"，其真实含义更多是指政府通过数字化思维、数字化理念、数字化战略、数字化资源、数字化工具和数字化规则等治理信息社会空间、提供优质政府服务、增强公众服务满意度的过程。相较于农业社会和工业社会的统计管理，"数字政府治理"更加强调数据融通和以人民为中心的"智慧服务"。[①] 这样的界定非常具有启发意义，但是往往只能覆盖数字政府的某一方面或者某一阶段，且难以适应数字政府的高速发展与不断创新。数字政府的实践与理论研究都还处于起步阶段，有大量的探索空间，因此本报告将从一个较为广义的角度来描述数字政府的内涵，同时辅以对数字政府特征的列举，从而相对较为弹性地界定出数字政府的外延。这样相对广义和弹性的描述，可以更好地将多元的数字政府创新实践收纳进来。

在这一思路的指引下，可以将数字政府界定为一种运用现代化信息手段并符合数字时代治理理念的政府模式，涉及组织形式、内外关系、行政工具、行政方式、行政程序等多个维度。这样的界定包括手段因素与理念因素两个弹性特征，而这两个弹性特征共同勾勒出数字政府的外延。换言之，如果一个行政制度或者事项符合这两个因素，那么就属于数字政府的关注范围。而随着技术和时代理念的发展，这两个因素也会随之发展、扩充、调整，从而为数字政府外延的调整提供一定的弹性。具体来说，当前数字政府中的主要现代化信息手段和数字时代治理理念见表2。

[①] 关于这些界定的相关总结参见杨国栋《数字政府治理的理论逻辑与实践路径》，《长白学刊》2018年第6期。

表2 数字政府的外延特征

现代化信息手段	数字时代治理理念
互联网 人工智能 大数据 云存储与云计算 4G/5G等移动互联网 监管科技 区块链	整体政府 服务政府 智慧政府 透明政府 协作型政府

资料来源：笔者整理。

二 各地数字政府建设的规划与立法现状

（一）各地数字政府建设的规划情况

现在全国多地已经结合本地实际情况制定了数字政府相关的建设规划，依据规划实施的起点时间，大致可以分为三个批次（见表3）。

表3 各地数字政府建设规划情况

批次	省级行政区	规划实施时间	规划文件
第一批次	贵州省	2017～2020年	《贵州省数字经济发展规划(2017—2020年)》
	江苏省	2018～2020年	《智慧江苏建设三年行动计划(2018—2020年)》
	浙江省	2018～2020年	《浙江省数字化转型标准化建设方案(2018—2020年)》
	广东省	2018～2020年	《广东省"数字政府"建设总体规划(2018—2020年)》
	广西壮族自治区	2018～2020年	《广西推进数字政府建设三年行动计划(2018—2020年)》
第二批次	云南省	2019～2021年	《"数字云南"信息通信基础设施建设三年行动计划(2019—2021年)》
	山东省	2019～2022年	《山东省数字政府建设实施方案(2019—2022年)》
	天津市	2019～2023年	《天津市促进数字经济发展行动方案(2019—2023年)》
	黑龙江省	2019～2025年	《"数字龙江"发展规划(2019—2025年)》

续表

批次	省级行政区	规划实施时间	规划文件
第三批次	北京市	2020~2022年	《北京市促进数字经济创新发展行动纲要（2020—2022年）》
	江西省	2020~2022年	《江西省数字经济发展三年行动计划（2020—2022年）》
	湖北省	2020~2022年	《湖北省数字政府建设总体规划（2020—2022年）》
	山西省	2020~2022年	《山西省数字政府建设规划（2020—2022年）》
	河北省	2020~2025年	《河北省数字经济发展规划（2020—2025年）》
	安徽省	2020~2025年	《安徽省"数字政府"建设规划（2020—2025年）》
	湖南省	2020~2025年	《湖南省数字经济发展规划（2020—2025年）》

资料来源：笔者整理。

这些建设规划对数字政府建设的基本理念、平台、路径、应用、特色制度等进行了相对系统的安排，为当地的数字政府建设发展制定了基本方案，也体现了一定的地方特色。

（二）各地数字政府建设的立法现状

前述数字政府相关建设规划主要属于政策性文件，规范性不强，更多的是对发展方向进行整体布局和指引。而在数字政府建设具体事项方面，也已经出台了一些地方性法规、规章与规范性文件，为数字政府建设法律规则体系的逐渐形成提供了实践探索经验（见表4）。

表4　代表性数字政府建设地方立法

省区市	文件名称	发布日期	效力级别	内容事项
北京市	《北京市公共信用信息管理办法》	2018-03-08	地方政府规章	数据管理
	《北京市政务信息资源管理办法（试行）》	2017-12-27	地方规范性文件	数据管理
	《北京市推进政务服务"一网通办"工作实施方案》	2018-07-05	地方规范性文件	政务服务
	《北京市电子印章推广应用行动方案（试行）》	2020-11-24	地方规范性文件	电子证照
	《关于电子印章管理工作意见》	2019-04-19	地方规范性文件	电子证照

续表

省区市	文件名称	发布日期	效力级别	内容事项
天津市	《天津市加快推进一体化在线政务服务平台建设实施方案》	2019-03-08	地方规范性文件	政务服务
	《天津市"政务一网通"改革方案》	2018-04-13	地方规范性文件	政务服务
	《天津市电子印章管理暂行办法》	2019-12-25	地方规范性文件	电子证照
	《天津市电子证照管理暂行办法》	2019-02-19	地方规范性文件	电子证照
上海市	《上海市公共数据和一网通办管理办法》	2018-09-30	地方政府规章	数据管理
	《上海市公共数据开放暂行办法》	2019-08-29	地方政府规章	数据管理
	《上海市政务数据资源共享管理办法》	2016-02-29	地方规范性文件	数据管理
	《上海市电子印章管理暂行办法》	2018-10-29	地方规范性文件	电子证照
	《上海市电子证照管理暂行办法》	2018-10-29	地方规范性文件	电子证照
	《上海市"一网通办"电子档案管理暂行办法》	2018-10-30	地方规范性文件	政务服务
	《上海市"一网通办"平台运行管理暂行办法》	2020-09-14	地方规范性文件	政务服务
	《上海市电子政务管理办法》	2012-05-28	地方规范性文件	政务服务
	《上海市电子政务外网管理办法》	2020-05-29	地方规范性文件	政务服务
重庆市	《重庆市政务数据资源管理暂行办法》	2019-07-31	地方政府规章	数据管理
	《重庆市政务服务管理办法》	2020-04-15	地方政府规章	政务服务
	《重庆市公共数据开放管理暂行办法》	2020-09-11	地方规范性文件	数据管理
广东省	《广东省数字经济促进条例(征求意见稿)》	2020-11-03	地方性法规	综合性
	《广东"数字政府"改革建设方案》	2017-12-11	地方规范性文件	综合性
	《广东省政务数据资源共享管理办法(试行)》	2018-11-29	地方规范性文件	数据管理
	《广东省公共数据开放管理暂行办法(征求意见稿)》	2020-12-03	地方规范性文件	数据管理
	《广州市公共信用信息管理规定》	2019-05-23	地方政府规章	数据管理
	《广州市政务信息共享管理规定》	2019-04-10	地方政府规章	数据管理
	《佛山市政务数据资源管理办法(试行)》	2020-02-23	地方规范性文件	数据管理
	《中山市政务信息资源共享管理办法(征求意见稿)》	2019-07-17	地方规范性文件	数据管理
浙江省	《浙江省数字经济促进条例》	2020-12-24	省级地方性法规	综合性
	《浙江省公共数据和电子政务管理办法》	2017-03-16	地方政府规章	数据管理
	《浙江省政府信息公开暂行办法》	2019-11-10	地方政府规章	数据管理

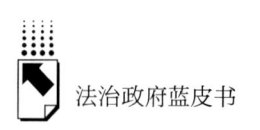

续表

省区市	文件名称	发布日期	效力级别	内容事项
浙江省	《浙江省数字经济促进条例》	2020-12-24	省级地方性法规	综合性
	《浙江省公共数据和电子政务管理办法》	2017-03-16	地方政府规章	数据管理
	《浙江省政府信息公开暂行办法》	2019-11-10	地方政府规章	数据管理
	《浙江省公共数据开放与安全管理暂行办法》	2020-06-12	地方政府规章	数据管理
	《浙江省全面推进政务公开工作实施细则》	2017-05-17	地方规范性文件	政务服务
	《浙江政务服务网电子文件管理暂行办法》	2017-01-06	地方规范性文件	数据管理
	《杭州市政务数据资源共享管理暂行办法》	2015-02-15	地方规范性文件	数据管理
江苏省	《江苏省政务信息资源共享管理暂行办法》	2017-10-26	地方规范性文件	数据管理
	《江苏省政务信息资源共享管理暂行办法》	2017-10-26	地方规范性文件	数据管理
	《江苏省全面推进政务公开工作实施细则》	2017-12-19	地方规范性文件	政务服务
	《江苏省12345在线服务平台运行管理办法》	2020-04-22	地方规范性文件	政务服务
	《江苏省政务服务管理规定》	2016-04-25	地方规范性文件	政务服务
山西省	《山西省政务数据资产管理试行办法》	2019-11-28	地方政府规章	数据管理
	《山西省加快数字政府建设实施方案》	2019-12-04	地方规范性文件	综合性
	《山西省政务信息化项目建设应用管理办法》	2019-09-04	地方规范性文件	政务服务
	《山西省政府网站管理办法》	2018-09-08	地方规范性文件	政务服务
	《山西省一体化在线政务服务平台电子证照管理实施办法(试行)》	2020-04-24	地方规范性文件	电子证照
	《山西省一体化在线政务服务平台电子印章管理实施办法(试行)》	2020-04-24	地方规范性文件	电子证照
福建省	《福建省政务数据管理办法》	2016-10-15	地方政府规章	数据管理
	《福建省电子政务建设和应用管理办法》	2020-11-12	地方政府规章	政务服务
	《福建省促进电子证照应用管理暂行办法》	2017-07-08	地方规范性文件	电子证照
贵州省	《贵州省政务数据资源管理暂行办法》	2016-11-01	地方规范性文件	数据管理
	《贵阳市政府数据共享开放条例》	2017-04-11	地方性法规	数据管理
	《贵阳市政府数据资源管理办法》	2020-12-23	地方政府规章	数据管理
	《贵阳市政府数据共享开放考核暂行办法》	2020-12-23	地方政府规章	数据管理
	《贵阳市政府数据共享开放实施办法》	2020-12-23	地方政府规章	数据管理
广西壮族自治区	《广西电子政务外网管理办法》	2020-04-07	地方规范性文件	政务服务
	《广西数字政务一体化平台建设方案》	2018-11-28	地方规范性文件	政务服务
	《进一步深化"互联网+政务服务"推进政务服务"一网、一门、一次"改革专项行动实施方案》	2018-11-25	地方规范性文件	政务服务

续表

省区市	文件名称	发布日期	效力级别	内容事项
广西壮族自治区	《广西公共数据开放管理办法》	2020-08-19	地方规范性文件	数据管理
	《推进广西政务数据要素融合应用实施方案》	2020-08-19	地方规范性文件	数据管理
	《广西壮族自治区政务服务电子印章管理实施细则(试行)》	2020-11-25	地方规范性文件	电子印章
河北省	《河北省政务信息资源共享管理规定》	2015-11-12	地方政府规章	数据管理
	《河北省政务服务事项清单管理办法》	2020-09-03	地方规范性文件	政务服务
内蒙古自治区	《内蒙古自治区加快推进一体化在线政务服务平台建设实施方案》	2018-12-29	地方规范性文件	政务服务
	《内蒙古自治区政府系统统一电子印章管理办法(试行)》	2018-10-30	地方规范性文件	电子证照
辽宁省	《辽宁省政务数据资源共享管理办法》	2019-11-26	地方政府规章	数据管理
	《辽宁省政务信息资源共享管理暂行办法》	2016-12-19	地方规范性文件	数据管理
吉林省	《吉林省促进大数据发展应用条例》	2020-11-27	省级地方性法规	综合性
	《"吉林祥云"云网一体化大数据智能平台应用和管理办法(试行)》	2019-06-12	地方规范性文件	平台建设
	《吉林省公共数据和一网通办管理办法(试行)》	2019-01-04	地方规范性文件	数据管理
黑龙江省	《黑龙江省省级网上行政审批管理暂行办法》	2014-10-29	地方规范性文件	政务服务
	《黑龙江省人民政府网上政务服务中心行政许可专用电子印章管理暂行办法》	2014-09-26	地方规范性文件	电子证照
安徽省	《安徽省互联网政务服务办法》	2017-12-01	地方政府规章	政务服务
	《安徽省网上政务服务平台总体建设方案》	2017-06-20	地方规范性文件	政务服务
江西省	《关于加快推进全省政务数据共享的工作方案》	2018-09-29	地方规范性文件	数据管理
	《关于加快推进数字经济创新发展的若干措施》	2020-10-26	地方规范性文件	综合性
山东省	《山东省电子政务和政务数据管理办法》	2019-12-25	地方政府规章	数据管理
	《山东省政务信息资源共享管理办法》	2015-01-27	地方规范性文件	数据管理
河南省	《河南省政务信息资源共享管理暂行办法》	2018-01-08	地方规范性文件	数据管理
	《河南省政务云管理办法》	2020-08-26	地方规范性文件	平台建设
	《河南省电子证照管理暂行办法》	2018-08-31	地方规范性文件	电子证照
湖北省	《湖北省电子证照管理暂行办法》	2018-12-28	地方政府规章	电子证照
	《湖北省政务信息资源共享管理办法》	2018-09-26	地方规范性文件	数据管理
	《湖北省政务信息化项目建设管理办法》	2018-09-26	地方规范性文件	数据管理

续表

省区市	文件名称	发布日期	效力级别	内容事项
湖南省	《湖南省政务信息资源共享管理办法》	2020-11-28	地方政府规章	数据管理
	《湖南省电子政务外网安全管理暂行办法》	2020-08-18	地方规范性文件	数据管理
海南省	《海南省政务信息化项目建设管理办法》	2020-12-13	地方规范性文件	数据管理
	《海南省一体化政务服务平台电子证照应用管理实施办法》	2020-09-01	地方规范性文件	电子证照
	《海南省政务服务事项目录管理办法》	2020-09-01	地方规范性文件	政务服务
四川省	《四川省政务服务条例》	2013-04-02	省级地方性法规	政务服务
	《加快推进四川省一体化政务服务平台建设进一步深化"互联网+政务服务"工作实施方案》	2018-11-05	地方规范性文件	政务服务
	《成都市公共数据管理应用规定》	2018-06-06	地方政府规章	数据管理
云南省	《云南省加快推进一体化在线政务服务平台建设工作实施方案》	2018-12-27	地方规范性文件	政务服务
西藏自治区	《西藏自治区电子印章管理暂行办法》	2019-10-07	地方规范性文件	电子证照
	《西藏自治区一体化在线政务服务平台建设的实施方案》	2019-03-26	地方规范性文件	政务服务
陕西省	《陕西省政务服务效能管理暂行办法》	2020-03-25	地方规范性文件	政务服务
甘肃省	《甘肃省科学数据管理实施细则》	2018-08-29	地方规范性文件	数据管理
青海省	《青海省政务信息系统整合共享工作方案》	2017-08-01	地方规范性文件	数据管理
	《青海省政务信息资源共享交换平台建设方案》	2017-09-06	地方规范性文件	数据管理
宁夏回族自治区	《宁夏回族自治区政务数据资源共享管理办法》	2018-09-04	地方政府规章	数据管理
新疆维吾尔自治区	《新疆维吾尔自治区政务信息资源共享管理工作的实施意见》	2017-05-20	地方规范性文件	数据管理

资料来源：笔者整理。

三 数字政府建设的重点领域

如前所述，数字政府内涵丰富、不断发展，不同地区在实践中也产生了丰富的多样化创新。这些现有实践发展重点集中在组织建设、平台建设、数据共享与开放、行政程序变革等几大领域。

（一）组织建设

数字技术在政府治理中的运用不仅是工具性的，而且是结构性的。大量新技术、新理念的引入，一方面使得过去的一些组织结构不再必要，扁平化的结构成为可能；另一方面凸显了传统组织形式的不适应，呼唤新的组织形态。因此数字政府改革建设首先面临的就是组织建设与体制改革。数字政府改革建设中的组织体制发展主要展现在如下几个方面。

1. 整体政府

信息共享难、业务协同难是电子政务发展中长期存在的普遍性问题。这一问题的原因在于政府信息化从需求的提出到系统的建设管理，再到最后的服务呈现都是碎片化的。① 在过去的机制下，由于行政职能和信息化建设管理职能完全没有分离，电子政务系统的建设、管理、运营都由各级政府部门自行负责组织。政府信息化建设的需求源自业务，而业务是根据政府的专业分工和层级分工分布于各级政府部门中的，需求自然呈现碎片化状态。各级政府部门各自寻找市场主体获取服务，导致供给也呈现碎片化状态，进而导致"信息孤岛"和"业务烟囱"的问题长期存在。

整体政府就是针对传统官僚体制分割和碎片化问题而产生的一种新型的政府治理模式和运作机制。其本质在于整合，即通过协作和一体化的管理方式，运用各种交互的技术，促使各公共管理主体在共同的管理活动中协调一致，实现功能整合，从而消除排斥的政策措施，有效地利用稀缺资源，更好地为公众提供无缝隙服务。构建整体政府的优势在于，从组织结构来看，以结果和目标为导向进行组织设计与创新，可在不取消部门专业化分工的前提下实现部际合作，有助于克服内部的部门主义、视野狭隘和各自为政的弊病；从运行机制来看，整体政府以公众需求为核心，形成各环节相互协调、配合一致、运转顺畅的供给流程；从服务方式来看，整体政府通过发展联合的知识与信息策略，增进主体间持续的资源交换，形成协同的工作方式来满

---

① 逯峰：《整体政府理念下的"数字政府"》，《中国领导科学》2019年第6期。

足公众多元化与个性化的需要。①

整合是整体政府的核心内涵。"这种整合既包括行政系统内部的各部门之间基于业务流程所形成的政务协同，也包括政府作为整体在公共服务供给层面与非营利组织、企业或社区之间合作所形成的公私合作与伙伴关系。"②从中央在2002年提出国家电子政务建设的"两网一站四库十二金"论述开始，中国对政务信息化的整合就开始进行了。尽管整合的内容和重点在不同阶段有所侧重，但长期以来其总体方向却是一直围绕着网络建设、政府网站、数据库、业务系统等方面展开并延续至今。③ 整合是实现共享、开放的前提。互联网基础设施是数字政府发展的基础保障，如果没有适应快捷传输和协同合作的组织机构与业务流程，数据资源也难以突破传统职能和层级所分割的权力壁垒以实现交叉流动。同时，只有通过数据资源的整合才能实现资源配置最优化，形成随需而变的业务流程和跨部门协作的工作环境。组织、流程、数据、系统、网络五大要素紧密关联，共同构成数字政府的整体框架，使得行政系统内部各行政业务之间、政府各部门之间、各地方政府之间、垂直部门与地方政府之间、各行政层级之间的关系不再是一种分割、分散的关系，而是一个相互协作的有机整体。

在数字政府改革建设中，以广东省为例，其运用整体政府理论，以系统性、整体性思维推进各级政府部门政务信息化的职能融合、技术融合、业务融合与数据融合，探索出一条构建信息时代整体政府的可行路径。一是信息化职能跨部门融合、技术与业务融合，化解了政务信息化各自为政分散建设的问题。二是信息化建设管理与技术运营适度分离，在技术运营方面推进整合，既保证了政府的主导性，又提升了技术运营的专业性和持续性。三是数字政府技术平台体系的跨部门、跨层级融合，将数字政府赖以存在的信息系统整合为一个有机互联的整体。④ 在不打破

---

① 丁莹、刘莹：《整体政府的内涵及其建构思路》，《才智》2010年第28期。
② 蔡立辉、龚鸣：《整体政府：分割模式的一场管理革命》，《学术研究》2010年第5期。
③ 李广乾：《政府数据整合政策研究》，中国发展出版社，2019，第45页。
④ 逯峰：《整体政府理念下的"数字政府"》，《中国领导科学》2019年第6期，第56~59页。

政府行业管理专业分工结构的前提下，这种探索突破了政府在信息化领域的组织边界且效益初显。

例如，过去中小学生跨省转学、外地上学补办身份证、大学生申请贫困助学资格、非户籍学生办理居住证等业务，都需要回到原籍所在地学校开具就读证明，给群众造成很大的不便。广东省通过数据共享挂接连通了相关部委的系统，该系统又通过各地教育局与各地学校挂接数据，平台按需获取申请人的学籍信息，使得群众可直接在线便捷办理相关业务。大数据平台实现了国家部委、各地教育部门与学校的共同参与，理顺了户籍、学籍、治安等方面的一些"痛点"问题。通过数字化技术的应用，实现了跨机构协同、跨系统联通与数据共享，并最终实现在线政务服务一体化，这都有赖于数字政府建设中对组织、系统、业务和数据的整合。

2. 专门机构

在传统条块分割的政府组织结构下，政务信息化项目建设的相关职能分散在各个厅、局、委、办，这种分散建设模式导致"各单位在资源建设上没有一个统一的规划和标准可遵循，而是各干各的，并早已习惯于各自为政的传统模式。可以说，有多少个委、办、局，就有多少个信息系统，每个信息系统都有自己的信息中心，有自己的数据库、独立的操作系统、独立开发的应用软件和用户界面，完全是独立的体系"[①]。因此产生了大量的"信息孤岛"和"数据烟囱"，系统无法互联互通，信息资源无法共享开放，业务流程无法协同，导致根本无法向社会大众提供整体式、一站式的公共服务。在数字政府改革建设中，大家越来越意识到传统的分散建设模式亟须改变，只有理顺体制机制，建立统一高效的数字政府建设管理机制，并成立专业化、能充分调动各方资源的政务数据统筹管理机构协调，才能更好地推进数字政府建设工作。

从全国各地的实践情况来看，目前已经有不少省级行政区开始整合原

[①] 竹立家、杨萍、朱敏：《重塑政府："互联网＋政务服务"行动路线图（实务篇）》，中信出版社，2016，第226页。

有机构的职能，并设立专门的数据管理和政务服务机构作为数字政府改革建设的行政主管机关，负责统筹"互联网＋政务服务"建设、大数据发展规划、数据汇聚共享开放、标准规范编制等相关工作，如贵州省大数据发展管理局、广东省政务服务数据管理局、浙江省大数据发展管理局、湖南省政务管理服务局、吉林省政务服务和数字化建设管理局、安徽省数据资源管理局、山东省大数据局、广西壮族自治区大数据发展局、内蒙古自治区大数据发展管理局等。虽然这些机构的名称不完全相同，个别地方的机构名称只突出了"数据管理"，或者在数据管理局的基础上加挂政务服务管理局牌子，但实际上也承担政务服务的职能，如贵州省大数据发展管理局、山东省大数据局、广西壮族自治区大数据发展局、安徽省数据资源管理局等。这些机构在行政级别上也各有不同，有些作为省级人民政府的组成部门，如陕西省政务数据服务局，加挂在陕西省工业和信息化厅上；有些作为省级人民政府的直属事业单位，如贵州省大数据发展管理局、山东省大数据局等；有些作为省级人民政府的部门管理机构，由省（区、市）人民政府办公厅管理，如广东省政务服务数据管理局、湖南省政务管理服务局、内蒙古自治区大数据发展管理局等。在省级机构调整的带动下，地市层面也对政府机构作出相应的调整，例如广东省积极推进专门的数字政府管理机构的建设，在省级层面组建了由省政府办公厅管理的省政务服务数据管理局，同时在21个地市和121个县区参照省级机构改革，成立政务服务数据管理局，作为地市、区县一级的数字政府改革建设的行政主管机关，推动本地市、本区县的数字政府改革建设各项工作。

从实践效果来看，通过整合现有的分散在各个条线的信息化运营机构，设立专门的数字政府管理机构，统筹推进数字政府改革建设，不仅可以精简政府管理部门的行政编制，减少人力投入，为政府节省大量的财政成本，而且有利于从全局角度做好数字政府建设的顶层设计、整体规划和标准规范，特别是由专门的数字政府管理机构统筹管理和建设数字政府所需要的基础设施、数据资源，能有效地消除过去跨部门、跨层级数据共享和业务协同所面临的障碍，实现政务信息化项目的整体、集约和一体化建设。同时，通过专门的管理机构全面统筹协调各单位的政务信息化需求,并从项目立项、采购、履约和验收等环节对项目进行全生命周期的管控,有利于提高项目的执行效率和提升项目的质量,避免重复建设,并发挥财政的规模效应。

3. 政企合作

数字政府改革建设涉及大量新技术的发展与运用以及许多大型平台的建设与运维,单靠政府自身力量,在技术、资金、人力、效率等方面存在许多困难。在协作型政府和公私合作理念的指导下,政企合作成为各地数字政府建设的重要模式,涌现出一批创新的案例,如广东的"政企合作、管运分离"建设运营模式、浙江的政企战略合作建设运营模式等。从全国各地数字政府政企合作的实践情况来看,具有代表性的政企合作模式有政府直接向社会方采购服务(传统政府采购模式)和政府向专业化的建设运营中心采购服务两种。

(1) 政府直接向社会方采购服务

这种模式下,政府依法直接向市场中现有的合格主体采购服务。根据《政府采购法》及其实施条例的规定,政府采购是指各级国家机关、事业单位和团体组织,使用财政性资金采购依法制定的集中采购目录以内的或者采购限额标准以上的货物、工程和服务的行为。其中,服务包括政府自身需要的服务和政府向社会公众提供的公共服务。虽然政务信息化项目尚未完全被纳入国家或地方的集中采购目录①,但从实践情况来看,政务信息化项目的预算金额通常都在采购限额标准以上。因此,政府在采购政务信息化服务时,应当按照《政府采购法》等相关法律法规履行相应的程序,通过招标、竞争性磋商、单一来源等方式向社会方采购服务。

(2) 政府向专业化的建设运营中心采购服务

在政府自建自营模式和传统政府采购模式下,政府的信息化业务部门"既是信息化的建设者和管理者,又是使用者,导致管理部门与信息技术部门没有清晰的边界,在很大程度上技术变相地主导了政府信息化发展的方

---

① 以国务院的集中采购目录为例,目前依然执行《国务院办公厅关于印发中央预算单位2017—2018年政府集中采购目录及标准的通知》(国办发〔2016〕96号)的规定,根据该通知,与政务信息化相关的事项,只有"云计算服务"被纳入集中采购机构采购项目。

向,业务被技术牵着走,形成了重技术、轻业务,重建设、轻应用等怪现象。既干扰了行政机关对政务业务和服务的改革创新,又不能保障技术管理与运营的质量"[1]。有鉴于此,全国各地在推进数字政府改革建设过程中,积极探索摆脱传统机制束缚的创新做法,尝试成立专业化的建设运营中心,并由政府向专业化的建设运营中心采购服务。对比全国各地现有已经成立的专业化建设运营中心可以发现,各地的政企合作模式有相似之处,也有一定的差异,这种差异主要体现在政企合作中企业方的单位性质有所不同、政企各方的出资比例也有所不同,总体而言,主要有如下几种政企合作方式。

一是由国有企业与行业领军企业共同出资设立混合所有制企业,由国有资本合计持股占主导地位,或由行业领军企业合计持股占主导地位。例如数字广东网络建设有限公司,成立于2017年10月,由深圳市腾讯产业投资基金有限公司(持股占比49%)与联通资本投资控股有限公司(持股占比18%)、中移资本控股有限责任公司(持股占比16.5%)、中国电信集团投资有限公司(持股占比16.5%)共同出资设立,其中联通资本投资控股有限公司、中移资本控股有限责任公司和中国电信集团投资有限公司均为国有企业,合计持股占比51%。又如云南腾云信息产业有限公司,由林芝腾讯科技有限公司(持股占比51%)、云南省信息产业投资集团有限公司(持股占比44%)和云南交投集团经营开发有限公司(持股占比5%)出资设立,除林芝腾讯科技有限公司外,其他都是地方性国有企业,合计持股占比49%。

二是由政府、国有企业和行业领军企业共同出资设立混合所有制企业,由国有资本合计持股占主导地位,或由行业领军企业合计持股占主导地位。例如数字海南有限公司,成立于2019年10月,由海南省大数据管理局(持股占比30%)、天翼资本控股有限公司(持股占比10.5%)、阿里巴巴(中国)网络技术有限公司(持股占比49%)和太极计算机股份有限公司(持股占比10.5%)共同出资设立。

---

[1] 逯峰:《整体政府理念下的"数字政府"》,《中国领导科学》2019年第6期。

三是政府与国有企业共同出资设立混合所有制企业，完全由国有资本持股。例如云上贵州大数据（集团）有限公司，由贵州省人民政府国有资产监督管理委员会（持股占比35.68%）、中国贵州茅台酒厂（集团）有限责任公司（持股占比26.47%）、贵州金融控股（集团）有限责任公司（持股占比20.21%）、贵阳市大数据产业集团有限公司（持股占比11.76%）和贵州双龙航空港开发投资（集团）有限公司（持股占比5.88%）共同出资设立，出资主体中，除贵州省人民政府国有资产监督管理委员会外，其他均为地方性国有企业。

四是由地方国有企业出资设立独资公司，完全由国有资本持股。例如数字广西集团有限公司，由广西投资集团有限公司全资出资设立，而广西投资集团有限公司是由广西壮族自治区人民政府履行出资人职责的国家出资企业。

在上述专业化的建设运营中心中，大部分是能承接各类政务信息化项目的全方位的建设运营中心，能提供政务信息化建设、运营和维护等"一条龙"服务，如数字广东网络建设有限公司、数字海南有限公司、数字广西集团有限公司等；但也有一些是专门负责某个垂直行业的建设运营中心，专门提供某个领域的政务信息化建设、运营和维护等服务，如云南腾云信息产业有限公司，专门负责智慧化旅游"一部手机游云南"项目的建设开发、平台运营等业务。

（二）平台建设

平台化、系统化、生态化是数字时代的一大特点，反映到数字政府建设中，就是作为基础的重点平台建设。这些平台可以分为数据平台与业务平台。数据平台由自然人库、法人库等各类数据库按照一定的结构形成，是业务平台的基础；业务平台则直接承载行政管理与服务的各项应用，是数字政府各项功能的直接体现。数据平台的各项建设在法律层面的重点主要涉及数据的共享与开放问题，这里主要通过对内业务与对外业务两个角度对业务平台予以重点介绍。

1. 对内业务：数字化协同政务办公平台

政务协同化办公是数字政府改革建设的重要内容之一。数字化协同办公系统是一套基于电子政务云 SaaS 化部署建设的集约化协同办公信息系统。利用政务微信、钉钉等平台的连接能力，打造统一通信录，提供办公应用，实现政府部门间跨部门、跨组织、跨地域、跨系统、跨层级的即时通信和移动办公。数字化协同政务办公平台着力解决政府机关日常办公不便捷、协同办公效率低、业务联动能力不足等问题。以广东省粤政易、浙江省浙政钉等为代表的数字化协同政务办公平台，实现了一个平台贯通省内横纵多个部门机关，将百万公职人员串联起来，掌上即可完成沟通与协同办公的设想。①

2. 对外业务：一体化在线政务服务平台

所谓一体化在线政务服务平台建设，就是通过政务服务平台的规范化、标准化、集约化建设和互联互通，打破政务网站的碎片化，解决政务服务平台建设管理分散、办事系统繁杂、事项标准不一、数据共享不畅、业务协同不足等问题，将各级政府部门业务信息系统接入统一的政务服务平台，落实网上政务服务统一实名身份认证，最终形成政务服务"一张网"，将传统上分散零碎的各级政府部门政务服务资源和网上服务入口予以整合，从"线下跑"向"网上办"、"分头办"向"协同办"转变，实现政务服务"一次登录、全网通办"，大幅提高政务服务便捷性。

2018 年国务院发布了《关于加快推进全国一体化在线政务服务平台建设的指导意见》，要求加快建设全国一体化在线政务服务平台。根据中央的相关要求，各地均抓紧推进政务服务平台建设，并于 2020 年初步形成了全国一体化政务服务平台框架，全面推进"一网通办"进入加速期。②

同时，随着移动互联网的普及，移动政务服务平台的重要性也逐渐凸

---

① 《政务钉钉半年暴增100%，"浙政钉"成政府数字化转型标杆》，澎湃网，https://www.thepaper.cn/newsDetail_forward_2723154，最后访问时间：2021 年 1 月 10 日。
② 新华社：《全国一体化政务服务平台框架初步形成全面推进"一网通办"进入加速期》，中国政府网站，http://www.gov.cn/xinwen/2020-05/26/content_5515135.htm?_zbs_baidu_bk，最后访问时间：2021 年 1 月 10 日。

显。依托移动互联网和智能手机,群众可以通过移动政务服务平台便利地办理相关业务,足不出户、动动手指就完成过去需要奔波办理的业务。比如广东省依托微信小程序建设的"粤省事"移动政务服务平台截至2020年11月已实现1113项事项"零跑动",实名注册用户突破8700万人,累计查询和办理业务数十亿件。①

(三)数据共享与开放

数据是数字政府的基础要素,拥有相对丰富、真实的数据是支撑数字政府各项应用的前提。数字政府建设涉及数据的采集、保管、分享、开放、加工、利用等多个环节,实践中产生了许多值得关注的制度发展。尤其是数据的共享与开放,成为近年来发展的重点领域,也出现了一些有特色的地方立法探索。

1. 数据共享

数据共享是数据在政府内部的流动,主要涉及政务数据,即政府机关在行政管理、行政执法或者向社会公众提供公共服务的过程中所采集、制作或者获取的各种数据资源。政务数据是现有社会数据资源中数量最庞大、种类最齐全、质量最优异、价值最可观的部分。充分利用好政务数据,加快政府数字化转型,能够有力推动数字政府建设,助力政府快速提升政务行政效率、社会治理能力和公共服务水平。

要发挥好政务数据的作用,一个关键环节在于推进政务数据的共享,打通各政务部门之间的数据"鸿沟",有效激活各政务部门"沉睡"的数据,从而为政务数据的深度挖掘应用提供基础条件。

在国家以及各地大力推动数字政府建设的过程中,各级政府普遍着重对政务数据共享进行顶层设计,统筹推进政务数据共享的进程;与此同时,各政务部门对政务数据共享和应用的实际需求也呈现快速增长的态势,客观上

---

① 许嘉蕙:《400万、150万、8700万!》,"粤省事"公众号,https://mp.weixin.qq.com/s/rh5LD7SEBESd22QDj-PlEA,最后访问时间:2021年1月10日。

也极大地推动了政务数据共享的发展进程。政务数据共享在实践中的一个突出例子,莫过于浙江的"最多跑一次"改革。这一改革既包括政府服务群众的前台界面改造,也包括后台政府内部的工作流程优化、信息共享、资源整合等内容,通过推进政府内部的数据信息联通建设,打破部门数据壁垒,实现各类政务数据的共享和使用,实现群众和企业"少跑腿"甚至"不跑腿"的改革成效。

实践探索中形成的政务数据共享制度的核心有二。其一是以共享为原则、不共享为例外。国务院《政务信息资源共享管理暂行办法》明确规定,政务数据共享遵循"以共享为原则,不共享为例外"的原则,各政务部门形成的政务信息资源原则上应予共享,涉及国家秘密和安全的,按相关法律法规执行。《上海市政务数据资源共享管理办法》等相关规定中也规定了政务数据资源"全面共享"的原则,要求政务部门在职能范围内,提供各类政务数据资源共享服务。

《政务信息资源共享管理暂行办法》以及各地的规定,普遍将政务数据资源进一步细化分类,主要分为无条件共享、有条件共享、不予共享等三种类型。其中,具有基础性、基准性、标识性的政务数据资源,可以提供给所有政务部门共享使用的,属于无条件共享类;数据内容敏感、只能按特定条件提供给相关政务部门使用,并且应当按照相关数据管理规定使用的政务数据资源,属于有条件共享类;不宜提供给其他政务部门共享使用的政务数据资源属于不予共享类。在此基础上,还针对某些特殊的数据资源共享进一步明确了具体要求,如对于各政务部门履行职责均需要使用的人口信息、法人单位信息、电子证照信息等基础数据资源,应当根据整合共建原则进行集中建设或者统一接入,实现基础政务数据的统筹管理、及时更新,在各政务部门之间实现无条件共享;对于同一主题领域的数据资源,如健康保障、社会保障、食品药品安全、安全生产、价格监管、能源安全、信用体系、城乡建设、社区治理、生态环保、应急维稳等,应当由相关政务部门共建形成主题政务数据资源,并通过共享平台予以共享;对于列入不予共享类的政务信息资源,明确要求必须有法律法规或国家政策依据。

其二则是目录管理,即通过对政务信息资源依据规范的元数据描述,按照一定的分类方法进行排序和编码的一组信息,用以描述各个政务信息资源的特征,以便于检索、定位与获取政务信息资源。通过政务数据共享目录,可以从源头上对政务数据进行详细标识和分类,能够有效解决政务数据共享开放中的数据分类、元数据、共享开放属性、安全级别、使用要求、更新周期等问题,便于政务数据共享使用。

国家发展改革委、中央网信办专门制定了《政务信息资源目录编制指南(试行)》,加快建立政府数据资源目录体系,推进政府数据资源的国家统筹管理。《"十三五"国家政务信息化工程建设规划》也提出,构建以跨部门、跨地区协同治理的执政能力、民主法治、综合调控、市场监管、公共服务、公共安全等六大系统工程的部门数据目录,人口、法人、空间地理和社会信用的基础数据目录以及公共服务主题数据目录,形成国家政务信息资源目录体系,作为实现政务数据共享开放和服务的重要基础。地方也根据当地数字政府的建设情况以及政务数据共享的实际情况,不断细化政务数据共享目录管理制度,开展政务数据资源目录编制,努力建立数据准确、完整、规范、统一的数据目录管理机制。如《重庆市政务数据资源管理暂行办法》提出了政务数据资源目录编制的目录清单、需求清单、责任清单"三清单模式",实现政务数据资源目录的统一管理、发布、更新等服务,支撑政务数据共享和业务协同。

2. 数据开放

数据开放主要对应的则是政务数据的对外流动。数据开放制度具有显著的政治、经济和社会价值。政治方面,政府数据开放利用的价值体现在有助于增强政府透明度,加强问责,提升政府公共决策水平,强化工作效能。[1]经济方面,政务数据和社会数据相比,在权威性和时效性上存在天然的优势,具有巨大的开发潜力和利用价值。[2] 社会方面,通过政府数据开放,社

---

[1] 郑磊:《开放的数林:政府数据开放的中国故事》,上海人民出版社,2018,第20页。
[2] 王小丽:《公共作品利用的法律完善——以开放数据为视角》,《河南财经政法大学学报》2018年第3期。

会和公众能够更为充分地获取信息，缓解政府和社会信息不对称的问题，同时能促进社会公众参与政府的社会治理和公共服务。

自2015年国务院出台《促进大数据发展行动纲要》以来，中国政府数据开放实践迅猛发展。2019年下半年复旦大学发布的《2019中国地方政府数据开放报告》提出，截至2019年上半年，中国已有82个省级、副省级和地级政府上线数据开放平台，与2018年同期相比，新增了36个地方平台。41.93%的省级行政区、66.67%的副省级城市和18.55%的地级城市已推出数据开放平台，政府数据开放平台已逐渐成为一个地方数字政府建设的"标配"。[1]

从地理分布上看，中国东南沿海地区的省级数据开放平台已经逐渐相连成片，并向内陆地区不断扩散。广东省和山东省省内的各地市都推出了数据开放平台，形成中国最为密集的省级"开放数林"。全国开放数据集总量也从2017年8398个迅速增长到2019年的62801个，增长近7倍。开放数据集的容量与2018年同期相比，呈现爆发式增长，一年之内增长近20倍。[2]

和数据共享一样，数据开放中同样形成了"以开放为原则，不开放为例外"、目录管理等原则与制度。但数据共享是数据的内部流动，而数据开放关系到数据的外部流动，因此在数据安全、个人信息保护等方面应当拥有更高标准。如何在高标准保护的同时尽可能激励政府部门更加有效地实现有意义的数据开放，将是未来数据开放制度探索中的重点。

（四）行政程序变革

以20世纪90年代推行的电子政务建设为起点，行政机关借助技术手段

---

[1] 复旦大学数字与移动治理实验室：《2019中国地方政府数据开放报告》，http://www.199it.com/archives/882027.html，中文互联网数据咨询网，最后访问时间：2021年1月10日。

[2] 复旦大学数字与移动治理实验室：《2019中国地方政府数据开放报告》，http://www.199it.com/archives/882027.html，中文互联网数据咨询网，最后访问时间：2021年1月10日。

不断地对行政活动的内容与方式进行优化,实现了部分甚至是全部行政程序的电子化、网络化、非现场化、自动化与智能化。这"五化"均属于信息化的具体部分,相互关联,又层层推进,共同再造了行政流程,带来了行政程序变革。电子化、网络化变革在前些年已经逐步完成,当前数字政府建设中,行政活动的非现场化、自动化与智能化是程序变革的重点领域。

1. 非现场化

非现场化是指由于数字技术的运用,行政活动中的部分执法事项(如城管通过摄像头远程执法违停)和部分审批事项(如不见面审批)可以完全远程进行,而无须行政机关工作人员与相对人面对面处理。非现场化的行政方式可以协助执法人员远程监控,极大地提高了行政效率和执法概率。对于相对人来说,改变了传统现场申办做法,实现了当事人"只跑一次腿"甚至"零跑腿"。

行政活动的非现场化也给证据收集、告知、说明理由等方面带来了一系列程序挑战。非现场化的行政活动中,大量证据、材料的提交是通过拍照、图像与人脸识别等形式产生的,这些证据与材料形式的效力认定、真实性判断都需要程序机制的进一步完善。非现场化行政方式也弱化了相对人与公务人员之间面对面的交流,可能带来交流方面的不畅,影响"告知"和"说明理由"这两个重要行政程序制度的实现。杜某某案就在一定程度上反映了这一问题。杜某某每日驾驶机动车在同一地点违反禁行规定,均被电子监控装置抓拍,累计105次,均未得到及时通知。直到他顺带查询违章时才发现,被公安交通部门共处以罚款10500元的行政处罚。[①] 其中就涉及在该项非现场化行政执法中,告知与说明理由制度未能落实。

2. 自动化

自动化行政是指行政程序中特定环节或所有环节由自动化系统代为处理,而无须人工的个别介入[②],从这个角度来说,自动化就是无人化。自动

[①] 王乃彬:《"同一地点违章百余次被罚万元"事件引发争议》,《法制日报》2005年6月6日,第5版。

[②] 马颜昕:《自动化行政的分级与法律控制变革》,《行政法学研究》2019年第1期。

化行政适用于需要作出大量相同或相似行政行为的场景。交通违章抓拍、"无人干预自动秒批落户"、个人疫情风险（健康码）的自动化评级①、全自动系统完成税收征收等均属于这类。以深圳市在普通高校应届毕业生引进和落户环节采取的"无人干预自动审批"方式为例，该方式取消了现场报到环节，申请引进和落户的申请人通过系统提交学历学位和身份信息，由系统自动核查材料完整性并比对学历信息，如果申请人提交的材料完整并通过学历信息比对，系统将自动审批，无须人工审核。审批完成后，系统也会自动将相关信息推送给有关部门，相对人凭借电子信息即可去公安机关办理户籍等手续，无须再发放纸质证明。②这就是一项运用了自动化行政方式的数字政府时代的新型行政审批的典型。

自动化行政方式的运用极大地提高了行政效率，便利了群众办事，但是也带来了相应的错误纠正、正当程序瑕疵、数字鸿沟等问题，需要在未来的制度发展中进一步完善。

3. 智能化

智能化是数字政府下行政方式发展的全新阶段，正处于方兴未艾之时，是指通过对人工智能、大数据等技术的运用，为行政活动提供智能化决策辅助甚至是实现自动化决策。比如青岛市通过智能交通服务系统，对每日采集的1800余万条过车数据进行深度挖掘和分析，准确识别交通拥堵热点及区域，为交通组织优化、信号控制优化、嫌疑车辆追踪等管理决策提供科学准确的数据依据。自该系统启用以来，市区拥堵点减少了近80%，主干道路通行时间平均缩短20%，代表性重点道路高峰时段拥堵里程缩短约30%，通行时间缩短25%，市区整体路网平均速度提高了约9.71%。

行政活动智能化带来的最大的程序挑战就是可能存在的算法歧视与算法黑箱问题。人工智能算法这样的自动化决策在人们印象中往往都是客观中立

---

① 查云飞：《健康码：个人疫情风险的自动化评级与利用》，《浙江学刊》2020年第3期。
② 深圳市政府办公厅2018年5月16日发布的《深圳市人民政府办公厅关于印发深圳市普通高校应届毕业生引进和落户"秒批"（无人干预自动审批）工作方案的通知》（深府办函〔2018〕109号）。

的，其不受主观成见的干扰，也没有自己的利益，自然公正无私。但是越来越多的研究和实践表明，因为社会现有历史数据、技术限制、使用的具体环境等，自动化决策中有可能存在歧视与偏差。[1]

而所谓算法黑箱问题是指，随着机器学习等人工智能算法的发展，部分人工智能算法可以自发学习和演进，其决策方式不是简单的线性一对一，而是变得扑朔迷离。[2] 人们只知道其输出了特定结果，这个结果从统计学上看大概率正确，至于为什么得出这个结果，人们却可能一无所知。更广义的黑箱还包括一些虽然技术上可能并不黑箱，但因为缺少足够的对外可解释性，公众缺乏足够了解的一些技术运用。黑箱问题的核心在于会因为其缺少可解释性和可理解性，公众对行政行为的结果缺少可接受性。

从实体上解决算法歧视与黑箱问题是十分困难的，此时就需要通过事前认证、告知与事后纠正这样的程序机制予以控制，并为公众提供足够的可接受性。

---

[1] Batya Friedman, Helen Nissenbaum, "Bias in Computer Systems", *Acm Transactions on Information Systems* 3（1996）：330-347.

[2] Maayan Perel, Niva Elkin-Koren, "Black Box Tinkering: Beyond Disclosure in Algorithmic Enforcement", *Florida Law Review* 181（2017）：184.

B.12
数字政府转型中的个人信息保护风险与立法趋势[*]

展鹏贺　罗小坤[**]

摘　要： 数字政府转型中，政府治理模式变革的重心在于行政活动中"政府—个人"间信息秩序构建和运作方式的重塑。数据驱动模式下，行政程序的自动化转向，政府数据在内部的集中共享与外部的开放利用，使得行政方式的实施更加紧密地与个人信息的收集、处理和利用绑定在一起。行政方式的这一变革实践，在收获效能的同时，引发了一系列数据利用和安全上的个人信息保护风险。近年来，尽管国家和地方层面不乏个人信息保护相关立法的实践，但当前零散性或地方性的规范模式尚未形成对个人信息的系统性法律保护。随着《个人信息保护法（草案）》和《数据安全法（草案）》的出台，分散立法下的规范不足状况有望得到相当程度的改善。但着眼于行政方式变革中个人信息保护风险的应对，目前的草案内容亦有些许未竟之处。

关键词： 数字政府　个人信息保护　数据安全

---

[*] 本报告同时是湖南大学研究阐释党的十九届四中全会精神专项"全面推进依法治国背景下数字政府建设法制化路径研究"的成果。
[**] 展鹏贺，法学博士，湖南大学法学院副教授，主要研究方向为行政法学；罗小坤，湖南大学法学院硕士研究生，主要研究方向为行政法学。

近年来,以互联网、大数据和人工智能为代表的数字信息技术革命,推动整个世界进入了崭新的数字化时代。回顾历史,每每发生信息传递技术的重大突破,往往会同时带来政府结构和范畴的迭代跨越:比如路网交通最初的形成,使得政府的治理走出了城邦的局限;印刷技术的成熟,降低了政令传递的成本;大众传媒的出现,造就了社会公共群体的形成,进而奠定了参与式治理的基础;电子信息技术的应用,为新公共管理运动促使政府"瘦身"的目标提供了途径。[①] 而数字技术所展现出的对社会生活、经济活动类型前所未有的强大重塑力,必然决定了政府行为方式和治理模式也将因其具体应用而发生翻天覆地的变化。

在 20 世纪 90 年代兴起的电子政务基础上,世界范围内的主要国家纷纷以数字技术为驱动,开启政府治理的数字化转型[②],实现从简单信息共享的"网络政府"向以数据分析处理为核心之"数字政府"的跨越[③]。党的十八大以来,中国政府治理模式中数字技术的应用与推广也进入了快速发展时期。2015 年的政府工作报告中首次提出要从国家层面推进"互联网 +"行动计划,互联网与政府公共服务体系的深度融合作为"互联网 +"的具体要求,被写入随后出台的《关于积极推进"互联网 +"行动的指导意见》。同年,国务院发布了《促进大数据发展行动纲要》,政府活动开始步入大数据治理时代。2017 年,国务院制定《新一代人工智能发展规划》,人工智能在被提升至国家科技发展战略高度的同时,也作为推动社会治理现代化的重要技术手段被引入政府活动领域。

---

① 廖义铭:《行政法基本理论之改革》,台北翰芦图书出版有限公司,2002,第 160~162 页。
② 丹麦、澳大利亚、英国、瑞典、新加坡、新西兰、法国、美国、德国等国家分别制定了政府的数字化转型战略。参见中央党校(国家行政学院)电子政务研究中心《2019 数字政府发展报告》,第 7~12 页。
③ 在"互联网 +"的模式下,随着大数据和人工智能技术的介入,政府活动与技术的绑定,或者说技术改造下的政府活动模式,已经从简单地将信息搬迁至政府网站的网络政府 1.0 版本,经过推广平台化政务服务,满足公平普遍性政府信息需求的平台政府 2.0 版本,迅速向参与式、服务于公民个性化政务服务需求的数字政府 3.0 版本过渡。参见许跃军、陈宏晓、唐鹏等编著《互联网 + 政务服务:新形势、新趋势、新未来》,电子工业出版社,2018,第 29~33 页。

随着党的十九大提出"数字中国"建设目标,在行政管理和服务中整合各项数字技术应用,全面推动政府活动数字化转型的改革,首先在部分地方政府层面获得了制度化确认。2018年,广东省率先出台了《广东省"数字政府"建设整体规划(2018—2020年)》,浙江省、湖北省、广西壮族自治区和福建省也紧随其后,公布了本省区的数字政府建设方案。① 2019年,党的十九届四中全会正式将加强数字政府建设作为推进国家治理体系和治理能力现代化的重要组成部分,并提出要建立健全运用互联网、大数据、人工智能等技术手段进行行政管理的制度规则。在此基础上,党的十九届五中全会又进一步从全面塑造发展优势、推进现代化建设全局的角度,强调了数字政府建设的重要意义,指出要提升政府公共服务、社会治理等数字化智能化水平。自2019年以来,山东、山西、宁夏等地纷纷出台了省级数字政府建设规划,深圳、烟台等十余个地级市也制定了市级数字政府建设的指导性文件。

从国家权力体系运行的角度看,政府作为国家行政权的最主要承担者,其治理活动主要是在"政府—个人"的关系范畴中,围绕着实现其依法所承担的行政管理和服务任务而展开。依法行政原则之下,政府与公民个体间的关系模式经历了从行政法部门诞生早期的二元对立,到当今合作、服务行政时代的互动渗透、相互依赖。因此,现代行政法理论认为,政府行政活动过程实际上是"政府—个人"主体间互动交流的信息传递过程。各类行政活动尽管在具体内容和法律效果上存在差异,但本质上都可以视为一种信息秩序(Informationsordnung)的形成与运转。② 在此意义上,信息技术对政府治理体系和能力的促进与提升,必然是以改造具体实现这一信息交流过程的行政方式为主要内容。这一点已经在早期电子政务的推广运用中得到了充分印证。所以,尽管数字政府在实践中并没有形成一个标准化的概念表达,但透过各地出台的建设方案具体内容,数字化转型的制度焦点基本都指向了对

---

① 中央党校(国家行政学院)电子政务研究中心:《2019数字政府发展报告》,第14~15页。
② Schmidt-Aßmann, *Das Allgemeine Verwaltungsrecht als Ordnungsidee* (Springer, 2006), p.278.

传统政府信息模式的改革。通过对政务信息系统的技术和业务架构的重塑，以工具层面的变革为切入点，从根本上改变行政活动的方式。①

从具体技术应用的角度看，数字政府转型意义上的互联网、大数据和人工智能的运用，并非彼此孤立或简单的交叉，而是各种数字技术综合运用的过程。在数据的媒介作用下，通过互联网搭建的传输途径，利用经过统合的数据内容，进行智能化的分析和处理。虽然仅就数据处理的方式而言，其在行政程序制度中并非新鲜事物，但相较于电子化行政管理阶段，大数据应用推动的数字政府转型中，数据的作用已经远远超越了个别程序环节实施形式的意义，而成为整个行政活动的核心驱动力量。在国务院办公厅发布的《关于运用大数据加强对市场主体服务和监管的若干意见》中，大数据已经被视为推动行政管理流程优化再造的主导因素。如果说早期电子政务建设是以数据为辅助的传统行政流程驱动模式，那么数字政府则是完全以数据处理为核心进行顶层设计的驱动模式②，即实现了数据工具主义向数据本位主义的转换。

综上，在以数据为核心驱动的"政府—个人"信息秩序变革中，个人与政府将处在更为紧密、以数据为联系纽带的信息互动关系中。考虑到数字技术应用的特点，一方面，政府行政活动将围绕数据驱动模式获得方式上的重塑；另一方面，数据核心地位的确立决定了个人信息将会在数字化变革的行政方式中被大量采集、转移和使用。③ 早期电子政务的实践已经表明，电子数据化对个人信息的收集与处理引发了法律层面的个人信息保护需求。④而在万物皆可数据化⑤的大数据时代，技术上全样本信息的收集和处理能

---

① 黄璜：《数字政府：政策、特征与概念》，《治理研究》2020 年第 3 期。
② 黄璜：《数字政府：政策、特征与概念》，《治理研究》2020 年第 3 期。
③ 周佑勇、王禄生等：《智能时代的法律变革》，法律出版社，2020，第 156 页。
④ 世界范围内，个人信息保护的立法始于 20 世纪 70 年代计算机技术的大规模使用，电子信息技术实现的个人信息数据化处理，改变了传统承载信息媒介下个人信息的收集、处理和利用模式。数据化批量处理模式下，个人信息保护的必要性开始凸显。参见高秦伟《个人信息概念之反思和重塑——立法与实践的理论起点》，《人大法律评论》2019 年第 1 期。
⑤ 〔英〕维克托·迈尔-舍恩伯格、肯尼斯·库克耶《大数据时代：生活、工作与思维的大变革》，盛杨燕、周涛译，浙江人民出版社，2018，第 123~126 页。

力，将使得个人信息利用与保护间的矛盾更为凸显。近年来，有关个人信息数据泄露的报道已经屡见不鲜。在一项2020年全球重大数据泄露事件统计中，有约占72.6%的事件与个人信息泄露直接相关。[①] 因此，数字政府转型下行政方式的变革，也始终面临着如何在发挥数字技术效能优势的同时，平衡个人信息收集、处理、利用与个人信息保护间的矛盾关系，避免个人信息处理的负外部性[②]问题。对此，党的十九届四中全会在提出数字政府建设目标的同时，亦着重强调要在数据有序共享的基础上，依法保护个人信息。在数字政府转型的背景下，个人信息在法律层面的保护需求，或者说个人信息保护的具体规范构建，首先取决于政府行政方式变革在收集、利用个人信息方面引发的权利侵害风险。

一 "数据驱动"下的行政方式变革及其引发的个人信息保护风险

（一）行政方式的变革

如上文所述，数据驱动下的政府治理模式变革，核心的变化在于对行政活动中"政府—个人"间信息秩序构建和运作方式的重塑。相较于传统行政活动中信息秩序的个案导向，大数据应用实现的协同治理，使得政府在以数据为基础解决个案问题的同时，还可以利用网络的互联互通，发掘数据资源的聚合效应。以丰富的数据为基础，政府可以借助人工智能的分析处理能力，提供个性化政务服务，支撑行政决策内容的科学性、准确性，全面提升行政效能。具体到行政制度实践，数据驱动下的行政方式变革主要体现在以下几个方面。

[①] 《2020年全球数据泄露大事件盘点：数据"裸奔"代价承重》，网易网，https：//www.163.com/dy/article/FVK01IO40531NODR.html，最后访问时间：2021年1月23日。

[②] 周佑勇、王禄生等：《智能时代的法律变革》，法律出版社，2020，第156页。

1. 行政程序的自动化

数字技术应用给行政方式带来的最为显著的变化是以大量自动化实现的技术过程替代直接的人工处理活动。一方面，通过"互联网+"构建的虚拟空间，行政管理和服务的实施突破了对特定时空条件的依赖。政府的范畴不再局限于特定办公场所、固定办公时间等界限，依托平台和终端的网络连接，政府的政务服务已经实现了全天候24小时"不打烊"。另一方面，通过智能化的数据传输和处理，传统以人工处理为基础的中心化程序机制得以实现异步分散式的自动实施。无论是程序的启动、调查，还是最终的决定、送达，都可以通过数据的交互传递与分析处理转化为自动的技术过程。

这一行政程序自动化的制度实践，在中国集中体现在从中央到地方推行的"互联网+政务服务"改革中。2015年以来，国务院先后出台《关于加快推进"互联网+政务服务"工作的指导意见》《关于深入推进审批服务便民化的指导意见》《进一步深化"互联网+政务服务"推进政务服务"一网、一门、一次"改革实施方案》等规范性文件，推动构建"覆盖全国的整体联动、部门协同、省级统筹"的"互联网+政务服务"体系。在"一网通办"的目标模式下，各地按照国务院提出的"应上尽上、全程在线"的要求，将前端的网络办理事项扩充与终端的接入方式拓展相结合。通过搭建统一的政务服务平台，整合固定终端、网络门户和移动App程序等多种接入途径，使得政务服务的办理简化为刷刷手机、敲敲键盘等信息输入活动。① 以往在办理政务服务事项过程中被广为诟病的"跑断腿"现象，在数据的"多跑路"中得到了极大的缓解。

"数据跑路"在便利行政相对人的同时，也在行政事中事后监管活动中节约了行政资源和人力成本。从地方政府利用大数据推动自动化行政执法的实践来看，通过远程的实时数据抓取，执法或者检查对象的信息可以被监管

---

① 有关"互联网+政务服务"的具体要求和实践参见展鹏贺《行政活动方式的自动化趋向及其法律问题》，载中国政法大学法治政府研究院主编《中国法治政府发展报告（2019）》，社会科学文献出版社，2020，第219~230页。

机关同步掌握，并且借助智能化的数据分析，及时提示可能存在的违法情形。依靠数据的自动化处理，行政执法人员"足不出户"，便可"运筹帷幄"，完成整个执法过程。①

2. 行政内部数据的集中与共享

数据驱动下传统政府结构的重塑，还体现在围绕数据进行的内部整合上。传统政府的行政活动以条块分工为依据，部门间往往因职权授予或专业分工的区别形成封闭的体系，彼此间缺少沟通，信息无法在不同的行政机关间有效共享。而数字政府阶段，"一网通办"的前提是打破政府部门间的信息壁垒，形成统一的政府信息共享机制。"政府—个人"信息互动的数据化表达则使政府得以超越碎片化的内部结构，对外发挥整体政府的功能。② 因此，围绕数据集中和共享进行的部门间的协同治理，成为行政系统内部的基础性和前置性活动。2016 年 4 月，习近平总书记在网络安全和信息化工作座谈会上就着重强调，要打通信息壁垒，构建全国信息资源共享体系。据统计，到 2018 年底，中央部委层面已经将 42 个国务院部门垂直管理的信息系统打通，消除信息孤岛 2900 多个。地方层面，广东省通过省市两级的数据集中共享试点，使相关部门的文件办理时间缩短了 40%；福建省通过建立"一张网"的行政审批模式，实现了涉及 6 万多份申请材料的数据集中共享，涉及多达 3.5 万多项服务事项，并且在省级电子证照库中累计存储了 4155 类 1900 余万份证照。③

与此同时，为适应数据集中共享带来的庞大数据管理需求，行政组织层面专门负责政府数据管理的机构也应运而生。以广东省率先设立省级大数据管理局为发端，截至 2019 年底，全国已有至少 22 个省级政府、30 个地市

---

① 类似的制度已经在不同地方的城市管理、食品监管等行政执法领域得到了实践。参见展鹏贺《行政活动方式的自动化趋向及其法律问题》，载中国政法大学法治政府研究院主编《中国法治政府发展报告（2019）》，社会科学文献出版社，2020，第 219~230 页。
② 汪玉凯：《数字政府的到来与智慧政务发展新趋势——5G 时代政务信息化前瞻》，《人民论坛》2019 年第 11 期。
③ 中央党校（国家行政学院）电子政务研究中心：《2019 数字政府发展报告》，第 4、46、52 页。

级政府设立了专门的数据管理机构。① 随着数据在行政活动信息秩序中核心地位的凸显，行政内部的数据共享和集中管理活动成为数字政府转型中新的行政方式样态。

3. 政府数据的开放与再利用

以数据驱动的行政活动信息秩序变革，不仅着眼于个案中的程序性信息交流的自动化实施，以及行政系统内简单的数据集中共享所带来的效率提升，更看重大数据条件下政府数据开放和再利用对政府治理能力和治理效果的提升。《促进大数据发展行动纲要》明确指出，政府数据的开放共享，可以促进社会事业数据融合和资源整合，以此为基础进行的数据分析处理，可以为有效处理复杂社会问题提供新的手段。就具体的实现机制来说，就是要"用数据说话、用数据决策、用数据管理、用数据创新"，实现以数据为基础的行政决策。2017 年，中共中央办公厅和国务院办公厅发布的《关于推进公共信息资源开放的若干意见》提出要推进公共信息资源开放，依托电子政务推进重点领域公共信息资源开放。在 2020 年发布的《中共中央 国务院关于构建更加完善的要素市场化配置体制机制的意见》中，国家在明确数据要素市场化必要性的同时，再次着重强调了政府数据开放共享、有效流动对于社会生产和民生保障领域的重要性。

基于"政府—个人"的外部关系维度，国家政策中所要求的开放共享，实际是在上述内部数据集中的基础上，于行政活动中转化为"对于数据的治理"和"基于数据的治理"两个层次。② 前者表现为政府通过向不特定或特定社会主体开放政府数据，促进多元主体参与，为社会提供更好的公共服务。后者则指政府在大数据环境下，通过挖掘分析所掌握的数据内容，为自身的行政决策提供更为客观、科学的支撑。因此，相较于传统行政活动中，

---

① 根据中央党校（国家行政学院）电子政务研究中心发布的《2019 数字政府发展报告》中的统计数据，截至 2019 年设立省级数据管理机构的省份为 19 个。除该报告中列举的省份外，山东、黑龙江和四川也成立了省级大数据管理局，负责省级政府层面的数据集中管理和共享。

② 段盛华、于凤霞、关乐宁：《数据时代的政府治理创新——基于数据开放共享的视角》，《电子政务》2020 年第 9 期。

政府与个人或群体依具体个案所呈现的"分散式"孤立性信息交互,在数字政府所追求的开放共享目标下,实际上在行政外部关系中,围绕数据的分析和再利用形成了"集中型"连续性的信息互动体系。与单纯满足公众知情权意义下的政府信息公开不同①,政府数据开放和再利用的目的在于通过对不断累积的政府数据进行持续的分析利用,提供更为精准的社会公共服务,制定更为科学、符合社会客观需求的行政决策。

(二)行政方式变革中的个人信息保护风险

通过对数字政府转型中行政方式变革的梳理可以发现,以数据为中心的行政方式重塑,改变了"政府—个人"关系范式下二者间信息互动的结构。数字政府阶段,尽管依靠"数据跑路"减少了行政内外关系中的人际互动,但考虑到数据在行政活动中的核心驱动地位的确立以及其强大的信息承载力,个人与政府实际处在更为紧密的信息联系中。一方面,为实现自动化行政,政府需要在个案中运用技术手段获取更多、更全面的个人信息;另一方面,被采集的个人信息作为政府数据的一部分,在行政系统内部集中共享的基础上,通过支撑后续行政决策和参与对外开放的再利用,融入更为宏观的行政信息秩序中。因此,数字技术和行政方式深度绑定的过程,也是个人信息在数据化条件下被行政机关广泛收集、分析和再利用的过程。而政府活动在范围上和程度上对个人信息范畴介入的不断增强,也引发了个人信息保护的风险。对应上述行政方式的变革,个人信息保护也面临着多重挑战。

1. 自动化行政引发的个人信息保护风险

在各地在"互联网+政务服务"模式下推进自动化行政的实践中,大量的个人信息通过独立的政府 App、App 嵌入式小程序被行政机关采集。但由于缺乏统一的规划和布局,实践中各类政务 App 往往如叠床架屋般存

---

① 类似观点参见朱峥《政府数据开放的权利基础及其制度构建》,《电子政务》2020年第10期。

在。同一行政区划内的省、市、县、乡各级政府都有自己独立的政务App，甚至同级政府的不同部门都有彼此独立的小程序。根据一项2017年的统计，全国70个大中城市总共提供了514个政务App，仅上海一地就有31个政务App。[①] 政务App数量繁多，一方面会导致严重的形式主义问题，浪费政府资源；另一方面会导致个人信息被非必要地反复收集，增加信息泄露的风险。比如在防控新冠肺炎疫情过程中出现的各地健康码互不承认的情况，导致个人跨省流动时要反复在不同的政府健康监测App中填报个人信息。

除了重复收集信息的问题外，在通过政务App推进行政方式自动化的过程中，还存在个人信息被过度收集甚至违法收集的风险。尽管国家层面就"互联网+"模式下行政管理和服务的改革出台了一系列规范性文件，但其内容多集中于宏观上的目标要求，缺少微观上的具体实施中的行为模式规定。实践中，各地的政府App间往往也缺乏统一的数据收集标准和流程规范，导致在收集个人信息的过程中，存在超过必要限度收集信息、侵犯公民隐私的风险。根据2020年11月"App个人信息举报"微信公众号发布的《关于35款App存在个人信息收集使用的问题的通告》，"鄂汇办""皖事通"等7款"政务App"就存在在未告知目的情形下收集个人身份信息，并且未明确提示隐私保护政策的情况。[②]

此外，一些地方政府在进行数字化治理制度创新时，过度看重"数据跑路"模式的效能优势，缺乏在依法行政原则下对公民信息收集的合法性论证。同样以诞生于抗击新冠肺炎疫情期间的健康码为例，从实践反馈来看，地方政府在感受到"码上管理"带来的便利之后，有将这一应急措施转为常态管理手段的趋势。在"战时能管用，平时也好用"的理念下，杭

[①] 任翀：《上海政务App数量排名全国第一》，上海人大网，http://www.spcsc.sh.cn/n1939/n1944/n1945/n2300/u1ai153252.html，最后访问时间：2020年12月29日。

[②] 《关于35款App存在个人信息收集使用问题的通告》，中共中央网络安全和信息化委员会办公室网站，http://www.cac.gov.cn/2020-11/17/c_1607178245870454.htm，最后访问时间：2021年1月23日。

州卫生健康部门就计划将健康码转为常态化的应用，实现"一码知健"。①通过打造渐变色的健康码2.0版本，将个人每天的运动、饮酒、吸烟、睡眠等信息纳入个人健康评价中，甚至还通过收集个人的工作信息，对各单位的员工健康进行排名。②除了杭州之外，深圳、广州政府也在着手推进类似健康码的改革。③不可否认，健康码在防控疫情方面起到了积极的作用，但也必须意识到，健康码的生成建立在大量获取公民个人信息的基础之上。作为应对突发事件的应急之举，尚有其必要性和正当性，但如果转为常态化的应用，并且进一步扩大个人信息的收集范围，势必会引发隐私和个人信息保护方面的隐忧。而且，受到健康码示范效应的影响，"码上管理"模式已经表现出泛化的趋势，浙江省就在整合诚信诉讼承诺书、重点案件检索等制度，以及不诚信诉讼黑名单、黄名单、行政滥诉人员等信息库数据的基础上开始推行五色"诚信诉讼码"制度。④暂且不论这一制度创新与诉讼法律规定的契合性，仅就该五色码生成需要以获取大量个人生产、生活相关信息作为前提的实施方式来看，就已经埋下了个人信息保护的隐忧。

类似的风险也出现在事中事后监管方式的自动化转型中。各地已经实施的一系列自动化监管方式，大多是基于大数据技术对实时从监管对象端采集的数据的分析处理。比如上海浦东自贸区自2016年就开始推行的大数据监管方式，运用视频采集设备，实时直播被监管者的活动传输给监管者，并及时提示违法情形。⑤四川青白江自贸区也建立了类似的大数据监管平台，在

---

① 《杭州健康码已发放2124万个2.0版健康码推进长效、常态化运行 将建立个人健康指数排行榜 试点刷码、刷脸入校健身》，杭州网，https://hznews.hangzhou.com.cn/chengshi/content/2020-05/15/content_7734673.htm，最后访问时间：2021年1月23日。
② 《杭州探索健康码常态化应用 抽烟睡眠纳入评分 回应：还只是设想》，搜狐网，https://www.sohu.com/a/397780532_161795，最后访问时间：2021年1月23日。
③ 史宇航：《杭州渐变健康码：信息化智能化重要，还是告知—同意更重要》，界面网，https://www.jiemian.com/article/4451321.html，最后访问时间：2021年1月23日。
④ 《"诚信诉讼码"探索司法诚信新体系》，中国法院网，https://www.chinacourt.org/article/detail/2020/09/id/5461267.shtml，最后访问时间：2021年1月23日。
⑤ 《浦东运用大数据强化自贸区事中事后监管体系》，新浪上海网，http://sh.sina.com.cn/zw/q/2016-08-16/detaili-ifxuxnak0380270.shtml，最后访问时间：2021年1月23日。

前端整合企业地理位置、身份信息、经营状况和信用信息的基础上,通过 GPS 数据采集器和 4G 执法记录仪对企业生产经营进行实时监控。① 尽管这种监管方式的变革便利了行政管理活动,提高了监管效能,但实时监管之下再无隐私和秘密可言。平衡监管目标实现和个人信息的保护,成为矛盾的两端。

2. 数据集中下的信息安全风险

自电子计算机技术普及以来,如何保证数据化信息的安全就成为一个技术性和法律性的双重难题。前者指向具体的技术操作,后者则为前者设定基本要求。传统信息安全的法律保障侧重于保护信息自身的安全,具体从保密性、完整性和可用性角度构建具体规则。② 尽管这一保护范式形成于前数字化时期,但在数字化的转型阶段,依旧具有基础性意义。在政府数据集中的过程中,随着政府内部横向与纵向间数据孤岛的打破,政府数据在行政系统内的集中、统一和共享进一步放大了数据自身安全面临的风险。近年来,系统漏洞、网络攻击、内部泄密导致的个人信息泄露事件时有发生。许多省市卫生和社会保障系统也曾被发现存在高危漏洞,个人身份、健康、资产等敏感信息有泄露的风险。③ 考虑到政府数据集中共享后所集成的个人信息在所涉对象和内容上的双重广泛性,一旦发生数据安全问题,后果将不可设想。国家计算机网络应急技术处理协调中心(CNCERT/CC)发布的《2019 年中国互联网网络安全报告》显示,仅 2019 年,"针对数据库密码暴力破解攻击次数日均超过百亿次……数据安全与个人隐私面临严重挑战"④。人脸识别数据库泄露、公民征信信息泄露等典型事件多发,数据的处理与存储问题

---

① 杨晨、席秦岭:《四川首个事中事后监管大数据平台即将上线》,百度网,https://baijiahao.baidu.com/s?id=1607109609547446105&wfr=spider&for=pc,最后访问时间:2021 年 1 月 23 日。
② 刘金瑞:《数据安全范式革新及其立法展开》,《环球法律评论》2021 年第 1 期。
③ 赵金旭、郑跃平:《中国电子政务隐私保护问题探究——基于 70 个大中城市政府网站的"隐私声明"调查》,《电子政务》2016 年第 7 期。
④ 国家计算机网络应急技术处理协调中心:《2019 年中国互联网网络安全报告》,人民邮电出版社,2020,第 18 页。

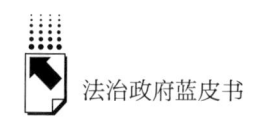

日益严重。该报告还指出,"安全漏洞是导致网络数据库存在数据泄露隐患的主要因素,涉及的漏洞类型主要为未授权访问和弱口令访问","我国党政机关、关键信息基础设施运营单位的信息系统频繁遭受 DDoS(分布式拒绝服务)攻击"[①]。

3. 政府数据开放再利用中的个人信息保护风险

根据上文的梳理,大数据条件下对政府数据的利用,已经超越了早期电子政务阶段便利政府内部活动的简单数据共享,而是在政府数据集中基础上,通过对政府数据的持续处理和开放,为行政决策提供客观、科学的支撑,为精准的社会公共服务提供依据。数字政府阶段的政府数据显现出明显的资源属性,相应地,对于数据所承载的信息安全的关注,也从静态的信息存储安全扩展至动态的信息利用安全。因此,除了要继续从保密性、完整性、可用性角度维护信息自身安全外,还需要从可控性和正当性[②]层面考虑再利用过程中的信息安全。大数据环境下,个人对自己的信息实际上处于一种事实上的失控状态。[③] 尽管具体个案行政方式的自动化变革并不是必然会导致政府对个人信息的全面掌握,但通过对集中共享的政府数据进行挖掘与分析,实现对某一社会个体进行各方面的细致"画像"已非技术上的难题。数字技术犹如《理想国》中吕底亚人古格斯先祖所寻获的魔戒,使得政府可以借助强大的数据挖掘和分析能力隐藏自身,而社会个体则在"魔戒效应"之下完全透明地暴露在政府的视野之中。[④] 这种"魔戒效应"还可能存在于政府数据开放后的第三方主体利用中。通过数据挖掘或者反向识别算法,第三方主体可以在开放的政府数据中抽取信息,将非可识别的或者零散的个人的身份信息、信用信息、行为信息、健康信息等通过技术手段进行价

---

① 国家计算机网络应急技术处理协调中心:《2019 年中国互联网网络安全报告》,人民邮电出版社,2020,第 14、49 页。
② 刘金瑞:《数据安全范式革新及其立法展开》,《环球法律评论》2021 年第 1 期。
③ 〔美〕劳伦斯·莱斯格:《代码 2.0:网络空间中的法律》,李旭译、沈伟伟译,清华大学出版社,2018,第 215 页。
④ 郑戈:《在鼓励创新与保护人权之间——法律如何回应大数据技术革新的挑战》,《探索与争鸣》2016 年第 7 期。

值整合,由此抽象出用户的偏好特征,将其符号化、标签化。① 这一标签化的过程使得个人在毫不知情的情形下,陷入信息被动泄露的风险中。而更大的风险则在于,个人的标签化一方面可能会进一步引发大数据的结论歧视,造成社会公共服务投送中前置性的不平等;另一方面可能会间接导致相关保密信息的泄露,危及国家和公共安全。因此,能否确定参与政府数据开放和再利用过程之个人信息的正当范畴,并以此保证后续数据分析处理活动之于个人信息保护要求的可控性,直接关系到上述风险是否会转化为现实的危险。

二 应对行政方式变革的个人信息保护规范现状

如上文所述,立法上对个人信息保护的特别关注,源于电子信息技术改造行政方式过程中对个人信息的数据化处理。我国行政实践中电子政务的推行起步较晚②,个人信息保护立法的发展也相对滞后。尽管在电子政务建设的初级阶段,个别地方性立法中偶有提及对个人信息收集和利用的限制,比如2004年制定的《杭州市信息化条例》中提出信用服务中介利用个人信息需要遵循"个人许可原则"。相关的制度设计还体现在《宁波市信息化条例》《淄博市信息化条例》中。

按照有关学者的考察,中国个人信息保护立法真正意义的发端,始于2012年全国人大常委会通过的《关于加强网络信息保护的决定》。根据该决定,国家有义务保护"能够识别公民个人身份和涉及公民个人隐私的电子信息"。③ 随后,工业和信息化部在2013年出台了《电信和互联网用户个人信息保护规定》,首次明确了电信互联网领域受保护的个人信息范围。根据该规定第4条,网络信息和电信服务中受保护的个人信息被规定为"电信业务经营者和互联网信息服务提供者在提供服务的过程中收集的用户姓名、

---

① 崔淑洁、张弘:《数据挖掘对个人信息的侵害与保护路径》,《西安交通大学学报》(社会科学版)2020年第6期。
② 周汉华:《电子政务法研究》,《法学研究》2007年第3期。
③ 高富平:《个人信息保护:从个人控制到社会控制》,《网络信息法学研究》2018年第2期。

出生日期、身份证件号码、住址、电话号码、账号和密码等能够单独或者与其他信息结合识别用户的信息以及用户使用服务的时间、地点等信息"。这一规定从规范层面确立了判断个人信息范畴的"识别＋关联"标准，即单独或者通过信息关联可以识别用户身份以及使用服务的时间、地点等信息。2016年制定的《网络安全法》中，个人信息保护受到了立法者的进一步重视，明确了个人信息收集和使用的合法、正当和必要原则和"告知—同意"标准。同时，针对个人信息被收集后的安全问题，立法者亦要求信息收集者承担保障义务。未经被收集者同意，不得向第三方提供个人信息。为配合立法上个人信息保护目的的实现，最高人民法院和最高人民检察院于2017年发布了《关于办理侵犯公民个人信息刑事案件适用法律若干问题的解释》，从刑事责任追究角度进一步明确刑法上公民个人信息的保护范围。一方面，在个人信息的界定上继续坚持"识别＋关联"的双重标准，并且从归责角度，将法律、行政法规和部门规章纳入个人信息保护规范的效力渊源中，拓展了个人信息保护的规范层级；另一方面，进一步明确了违法获取公民个人信息的具体方式，有助于识别侵犯公民个人信息的行为。2020年修订的《信息安全技术个人信息安全规范》（GB/T 35273－2020）特别针对互联网环境下个人信息可能被滥用的风险，对所有借助信息技术收集、处理个人信息的主体提出了技术性要求。相较于上一版的内容，此次修订首先扩大了个人信息和个人敏感信息的囊括范围，对通过其他信息处理后形成的信息符合该规范所定义的个人信息或个人敏感信息情形的，给予同等对待。其次，新增了多项业务功能的自主选择，对于网络服务产品提供多项需要收集个人信息的功能时，应当给予被收集信息的个人选择权。再次，完善了个人生物识别信息的收集和利用规则。要求获取信息一方原则上不能存储原始的个人生物识别信息，允许存储的内容仅限于不可回溯至原始信息的摘要信息。① 最后，对用户画像进行使用限制。用户画像中对个人信息主

---

① 徐云飞、李楠：《〈个人信息安全规范〉（2020版）简要解读和合规建议》，搜狐网，https：//www.sohu.com/a/417547927_672137，最后访问时间：2021年1月23日。

体的特征描述，不应表达对民族、种族、宗教、残疾、疾病等的歧视内容。除个人信息主体许可的情形外，使用个人信息时应消除明确身份指向性，避免精确定位到特定个人。

综观国家层面近年来制定的有关个人信息保护的规范内容，尽管个人信息保护的力度在增强，规范的覆盖面在加宽，但从规制客体角度看，现行规范多指向第三方社会主体收集个人信息的活动，对政府行政方式数字化变革中的个人信息收集、分析和处理着墨较少。而散见于《行政许可法》等程序性法律规范中的有关电子化数据处理规定，已经难以适应数字政府转型过程中"政府—个人"间的信息互动模式。因此，相较于行政实践中已如火如荼推进的个人信息数字化利用，当前法律层面尚缺乏从个人信息保护角度对行政方式的系统性规制。虽然《个人信息保护法（草案）》和《数据安全法（草案）》在历经多年呼吁后，终于在2020年出台并开始公开征求意见，但因其尚未生效，还无法对政府处理个人信息的行为形成有效制约。

当前，规范层面对行政方式中个人信息保护风险的应对，主要依赖于地方根据本地实践所出台的一系列地方性规范。在具体的规范内容上，主要聚焦于以下两个方面。

第一，保障政府数据集中共享中的数据安全。贵阳市2018年出台的《贵阳市政府数据资源管理办法》中要求各行政机关建立本机关的数据资源管理配套制度，着重从数据加密、访问认证等方面加强对数据安全的保障，并以专人负责的责任制形式确保数据安全机制的实施。浙江省2020年制定的《浙江省公共数据开放与安全管理暂行办法》中明确将安全管理的要求贯穿于信息的采集、归集、清洗、共享、开放、利用和销毁的全部数据化流程中，并对政府数据共享开放的存储介质安全性提出了要求。更为细致的数据安全保护义务要求还体现在《贵阳市大数据安全管理条例》《天津市促进大数据发展应用条例》等地方性法规中，数据安全的原则性规定具体化为防攻击、防泄露、防盗取的监测、预警、控制和应急处置能力要求。同时，针对数据安全防护能力提出检验要求，政府负责建立数据

安全靶场和产品检验场地，定期开展攻防演练，确保数据安全水准的不断提升。

第二，确立政府数据的分类开放模式，提出个人信息的脱敏脱密要求。2017年，贵阳市率先在全国范围内以地方性法规的形式出台了《贵阳市政数据共享开放条例》。该条例在确立统一平台开放模式的基础上，比照行政法上普遍遵行的信息保密要求，对政府数据的开放范围进行了严格限制。对于涉及国家秘密、商业秘密和个人隐私的数据，以及其他法律法规规定不得开放的数据，原则上不予开放。但是可以通过脱敏、脱密技术达到开放条件的，可以对社会开放。2019年上海市制定的《上海市公共数据开放暂行办法》以及浙江省2020年制定的《浙江省公共数据开放与安全管理暂行办法》在延续贵阳立法模式的同时，还在不开放、限制开放和无条件开放分级公开的基础上，增加了开放前的评估和审查程序。对于秘密、敏感信息的脱敏脱密处理，还要求网信、公安、经济和信息化、公共数据等主管部门协同制定具体的技术性规范。

三 规范数字化行政方式的个人信息保护立法趋势

通过对现行规范的梳理可以发现，当前零散化的规范模式不足以完全应对行政方式变革引发的个人信息保护风险。有鉴于此，党的十九届四中全会曾明确提出，要建立健全运用互联网、大数据、人工智能等技术手段进行行政管理的制度规则。如上文所述，考虑到数字政府转型过程中个人信息保护风险的加剧，国家层面已经着手从个人信息利用以及政府数据安全等不同维度制定系统化的个人信息保护法律体系。从已经公开征求意见的《个人信息保护法（草案）》和《数据安全法（草案）》的内容来看，规制上文中所提及的个人信息保护风险是未来立法中的重要内容。

第一，明确处理个人信息的前提要求。《个人信息保护法（草案）》进一步确立了"告知—同意"原则在个人信息处理活动中的基础性地位。同时，针对行政活动的法定性和公共利益目的属性，提出在为履行法定职责或者法定义务所必需的情形下以及在应对突发事件等紧急情况时，出于保障个人的生命健康和财产安全的必要，或者为公共利益实施报道、监督的合理范围内，可以直接处理个人信息，但应当依法履行告知义务。同时，即便在个人同意授权处理其信息时，该授权的同意也可以事后予以撤回。

第二，明确自动化行政中个人信息保护的必要，规范自动化决策的应用。根据《个人信息保护法（草案）》的要求，行政机关通过自动化方式收集、处理个人信息时，应当遵循法律保留原则。只有在取得法律、行政法规授权时行政机关才可以通过数字化技术处理个人信息，而且要遵循法定的程序要求。这里的"程序要求"可以从行政法体系上做双重考虑，即既要遵循处理个人信息的流程性规范，也要在通过处理个人信息实施的行政程序中符合行政程序规定。尽管目前还普遍缺乏专门规制自动化行政的程序性规定，但建立在个人信息收集和处理基础上的程序机制，至少要符合正当程序原则对行政程序的功能性要求。另外，对于目前各地行政实践中出现的以"无人审批"为代表的自动化行政决定，《个人信息保护法（草案）》也对其自动化决策机制作出了原则规定。对于利用个人信息进行的自动化决策，应当保证决策的透明度和处理结果的公平性。个人认为自动化决策对其权益造成重大影响的，有权要求行政机关予以说明。在自动化作出行政决定的情况下，只要不违反强行性法律规定，就应当赋予个人拒绝仅通过自动化方式作出实体决定的权利。对于实施自动化决策的行政机关，则必须对其处理个人信息的活动进行事前风险评估。

第三，通过强化数据保护义务，确保个人信息安全。按照《数据安全法（草案）》和《个人信息保护法（草案）》的规定，政府数据的共享、开放和再利用与政府数据的安全同等重要。国家建立统一的政府数据开放平台，同时建立集中统一、高效权威的数据安全风险评估、报告与检测预警机制，加强数据安全风险信息的获取、分析、研判与预警。对于个人信息，行政机关在未获得个人同意的前提下，除非有法律法规明确规定，否则不能将个人信息通过政府数据开放的方式向特定或不特定对象公开。

四 结语

数字政府时代，以数据为核心的行政方式变革究竟是带来了促进政府再造、释放行政效能的"普罗米修斯之火"，还是成为动摇依法行政根基、增加权利保护风险的"阿喀琉斯之踵"，很大程度上取决于如何在这一数据驱动的"政府—个人"信息交互机制变化中落实个人信息的保护。面对实践中数字化行政方式引发的个人信息保护风险，近年来国家和地方层面相继出台了一系列涉及个人信息保护的规定，在个人信息保护范畴、个人信息处理安全标准、政府数据的安全保障和共享利用中的个人信息保护等方面进行了开创性立法，但相关规定或是分散在不同的法律法规中，或是仅局限于少数地方的实验性立法中，尚未形成统一、全面的个人信息保护法律规范体系。随着《个人信息保护法（草案）》和《数据安全法（草案）》进入意见征求阶段，当前零落、分散的规范模式有望得到改善。而且，从这两部草案目前呈现的内容来看，立法者已经意识到了数字化行政方式中个人信息保护的特殊性，并从个案处理的微观角度和政府数据开放利用的宏观角度两方面进行了系统化的规定。可以预见，在这两部法律正式生效后，行政活动中的个人信息保护风险将大大降低。但当前呈现的立法草案也存在些许未竟之处，比如个人信息的权利来源问题，当前的文本流露出了承认个人信息自决的苗头，但是是否承认作为基本权利内容的个人信息权却仍旧不明朗；再比如匿名处理信息被排除在个人信息范畴之外，但对于关联若干匿名处理信息反向实现个人标签化的情形该如何处理却缺少规定。另外，对于自动化行政方式中的个人信息保护，仅靠一部"个人信息保护法"还难以实现保护的全面性，需要行政程序立法的共同作用。

B.13
个人信息保护的行政执法机制研究

孔祥稳*

摘　要： 个人信息保护问题涉及多个法律部门，其中行政执法是个人信息保护的重要机制。《网络安全法》《消费者权益保护法》等现行立法和全国人大常委会已经公布的《个人信息保护法（草案）》都对个人信息保护的行政执法机制作出了规定，但现有规范存在执法体制不清晰、执法范围不明确、执法措施的行使条件与程序有待进一步细化、违法行为与法律责任未能实现梯度对应等多方面的问题。未来应当进一步明确个人信息保护行政执法的体制和职权分配，完善执法程序，优化行政法律责任的设定。

关键词： 个人信息保护　行政执法　行政监管

一　引言

在个人信息保护法的研究中，一直存在所谓"公法保护路径"和"私法保护路径"的讨论。所谓"公法保护路径"，是指依托行政监管机制，由行政机关对违反个人信息保护法规范的行为进行查处和治理；所谓"私法保护路径"，则是指将个人信息保护视作私权问题，依托司法体系为权益受

---

* 孔祥稳，法学博士，对外经济贸易大学助理教授，主要研究方向为行政法、政府规制、网络法。

到侵害的当事人提供救济。在这一问题上，世界各国的制度因其法律文化传统和制度偏好而存在差异，并无定于一尊的答案。学界倾向于认为，欧盟及其成员国对个人信息安全的保护以公法为主[1]，美国则是以私法为主的保护模式之代表[2]。

2020年10月，全国人大常委会公布了《中华人民共和国个人信息保护法（草案）》[简称《个人信息保护法（草案）》]。《个人信息保护法（草案）》第11条规定，国家要"推动形成政府、企业、相关行业组织、社会公众共同参与个人信息保护的良好环境"，体现了多主体、多路径并行的个人信息保护立法理念。同时，《个人信息保护法（草案）》在第6章明确规定了个人信息保护的执法主体、执法权限、执法措施等内容，充分体现出立法者对行政执法机制的重视。事实上，早在《个人信息保护法（草案）》公布前，《网络安全法》《消费者权益保护法》等立法就已经明确规定了个人信息保护的行政执法机制。实践中，中央网信办等多部门也已经联合开展了相应的执法活动。[3]

个人信息保护一方面关涉个人信息主体权益的保障，另一方面关系到大数据时代信息的共享与利用，充满内在张力。建立适合中国国情的行政执法体制机制，确保行政机关在法治框架内开展个人信息保护执法，是个人信息保护法律制度建设的客观需要，也是法治政府建设的重要要求。本报告旨在梳理已经颁布的《个人信息保护法（草案）》和现行立法中与个人信息保护行政执法相关的条款，并就个人信息保护的执法主体、执法方式等重点问题进行探讨。

---

[1] 赵宏：《信息自决权在我国的保护现状及其立法趋势前瞻》，《中国法律评论》2017年第1期。
[2] 学界常引用的一个论断来自 Joel R. Reidenberg, "Rules of the Road for Global Electronic Highways: Merging the Trade and Technical Paradigms", *Harvard Journal of Law & Technology* 6 (1993)。
[3] 中央网信办、工业和信息化部、公安部、市场监管总局：《关于开展App违法违规收集使用个人信息专项治理的公告》。

二 个人信息保护行政监管的立法分析

早在《个人信息保护法（草案）》颁布之前，就已有大量的单行立法就个人信息保护作出了规定，其中自然也涉及个人信息保护的行政监管问题。梳理相关规范可以看出，尽管大量法律规范都已经规定了个人信息保护的行政监管机制，但在监管主体、监管范围、法律责任等方面都还存有模糊地带，有待进一步完善。

（一）现行立法中的规定

在"个人信息保护法"未正式颁布生效前，《全国人民代表大会常务委员会关于加强网络信息保护的决定》（简称《关于加强网络信息保护的决定》）和《网络安全法》构成了个人信息保护领域的基础性规范，明确规定了行政监管机制（见表1）。《电子商务法》、《消费者权益保护法》、《未成年人保护法》、《邮政法》、《居民身份证法》、《传染病防治法》和《征信业管理条例》等具体领域的立法则分别在电子商务、消费者保护、未成年人保护、邮政、征信等具体领域就个人信息保护问题进行了规定。

此外，还有部分法律法规就具体领域的隐私和个人信息保护问题作出了规定，例如，《律师法》第38条第1款规定，律师不得泄露当事人的隐私。但因为此类立法中个人信息保护的义务主体并不是大规模收集处理个人信息的"信息处理者"，双方关系是因履行特定职能和提供特定服务而形成的单次信息利用关系，不属于学者所言的应当由"个人信息保护法"调整的"个人和信息收集者与处理者之间构成的一种持续性的信息不平等关系"[①]，因此本报告并未予以梳理。

---

① 丁晓东：《个人信息权利的反思与重塑——论个人信息保护的适用前提与法益基础》，《中外法学》2020年第2期。

表1 综合性立法中对于个人信息保护行政监管机制的规定

名称	监管主体	违法行为	法律责任
《关于加强网络信息保护的决定》	有关主管部门	有违反本决定行为的（第11条）；不得窃取或者以其他非法方式获取公民个人电子信息，不得出售或者非法向他人提供公民个人电子信息（第1条）；收集、使用个人电子信息，应当遵循合法、正当、必要的原则，明示收集、使用信息的目的、方式和范围，并经被收集者同意，不得违反法律、法规的规定和双方的约定收集、使用信息，收集、使用信息的规则应当公开（第2条）；不得泄露、篡改、毁损个人信息（第3条）；确保信息安全（第4条）	依法给予警告、罚款、没收违法所得、吊销许可证或者取消备案、关闭网站，禁止有关责任人从事网络服务业务等处罚，记入社会信用档案并予以公布；构成违反治安管理行为的，依法给予治安管理处罚（第11条）
《网络安全法》	有关主管部门	收集用户信息未向用户明示并取得同意的（第22条第3款）；收集、使用个人信息未遵循合法、正当、必要原则，公开相关信息并未经被收集者同意的，未依照法律、行政法规的规定和与用户的约定处理其保存的个人信息的（第41条）；泄露、篡改、毁损收集的个人信息的，发生信息安全事件未及时告知用户并向有关主管部门报告的（第42条）；未按照用户要求依法删除或更正相关个人信息的（第43条第1款）	责令改正，可以根据情节单处或者并处警告、没收违法所得、处违法所得一倍以上十倍以下罚款，没有违法所得的，处一百万元以下罚款，对直接负责的主管人员和其他直接责任人员处一万元以上十万元以下罚款；情节严重的，并可以责令暂停相关业务、停业整顿、关闭网站、吊销相关业务许可证或者吊销营业执照（第64条第1款）
	公安机关	窃取或者以其他非法方式获取、非法出售或者非法向他人提供个人信息，尚不构成犯罪的（第64条第2款）	没收违法所得，并处违法所得一倍以上十倍以下罚款，没有违法所得的，处一百万元以下罚款（第64条第2款）

资料来源：笔者整理。

从表1中可以看出，《关于加强网络信息保护的决定》作为《网络安全法》生效之前互联网领域的基础性立法，已经初步探索确立了个人信息保护的核心规则，其第1条到第4条涵盖了个人信息的定义，收集使用个人信息的合法、正当、必要原则，"告知—同意"要求，个人信息收集使用规则的公开，信息保密义务，信息安全保障义务等内容。同时，《关于加强网络信息保护的决定》第11条也明确，对于违反该决定的行为，要给予警告、罚款、没收违法所得、吊销许可证或者取消备案、关闭网站、禁止有关责任人员从事网络服务业务等处罚。然而，该决定并未明确执法主体，仅在第10条明确"有关主管部门应当在各自职权范围内依法履行职责，采取技术措施和其他必要措施，防范、制止和查处窃取或者以其他非法方式获取、出售或者非法向他人提供公民个人电子信息的违法犯罪行为以及其他网络信息违法犯罪行为"，这导致个人信息保护的执法权限的分配并不清晰。同时，该决定在法律责任的设定上较为笼统，并未实现违法行为和法律之间的对应关系。"依法"给予相应处罚的立法表述表明，相关规则还有待其他立法的进一步细化。

《网络安全法》进一步细化了《关于加强网络信息保护的决定》中规定的个人信息保护行为要求，并对法律责任进行了细化，对罚款数额等进行了规定。但是，《网络安全法》依然没有彻底解决执法权限划分的问题。除了明确"窃取或者以其他非法方式获取、非法出售或者非法向他人提供个人信息，尚不构成犯罪的"违法行为是由公安部门进行执法外，对于其他侵害个人信息依法得到保护的权利的，《网络安全法》依然选择了沿袭《关于加强网络信息保护的决定》的规定，明确由"有关主管部门"进行执法。从体系解释的角度出发，《网络安全法》在总则部分的第8条规定了网络安全事务的管理体制："国家网信部门负责统筹协调网络安全工作和相关监督管理工作。国务院电信主管部门、公安部门和其他有关机关依照本法和有关法律、行政法规的规定，在各自职责范围内负责网络安全保护和监督管理工作。"这意味着除了国家网信部门、国务院电信主管部门、公安部门外，"其他有关机关"可能也基于其职责而具有一部分个人信息保护的执法权；进一步而言，大数据时代信息技术的普遍应用导致各个行业都存在个人信息保护问题，金融、医疗、食品药品、农业、旅游等各行业主管部门是否属于"有关主管部门"，是否应当具有各自领域内的执法权限也并不清晰。

同时,《网络安全法》在责任设定上还存在一个问题,即未能实现行为和处罚的梯度对应。例如,《网络安全法》第68条第1款规定,对于行为人拒不改正或者情节严重的,由有关主管部门责令暂停相关业务、停业整顿、关闭网站、吊销相关许可证或者吊销营业执照。这一责任条款涵盖了从暂停相关业务到吊销相关许可证或者吊销营业执照的多梯度责任,但立法并未对"拒不改正""情节严重"的情形进行具体划分和界定,其结果是何种程度的违法后果引发何种强度的责任不够清晰,存在执法裁量空间过大的风险。

除了《关于加强网络信息保护的决定》和《网络安全法》这两部综合性规范之外,《电子商务法》《消费者权益保护法》等具体领域的立法也对个人信息保护的行政执法机制作出了规定。相较于综合性立法而言,具体领域的部分立法对于执法机制的规定相对细致一些,但依然存在不够明确的问题(见表2)。

表2 各具体领域立法中对于个人信息保护行政执法机制的规定

名称	执法主体	行为规范/违法行为	法律责任
《电子商务法》	国务院有关部门按照职责分工负责监管工作。县级以上地方各级人民政府可以根据本行政区域的实际情况确定部门职责划分(第6条)	电子商务经营者违反法律、行政法规有关个人信息保护的规定(第79条)	依照《中华人民共和国网络安全法》等法律、行政法规的规定处罚(第79条)
《消费者权益保护法》	有关法律、法规对处罚机关和处罚方式有规定的,依照法律、法规的规定执行;法律、法规未作规定的,由工商行政管理部门或者其他有关行政部门执法(第56条第1款)	侵害消费者人格尊严、侵犯消费者人身自由或者侵害消费者个人信息依法得到保护的权利的(第56条第1款第9项,同时在第29条规定了消费者的个人信息受保护权利)	有关法律、法规对处罚机关和处罚方式有规定的,依照法律、法规的规定执行;法律、法规未作规定的,由工商行政管理部门或者其他有关行政部门责令改正,可以根据情节单处或者并处警告、没收违法所得、处以违法所得一倍以上十倍以下的罚款,没有违法所得的,处以五十万元以下的罚款;情节严重的,责令停业整顿、吊销营业执照(第56条)

续表

名称	执法主体	行为规范/违法行为	法律责任
《电信和互联网用户个人信息保护规定》（部门规章）	工业和信息化部和省级电信管理机构依法实施监管（第3条）	电信业务经营者、互联网信息服务提供者违反本规定第8条、第12条规定的（第22条）	由电信管理机构依据职权责令限期改正，予以警告，可以并处一万元以下的罚款（第22条）
		电信业务经营者、互联网信息服务提供者违反本规定第9条至第11条、第13条至第16条、第17条第2款规定的（第23条）	由电信管理机构依据职权责令限期改正，予以警告，可以并处一万元以上三万元以下的罚款，向社会公告；构成犯罪的，依法追究刑事责任（第23条）
《未成年人保护法》	由公安、网信、电信、新闻出版、广播电视、文化和旅游等有关部门按照职责分工处理（第127条）	信息处理者通过网络处理未成年人个人信息的，应当遵循合法、正当和必要的原则。处理不满十四周岁未成年人个人信息的，应当征得未成年人的父母或者其他监护人同意，但法律、行政法规另有规定的除外。未成年人、父母或者其他监护人要求信息处理者更正、删除未成年人个人信息的，信息处理者应当及时采取措施予以更正、删除，但法律、行政法规另有规定的除外（第72条）	责令改正，给予警告，没收违法所得，违法所得一百万元以上的，并处违法所得一倍以上十倍以下罚款，没有违法所得或者违法所得不足一百万元的，并处十万元以上一百万元以下罚款，对直接负责的主管人员和其他责任人员处一万元以上十万元以下罚款；拒不改正或者情节严重的，并可以责令暂停相关业务、停业整顿、关闭网站、吊销营业执照或者吊销相关许可证（第127条）
《旅游法》	县级以上人民政府旅游主管部门和有关部门依照本法和有关法律、法规的规定，在各自职责范围内对旅游市场实施监督管理（第83条）	旅游经营者对其在经营活动中知悉的旅游者个人信息，应当予以保密（第52条）	未规定法律责任

续表

名称	执法主体	行为规范/违法行为	法律责任
《在线旅游经营服务管理暂行规定》（部门规章）	文化和旅游主管部门（第5条、第23条）	在线旅游经营者应当保护旅游者个人信息等数据安全，在收集旅游者信息时事先明示收集旅游者个人信息的目的、方式和范围，并经旅游者同意（第14条）在线旅游经营者不得滥用大数据分析等技术手段，基于旅游者消费记录、旅游偏好等设置不公平的交易条件，侵犯旅游者合法权益（第15条）	未规定法律责任
《居民身份证法》	公安机关	国家机关或者金融、电信、交通、教育、医疗等单位的工作人员泄露在履行职责或者提供服务过程中获得的居民身份证记载的公民个人信息（第19条）	尚不构成犯罪的，处十日以上十五日以下拘留，并处五千元罚款，有违法所得的，没收违法所得。单位有前款行为，尚不构成犯罪的，对其直接负责的主管人员和其他直接责任人员，处十日以上十五日以下拘留，并处十万元以上五十万元以下罚款，有违法所得的，没收违法所得（第19条）
《邮政法》	邮政管理部门	任何单位和个人不得私自开拆、隐匿、毁弃他人邮件。除法律另有规定外，邮政企业及其从业人员不得向任何单位或者个人泄露用户使用邮政服务的信息。（第35条）违法提供用户使用邮政服务或者快递服务的信息（第76条）	邮政企业、快递企业违法，尚不构成犯罪的，由邮政管理部门责令改正，没收违法所得，并处一万元以上五万元以下的罚款；对邮政企业直接负责的主管人员和其他直接责任人员给予处分；对快递企业，还可以责令停业整顿直至吊销其快递业务经营许可证。相关从业人员违法，尚不构成犯罪的，由邮政管理部门责令改正，没收违法所得，并处五千元以上一万元以下的罚款（第76条）

续表

名称	执法主体	行为规范/违法行为	法律责任
《快递暂行条例》（行政法规）	邮政管理部门	经营快递业务的企业有下列行为之一：（一）未按照规定建立快递运单及电子数据管理制度；（二）未定期销毁快递运单；（三）出售、泄露或者非法提供快递服务过程中知悉的用户信息；（四）发生或者可能发生用户信息泄露的情况，未立即采取补救措施，或者未向所在地邮政管理部门报告（第44条）	责令改正，没收违法所得，并处1万元以上5万元以下的罚款；情节严重的，并处5万元以上10万元以下的罚款，并可以责令停业整顿直至吊销其快递业务经营许可证（第44条）
《传染病防治法》	卫生行政部门	疾病预防控制机构、医疗机构故意泄露传染病病人、病原携带者、疑似传染病病人、密切接触者涉及个人隐私的有关信息、资料的（第68条、第69条）	责令限期改正，通报批评，给予警告；对负有责任的主管人员和其他直接责任人员，依法给予降级、撤职、开除的处分，并可以依法吊销有关责任人员的执业证书（第68条、第69条）
《征信业管理条例》（行政法规）	国务院征信业监督管理部门或者其派出机构	征信机构、金融信用信息基础数据库运行机构有下列行为之一：（一）窃取或者以其他方式非法获取信息；（二）采集禁止采集的个人信息或者未经同意采集个人信息；（三）违法提供或者出售信息；（四）因过失泄露信息；（五）逾期不删除个人不良信息；（六）未按照规定对异议信息进行核查和处理；（七）拒绝、阻碍国务院征信业监督管理部门或者其派出机构检查、调查或者不如实提供有关文件、资料；（八）违反征信业务规则，侵害信息主体合法权益的其他行为（第38条）	责令限期改正，对单位处5万元以上50万元以下的罚款；对直接负责的主管人员和其他直接责任人员处1万元以上10万元以下的罚款；有违法所得的，没收违法所得。给信息主体造成损失的，依法承担民事责任；构成犯罪的，依法追究刑事责任。经营个人征信业务的征信机构有前款所列行为之一，情节严重或者造成严重后果的，由国务院征信业监督管理部门吊销其个人征信业务经营许可证（第38条）

续表

名称	执法主体	行为规范/违法行为	法律责任
《征信业管理条例》(行政法规)	国务院征信业监督管理部门或者其派出机构	向金融信用信息基础数据库提供或者查询信息的机构有下列行为之一: (一)违法提供或者出售信息; (二)因过失泄露信息; (三)未经同意查询个人信息或者企业的信贷信息; (四)未按照规定处理异议或者对确有错误、遗漏的信息不予更正; (五)拒绝、阻碍国务院征信业监督管理部门或者其派出机构检查、调查或者不如实提供有关文件、资料(第40条)	责令限期改正,对单位处5万元以上50万元以下的罚款;对直接负责的主管人员和其他直接责任人员处1万元以上10万元以下的罚款;有违法所得的,没收违法所得。给信息主体造成损失的,依法承担民事责任;构成犯罪的,依法追究刑事责任(第40条)
		信息提供者违反本条例规定,向征信机构、金融信用信息基础数据库提供非依法公开的个人不良信息,未事先告知信息主体本人,情节严重或者造成严重后果的(第41条)	对单位处2万元以上20万元以下的罚款;对个人处1万元以上5万元以下的罚款(第41条)
		信息使用者违反本条例规定,未按照与个人信息主体约定的用途使用个人信息或者未经个人信息主体同意向第三方提供个人信息,情节严重或者造成严重后果的(第42条)	对单位处2万元以上20万元以下的罚款;对个人处1万元以上5万元以下的罚款;有违法所得的,没收违法所得。给信息主体造成损失的,依法承担民事责任;构成犯罪的,依法追究刑事责任(第42条)

资料来源:笔者整理。

从对上述立法的梳理中可以看出,相较于综合性的立法,具体领域的立法对于个人信息保护行政执法机制的一些问题进行了具体化,以满足特定领域的实际需要。但相关条款依然含有大量的不完整规范,对行政机关和市场主体的指引不够明确,尚未形成稳定的制度环境。

在执法主体方面，各具体领域立法所采取的规定方式差异化程度较大。有部分立法明确规定了行业主管部门的执法权限，例如《征信业管理条例》规定，征信活动开展过程中的个人信息违法行为由国务院征信业监督管理部门或者其派出机构监督查处；《邮政法》和《快递暂行条例》规定，邮政活动中个人信息违法行为由邮政管理部门监督查处。部分立法采用了特别法规定优先的原则，例如《消费者权益保护法》规定有关法律、法规对处罚机关有规定的，依照法律、法规的规定执行；法律、法规未作规定的，工商行政管理部门享有兜底式的行政执法权。有部分立法依然沿用《网络安全法》的立法模式，规定由"有关部门按照职责分工处理"。例如《未成年人保护法》规定，违反未成年人个人信息保护规定的行为，由公安、网信、电信、新闻出版、广播电视、文化和旅游等有关部门按照职责分工处理。《电子商务法》则直接规定，电子商务经营者违反法律、行政法规有关个人信息保护的规定，依照《网络安全法》等法律、行政法规的规定处罚。

在违法行为方面，现行立法所涵盖的个人信息违法行为包括收集、使用个人信息未遵循合法、正当、必要原则，未经信息主体同意而收集、使用个人信息，出售或者非法向他人提供个人信息，未按法定要求或约定处理个人信息，未尽到个人信息安全保护义务，泄露、篡改、毁损个人信息，窃取、买卖或以其他方式非法获取个人信息等典型的个人信息违法行为。与此同时，各具体领域的立法结合实际情况对个人信息保护的规则进行了丰富和延伸。例如《未成年人保护法》规定，处理不满十四周岁未成年人个人信息的，还应当征得未成年人的父母或者其他监护人同意。《快递暂行条例》规定了经营快递业务的企业需要定期销毁快递运单的个人信息保护义务。这表明，各具体领域、行业的个人信息保护需求具有特殊性，在统一规则之外还需根据实际情况进行补充完善。

在法律责任方面，现行立法对个人信息违法行政责任的规定涵盖了从警告到行政拘留各个类型的处罚形式。其中，《居民身份证法》规定了对于国家机关或者金融、电信、交通、教育、医疗等单位的工作人员泄露在履行职责或者提供服务过程中获得的居民身份证记载的公民个人信息，尚不构成犯

罪的,可处十日以上十五日以下拘留。这是目前个人信息保护领域最为严厉的行政法律责任。在罚款数额设定上,《网络安全法》采用了数值式和倍率式相结合的立法形式,规定可根据情节处违法所得一倍以上十倍以下罚款,没有违法所得的,处一百万元以下罚款,对直接负责的主管人员和其他直接责任人员处一万元以上十万元以下罚款。其他立法或是同样采取数值式和倍率式相结合的立法形式,或是单独采用区间数值式的立法形式对罚款数额作出规定。但无论采取哪种形式,《网络安全法》所规定的违法所得一到十倍的区间倍率和最高一百万元的罚款数值,都是现行立法罚款数额的最高标准。

(二)《个人信息保护法(草案)》的规定

制定专门的"个人信息保护法"的呼声由来已久,《个人信息保护法(草案)》一经颁布就引发了社会各界的高度关注,通过统一的"个人信息保护法"来解决个人信息保护领域规则供给不足的问题也成为学术界和实务界的共同期望。在行政执法问题上,《个人信息保护法(草案)》第6章专门规定了"履行个人信息保护职责的部门",涉及个人信息保护执法的体制、基本职责和权限、执法措施、举报投诉机制等内容。第7章"法律责任"部分第62条规定了行政罚款制度,第63条规定了信用档案制度。总体来看,相较于现行立法,《个人信息保护法(草案)》在行政执法机制的建构上存在一些进步之处,例如第59条规定了行政机关执法调查时可采取的措施,为行政机关的调查取证提供了保障;第60条规定了行政约谈制度,明确了约谈的法律依据。但部分规定依然显得较为笼统而不够细致,有必要进一步细化完善。

首先,《个人信息保护法(草案)》并未彻底解决行政执法体制和职权的问题。《个人信息保护法(草案)》第56条规定,国家网信部门负责统筹协调个人信息保护工作和相关监督管理工作。国务院有关部门依照本法和有关法律、行政法规的规定,在各自职责范围内负责个人信息保护和监督管理工作。按照这一规定,国家网信部门在个人信息保护中的作用仅是"统筹协调",而非集中统一管理。国务院有关部门"依照本法和有关法律、行政法规的规定",在其职责范围内负责相关个人信息保护和监督管理工作。这意味着当其他法律、行政法规对行政机关的个人信息保护职责有规定时，该机关同样也拥有个人信息保护领域的执法权。然而，这不仅有可能导致作为基础性法律的"个人信息保护法"被单行法律架空，也可能因为单行立法之间的立场并不一致而引发执法冲突：由于我国的行政组织法尚不完善，国务院各部门的法定职责很多情况下是由具体领域的立法来确定，而具体领域立法多由行业主管部门起草，可能出现执法权限的分散和冲突问题。而《个人信息保护法（草案）》同时规定的巨额罚款制度可能会在某种程度上加剧这种冲突。

这一问题同时也反映在《个人信息保护法（草案）》第58条规定的标准制定上。按照《个人信息保护法（草案）》第58条的规定，国家网信部门和国务院有关部门按照职责权限组织制定个人信息保护相关规则、标准，推进个人信息保护社会化服务体系建设，支持有关机构开展个人信息保护评估、认证服务。根据这一规定，国家网信部门和具有法律、行政法规职权依据的国务院有关部门都可以组织制定个人信息保护的规则和标准，难免会出现标准与标准间的冲突、重叠，从而给市场主体带来负担。

其次，在执法措施上，《个人信息保护法（草案）》第59条规定了较为丰富的调查措施，能够为执法行为提供充分的保障。但从另一方面而言，各类措施的行使条件与程序还有进一步细化的空间。例如，《个人信息保护法（草案）》第59条规定行政机关在调查时可以"查阅、复制当事人与个人信息处理活动有关的合同、记录、账簿以及其他有关资料"，但"与个人信息处理活动有关"可能会被扩张解释为被调查主体所有与个人信息处理有关的活动。事实上，为更好保护第三人权益和商业秘密，应当将查阅、复制的对象限定在与被调查违法行为相关的合同、记录、账簿以及其他有关资料上。

再次，在执法范围和违法行为的认定上，《个人信息保护法（草案）》并未采用明确列举违法行为的方式，而采用了概括式的立法表述，规定"违反本法规定处理个人信息，或者处理个人信息未按照规定采取必要的安全保护措施的"，都可能被追究行政责任。然而，《个人信息保护法（草案）》规定的个人信息保护规则较为丰富。除了违法收集、利用个人信息，

泄露个人信息等典型的违法行为之外,还规定了信息主体查询、复制、更正、补充、删除个人信息,要求个人信息处理者对个人信息处理规则进行解释说明等权利,当此类权利被侵犯时,是否能够追究信息处理者的行政责任尚不清晰。

最后,在法律责任的设定上,《个人信息保护法(草案)》大幅提高了严重违法行为的罚款上限。《个人信息保护法(草案)》第62条规定,违反本法规定处理个人信息,或者处理个人信息未按照规定采取必要的安全保护措施,情节严重的,可处以五千万元以下或者上一年度营业额百分之五以下的罚款,并可以责令暂停相关业务、停业整顿、通报有关主管部门吊销相关业务许可或者吊销营业执照。此处设定的罚款数额包括"五千万元以下"和"上一年度营业额百分之五以下"两个计算标准,但立法并未明确在何种情况下适用前者,何种情况下适用后者,这导致法律责任不够确定。

三 个人信息保护行政执法机制的完善方向

(一)明确执法体制和职权分配

构建个人信息行政执法机制的首要问题是解决执法体制和职权分配问题。从《个人信息保护法(草案)》出台之前的立法状况来看,分散执法的体制一直在实践当中得到应用。学术界对这种分散执法的机制提出了较多批评,多主张建立独立、统一的监管主体。[①] 例如,周汉华教授指出,目前个人信息的执法体制呈现"九龙治水"的分散状态,网信、市场监管、工信、公安以及教育、医疗、卫生、金融等相关领域的管理部门都负有相应的管理责任,这可能导致执法责任边界不清,出现推卸责任的后果。[②] 因此,个人信息保护领域应当通过设立独立的机构来解决传统管理中政企不分、政资不

---

① 邓辉:《我国个人信息保护行政监管的立法选择》,《交大法学》2020年第2期。
② 李慧琪:《个人信息保护法草案稿已形成 专家建议未来机构设置要明确独立性》,《南方都市报》2020年7月27日,第GA12版。

分、政事不分等弊端;如果不具备现实条件,也应该按照部委管理的国家局模式,设立个人信息保护机构,并在横向配置上尽量体现机构的独立性。[①]《网络安全法》颁布实施以来,国家网信部门在互联网治理实践中发挥了较大的作用,其权力也有逐渐扩张和强化的趋势。《个人信息保护法(草案)》也赋予了国家网信部门较多的权力,如授权国家网信部门主要负责个人信息数据出境的安全评估等。因此,以国家网信部门为中心建立执法机构的呼声较高。但需要注意的是,国家网信部门所承担的互联网治理任务较为繁重,其执法能力相对有限,由其统一进行执法可能难以满足现实需要。因此,可能的方案是进一步强化国家网信部门的统筹协调能力,确保"政出一门",规则统一。

此外,执法权力的配置还需要处理好纵向关系。按照《个人信息保护法(草案)》第56条第2款的规定,县级人民政府所属部门即可作为履行个人信息保护职责的部门,承担个人信息保护和监管职责。但个人信息保护执法的技术性较强,县级人民政府所属部门可能并不具备相应的执法能力。从保障执法规范化的角度出发,应当对级别管辖的规范再做进一步完善,如将管辖级别提升到设区市人民政府所属部门,明确省级人民政府所属部门和设区市人民政府所属部门的监管权限划分。

(二)完善执法程序

由于我国尚未制定统一的《行政程序法》,行政执法和调查尚未有统一的程序规则。尽管《行政处罚法》和《行政强制法》对于实施行政处罚和行政强制的程序作出了规定,但总体上比较原则性,多为基础性要求。个人信息案件的行政执法存在比较强的技术特征,个人信息保护立法应当充分重视这种差异并予以回应。例如,执法机关在行使询问、查阅、复制、现场检查等权力时,需要与信息处理者的保密义务有效对接。再如,对于《个人

[①] 李慧琪:《个人信息保护法草案稿已形成 专家建议未来机构设置要明确独立性》,《南方都市报》2020年7月27日,第GA12版。

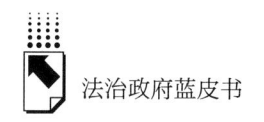

信息保护法（草案）》所规定的扣押、封存等措施，在云计算、云储存等技术和服务环境下会对信息处理者乃至案外第三人的权益造成较大的损害，因此必须在确有必要的情况下方能实施，同时应当增加听取当事人意见的程序。此外，还应当在立法中明确启动调查程序的标准、对于执法结果的后续跟踪监督等内容。

（三）优化行政法律责任的设定

《个人信息保护法（草案）》中对于罚款额度的规定是个人信息保护领域行政责任的重大突破。这一立法被普遍认为借鉴了欧盟《通用数据保护条例》的立法思路，以高额的罚款提高违法成本，从而对互联网商业巨头形成震慑。例如，有研究者就提出，既有立法最高未超过一百万元的罚款额度不足以遏制大规模侵害个人信息的行为。通过提高罚款金额增加侵害人的违法成本是强化行政执法的必然要求。[1] 然而需要注意的是，《行政处罚法》第4条第2款明确规定，设定行政处罚必须以事实为依据，与违法行为的事实、性质、情节以及社会危害程度相当。个人信息违法行政罚款的设定，必须与违法行为成比例。《个人信息保护法（草案）》的高额处罚虽然有其必要性，但在适用条件上却失之于笼统，留给行政机关的裁量权限过大。未来还需要进一步细化对"情节严重"等适用条件的界定，增加对违法行为人主观恶性的考量，综合对当事人的损害、对社会公共利益造成的损害等因素进行处罚，同时明确适用五千万元以下和上一年度营业额百分之五以下标准的具体情形。

---

[1] 孙莹：《大规模侵害个人信息高额罚款研究》，《中国法学》2020年第5期。

B.14 个性化推荐算法的发展应用与规制回应

谢尧雯*

摘　要： 个性化推荐算法的应用场景包括个性化内容推荐与个性化价格推荐。我国现阶段个性化推荐算法的规制动态，呈现三个特征：以"个人明确同意"作为个性化推荐数据处理活动的合法性基础；以平台内容供给义务为核心，设定个性化内容展示的退出模式；以消费者权益保护路径与反垄断规制路径为基础，进行个性化定价算法规制。基于规制动态与规制比较分析，强化平台责任的推荐算法规制模式，存在较大的规制失灵可能性。现阶段个性化推荐算法的规制规则设置，需要以明晰技术风险的客观特征与计算规制成本为基本前提。

关键词： 个性化推荐算法　个性化内容推荐　个性化价格推荐　技术风险

作为数字时代海量信息汇聚与流散的中心，网络平台日渐依赖人工智能技术实现信息的整合、分类与过滤的自动化管理。个性化推荐算法通过增强信息与接受者的匹配度，实现信息的信号反映、鼓励内容创造、减少信息搜寻成本等价值，但与算法推荐相关的个人数据保护、消费者保护、数据垄断、行为操控等议题，引发了公众的讨论与担忧，并成为各国监管层关于平台治理议程设置的重点议题。

---

* 谢尧雯，法学博士，中国政法大学法与经济学研究院师资博士后，主要研究方向为政府规制理论、平台治理、法律的经济分析。

本报告旨在梳理个性化推荐算法的应用场景与我国监管层的规制回应，并对现阶段个性化推荐算法的规制规则设置进行比较分析。

一 个性化推荐算法的应用场景

个性化推荐于20世纪90年代作为计算机领域的独立学科概念被提出，强调运用人工智能技术预测个体偏好并进行符合与反映个体偏好的信息推荐。推荐系统的核心为替代用户对未接触的信息内容进行评估，其发展与应用程度取决于这种替代评估的必要性与替代评估的准确率。互联网平台的技术变革改变了人们的交流与表达方式，海量的内容呈现与可及数据极大地提升了替代评估的必要性与准确率。个性化推荐成为平台经济时代信息传递与接收的重要途径。根据推荐信息种类的不同，现阶段个性化推荐算法的应用场景主要包括个性化内容推荐与个性化价格推荐。

（一）个性化内容推荐

互联网信息技术发展凸显了信息获取环境的"信息超载"与"注意力资源有限"双重特征，"推荐系统"成为内容供给平台识别、分析用户的信息偏好与增强用户黏性、获取流量利益的重要算法工具。个性化内容推荐包括：平台基于内容服务特征进行的内容推送、平台实现流量变现进行的广告推送。

1. 平台内容供给中的个性化推送

内容类别、用户信息偏好、平台—用户黏性三者的关系，在社交媒体平台、新闻资讯平台、短视频平台、电子商务平台、搜索引擎平台等不同内容供给平台中呈现不同的表现样态，个性化内容推荐算法应用亦呈现不一样的技术特征。

其一，在新闻资讯平台、短视频平台、社交媒体平台（此类平台以提供内容浏览服务为主）中，进行反映用户信息偏好的内容推送，成为平台增强用户黏性与引流第三方内容进而激励更多内容创作的核心商业手段。个性化内容推送主要体现为"动态消息界面"中的内容展示与内容排序，以及视频浏览结束后自动播放"你可能感兴趣的内容"。符合用户偏好的内容与用户自身特征、内容特征、平台服务目的相关,用户偏好的算法参数分析较为复杂,多采用机器学习算法进行数据的实时反哺与学习。例如,微博、小红书、抖音、头条新闻、Facebook 等平台的"动态页面"展示内容与展示顺序会主要考虑以下因素:受众信号(用户是否会对特定内容进行浏览、点赞、参与互动)、内容信号(内容的实时性、内容的表现形式、内容已有的转发量与评论量、内容创作者的受欢迎程度)、关系信号(用户与内容创作者的历史互动频率)、来源信号(内容质量是否低俗、内容标题是否带有"诱惑点击"的欺骗属性)。

其二,在电子商务平台中,反映用户偏好的个性化商品推送,是平台提升商品销售率与激发长尾市场的重要商业手段。个性化内容推送主要体现为:主页商品展示的"千人千面"形式、搜索页面展示的商品顺序、结算或购物车页面展示的"你可能感兴趣的或与选购物品相关的商品推荐"。内容推送算法设定的用户偏好内容参数一般包括地理位置、网页浏览历史、购物历史、与选购商品具有相似性或功能匹配性的商品、相似偏好用户的选购活动。

其三,在搜索引擎平台中,个性化内容推送体现在搜索页面的内容排序中。相比于前述两类平台,搜索引擎平台内容供给具有专业性与搜索匹配性特征,个性化展示并不是搜索引擎平台实现服务目的的核心手段。搜索内容排名算法的核心参数一般包括搜索关键词、网页内容相关性、网页内容质量、网页的技术设置友好性(例如,是否为不同的浏览器与不同的终端设备设定了浏览可用格式)。符合用户偏好的内容优序排位,在一定程度上亦能提升用户的点击概率进而为平台创造流量价值,在实践中成为部分搜索引擎平台算法设置的考虑因素。例如,Google 公示的搜索内容排名算法的影响因素包括情境因素(context and settings),即用户的搜索历史、地理位置、浏览历史等信息会成为个性化搜索展示的分析因素。[1]

---

[1] 见"How Google Search Works",https://www.google.com/search/howsearchworks/algorithms/,最后访问时间:2020 年 12 月 25 日。

2.广告内容的个性化推送

广告展示是平台流量变现的主要途径，而自动化广告管理通过对广告内容进行个性化推送，能够最大化实现平台媒介资源—广告资源的转化率，成为互联网广告生态系统的重要运行模式。在自动化广告管理模式中，广告商将广告内容与广告受众目标传送至平台方，平台方根据用户偏好、广告商的受众目标设定进行广告投放。程序化广告购买是自动化广告管理模式的系统集成，它通过电脑程序推算各事件、逻辑、行为规则后自动售卖平台广告媒介资源。① 相较于传统广告生态中"广告主购买媒介广告位"的表现形式，在程序化广告购买生态中，广告主购买广告受众，广告向受众的展示次数与广告点击次数是自动化广告管理模式的主要收费计算方式。

（二）个性化价格推荐

商品/服务价格领域中的个性化推荐，属于经济学理论中的"差别化定价"（price discrimination）市场行为，即供给方根据消费者支付意愿，对边际成本相同或相似的产品/服务设定不同的价格。平台经济模式赋予了差别化定价新的场景特征、经济效率与市场风险，但对之进行市场场景应用的分析，仍需要以明晰传统市场模式中的差别化定价应用场景为基础。

传统市场模式中的差别化定价应用场景包括基于一定市场势力的差别化定价与基于产品成本特征的差别化定价。在基于一定市场势力的差别化定价场景中②，商品/服务供给方能够进行供给产量控制，进而影响价格，需求方对供给方具有一定程度的依赖性，交易成本（主要表现在比价成本与转换成本）较高，供给方有能力与动机影响价格的生成，并根据对"消费者支付意愿"的判定进行差别化定价。在基于产品成本特征的差别化定价场

---

① 水志东：《互联网广告法律实务》，法律出版社，2017，第69页。
② 根据西方经济学理论，在完全市场竞争中，商品/服务价格由市场供求力量自发调节并形成"价格等于边际成本"的均衡状态。当供给方存在一定市场势力的情形下，其有能力与动机影响价格的生成，并根据对"消费者支付意愿"的判定进行差别化定价。

景中,某些产品/服务存在高昂固定成本与较低边际成本的成本特征,采取差别化定价策略能够实现产品/服务的效率生产。① 在这种定价机制下,价格包括固定成本分担和可变成本。"需求的价格弹性"较小的消费者承担更大比例的固定成本分担,"需求的价格弹性"较大的消费者承担更小比例的固定成本分担。②

平台经济模式并没有改变差别化定价适用的两类基本前提:供给方拥有一定的市场势力;基于所供给产品特征。前者为商家定价场景,后者为平台定价场景,在平台市场场景中,市场势力与产品特征呈现了不一样的表现形式。

在商家定价场景中,消费者的数据的集合成为商家市场势力的重要来源,商家能够基于对数据的分析识别消费者的个人支付意愿,进而进行差别化定价,定价的形式包括直接显示差别化价格、进行优惠券与折扣券的选择发放。综合平台商业场景,平台与商家方的定价关系主要包括:平台会有偿或无偿为部分商家提供定价算法或进行定价建议(包括优惠券发放对象的建议);平台与内容供给方共享部分消费者数据,内容供给方据此进行差别化价格设定;内容供给方从第三方购买定价算法。在网约车平台运营中,乘行服务价格由网约车平台制定,并通过抽成方式在司机与平台间进行利润分享。

在平台定价场景中,网络平台为双边主体提供以信息撮合为核心的中间连接服务,基于平台的双边市场属性与信息服务的成本结构,"以个人支付意愿为基础将价格偏离边际成本"的差别化定价往往成为信息撮合服务的

---

① 诸如软件产品、机票火车票、书籍、邮政/快递服务等固定成本与沉没成本额高、边际成本额低的产品/服务,采取"平均成本加权"定价法可能会增加企业的定价成本,导致单个产品/服务价格过高减少需求量的缺陷,通过对产品/服务外观进行微量改观的方式进行差别化定价,能够实现成本分摊与增进社会总福利的双重目的。

② 经济学一般用"弹性"来表示自变量与因变量的函数关系,弹性系数=因变量的变动比例/自变量的变动比例;"需求的价格弹性"表示在一定时期内一种商品的需求量变动对于该商品的价格变动的反应程度;需求的价格弹性大,消费者支付意愿高,需求的价格弹性小,消费者支付意愿低。相关论述参见高鸿业主编《西方经济学(微观部分)》,中国人民大学出版社,2018,第16~56页。

最优价格策略。① 平台信息撮合服务的供给对象为内容供给端用户与消费者端用户，双边用户的"间接交叉网络外部性"② 是平台经济得以存续与发展的核心要素，在边际成本较低且大致相同的情况下，差别化定价中"支付意愿判定"核心基准为用户的间接网络外部性。平台信息撮合服务的差别化定价体现在消费者端用户与内容供给端用户间的价格差异、消费者端用户间的价格差异、内容供给端用户间的价格差异。其一，整体而言，消费者端用户对内容供给端用户具有强外部性，平台多通过零价格或负价格形式吸引消费者用户使用平台信息撮合服务，而对经营者端用户收取更高的入驻价格；其二，消费者端用户的间接网络外部性强弱取决于消费者用户数量、规模与活跃程度，潜在用户与新用户、沉寂用户的间接网络效用潜力大于老用户与活跃用户，为充分挖掘这部分消费者用户的效用潜力，平台通过数据分析，为潜在用户、新用户与沉寂用户发放优惠券、折扣券，或就部分商品直接显示较低价格③；其三，不同的内容供给用户在品牌声誉、产品/服务种类等方面亦具有不同的外部性效力，平台会通过价格优惠的方式吸引更受消费者欢迎的商家使用平台信息撮合服务。

二 个性化推荐算法的技术影响与规制动态梳理

（一）个性化推荐算法的技术影响

个性化推荐算法提升信息与接收者的契合度。根据所匹配"信息"类别与价值之不同，个性化推荐算法呈现不同的技术效益与风险。

---

① 关于双边平台定价模式的论述，可参见曹洪、郑和平《对平台企业价格规制的思考》，《西南民族大学学报》（人文社会科学版）2012年第3期。
② 双边市场中的网络外部性与传统产业组织理论中的网络外部性存在显著差别。前者是一种间接交叉网络外部性，即一方的用户数量将影响另一方用户的数量和交易量；后者表示某种产品或服务的价值与该种产品或服务的消费规模正相关。
③ 与内容供给者对自己提供的产品/服务进行差别化定价不同，此处讨论的是平台为吸引某些类别的消费者用户接收、使用平台的信息撮合服务，与商家协商直接显示折扣后的价格。

内容推荐中的技术效益体现为个性化推荐减少接收者的信息搜索与选择成本，通过形成稳定与可持续的信息需求匹配，激励内容创作者进行内容创作，通过提升流量效益，激励平台进行免费信息服务的供给与技术升级。内容推荐中的技术风险[①]包括大型平台的推荐算法在互联网公共表达场域构成一种信息权力，差别化分发信息可能对部分内容创作者与接受者构成歧视性待遇；个性化内容推荐可能导致受众长时间沉浸于相似的偏好信息中，失去感知其他观点的意愿与动力，在个人立场与观点形塑中形成"信息茧房"与"过滤气泡"现象；内容算法对个人信息的掌控增强其通过"信息推送"影响个体行为的能力，商品与广告的推送方式可能会触发个体的直觉思维系统认知，对个体构成行为操控[②]。

价格对市场影响的作用机制较为复杂，价格推荐领域的技术影响依托具体的市场场景判定，无法在理论层面将效益与风险进行抽象界分。根据西方经济学理论，某一商业交易的社会经济效益由所有供给商与消费者共同分享，其在数额上等同于"消费者意愿支付价格"减去"产品/服务成本额"。差别化定价是否增进消费者经济利益与生产者经济利益，取决于生产者总剩余与消费者总剩余[③]在"统一定价"与"差别化定价"两个场景中的比较差额。当特定商品/服务的定价策略由统一定价转向差别化定价时，生产者总剩余与消费者总剩余在不同的市场场景中呈现不同的数额表现样态。

---

① 相关论述可参见羽生《人民日报三评算法推荐》，人民网，http://opinion.people.com.cn/n1/2017/0920/c1003-29545718.html，最后访问时间：2020年12月28日。
② 根据行为经济学理论，个体大脑具有两套认知系统：直觉思维系统与理性系统。当某个陈述/行为以触发、利用直觉思维系统的认知偏见为目的，或该陈述/行为没有充分调动行为对象触发理性系统进行谨慎反思与审慎选择的能力，该陈述/行为即构成"操控"（manipulation）。见 Cass R. Sunstein, "Fifty Shades of Manipulation", *Journal of Marketing Behavior* 1 (2016): 213。
③ 生产者剩余（producer surplus）代表产品/服务卖出价格与产品/服务成本之差；消费者剩余（consumer surplus）是消费者在购买一定数量的某种商品时愿意支付的最高总价格和实际支付的总价格之间的差额。参见高鸿业《西方经济学（微观部分）》，中国人民大学出版社，2018，第66页。

网络平台差别化定价的经济效果在不同的交易场景中呈现不同的表征，而动态竞争能够在一定程度上实现短暂经济效益减损的矫正，无法从理论层面作出概括的"非正即负"的经济增损结论。具体来说，网络平台差别化定价具有市场扩张效应、市场分配效应与增强竞争效应。对于需求端而言，市场扩张效应表明，部分支付意愿低的消费者可以享有统一定价场景中无法触及的产品/服务；市场分配效应表明，被收取较高价格一方的消费者剩余被转移至供给方与被收取较低价格一方的消费者。对于平台与商家而言，市场分配效应表明，差别化定价能为其剥夺消费者剩余提供市场工具；增强竞争效应表明，通过"以吸引部分消费者为目的的低价格设定"这一营销策略，差别化定价能增强市场竞争活力，而市场竞争亦可能导致差别化定价场景中的平均价格低于统一定价中的平均价格；增强竞争效应还表明，差别化定价能够减小商家与平台进行价格算法合谋的可能性。从静态效率层面论之，大多数情形下差别化定价的市场扩张效应能够增进社会总经济福利[1]，而从福利分配视角观之，消费者总剩余与生产者总剩余的增进取决于市场场景中差别化定价中的市场扩张效应、市场分配效应与增强竞争效应三个要素的比较权衡。[2] 一般来说，消费者总剩余增进与否主要受市场竞争程度影响。在完全垄断市场中，消费者剩余更有可能减损，而在竞争程度越高的市场结构中，消费者剩余增进的可能性越大。[3]

（二）个性化推荐算法的规制动态梳理

现阶段，我国个性化推荐算法的规制动态呈现三个特征：以"个人明

---

[1] 见 Organization for Economic Co-operation and Development, "Personalised Pricing in the Digital Era-Background Note by the Secretariat", November 2018, pp. 18 – 19, https://one.oecd.org/document/DAF/COMP（2018）13/en/pdf，最后访问时间：2020 年 10 月 15 日。

[2] 见 UK Office of Fair Trading, "The Economics of Online Personalised Pricing", May 2013, p. 7, https://docplayer.net/9529539 – The – economics – of – online – personalised – pricing.htm，最后访问时间：2020 年 10 月 15 日。

[3] 见 Organization for Economic Co-operation and Development, "Executive Summary of the Discussion on Personalized Pricing in the Digital Era", April 2020, http://www.oecd.org/officialdocuments/publicdisplaydocumentpdf/?cote = DAF/COMP/M（2018）2/ANN10/FINAL&docLanguage = En，最后访问时间：2020 年 10 月 28 日。

确同意"作为个性化推荐数据处理活动的合法性基础;以平台内容供给义务为核心,设定个性化内容展示的退出模式;以消费者权益保护路径与反垄断规制路径为基础,进行个性化定价算法规制。

个性化推荐算法以收集个人信息[①]为基础,预测个体偏好、生成用户数字画像进而进行信息推送。从个人信息保护制度发展现状来看,以"个人控制为核心"的"通知—同意"原则成为各国个人信息收集的主导规制理念。

梳理"隐私理念"的发展脉络可知,关于隐私最核心的两套学理——独处与控制——都源于对当时主导性信息技术的回应。"独处"理念产生于19世纪晚期,由Warren与Brandeis提出,回应摄影、新闻媒体技术对个人空间的侵犯,强调个体有权在隔绝的个人空间内进行独处、不受外界干扰。[②]"控制"理念产生于20世纪60年代,由Westin提出,回应电子存储技术与计算机自动化管理对个体空间的侵犯,强调个体有权对个人数据的流动过程进行控制。[③]彰显"个人控制"理念内核的"公平信息实践"(Fair Information Practices),构成当代个人信息保护的思想渊源与基本框架。[④]"公平信息实践"的最初版本出现于美国健康、教育与福利部门(Department of Health, Education and Welfare)于1973年发布的《公平信息实践》(Fair Information Practices)。经济合作与发展组织(Organization for Economic Cooperation and Development, OECD)于1980年发布了类似的规则,并于2013年进行规则更新。各国的个人信息保护体系沿用了《公平信息实践》

---

① 在实践中,个性化推荐主要涉及Cookies信息的收集,将Cookies信息列为个人信息范畴,已经是个人信息保护制度的共同发展趋势。欧盟、美国在不同程度上均承认Cookies的个人信息属性,我国《网络安全法》和《信息安全技术个人信息安全规范》等法律和标准亦明确将Cookies纳入个人信息界定范围。相关论述可参见伦一《互联网精准营销中的算法规制问题初探》,《网络信息法学研究》2020年第1期。
② 见Samuel D. Warren & Louis D. Brandeis, "The Right to Privacy", *Harvard Law Review* 4 (1890)。
③ 见Alan Westin, *Privacy and Freedom* (New York: Atheneum, 1967)。
④ 见Paul M. Schwartz, "Privacy and Democracy in Cyberspace", *Vanderbilt Law Review* 52 (1999): 1609。

中"个人控制数据处理程序"这一基本理念,而各国不同的政治、文化与历史催生了彰显个人控制不同程度的个人信息保护规则,最为典型的是欧盟与美国的制度规则。强调个体人格尊严权利保障的欧盟制度,建立了严格的"通知—同意"规则。《通用数据保护条例》要求在"选择—进入(Opt-in)"的基础上,数据控制者与处理者得到数据主体明确、特定的"同意"表达,并通过目的限制、合意限制、合法性利益限制的方式,补足个体的理性认知缺陷进而强化个人控制。强调数据流动价值实现的美国制度,建立了宽松的"通知—同意"规则。根据美国联邦贸易委员会(FTC)的执法实践,除部分法律对"通知—同意"形式进行要求(主要表现在儿童信息与金融信息收集中的"选择—进入"式"通知—同意"规则设定)外,实践中多将消费者在阅读"隐私声明"后继续使用网络服务的行为比拟为"同意",或在默示同意选项基础上设定"选择—退出(Opt-out)"规则。

我国个人信息收集中的"通知—同意"制度设定选择了欧盟"选择—进入"式的严格模式。在规则设定上,根据《全国人民代表大会常务委员会关于加强网络信息保护的决定》与《网络安全法》构筑的"通知—同意"规则,网络运营者收集、使用个人信息时,必须事先征得被收集者同意。在此基础上引入必要性原则,对同意范围进行限制,使信息处理者只能收集完成服务目的所必要的数据,在无法定例外的情况下,不得收集与提供的服务无关的个人信息。相较于《网络安全法》以"个人同意"作为数据收集的唯一合法性基础,全国人大常委会法工委于2020年10月颁发的《中华人民共和国个人信息保护法(草案)》拓展了信息收集的合法性基础。根据《中华人民共和国个人信息保护法(草案)》第13条,个人信息处理者方可处理个人信息的合法性基础包括取得个人的同意;为订立或者履行个人作为一方当事人的合同所必需;为履行法定职责或者法定义务所必需;为应对突发公共卫生事件,或者紧急情况下为保护自然人的生命健康和财产安全所必需;为公共利益实施新闻报道、舆论监督等行为,在合理的范围内处理个人信息;法律、行政法规规定的其他情形。其中,个性化推荐并不属于第13条规定"个人同意"之外的其他信息处理情形,因此,从规制现状与规制动态层面分析，"个人明确同意"是以个性化推荐为目的的信息收集活动的唯一合法性基础。

（三）个性化内容推荐：设定个性化内容展示的退出模式

通过设置个性化内容展示的"选择—退出"模式，赋予用户更多的选择与主导权能，成为各国进行个性化内容推荐规制的主要选择，而"选择—退出"在适用层级与适用范围层面的不同制度设计，彰显出不同的制度成本与制度目标。在适用层级层面，根据对平台义务设定的强弱程度，"选择—退出"制度设计分为"以用户数据选择权为核心"的模式与"以平台内容供给义务为核心"的模式。"以用户数据选择权为核心"的制度设置体现在用户通过控制个人数据处理实现对个性化内容展示的控制。"以平台内容供给义务为核心"的制度设置，要求平台同时提供"个性化内容展示"与"非个性化内容展示"两套内容展示服务。在适用范围层面，"选择—退出"的制度设计分为赋能用户退出所有类别的内容推荐和用户仅可退出新闻、广告等特定种类的内容推荐。

梳理我国现阶段个性化内容推荐的规制动态可知，监管层采取了"以平台内容供给义务为核心"的"选择—退出"模式（见表1）。

表1 我国现阶段个性化内容推荐的规制动态

规范要求	"选择—退出"制度设计核心	适用范围	颁布/施行时间
《电子商务法》第18条：电子商务经营者根据消费者的兴趣爱好、消费习惯等特征向其提供商品或者服务的搜索结果的，应当同时向该消费者提供不针对其个人特征的选项，尊重和平等保护消费者合法权益	以平台内容供给义务为核心，要求平台为消费者同时提供"个性化搜索结果展示"与"非个性化搜索结果展示"两套内容选择	电子商务平台搜索	2019年1月施行

续表

规范要求	"选择—退出"制度设计核心	适用范围	颁布/施行时间
GB/T 35273－2020《信息安全技术　个人信息安全规范》7.5： b）在向个人信息主体提供电子商务服务的过程中，根据消费者的兴趣爱好、消费习惯等特征向其提供商品或者服务搜索结果的个性化展示的，应当同时向该消费者提供不针对其个人特征的选项； c）在向个人信息主体推送新闻信息服务的过程中使用个性化展示的，应： 1）为个人信息主体提供简单直观的退出或关闭个性化展示模式的选项； 2）当个人信息主体选择退出或关闭个性化展示模式时，向个人信息主体提供删除或匿名化定向推送活动所基于的个人信息的选项	以平台内容供给义务为核心	电子商务平台搜索；新闻内容推送	2020年10月实施
《数据安全管理办法（征求意见稿）》第23条： 网络运营者利用用户数据和算法推送新闻信息、商业广告等（以下简称"定向推送"），应当以明显方式标明"定推"字样，为用户提供停止接收定向推送信息的功能；用户选择停止接收定向推送信息时，应当停止推送，并删除已经收集的设备识别码等用户数据和个人信息	以平台内容供给义务为核心	新闻内容推送；商业广告推送	2019年5月颁布
《个人信息保护法（草案）》第25条： 通过自动化决策方式进行商业营销、信息推送，应当同时提供不针对其个人特征的选项	以平台内容供给义务为核心	商品、广告、新闻、社交内容、搜索结果等所有类别的个性化内容推送	2020年10月颁布

资料来源：笔者整理。

（四）个性化价格推送：消费者权益保护与反垄断规制路径

在个性化价格推送规制理念方面，我国监管层历经了"完全禁止到部分禁止"的规制意向与动态转变。"完全禁止"规制意向体现在不具备行为约束力的规章征求意见稿与约谈意见中。根据文化和旅游部于 2019 年 10 月颁发的《在线旅游经营服务管理暂行规定（征求意见稿）》第 16 条，在线旅游经营者不得利用大数据等技术手段，针对不同消费特征的旅游者，对同一产品或服务在相同条件下设置差异化的价格；2020 年 4 月浙江省消费者权益保护委员会约谈多家视频与音频网站，提出"各平台不得在价格上歧视消费者，进行区别对待，应保证消费者购买的服务价格一致"[①]。在个性化价格推送领域，"完全禁止"的规制路径在实施效果上存在低效率与客观施行阻却两大问题：其一，差别化定价对经济福利具有增进效益，网络平台的双边市场模式客观上要求通过差别化定价的方式最大化实现交叉网络效应，差别化定价能够减小算法合谋发生概率；其二，由于平台与商家可通过发放优惠券与折扣券的方式进行间接差别化定价，"完全禁止"不存在客观的实现条件。基于规制实施效果的考量，监管层在正式施行的规制文本中采取了"部分禁止"的规制方式，通过消费者权益保护规制路径与反垄断规制路径，进行个性化价格推送算法规制。

消费者权益保护规制路径体现在对不公平交易行为进行规制，维系消费者与平台/商家的公平交易关系。相较于征求意见稿，2020 年 10 月正式施行的《在线旅游经营服务管理暂行规定》，将"差异化价格设定的行为禁止"局限在"滥用技术手段与设定不公平交易条件"方面，根据第 15 条，在线旅游经营者不得滥用大数据分析等技术手段，基于旅游者消费记录、旅游偏好等设置不公平的交易条件，侵犯旅游者合法权益。

反垄断规制路径体现在对滥用市场支配地位的差别化定价进行规制。根据《反垄断法》，判定平台差别化定价构成滥用市场支配地位的基本标准为平台或商家具备市场优势地位；产生了初级竞争损害（横向市场的价格歧视），即通过低价设定的方式将竞争者或潜在竞争者排挤出市场；产生次级

---

① 《11 家音视频网站被浙江消保委约谈后整改：多家取消自动续费》，"澎湃新闻"百家号，https://baijiahao.baidu.com/s?id=1664506447231299837&wfr=spider&for=pc，最后访问时间：2020 年 12 月 26 日。

竞争损害（纵向市场的价格歧视），即上游企业对存在竞争关系的下游企业设定不同价格，从而使某些下游企业处于不利竞争地位。[①] 平台差别化定价的现阶段发展特征，难以实现《反垄断法》中的"滥用市场支配地位"的行为证成。在价格歧视《反垄断法》执法实践中，纵向市场价格歧视的排斥竞争效果较为客观、更易判定，横向市场价格歧视违法性认定尤为复杂，而网络平台的场景特征增大了横向市场价格歧视违法性认定的复杂程度。横向市场价格歧视的认定，需要对垄断市场份额、对相关市场竞争造成的损害以及损害程度、对消费者福利造成的影响等因素进行综合判断。[②] 网络平台差别化定价可能触及《反垄断法》规制的定价行为主要涉及横向市场价格歧视类别，平台场景化特征增强实践判定的复杂性主要体现在平台市场支配地位认定存在法律技术难度，平台双边市场形式极大地复杂化了平台的价格结构。[③]

国家市场监督管理总局于2020年11月颁发《关于平台经济领域的反垄断指南（征求意见稿）》，对平台经济中个性化价格推送是否构成横向价格歧视认定的两个难点进行了回应，而该征求意见稿的相应规则亦被于2021年3月颁发的《关于平台经济领域的反垄断指南》正式稿予以确定。《关于平台经济领域的反垄断指南》对平台市场支配地位的认定与属于正当理由的差别化定价进行了规定。根据第11条，平台市场支配地位认定可以具体考虑的因素包括：经营者的市场份额以及相关市场竞争状况；经营者控制市场的能力；经营者的财力和技术条件；其他经营者对该经营者在交易上的依赖程度；其他经营者进入相关市场的难易程度。根据第17条，具有支配地位的平台经济领域经营者，不得在无正当理由的情境下，基于大数据和算法分析交易相对人的支付能力、消费偏好、使用习惯等，对交易条件相同的交

[①] 关于反垄断法规制的两类价格歧视行为论述可参见许光耀《价格歧视行为的反垄断法分析》，《法学杂志》2011年第11期。
[②] 赵凯：《价格歧视违法性的认定规则研究》，《价格理论与实践》2012年第1期。
[③] 关于双边平台掠夺性定价认定复杂性的论述可参见曹洪、郑和平《对平台企业价格规制的思考》，《西南民族大学学报》（人文社会科学版）2012年第3期。

易相对人实行差异性交易价格；该条对"可能属于正当理由的差异性价格设定"进行了列举——针对新用户在合理期限内开展的优惠活动。

三 个性化推荐算法规制发展反思

（一）个性化推荐算法规制动态比较分析

从规制比较视角观之，我国个性化推荐算法规制现状与动态，都彰显了较欧盟与美国更为严格的规制理念。

1. 根据欧盟、美国数据保护监管规则，"个人明确同意"并非以个性化推荐为目的的信息处理活动的必备基础

在个人数据处理的合法性基础规定中，欧盟《通用数据保护条例》第6条较之《个人信息保护法（草案）》第13条，多具一项"合法利益"（legitimate interests）基础。根据第29工作小组的释义，"合法利益"包括控制者了解客户的喜好，以便更好地使其提供的产品和服务个性化，更好地满足客户的需求和欲望。[①] 欧盟数据保护委员会（European Data Protection Board）对"合法利益"基础的具体适用，亦颁发了多个精细化规则指导意见。例如，在《针对社交平台用户进行内容定向推荐的行为指南（征求意见稿）》中，欧盟数据保护委员会以推荐算法的数据来源为基础，将社交平台定向广告推荐划分为不同场景，包括"基于用户主动提交的数据进行内容推荐""基于平台/第三方观测的数据进行内容推荐""基于平台/第三方推测的数据进行内容推荐"，并根据不同场景设定不同的数据处理规则与责任分配指引。其中，社交平台基于"用户主动提交至社交平台的数据""用户主动提交至广告方的数据"进行广告推送，"同意"和"合法

---

① Article 29 Working Party, "Opinion 06/2014 on the Notion of Legitimate Interests of the Data Controller under Article 7 of Directive 95/46/EC", April 2014, https://www.huntonprivacyblog.com/wp-content/uploads/sites/28/2014/04/wp217_en.pdf, 最后访问时间：2020年12月29日。

利益"都可以成为数据处理的合法性基础；社交平台基于"用户地理位置""观测数据"进行广告推送，必须以个人明确同意作为数据处理的合法性基础。①

美国依赖"市场化路径"进行数据保护执法，并未对"个人信息处理"施加"合法性基础"要求。一般情况下，平台方只需在平台"隐私声明"中明确"与个人有关的数据将用于完善网络服务供给"，即可开展个性化内容推荐。值得一提的是，新加坡最新的数据保护监管动态表明，监管层将"个性化内容推荐"纳入合法商业目的范畴，意欲削弱"个人同意"规则在内容推荐中的作用。根据新加坡议会于2020年11月颁发的《个人信息保护法修正案（草案）》，个人信息处理的合法性基础新增"商业改善目的"（business improvement purposes），其中包括"提供个性化服务"。②

2. 欧盟与美国都选择了对内容推荐产业发展更友好的"选择—退出"制度设计

欧盟设置"以用户数据选择权为核心、针对所有类别内容推荐"的"选择—退出"机制：如果数据控制者以"明确同意"为内容推荐数据处理基础选择，数据主体可随时选择"撤销同意"；如果数据控制者以"合法利益"为内容推荐数据处理基础选择，数据主体可随时对数据处理行为提出反对。

美国倾向于将内容推荐算法视为"言论"③，因此，个性化内容推荐仍处于去规制状态。在个性化广告推荐领域，美国以行业自律的规制模式为依

---

① 见 European Data Protection Board, "Guidelines 8/2020 on the Targeting of Social Media Users", September 2020, https://privacyblogfullservice.huntonwilliamsblogs.com/wp-content/uploads/sites/28/2020/09/edpb_guidelines_202008_onthetargetingofsocialmediausers_en.pdf, 最后访问时间：2020年12月29日。

② 见 Withersworldwide, "Personal Data Protection (Amendment) Act 2020 in Singapore: Effects on Your Business", 4 November 2020, https://www.withersworldwide.com/en-gb/insight/personal-data-protection-amendment-act-2020-in-singapore-effects-on-your-business, 最后访问时间：2021年1月10日。

③ 见 "Sorrel v. IMS Health Inc.", 131 S. Ct. 2653 (2001); "Search King, Inc. v. Google Technology, Inc.", No. CIV-02-1457-M (W. D. Okla. May 27, 2003)。

托，在广告业行业联盟颁发的行为广告（behavioral advertisement）的自律规则体系中，绝大部分广告推送方为用户设定了"关闭推送"的退出选项。①

3. 在个性化价格推送规制中，欧盟与美国规制议程部署进展更为缓和

欧盟委员会在2018年11月向经济合作与发展组织提交的《数字时代的个性化定价》（Personalised Pricing in the Digital Era）报告中，表达了数字经济时代个性化定价的基本监管理念与监管动向。② 欧盟委员会认为，平台与网络零售商拥有更多数据分析消费者支付意愿，差别化定价对象的消费群体划分规模将逐步缩小，实现从以"群体"为单位的三级差别化定价（the third degree price discrimination）转向以"个人"为单位的一级差别化定价（the first degree price discrimination），消费者总剩余将面临完全被剥削的风险。自2013年开始，英国、法国、德国与欧盟监管层开展了多项关于线上市场差别化定价应用现状的市场调研，多项市场调研分析结果显示，差别化定价在欧盟市场的实践范围仍然较窄，在存在差别化定价的市场领域，高价格与低价格的价格差额非常小。③ 欧盟委员会据此认为，差别化定价的市场实践现状还未引发足以触动监管的市场风险，监管层现阶段不应对差别化定

---

① 见 National Advertising Initiative, "Opt Out of Interest-Based Advertising", https://optout.networkadvertising.org/?c=1; Digital Advertising Alliance, "DAA Self-Regulatory Principles", https://digitaladvertisingalliance.org/principles，最后访问时间：2021年1月10日。

② 见 Organization for Economic Co-operation and Development, "Personalised Pricing in the Digital Era-Note by the European Union", November 2018, https://one.oecd.org/document/DAF/COMP/WD（2018）128/en/pdf，最后访问时间：2021年1月10日。

③ 关于差别化定价在欧洲区域市场实践现状的调研分析包括：英国于2013年、2018年发布的关于算法定价的报告，参见 UK Office of Fair Trading, "Personalized Pricing: Improving Transparency to Improve Trust", May 2013; UK Competition & Markets Authority, "Pricing Algorithms: Economic Working Paper on the Use of Algorithms to Facilitate Collusion and Personalised Pricing", October 2018; 欧盟委员会于2017年、2018年发布的关于电子商务与个性化定价的报告，参见 European Commission, "Final Report on the E-commerce Sector Inquiry", October 2017; European Commission, "Consumer Market Study on Online Market Segmentation through Personalised Pricing/Offers in the European Union", June 2018; 法国、德国反垄断执法部门于2016年发布的关于竞争法与大数据的联合报告，参见 The French Autorité de la Concurrence & The German Bundeskartellamt, "Competition Law and Data", May 2016。

价本身进行限制。同时，欧盟委员会提出，将持续观测差别化定价的实践应用发展，并对差别化定价与个性化内容推荐结合可能会产生新的行为操控模式——个性化助推（personalized nudging）——表示担忧，将根据市场实践场景及时调整监管规则。

美国关于数字经济时代差别化定价监管的基本理念体现在两个公开发布的政府文件中：白宫经济顾问委员会（The White House Council of Economic Advisors）于2015年8月发布的《大数据与差别化定价》（Big Data and Differential Pricing）[1]、联邦贸易委员会（The Federal Trade Commission）于2018年10月向经济合作与发展组织提交的《数字时代的个性化定价》（Personalized Pricing in the Digital Era）报告[2]。总体而言，美国监管层对差别化定价本身持有正面评价的态度——无论是线下市场还是线上市场，差别化定价通常能够增进社会福利，并提出克制监管的基本立场；并在反歧视、消费者权益保护与个人信息保护监管规则中，对与个性化定价相关的违法行为予以监管。

（二）个性化推荐算法规制中引入"成本—收益"分析工具

基于对规制规则、动态的分析与比较可知，在个性化推荐算法规制中，我国现阶段采取的基本路径为为平台设定行为义务。强化平台责任的规制模式，可以弥补监管机构执法资源有限的规制弱势，并能够通过对推荐算法社会事件及时回应的方式维系公众对数字经济的信任。[3] 然而，我们也应当认

---

[1] 见 The Obama White House,"Big Data and Differential Pricing", February 2015, https://obamawhitehouse.archives.gov/sites/default/files/whitehouse_files/docs/Big_Data_Report_Nonembargo_v2.pdf, 最后访问时间：2021年1月10日。

[2] 见 Organization for Economic Co-operation and Development, "Personalized Pricing in the Digital Era-Note by the United States", October 2018, https://www.ftc.gov/system/files/attachments/us-submissions-oecd-2010-present-other-international-competitionfora/personalized_pricing_note_by_the_united_states.pdf, 最后访问时间：2021年1月10日。

[3] 有研究者指出，平台内容算法条款的制定背景，体现了立法者对媒体和"算法焦点事件"的回应特性。参见张欣《从算法危机到算法信任：算法治理的多元方案和本土化路径》，《华东政法大学学报》2019年第6期。

识到，互联网信息技术呈现生态复杂、迭代迅速的发展特征，在技术风险尚未充分呈现、技术发展局面尚未稳定的情形下，过早施行较重的管制规则，可能扼制信息技术的发展创新。我国现阶段个性化推荐算法规制规则与动态存在较大的规制失灵可能性。

1. 内容推荐算法的规制成本分析

从内容推荐应用场景来看，个性化推荐的技术形式包括两类：主动进行个性化内容推送与个性化内容页面展示。主动进行个性化内容推送的形式包括新闻、广告内容以"弹窗"形式进行推送；内嵌于平台内容页面中的"广告"；在视频结尾提示"下一个你可能感兴趣的视频"；在内容页面下端单独展示"你可能感兴趣的内容"。个性化内容页面展示包括微博页面、Facebook 页面、抖音页面、头条新闻界面的动态消息推送；淘宝页面、Amazon 页面、京东页面个性化商品展示；搜索内容排序的个性化展示。

要求内容推荐方同时提供"个性化内容"与"非个性化内容"两套内容展示，在主动进行个性化内容推送的场景中具备技术可行性与规制效率，但在个性化内容页面展示场景中，该规则的实施过度侵犯企业自主经营，并会遏制内容平台的发展创新。在平台主动进行个性化内容推送的场景中，推荐内容页面/栏目/弹窗与平台主页面独立，平台方只需要关闭用户界面的推荐内容页面/栏目/弹窗，即可保障用户的"选择—退出权"行使。在个性化内容页面展示场景中，搜索内容排序的非个性化展示技术施行成本较低[1]，且搜索引擎平台强调信息推送的专业性[2]，为用户提供非个性化内容展示选择是收益大于成本的规制规则；对于呈现动态内容展示的社交媒体

---

[1] 例如，根据 Google 公开的搜索内容排名规则，用户可以在注册账户中选择关闭"个性化搜索内容展示"选项。见 Austin, "How to Rid of Personalized Google Search Results", https://www.groovypost.com/howto/disable-google-personalized-search-results/，最后访问时间：2020 年 12 月 30 日。

[2] Google 曾声称，根据调研，个性化搜索展示并不能够很好地提升用户的搜索服务使用体验。见 Barry Schwartz, "Google Admits It's Using Very Limited Personalization in Search Results", https://searchengineland.com/google-admits-its-using-very-limited-personalization-in-search-results-305469，最后访问时间：2020 年 12 月 30 日。

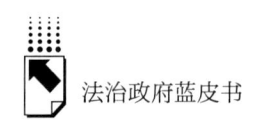

平台、新闻资讯平台与呈现个性化商品展示的电子商务平台而言,个性化内容推荐页面实质上等同于平台主页页面,而个性化展示能够实现长尾内容引流、提升用户体验,要求平台同时提供"非个性化内容"展示,等同于使此类内容平台页面设计回归至传统门户网站的形式,实质上扼杀了此类平台的经营模式。

2. 个性化价格推荐算法的规制成本分析

通过消费者权益保护路径与反垄断路径进行个性化价格推荐算法规制,现阶段存在较大的规制失灵成本。

其一,就现阶段个性化价格推荐应用实践来看,价格推送是否构成"不公平交易行为",存在较高的行为证成难度。在平台/商家端与消费者端的博弈结构中,前者拥有更多数据进行"支付意愿"的分析,但后者亦享有更便捷的比价工具[1]与更低的转换成本。同时,价格敏感与技术敏感的消费者可通过观察平台与商家价格行为的方式,策略性地改变自己的行为以获取更低的价格。[2] 双方的博弈力量似乎并未失衡,而这一理论假定亦得到了域外市场调研数据的实证支撑。欧盟委员会基于线上市场差别化定价应用现状的市场调研,公开的两个基本结论为基于个人数据的"个性化定价"应用并不普遍;在采取差别化定价的产品中,价格差额较小——同类产品采取差别定价策略与采取统一定价策略的平均价格差率为6%,进行差别定价的产品最高价与最低价平均价格差率小于1.6%。[3]

《在线旅游经营服务管理暂行规定》对"不公平交易条件"的规范表述较为模糊,可能导致价格领域的过度监管困境:基于大数据作出的差别化定

---

[1] 见 UK Competition & Markets Authority,"Digital Comparison Tools:Summary of Final Report",September 2017, https://www.gov.uk/government/publications/digital-comparison-tools-summary-of-final-report/digital-comparison-tools-summary-of-final-report,最后访问时间:2021年1月11日。

[2] 参见喻玲《算法消费者价格歧视反垄断法属性的误读及辨明》,《法学》2020年第9期。

[3] 见 Organization for Economic Co-operation and Development,"Personalised Pricing in the Digital Era-Note by the European Union",November 2018, p.8, https://one.oecd.org/document/DAF/COMP/WD(2018)128/en/pdf,最后访问时间:2021年1月10日。

价本身属于不公平交易条件，抑或与差别化定价相关的营销策略属于不公平交易条件？根据前述分析，将"不公平交易条件"限定为"与平台差别化定价相关的违法营销策略"，更符合技术客观事实与风险。这也是欧盟、美国监管层现阶段的规制规则设置选择。例如，欧盟监管层于2016年颁发《不公平交易行为指南》，明晰了如果平台或商家根据消费者数据推断其急于预定旅程，诱骗消费者所剩车票较少并向其收取更高价格，属于不公平交易行为。① 经济合作与发展组织亦建议，平台或商家若误称其推送的"差别化价格"为专属最低价，客观上提升消费者的搜索成本，则可认定为"不公平的交易行为"②。

其二，现有的反垄断规制规则的设定存在规则执行成本高与规制失灵成本高的双重风险。平台与商家通过优惠的方式吸引新用户与潜在用户，是实现平台双边市场效率的重要方式，对这一价格策略的限制会减损市场竞争活力，并将加大"价格算法合谋"的行为概率。

（三）明晰个性化推荐算法的规制基础

对技术风险进行理性规制规则设置的基础，应当以明晰两个要素为基本前提：技术风险的客观特征、规制成本。

---

① 见 European Commission, "Guidance on the Implementation/Application of Directive 2005/29/EC on Unfair Commercial Practices", May 2016, pp. 49 – 150, https：//eur – lex. europa. eu/legal – content/EN/TXT/？ uri = CELEX%3A52016SC0163，最后访问时间：2021年1月10日。

② 在网络平台差别化定价的营销策略中，OECD建议将以下误导与欺诈行为归类为"不公平交易行为"：1. 当其他消费者接收到更低价格时，商家或平台宣称此类差别价格为"最低价格"；2. 以某一价格作为要约，在支付程序进行时，根据消费者信息为其设定更高的个性化价格；3. 错误地宣称个性化价格只存续有限时间，据此减损消费者作出理性决策的能力；4. 向特定消费者展示"专属折扣价格"，但这一折扣价格实质比正常标价更高；5. 在不经过消费者同意的情况下收集数据进行支付意愿分析，推送差别化价格；6. 超出数据收集与使用目的，进行支付意愿分析；7. 没有对差别化价格或折扣进行声明/告知；8. 给消费者制造"我得到了最优惠价格"的假象，但其他消费者得到了一样或者更优惠的价格推送。见 Organization for Economic Co-operation and Development, "Personalised Pricing in the Digital Era-Background Note by the Secretariat", November 2018, pp. 36 – 37, https：//one. oec d. org/document/DAF/COMP（2018）13/en/pdf，最后访问时间：2021年1月10日。

基于风险的规制方式，强调对损害结果进行概率性分析。基于个性化推荐算法现阶段发展形势判断，以下两个议题并不能作出较为清晰的概率分析：内容推荐算法是否会造成个体偏见加剧，内容推荐算法是否构成个体的行为操控。

其一，现阶段"信息茧房"效应并未在技术领域得以充分证实。布朗大学和斯坦福大学的经济学家通过对比观察1996年与2012年美国成年人两极分化和使用网络媒体之间的关系，探究互联网信息传播方式的改变对认知偏见的影响。研究结果显示：两极分化主要是由上网时间最少的美国人推动的，比如75岁以上的美国人；尽管互联网对2012年与1996年的青年群体的信息获取方式影响甚大，但两个时期青年的认知偏见程度相差甚小。①

其二，"行为操控理论"偏离传统经济学"经济市场失灵"的认定与矫正模式，在理论基础与行为损害尚未明确的情况下，触发强制性的监管手段存在高昂的执法成本与监管失灵成本。基于经济学理论基础建立的"市场失灵与政府监管"的基本逻辑为以完全竞争市场为标准模型，推导出导致偏离标准模型的市场失灵要素（负外部性、公共物品、信息不对称、垄断），政府通过监管行为矫正市场失灵的方式，引致市场达到或接近完全竞争的标准模型。市场失灵作为政府干预市场的边界点，是经济学界基于标准模型与实证研究进行演绎推理总结的监管理论基础。如果以市场失灵模型为蓝本，将"行为市场失灵"设定为政府干预行为领域的理论基础，存在两个逻辑不恰之处：是否存在标准的理性行为模型存在疑问；个人行为受多种因素影响，政府监管手段能否有效实现理性纠偏存在疑问。②

有必要基于个性化推荐算法的发展现状，对危害概率更为明晰的技术风险进行归纳与梳理，进而设定与技术风险相匹配的算法规制方案。基于双边

---

① 见 Will Oremus, "The Filter Bubble Revisited", April 5, 2017, https://slate.com/technology/2017/04/filter-bubbles-revisited-the-internet-may-not-be-driving-political-polarization.html，最后访问时间：2021年1月10日。

② 见 Peter Lunn, "Are Consumer Decision-Making Phenomena a Fourth Market Failure?", *Journal of Consumer Policy* 3 (2015)。

效应特征，特大型平台在信息分发领域享有一定程度的"私权力"，其对整个社会的信息生产与信息接收具有决定性影响。当某一服务占据了社会生活中的特殊地位，使得公众对于一些重要资源的获取非常依赖它，且很难被其他类似服务替代时，我们便可以认定这一服务与公共利益的实现具有非常直接的关联，具有显著的公共性。① 因此，对于特大型平台而言，现阶段更有必要通过算法规制规则的设定，规范平台内容管理方面的"私权力"。平台内容管理的"私权力"，存在"平台—商家"与"平台—消费者"两个面向。在"平台—商家"面向中，特大型平台成为很多商家接触消费者的重要甚至唯一途径，而平台的内容引流机制将直接决定商家的产品/服务信息能否送达消费者以及送达群体的规模；在"平台—消费者"面向中，特大型平台成为很多消费者获取信息的重要甚至唯一途径，而"信息服务"对公民公共生活的重要作用表明，特大型平台已经具备一定程度的"公用基础设施"特征。在个性化推荐算法规制议程设置中，如何平衡"企业经营自主权与平台公共义务"二者间的张力，是值得进一步研究与追踪的重要议题。

（四）调和科技伦理治理与法律规制的关系

差别化定价与个性化内容推送在线下交流场景中普遍存在，而个性化推荐在平台场景中的规模化应用，带来了新的价值事实冲突与价值观念冲突。② 就价值事实冲突而言，有观点主张个性化推荐增强了信息与接收者的匹配度，更高效地实现了"信息"在数字经济时代中的价值信号、行为激励作用，但亦有观点认为个性化推荐暗含消费者剥削、个人隐私侵犯等负面影响。就价值观念冲突而言，有观点主张个性化推荐促进了信息的效率性生

---

① 赵鹏：《搜索引擎对信息传播的影响及其法律规制》，《比较法研究》2018 年第 4 期。
② 科技伦理冲突包括"价值事实冲突"与"价值观念冲突"。价值事实的冲突主要指以实际利益为基础的物质或非物质利益冲突或利害冲突；价值观念的冲突则主要指以价值观念为基础的文化冲突、观念冲突。参见王学川《科技伦理价值冲突及其化解》，浙江大学出版社，2016，第 31~32 页。

产与使用,创造了文化多元主义环境,但亦有观点认为,个性化推荐将引致文化虚无主义困境。

在科技伦理冲突的解决中,"法律规制"与"伦理治理"在理念与路径上拥有不同的逻辑。前者以责任威慑为依循,进行"权利—义务"的行为规范设定;后者以伦理反思为基础,通过持续性伦理评估与伦理讨论、伦理共识提炼,预见、回应新兴科技发展带来的新的社会问题,并通过伦理原则指引的方式促进个体在具体情境中进行原则的审视与申辩。"法律规制"通过迅速回应价值冲突,能够及时定纷止争,为技术发展营建稳定的规则环境,但将"权利—义务"模式适用于生态复杂、迭代迅速的互联网信息技术,存在较大的规制失灵成本。

我国个性化推荐算法规制中的平台义务规则即体现了监管者的"法律规制"路径选择,这能够及时缓解公众因"大数据杀熟""行为操控"等伦理冲击产生的技术信任危机,但如前所述,"一刀切"的规制规则极有可能减损市场竞争活力、阻碍信息技术的持续发展。"伦理治理"致力于在厘清技术客观事实的前提下,为各方伦理主张提供一个公正的商谈、辩论秩序,并对技术发展所带来的伦理影响进行持续性关注与回应。就个性化推荐算法的发展现状而言,"伦理治理"模式更具成本优势。欧盟关于个性化价格推荐算法的规制路径,实质上初步显现了信息技术中的"伦理治理"框架:通过多项市场调研厘清差别化定价的市场现状①,积极公开市场调研报告进而缓解消费者的信任危机,对行为助推、技术弱势群体的利益减损等潜在的技术伦理问题保持持续关注,通过颁发人工智能伦理原则对个性化推荐行为进行伦理指引。在平台差别化定价与个性化内容推送中,我国监管部门可以通过主导技术事实叙事的方式,向公众澄清技术应用现状,对"行为操控"

---

① 有研究者以生物科技伦理争议为例提出,很多伦理冲突的原因都在于各观点持有方对技术事实问题的了解不全面。换言之,对技术事实本身的全面澄清,能够化解很多伦理冲突。参见 Tom L. Beauchamp, "Ethical Theory and The Problem of Closure", in H. Tristram Engelhardt, Arthur L. Caplan, eds., *Scientific Controversies: Case Studies in the Resolution and Closure of Disputes in Science and Technology* (Cambridge University Press, 1987), pp. 35 – 37。

"信息茧房"这类伦理问题保持持续关注,并探寻通过"权利—义务"规范技术风险较为明晰或挑战大多数人道德底线的信息推荐行为。

四 结语

个性化推荐算法的发展应用变革了信息获取、信息传递与信息交流方式,它的技术效益、技术风险与技术伦理问题,已经成为各国监管层在人工智能科技与平台经济监管中的重点关注议题。规制路径的选择与规制规则的设置,需要以明晰技术发展的客观事实与规制成本为基本前提。本报告在阐述技术事实的基础上,对现有的规制回应进行了分析。如何在规范上设定个性化推荐算法的具体治理工具,以及"法律规制"与"伦理治理"在整个人工智能技术与信息技术治理中的调和机制,仍然有待实践与理论层面的继续深入探索。

· 四 行政争议解决 ·

B.15
主渠道实现与行政复议发展年度报告（2020）

曹鎏 宋平*

摘 要： 2020年，《行政复议法》修订工作正式启动。行政法理论界和实务界围绕影响行政复议发展的诸多问题，包括性质、功能、"双被告"制度、复议体制机制改革等展开了广泛而深入的讨论，为《行政复议法》修改完善奠定了基础。《行政复议法》实施20年来的大数据亦表明，行政复议在化解行政争议方面日益发挥着重要作用，行政复议体制机制改革成效显著，相关内容也应在修法中予以体现。本报告旨在记录行政复议的年度进展，关注理论研究、制度发展以及实践探索三个维度，希冀通过对行政复议的年度盘点，为行政复议的理想图景提供理论注解。

关键词： 行政复议 法律修订 主渠道 行政复议体制改革

一 以主渠道目标导向的《行政复议法》修改正式启动

（一）主渠道实现成为修法的目标导向

2020年2月5日，习近平总书记主持召开中央全面依法治国委员会第

---

* 曹鎏，法学博士，中国政法大学法治政府研究院教授，国家监察与反腐败研究中心执行主任，主要研究方向为行政法与行政诉讼法、监察法等；宋平，法学硕士，中国法制出版社助理编辑，主要研究方向为行政法与行政诉讼法。

三次会议,审议通过了《行政复议体制改革方案》。会议指出,要落实行政复议体制改革方案,优化行政复议资源配置,推进相关法律法规修订工作,发挥行政复议公正高效、便民为民的制度优势和化解行政争议的主渠道作用。① 2020年6月5日,十三届全国政协第三十六次双周协商座谈会召开,中共中央政治局常委、全国政协主席汪洋强调,行政复议是建设法治政府的重要抓手,健全行政复议制度是推进国家治理体系和治理能力现代化的必然要求。要深入学习领会习近平总书记关于行政复议工作的重要论述,坚持以人民为中心的发展理念,扎实做好相关法律修改工作,更好发挥行政复议公正高效、便民为民的制度优势和化解行政争议的主渠道作用。② 行政复议制度的发展和完善,迎来了新的历史机遇,行政复议成为化解行政争议主渠道的目标有了更为清晰的定位和谋划,《行政复议法》修改方向和思路亦有了更为明确的指引。

(二)《行政复议法》修改正式启动

行政复议制度自建立以来,日渐成为中国一项重要的法律制度。1990年,《行政复议条例》通过,中国实现行政复议统一立法。1999年,《行政复议法》的出台开启了行政复议的法律之路。2007年,《行政复议法实施条例》出台,进一步丰富了中国行政复议制度体系内容。

《行政复议法》实施已逾20年,除了对个别条款进行了修改,在整体制度安排上几无变动。《行政复议法》修改最早在2010年就被列入国务院立法计划,此后持续出现在全国人大常委会和国务院的立法计划中,由于多方原因始终未能启动,这与2014年《行政诉讼法》的修改形成鲜明对比。《行政复议法》的有关规定已经远远落后于实践要求,并且暴露出以下问

---

① 《习近平主持召开中央全面依法治国委员会第三次会议强调 全面提高依法防控依法治理能力 为疫情防控提供有力法治保障》,中国共产党新闻网,http://jhsjk.people.cn/article/31573224,最后访问时间:2021年1月2日。
② 《全国政协召开双周协商座谈会汪洋主持》,中国政协网,http://www.cppcc.gov.cn/zxww/2020/06/08/ARTI1591574836583133.shtml,最后访问时间:2021年1月2日。

题。一是管辖体制有待完善。政府及政府部门都承担复议职责,复议资源过于分散,办案标准不统一,也不便于群众找准复议"大门"。二是工作机制有待优化。受案范围偏窄,难以最大限度吸附行政争议;案件不论繁简都按同样流程办理,增加群众时间成本;办案以书面审查为主,容易引发"暗箱操作"的质疑;行政复议实质性化解行政争议的作用还未充分发挥等。三是行政复议与行政诉讼的有机衔接有待加强。[①] 为有效解决上述问题,《行政复议法》修改非常必要且迫切。随着行政复议理论研究的深入和行政复议体制机制改革的推进,《行政复议法》的修改时机已经成熟。

2020年11月24日,司法部公开发布了关于《中华人民共和国行政复议法(修订)(征求意见稿)》(以下简称《征求意见稿》)公开征求意见的通知。《征求意见稿》包括总则、行政复议申请、行政复议受理、行政复议审理、行政复议决定、法律责任、附则,共7章102条。从目前《征求意见稿》来看,本次修法是一次大修,从原法43条增至102条,是对中国行政复议制度实现与现阶段法治发展阶段相适应的全方位升级转型,亮点突出体现在:一是将发挥化解行政争议的主渠道作用确立为立法目的,并明确写在第一条立法宗旨中,这为复议制度重构明确了法定目标导向;二是扩大行政复议范围,将行政裁决、行政赔偿、政府信息公开行为等明确列入行政复议范围;三是完善附带审查制度,强化对"红头文件"的监督;四是将申请行政复议的期限从60日延长到6个月,更充分保障群众申请权;五是切实反映地方行政复议体制改革成果,将现行"条块结合"的管辖体制调整为"块块为主、条条为辅",即取消地方政府部门的复议职责,由县级以上地方人民政府统一行使复议职责;六是将调解确立为办案原则,应调尽调,充分利用行政系统内的资源优势实现实质性化解争议;七是新设"繁简分流"的审理模式,简案快办、繁案精办;八是建立行政复议委员会,为办理重大疑难复杂案件提供咨询意见,提升行政复议公正性和公信力;九是规定适用

---

① 《中华人民共和国行政复议法(修订)(征求意见稿)》,司法部网站,http://www.moj.gov.cn/news/content/2020-11/24/zlk_3260478.html,最后访问时间:2021年1月2日。

简易程序的案件在 30 日内审结,适用一般程序的案件的审限不作延长;十是增设行政复议意见书、建议书及约谈通报制度,强化复议监督效能,并规定行政复议决定书公开制度;等等。

总的来说,尽管有部分条款有待进一步研究,但《征求意见稿》很好地回应了实践发展的现实需要,充分反映了最新理论研究成果,特别是通过制度更新立足于解决实践中的难题困境以及助力行政复议化解行政争议天然优势的发挥,全面提升行政复议质效,进而实现行政复议作为化解行政争议的主渠道定位等方面,夯实了基础性制度供给。

二 行政复议理论发展成果综述

自 2014 年末《行政诉讼法》修改确立行政复议"双被告"制度以来,学界对行政复议制度的研究又迎来一次高潮,成果丰硕。在学术专著方面,有对行政复议制度的系统性研究,如曹鎏著《中国特色行政复议制度的嬗变与演进》;也有围绕行政复议法修改展开的研究,如王万华著《行政复议法的修改与完善研究:以实质性解决行政争议为视角》;还有围绕行政复议本身的发展以及与行政诉讼的关系展开的研究,如贺奇兵著《行政复议公信力塑造研究》、杨红著《行政复议与行政诉讼衔接研究》。当然,近几年以行政复议为研究对象的学术专著数量有限,但从内容来看,涵盖比较全面。

在学术论文方面,学界围绕行政复议展开的研究成果颇丰。根据笔者在中国知网上检索的情况,自 2015 年至 2021 年 1 月,行政复议研究成果如下:以"行政复议"为关键词进行检索,共有文章 740 余篇[①],其中,学术期刊类 220 余篇,内容涵盖了行政复议的性质、功能、定位探讨,行政复议体制改革的问题与成效,《行政复议法》修改的建议,行政复议"双被告"制度的困境与出路,行政复议与行政诉讼的关系,行政复议的域外经验借鉴,等等。此外,多个期刊也开设专题,就行政复议展开讨论,如《行政

---

① 其中包括期刊文献、报纸文章及学位论文。

法学研究》《中国法律评论》《河南财经政法大学学报》，专题名称分别为"行政复议制度改革""《行政复议法》实施二十周年""《行政复议法》修改专题"。以下选取有代表性的观点，形成有关行政复议理论研究成果的综述。

（一）行政复议性质、功能和定位的热烈讨论

明确行政复议的性质、功能和定位是《行政复议法》修改的前提，也是行政复议制度实现进一步发展必然要解决的问题。行政复议的性质、功能和定位一直是学界研究的热点，自2014年《行政诉讼法》修改后，这方面的讨论日益激烈。

1. 性质之争

关于行政复议的性质，向来有"司法说"、"行政说"以及"行政司法说"（"准司法说"）三种。

"司法说"在行政复议制度初创时期就存在，持该观点的学者认为，复议行为适用的裁决权所具有的司法性质，决定了行政复议制度的司法化性质。[1] 与行政诉讼一样，行政复议是解决行政争议的途径，这表现在两个方面。一方面，行政复议的启动是被动的。行政复议只能由不服行政行为的利害关系人申请引起，可以说，没有利害关系人的复议申请，行政复议无从存在。另一方面，行政复议具有居中裁决性。行政复议是由复议机关依法对被申请行政行为合法性和合理性进行审查并作出决定的活动和制度，通过居中裁决以解决申请人与被申请人之间的矛盾。部分学者还认为，行政复议制度是行政诉讼制度的组成部分，它同行政诉讼制度密不可分，构成一个有机的整体。[2] 1999年，《行政复议法》出台，行政复议作为行政系统内部自我纠错的一种监督制度，具有一定的独立性，成为立法主线。但"司法说"并未从此终止。

---

[1] 田勇军：《行政复议裁决主体不应作诉讼之被告——以行政复议制度性质为视角》，《河南财经政法大学学报》2015年第2期。

[2] 高文英：《浅谈我国的行政复议制度》，《中国法学》1987年第2期。

持"行政说"观点的学者,一般是从行政复议立法进程出发的。1990年,《行政复议条例》公布,在国务院法制局关于该条例草案的说明中,开篇就直言不讳地指明启动这项立法的动因,在于"为了加强行政机关的自身监督,提高行政机关依法行政的水平"。与此同时,草案说明明确将行政复议定义为一种具体行政行为,这就使行政复议事实上与具体行政行为同质化,甚至使行政复议活动被视为原有行政执法程序的延伸。① 此后,随着《行政复议条例》正式升格为《行政复议法》,行政复议的"行政性"特质得到强化。《国务院关于贯彻实施〈中华人民共和国行政复议法〉的通知》也明确指出:"行政复议是行政机关自我纠正错误的一种重要监督制度。"行政复议的相关规定、制度设计等,充分体现了"行政性"的特点。由此,"行政说"盛行多年,学者们也从复议决定本身也是一种行政决定、复议制度有别于诉讼制度等角度来作进一步阐释。

随着2007年出台的《行政复议法实施条例》明确增加行政复议化解行政争议的功能,自2008年起,国务院法制办公室开始在全国部分省(区、市)部署开展行政复议相对集中审理体制和行政复议委员会试点工作,"通过体制、机制创新性探索,努力提高行政复议的权威性和公正性"②。这一时期,有关行政复议"准司法性"以及"行政司法"属性认识成为主流观点。"行政司法说"和"准司法说"二者都主张,尽管行政复议具有行政监督的属性,但不能把这完全等同于行政机关依组织法职权主动实施的一般行政监督,行政复议还具有被动启动、居中裁决的司法性质,行政复议兼具行政性和准司法性双重属性。当然,在"行政司法说"的大前提下,不同学者对于强化行政复议的"行政性"或者"司法性"存在不同意见。有学者主张对行政复议持续进行"司法化"改革,以提升行政复议的公平性、公开性、公正性。与此同时,也有学者担心"司法化"改革矫枉过正,认为

---

① 方军:《论行政复议的性质界定与功能定位——兼议我国行政复议立法宗旨的变动》,《河南财经政法大学学报》2020年第6期。
② 国务院法制办公室:《关于在部分省、直辖市开展行政复议委员会试点工作的通知》(国法〔2008〕71号)。

行政机关的上下级领导关系是行政复议的基础，行政复议体制改革不能忽视行政复议所具有的行政机关内部的自我监督功能。①

以上三种学说皆有其合理性，不过从实践发展和学界研究动态总体观之，"行政说"和"司法说"因存在单一视角的局限性，易引发行政复议优势弱化、先天缺陷扩散等问题；而"行政司法说"肯定了行政复议中行政和司法的双重面向以及融为一体的特性和优势，对实务部门的影响力愈加强劲，已经逐渐成为当前共识，其中"行政面向是行政复议天然优势的支撑点，司法面向则是强调通过司法元素的嵌入以弥补前者之不足，至于司法化路径选择问题，则要完全服务于行政优势得以发挥的客观需要"②。

2. 功能之争

随着复议实践发展，行政复议兼具多元功能的特点，已经逐渐成为学界共识。综合《行政复议条例》、《行政复议法》和《行政复议法实施条例》有关立法宗旨的规定，行政复议的功能主要涉及行政监督、解决行政争议和权利救济三个维度。而基于这三个维度之间逻辑关系的不同，学界认识存在较大分歧，主要表现为"主导论"、"并重论"和"阶梯论"三种观点。③

"主导论"认为，行政复议制度的行政监督、解决行政争议、权利救济三种功能在地位上存在主次之分，三者之中有一种功能应当是主导功能。部分学者认为，解决行政争议应为行政复议的主导功能。如应松年教授认为，解决行政争议是复议的基础功能，监督和保护是具体目标，复议法修改必须坚持这一功能定位，并在此基础上构建整个行政复议制度。④ 也有学者认为，中国行政复议制度的功能定位应当是解决行政争议，监控行政权的行使

---

① 刘勇、刘浩：《机构改革背景下的行政复议机构设置问题研究》，《中国司法》2019年第4期；杨海坤、朱恒顺：《行政复议的理念调整与制度完善——事关我国〈行政复议法〉及相关法律的重要修改》，《法学评论》2014年第4期；曾祥华：《我国行政复议委员会制度改革的问题与方向》，《甘肃政法学院学报》2018年第2期。

② 曹鎏：《作为化解行政争议主渠道的行政复议：功能反思及路径优化》，《中国法学》2020年第2期。

③ 徐运凯：《论新时代行政复议的功能定位及其评价体系》，《行政法学研究》2019年第6期。

④ 应松年：《对〈行政复议法〉修改的意见》，《行政法学研究》2019年第2期。

和保护行政相对人的合法权益,是这一功能的副产品,而且是基于这一功能必然产生的副产品。① 部分学者认为,权利救济应为行政复议的主导功能。如有学者认为,行政复议的主要功能或者首要功能是为公民提供权利救济。② 亦有学者认为,在监督和救济两者之间,行政复议需要更多地强调权利救济,权利救济应当作为完善中国行政复议制度的一条主线,行政复议其实就是一项以救济为主,兼顾监督的法律制度③,行政复议必须以权利救济作为主导功能,否则会由于行政相对人对于行政复议缺乏信任,导致层级监督的职能无法启动,行政争议的解决更无从谈起④。当然,也有部分学者认为,行政监督应为行政复议的主导功能。如有学者认为,"层级法律监督"是行政复议的首要功能。⑤ 也有学者认为,行政复议应当在强化其解决行政争议这一基础功能的同时,突出其监督的主导功能。⑥ 还有学者认为,行政复议首先要实现行政机关自我监督、自我纠错的功能,这一功能与其解决行政纠纷功能是并行不悖、融为一体的。⑦

"并重论"则认为这三种功能有着相通的内涵,因此,行政复议制度是监督和救济的集合,在制度设计上应当注重不同功能的并重。⑧ 也有学者持阶梯论观点,认为三种功能之间存在逻辑上的递进关系。比如,有学者认为,解决行政争议为行政复议制度的初级目的,监督行政为中级目的,救济

---

① 刘莘:《行政复议的定位之争》,《法学论坛》2011年第5期。持类似观点的学者还有很多,可参阅沙金《行政复议法修改及其司法化改革》,《内蒙古社会科学》(汉文版)2015年第6期;王薇:《完善行政复议制度的若干思考——基于〈行政复议法〉修改的视角》,《湖北社会科学》2017年第6期;等等。
② 部分学者坚持这一观点,如刘莘《行政复议的定位之争》,《法学论坛》2011年第5期;王青斌:《行政复议制度的变革与重构——兼论〈行政复议法〉的修改》,中国政法大学出版社,2013;等等。
③ 甘藏春:《关于行政复议基础理论的几点思考》,《行政法学研究》2013年第2期。
④ 甘藏春、柳泽华:《行政复议主导功能辨析》,《行政法学研究》2017年第5期。
⑤ 孙运山:《关于改革完善行政复议制度的几点思考》,《中国司法》2020年第2期。
⑥ 徐运凯:《论新时代行政复议的功能定位及其评价体系》,《行政法学研究》2019年第6期。
⑦ 杨海坤、朱恒顺:《行政复议的理念调整与制度完善——事关我国〈行政复议法〉及相关法律的重要修改》,《法学评论》2014年第4期。
⑧ 柏杨:《"权利救济"与"内部监督"的复合——行政复议制度的功能分析》,《行政法学研究》2007年第1期。

权利为终极目的。① 还有学者认为,权利救济在行政复议制度设计上具有决定性地位,内部监督是行政复议的制度价值所在。解决纠纷是行政复议肩负的政治使命。②

3. 主渠道的定位已成共识

"行政复议的定位决定了行政复议制度的发展方向。"③ 实际上,经由复议体制改革和复议程序制度改革,行政复议制度的立法定位也已逐渐由内部监督机制向行政争议解决机制转型。④ 早在2010年,应松年教授就率先提出要把行政复议打造成为中国解决行政争议的主渠道。2011年,中共中央首次提出"充分发挥行政复议作为解决行政争议主渠道的作用"⑤。行政复议兼具行政性和准司法性的特性,在解决纠纷上具有及时、方便、灵活、彻底等明显优势。有学者认为,在建设社会主义和谐社会的政治语境中,凸显对抗精神的行政诉讼制度难以有效回应社会纠纷激增的现实。同时,通过与行政复议功能近似制度的比较可以发现,中国行政复议的优势和潜力还远远没有发挥出来。因此,应当完善中国的行政复议制度。⑥

当然,也存在其他观点。如有学者认为,行政复议"双被告"制度影响巨大,它部分解决了长久以来存在的行政复议制度定位争议问题,同时对行政复议产生了较大冲击和不利影响。为解决上述困境,应当将行政复议定

---

① 孔繁华:《从性质透视我国行政复议立法目的定位——兼与行政诉讼之比较》,《社会科学辑刊》2017年第4期。
② 贺奇兵:《行政复议申请人资格标准的基本定位——基于行政复议与行政诉讼目的差异的视角》,《法学》2015年第12期。
③ 曹鎏:《中国特色行政复议制度的嬗变与演进》,法律出版社,2020,第137页。
④ 王万华:《行政复议法的修改与完善——以"实质性解决行政争议"为视角》,《法学研究》2019年第5期。
⑤ 2011年3月,胡锦涛在中共中央政治局第二十七次集体学习时讲话指出:要在深入研究把握新形势下社会矛盾纠纷的特点和成因的基础上,更加注重依法化解社会矛盾纠纷。特别要完善行政复议制度,加大复议纠错力度,充分发挥行政复议作为解决行政争议主渠道的作用。
⑥ 应松年:《把行政复议制度建设成为我国解决行政争议的主渠道》,《法学论坛》2011年第5期;章志远:《行政复议法修改的三重任务》,《中国纪检监察报》2011年11月25日,第7版。

位为"替代性行政争议裁决制度"①。可见,"学者们有关复议定位的认识,更多立足于功能视角阐释复议定位,与其说是有关定位的认识,准确说还是在讨论不同功能之间的逻辑关系,特别是主导功能所决定的定位问题,新时代行政复议定位的认识,应当从新时代法治建设对复议的需求出发,立足于复议的使命和功能优势,来解决行政复议的精准定位问题"②。2020年2月5日,中央全面依法治国委员会第三次会议已明确指出,要发挥行政复议公正高效、便民为民的制度优势和主渠道作用。这就意味着,"把行政复议打造成为化解行政争议的主渠道"成为当前复议制度发展的基本定位,这也应是行政复议法修改的立足点。

(二)行政复议"双被告"制度实施效果及存废之争

行政复议"双被告"制度是在解决行政复议"维持会"的背景下提出的,但是,其在运行中也存在现实困境,这一点在学界和实务界是共识。关于行政复议"双被告"制度应何去何从,主要存在以下两种不同观点。

1. 行政复议"双被告"制度应当在保留的基础上加以改善

持此观点的学者认为,复议机关之所以要作共同被告,其理论基础主要有以下几点。第一,行政复议机关作出的行政复议决定是行政行为,属于人民法院受案范围。根据《行政复议法》的规定,行政复议机关作出行政复议决定,是其基于行政机关的地位作出的,该行为属于行政行为,而不是居中作出的"司法行为",应当接受人民法院的司法监督。第二,行政复议机关作被告,符合《行政诉讼法》的立法宗旨。《行政诉讼法》第一条规定的立法宗旨中,"监督行政机关依法行使职权"是其中的一项重要内容。监督行政复议机关依法行使职权,属于《行政诉讼法》的题中应有之义。第三,行政复议机关主要是原行为机关的上级机关,上级机关的复议决定效力高于原行政行为。行政复议机关作出维持原行政行为的行政复议决定,意味着上

---

① 赵德关:《新时期行政复议制度的定位与展望》,《行政法学研究》2016年第5期。
② 参见曹鎏《中国特色行政复议制度的嬗变与演进》,法律出版社,2020,第156页。

级机关与下级机关对同一行政事项表达的是同一的意思表示，可以视为原行政行为机关与行政复议机关作出同一行政行为。复议机关作出维持决定的情况下，复议机关事实上作出一个与原行政行为一样的行政行为，呈现原行政行为与行政复议行为"一体化"的现象。①

此外，2014年《行政诉讼法》修改之时，已经强调行政复议应当坚持"行政一体化"的原则，在此背景下，尽管出现了一定的实践困境，但废除行政复议"双被告"制度并非唯一途径，进一步完善"双被告"制度才是良策。对此，有学者提出，应当进一步扩大行政复议作被告的行为，本着充分发挥行政复议制度效用的目的，对复议机关以不符合受理条件为由而不受理或受理后不作为的情形，都要将复议机关作为被告来对待，以促使其积极履行复议职责，及时解决行政争议。在复议机关与原行政机关被当作共同被告的情形下，如果出现行政诉讼级别管辖上的冲突，应以级别高的法院管辖为原则。②

2. 行政复议"双被告"制度应废除

持此观点的学者认为，从理论角度而言，行政复议"行政性"的性质判定导致了行政复议和原行政行为"一体化"的制度设计，并且将行政复议决定作为行政诉讼的对象更是将"程序标的"误认为是行政诉讼标的的结果。③ 该制度目前虽取得了一定的成效，但"双被告"制度的提出使复议机关定位"自相矛盾"，程序上空转严重，也背离了理性"经济人"原则。

---

① 梁凤云：《行政复议机关作共同被告问题研究——基于立法和司法的考量》，《中国政法大学学报》2016年第6期。另可参阅王太高、徐晓明《维持类行政复议决定的可诉性研究》，载中国法学会行政法学会编《中国行政法之回顾与展望》，中国政法大学出版社，2006，第834~838页。部分学者认为，统一性原则将复议决定和原行政行为视为一个整体，并统一到原行政行为，更加充分地体现了原处分主义的精神以及复议程序作为行政系统内部的自我纠错和争议解决程序的功能特点，更加符合复议程序的制度定位。例如，赵大光、李广宇、龙非：《复议机关作共同被告案件中的审查对象问题研究》，《法律适用》2015年第8期；耿宝建：《"泛司法化"下的行政纠纷解决——兼谈〈行政复议法〉的修改路径》，《中国法律评论》2016年第3期；薛志远：《行政复议机关作共同被告的完善建议》，《上海政法学院》（法治论丛）2016年第5期。
② 王春业：《论复议机关作被告的困境与解决》，《南京社会科学》2015年第7期。
③ 王青斌：《反思行政复议机关作共同被告制度》，《政治与法律》2019年第7期。

这不仅不符合"成本—收益分析"的基本要求，也很大程度上减损了复议制度本身的权威性。这种末端解决问题的方式无法在源头上解决中国复议体制机制面临的困境，相反已经产生一系列新的问题。① "双被告"制度导致实践中复议机关应诉压力巨大、行政机关正常工作受到消极影响以及资源浪费等困境。中国并不具备专门的复议机关和复议人员，难以应对日趋增多的复议后共同案件的应诉，相关管辖制度也使复议机关应诉和法院审理面临前所未有的压力。②

从长远来看，行政复议"双被告"制度因背离处分权主义的诉讼法理与"先取证，后裁决"的行政程序法原则，并可能助长复议机关不作为或不予受理复议申请的投机倾向，故其发展前景不容乐观，应逐渐退出历史的舞台。③

（三）行政复议体制改革的理论回应

2008年9月16日，为进一步完善行政复议体制和工作机制，提高行政复议解决行政争议的质量和效率，增强行政复议制度的公信力，充分发挥行政复议制度重要作用，国务院法制办公室决定在北京市、黑龙江省、江苏省、山东省、河南省、广东省、海南省、贵州省共8个地方开展行政复议委员会试点工作。此后，试点地区就开启了"全面开花"式的改革探索。学界和实务界也就此展开了研究。

在集中行政复议权方面，有学者认为，行政复议权配置过于分散，严重影响行政复议制度效能的发挥。行政复议体制改革首先需要将行政复议权由部门向政府集中，在一级政府内设置行政复议委员会，一方面保障复议机构的相对独立性、专门性，加强行政复议工作人员的专业化建设；另一方面通过引入外部专家、律师等社会人士进入行政复议委员会，克服复议机构公正

---

① 曹鎏、冯健：《行政复议"双被告"制度的困境与变革》，《中外法学》2019年第5期。
② 沈福俊：《复议机关共同被告制度之检视》，《法学》2016年第6期。
③ 梁君瑜：《复议机关作行政诉讼共同被告——现状反思与前景分析》，《行政法学研究》2017年第5期。

性天然不足的缺陷,增强复议机构的中立性,最大限度满足裁决者中立这一纠纷解决机制的基本要求。① 也有学者针对实践中的地方探索,如"义乌模式"展开讨论,并提出完善方案②等。这些研究为集中行政复议权的进一步发展提供了方向与思路。

在行政复议委员会制度方面,众多学者也做了深度研究。有学者提出,从行政复议委员会在韩国和中国台湾地区的运行情况以及中国实行行政复议委员会试点前后的实践效果来看,在中国确立行政复议委员会制度是合理的。行政复议委员会在中国尚不成熟,应从理顺行政复议委员会与行政复议机关的关系、人员组成、审议程序等方面予以完善。③ 针对行政复议委员会的权限,有学者提出,行政复议委员的议决意见欠缺约束力不应被视为制度缺陷,正视此种制度特性恰恰有助于破解中国当前行政复议委员会试点面临的困境。中国行政复议委员会的设置,不应以韩国和中国台湾地区的"独立决定模式"为样板,而应借鉴日本及英美等国的"参考模式"。④ 关于行政复议委员会的进一步发展,有学者提出,行政复议委员会不仅要作为行政复议的审理机关,还要确立为法律上的行政复议主体。在此基础上需设置行政复议委员会必要的正当工作程序:建立以听证为代表的公开审理制度;确立行政复议委员会委员回避制度;强化行政复议决定说明理由。⑤

关于行政复议体制改革的未来发展,不同学者也提出不同主张。有学者根据行政复议制度改革实效,提出进一步改革应从重塑行政复议组织机构、

---

① 王万华:《以行政复议权集中行使为基础重构行政复议体制》,《财经法学》2015年第1期。
② 方宜圣、陈枭窈:《行政复议体制改革"义乌模式"思考》,《行政法学研究》2016年第5期。
③ 王青斌:《论我国行政复议委员会制度之完善》,《行政法学研究》2013年第2期。另可参阅沙金《论行政复议委员会制度的构建》,《行政与法》2015年第7期。
④ 施立栋:《纠纷的中立评估与行政复议委员会的变革》,《政治与法律》2018年第3期。
⑤ 张春莉:《行政复议委员会制度改革的缘起、挑战与图景》,《江西社会科学》2018年第12期。

集中复议管辖权、改革案件审理程序三个方面着力。① 有学者认为,行政复议是一种介于行政与司法之间的准司法行为,其改革要保持行政性质的优点,吸收司法审判的长处,但是不能完全司法化。行政复议委员会今后应当成为可以独立作出决定的机构,近期可以设立于行政机关之内,远期可以设立于行政机关之外。行政复议程序应当在简捷、快速、便利、经济的行政程序与公正、中立的司法程序之间寻找平衡。② 可以说,自行政复议改革开启以来,学界的批判性反思以及其他诸多研究成果,为行政复议体制改革的纵深发展提供了理论支撑和多元思路。

(四)《行政复议法》修改的深入讨论

《行政复议法》自1999年出台后,仅于2009年、2017年分别作了个别条文修改,相较于2014年作了大幅度修订的《行政诉讼法》,难免显得滞后,已经很难指导实践。近年来,《行政复议法》的修改持续受到学界与实务界的关注,尤其是在2008年开启的行政复议体制改革持续推进以及2014年《行政诉讼法》修订之后,这种关注日益加深。总的来说,学者们围绕行政复议的立法目的、受理范围、审理程序和审理机制、监督、行政复议和行政诉讼的衔接等问题,展开了广泛而深入的讨论。

其中,有学者从宏观上对《行政复议法》的修改提出较为全面系统的意见,如曹鎏《中国特色行政复议制度的嬗变与演进》、王万华《行政复议法的修改与完善研究》,应松年《对〈行政复议法〉修改的意见》、王万华《〈行政复议法〉修改的几个重大问题》、余凌云《论行政复议法的修改》、湛中乐《论我国〈行政复议法〉修改的若干问题》、耿宝建《行政复议法修改的几个基本问题》、章剑生《行政复议法修改的三重任务》、曹鎏《行政复议法修改如何回应实现主渠道目标》等。当然,也有学者基于某项制度

---

① 刘莘、陈悦:《行政复议制度改革成效与进路分析——行政复议制度调研报告》,《行政法学研究》2016年第5期。
② 曾祥华:《我国行政复议委员会制度改革的问题与方向》,《甘肃政法学院学报》2018年第2期。

或者从某些角度对行政复议法的修改提出建议，如杨海坤《行政复议的理念调整与制度完善——事关我国〈行政复议法〉及相关法律的重要修改》、徐运凯《论新时代行政复议的功能定位及其评价体系》、耿宝建《〈行政复议法〉修改如何体现"行政一体原则"》、方军《论行政复议的性质界定与功能定位——兼议我国行政复议立法宗旨的变动》等。

总的来说，学者围绕《行政复议法》的修改展开了广泛的讨论，而这些讨论和研究，都为《行政复议法》的修改奠定了深厚的理论基础。

三 地方行政复议体制改革的新进展

自 2008 年中国行政复议体制改革拉开序幕之后，截至 2019 年，全国共有 23 个省（区、市）开展了行政复议改革，试点单位达到 822 个，具体包括 5 个省级政府、141 个地市级政府和 676 个县级政府，其中浙江、山东已经在全省范围内铺开，呈现"横向铺开、纵向深入、侧重基层"的总体格局。[①] 除了在相对集中行政复议体制改革和行政复议委员会方面，各地展开了深入的探索外，还在机制保障以及信息化、规范化发展方面进行了有益的尝试，成效显著。2020 年，《行政复议体制改革方案》颁布，又为行政复议体制改革的全面深入推进明确了时间表和路线图。

（一）相对集中行政复议体制的"因地制宜"

自 2008 年行政复议体制改革开启以来，多地结合本区域实际发展情况和需要形成了各具特色的经验和模式。

北京、上海、广东等地根据本地情况集中了部分领域的部分行政复议职权。如北京市海淀区建立了由区政府行政复议委员会集中受案、集中立案、集中审案，各法定行政复议机关分别作出行政复议决定的相对集中行政复议

---

① 中国法学会行政法学研究会、中国政法大学法治政府研究院编《行政复议法实施二十周年研究报告》，中国法制出版社，2019，第 59 页。

权工作模式和运行机制。上海市在浦东新区城市管理领域实行相对集中复议权制度。而浙江省形成了独特的"行政复议局"模式。2015年,义乌市成立全国首家行政复议局,一改"条块结合"的行政复议管辖体制,在政府法制办增挂行政复议局牌子,由一级政府整合行政复议职责和资源,让行政复议事项一口受理[①],实现行政复议局"一口对外"。该模式在实践运行中取得了良好的成效。浙江省于2016年扩大试点,批复桐庐县、黄岩区试点工作方案;于2017年6月印发《关于深化行政复议体制改革的意见》,对全省全面推进行政复议体制改革作出重要部署。截至2019年7月,浙江省市县三级都设立了行政复议局并挂牌。浙江省以设立"行政复议局"为载体,整合行政复议职责,率先实现了"一级政府只保留一个行政复议机关""县级以上地方人民政府统一管辖行政复议案件",该模式也被2020年《行政复议体制改革方案》采纳。

2020年《行政复议体制改革方案》发布后,广西、河南等地率先启动地方复议体制改革。2020年6月28日,广西壮族自治区人民政府发布《关于试行集中办理行政复议案件的通告》,明确除实行垂直领导的行政机关、税务和国家安全机关外,自治区县级以上人民政府各保留一个行政复议机关,由本级人民政府统一行使行政复议职责。2020年11月25日,河南省发布《关于推进行政复议体制改革的意见》,也同样明确,除实行垂直领导或以中央为主与地方政府双重领导的海关、金融、税务等行政机关和国家安全机关外,全省县级以上政府按照"一级政府只设立一个行政复议机关"的要求,由本级政府集中行使行政复议职责,统一管辖本级政府派出机关、政府部门及其派出机构、下一级政府以及有关法律、法规授权的组织为被申请人的行政复议案件,并以本级政府的名义作出行政复议决定。济源示范区管委会参照省辖市政府,统一行使行政复议职责。当前,"一级政府只设立一个行政复议机关"的模式已经在部分地方推开。

---

① 《行政复议局给浙江带来什么新变化》,法制网,http://www.legaldaily.com.cn/locality/content/2017-08/14/content_7281085.htm?node=32012,最后访问时间:2021年1月10日。

（二）强化行政复议委员会的作用

集中行政复议权属于体制改革，而行政复议委员会则属于机制改革，强调开门复议、专家参与、科学决策。在各地行政复议体制改革的探索中，已经初步形成了两种复议委员会模式，一是咨询型，二是参与决策型。

北京市行政复议委员会是咨询型行政复议委员会的典型。2007年，北京市政府印发了《关于设立北京市人民政府行政复议委员会的通知》，率先在北京市设立北京市人民政府行政复议委员会。北京市人民政府行政复议委员会是市政府审议行政复议案件、指导本市行政复议制度建设的审议机构，主要负责审议市政府重大疑难行政复议案件和研究本市行政复议工作中的重大问题等工作。北京市人民政府行政复议委员会成立至今已是第四届，共召开了案审会40余次，审议重大疑难复杂案件100余件。[1] 此外，上海市也实行了调查权与审议权、建议权与决定权"两权分离"，复议委员会通过案审会等工作机制，为市政府作出决定提供建议。吉林等地的行政复议委员会是决策部门。侧重强调行政复议机关的行政性，认为行政复议虽然具有准司法性质，但当前法律毕竟仍将其视为行政机关内部的一种监督方式，考虑到权责一致问题，将行政复议委员会设置为领导机关，成员由行政机关的相关领导担任。[2]

2020年《行政复议体制改革方案》，明确要求"结合工作实际，探索建立政府主导，相关政府部门、专家学者参与的行政复议咨询委员会"。根据该方案，地方陆续开启了复议委员会改革进程。如，浙江省于2020年5月11日成立了行政复议咨询委员会，主要针对具有较大社会影响的案件，在法律法规适用上存在重要争议的案件，涉及难以把握的专业性、技术性问题

---

[1] 中国法学会行政法学研究会、中国政法大学法治政府研究院编《行政复议法实施二十周年研究报告》，中国法制出版社，2019，第105~106页。
[2] 中国法学会行政法学研究会、中国政法大学法治政府研究院编《行政复议法实施二十周年研究报告》，中国法制出版社，2019，第121页。

的案件，和其他重大、疑难、复杂的案件提供征询意见。① 此外，2020年7月30日，长三角生态绿色一体化发展示范区行政复议委员会（以下简称"长三角行政复议委员会"）成立，该委员会由江苏、浙江、安徽和上海三省一市司法厅（局）联合组建，主要任务是为长三角一体化示范区相关行政复议机构办理重大、复杂、疑难等案件提供咨询意见。同时，长三角行政复议委员会的专业咨询范围还将扩展至长三角区域，通过业务交流和信息共享，以"同案同判"为目标，不断推动三省一市行政复议机构案件审理标准的统一。今后，长三角行政复议委员会还将根据需要为长三角区域重大决策和行政执法等工作提供法律咨询意见，推动三省一市的法治协作不断向纵深发展。②

总的来看，尽管各地行政复议委员会承担的功能有所差别，但强化复议委员会的作用是必然趋势。如何让行政复议委员会的作用更好地发挥，目前复议法征求意见稿中已有多个条款对此问题作出了回应。

（三）切实解决行政复议人财物的硬件保障

首先是打造行政复议职业化队伍。行政复议的法律性、专业性较强，对相关工作人员的能力素养要求较高，然而长久以来，行政复议存在"案多人少"、办案人员专业化能力不足、分工不科学、复议队伍不稳定等难题，为此各地采取多种方式以缓解这一局面。一是提高行政复议工作人员门槛。《行政复议法》于2017年进行修改时，就在第三条增加了"行政机关中初次从事行政复议的人员，应当通过国家统一法律职业资格考试取得法律职业资格"的规定，回应了行政复议职业化改革相关要求。各地也出台了相应细则，严格落实该项要求。如北京市自2006年起就正式实施了《北京市行政复议人员资格管理办法》，截至2018年底，北京市具有行政复议资格的人

---

① 肖春霞：《我省行政复议咨询委员会成立　为重大疑难复杂行政复议案件提供咨询》，《浙江法制报》2020年5月12日，第2版。
② 《服务长三角生态绿色一体化发展沪苏浙皖成立行政复议委员会》，《人民日报》2020年8月7日，第11版。

员达788人。① 二是优化机构和职能配置。这不仅包括对行政复议权集中的探索，还包括2018年机构改革后，各地重新组建司法行政部门时，加强了对行政复议职能部门的科学化分工，设置行政复议综合处、行政应诉处以及行政复议一般业务部门分别负责相应工作。三是加强对行政复议工作人员的线上线下培训，增强其法治意识和工作能力。如河北省于2020年9月24日开启了河北省行政复议行政应诉视频培训班，相关工作人员通过现场及视频的形式参加培训。②

其次是加强财物等方面的支持，为行政复议工作的顺利开展提供保障。各地在加强行政复议工作经费、机构以及设备等方面都作出了相应规定。如北京市通州区政府按照行政复议场所标准化建设的要求，加快落实办案场所和有关设备保障，确保工作场所建设和设施设备与复议机构的工作任务相适应：建设行政复议办案场所，改善办案条件，配备庭审笔录同步显示系统、监控系统、电子资讯台等设施设备，实现庭审同步录音录像。此外，还建立行政复议经费保障机制，将复议经费列入本机关财政预算等。再如上海市要求各级行政复议机关设置可以用于接待当事人和举行行政复议听证的场所，提供必要的办案条件，保障行政复议工作顺利进行。③ 江苏省全省也采取了类似举措。

（四）注重规范化与信息化的融合

行政复议的规范化建设是各地探索行政复议发展的重要举措，行政复议规范化建设有利于明晰工作的各个流程和相关细节，促进工作统一性，进而提高行政复议质效，提升行政复议公信力和权威性。而行政复议的信息化建设则是利用了现代技术手段，将互联网平台、数字化技术等融入行政复议工

---

① 中国法学会行政法学研究会、中国政法大学法治政府研究院：《行政复议法实施二十周年研究报告》，2019，第88页。
② 《河北省举办行政复议行政应诉视频培训班》，司法部网站，http：//www.moj.gov.cn/organization/content/2020－09/29/560_3257253.html，最后访问时间：2021年1月10日。
③ 详见《上海市人民政府关于贯彻实施〈中华人民共和国行政复议法实施条例〉的意见》。

作，进而打造"智慧复议"。信息化与规范化的融合为行政复议的发展注入了新的生命力。

行政复议的规范化建设从流程上看，包括受理、审理、决定以及监督的规范化，此外还有文书以及相关工作制度等的规范化。以入选第一批全国法治政府建设示范项目的通州区行政复议规范化建设、山东省淄博市行政复议标准化体系建设为例，两地区在加强行政复议规范化方面都别具特色和代表性。通州区政府以"空间规范化、组织人员规范化和信息公开规范化"为抓手，将行政复议工作规范化建设切实纳入重要议事日程，着力解决行政复议制度运行过程中在组织机构、人员编制等方面存在的突出问题，包括制定行政复议规范化建设实施细则，按落实办案场所和有关设备保障，强化行政复议工作人员队伍建设与组织领导的规范化，创新行政复议决定公开制度的规范化等，多措并举，在软件和硬件并重的积极探索之下，行政复议案件的审理质量和规范化水平得到了有效的提升。而淄博市成立了行政复议标准化建设工作领导小组，制定了淄博市行政复议服务标准体系。该标准体系包括"行政复议基础保障标准体系、行政复议立案标准体系、行政复议审理标准体系、行政复议决定标准体系、行政应诉标准体系"五大支柱体系，下设20个子体系、共计221个标准项。实现了从制度化管理向标准化管理的提升。

加强行政复议工作信息化建设，有利于促进行政复议工作的规范化，实现行政复议机构之间信息共享和流通，强化监督，是提高行政复议工作质量和效率的重要保障，也是实现行政复议工作创新和发展的必然要求。在司法部办公厅建立并推广全国行政复议工作平台的背景下，地方也进行了有针对性的探索。比如，上海市已经开发完成了全市复议工作平台，打造全市复议工作"一张网"，使各级行政复议机关形成一个互联互通的整体，促进全市标准统一的复议数据汇聚、共享；开通网上复议申请，制定了行政复议办理指南、网上申请规则等相关配套性制度，丰富了复议申请方式。广州市建设了全国领先的数字化复议庭，实现合议、听证、专家咨询三会记录数字化，全程制作电子录音录像资料，老百姓也可申请调阅电子录音录像并摘抄；为

提高行政复议办案效率,还专门定制了行政复议网上办案系统,实现了案件全网上办理、无纸化办公。广州、珠海、中山等市还开发了复议文书电子送达系统,申请人可以将所有复议文书送达私人邮箱,电子送达的文书类型超过法院诉讼文书电子送达的范围。①

总的来说,地方围绕行政复议体制机制展开的一系列改革措施,为《行政复议法》的修改奠定了扎实的实践基础。

四 《行政复议法》实施的大数据解析

梳理和分析实践数据,是检验制度运行的重要方法。为了能较为直观、客观地反映行政复议制度的实际运行效果,我们选取了司法部行政复议与应诉平台的部分数据以及统计了部分展开行政复议体制改革地区的行政复议运行数据,以评估《行政复议法》实施情况(见图1至图5)。

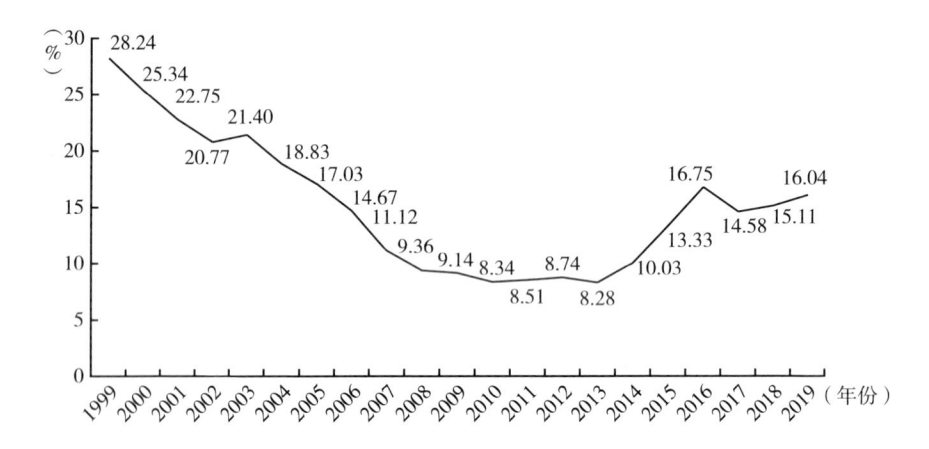

图1 1999~2019年全国复议案件直接纠错率变化情况

注：行政复议案件直接纠错率变化趋势不稳定,波动变化明显:1999~2013年一直处于下降状态,2013~2016年直接纠错率一直升高,2017年有所下降,2018~2019年缓慢增长。

---

① 中国法学会行政法学研究会、中国政法大学法治政府研究院编《行政复议法实施二十周年研究报告》,中国法制出版社,2019,第212~213页。

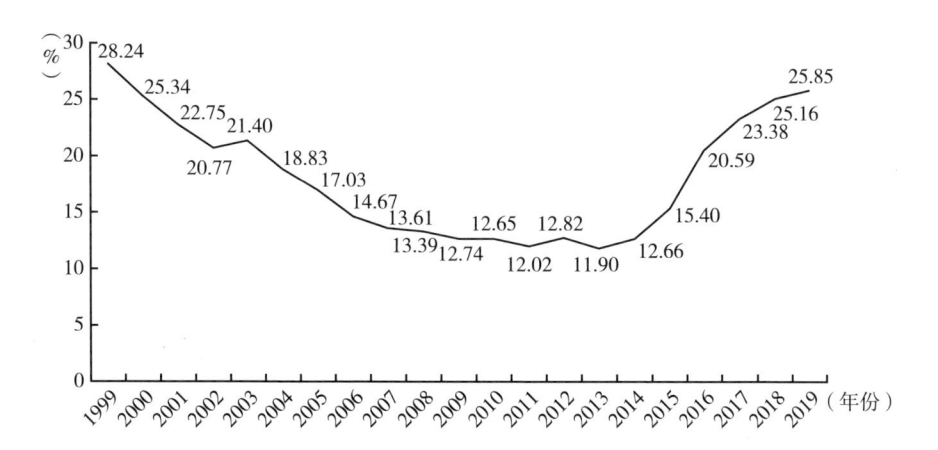

图2　1999～2019年全国行政复议案件综合纠错率变化情况（包括调解和解率）

注：行政复议案件综合纠错率总体趋势呈现先降低再升高的状态：2013年以前，波动趋势是下降的，2013～2019年，一直在增长。

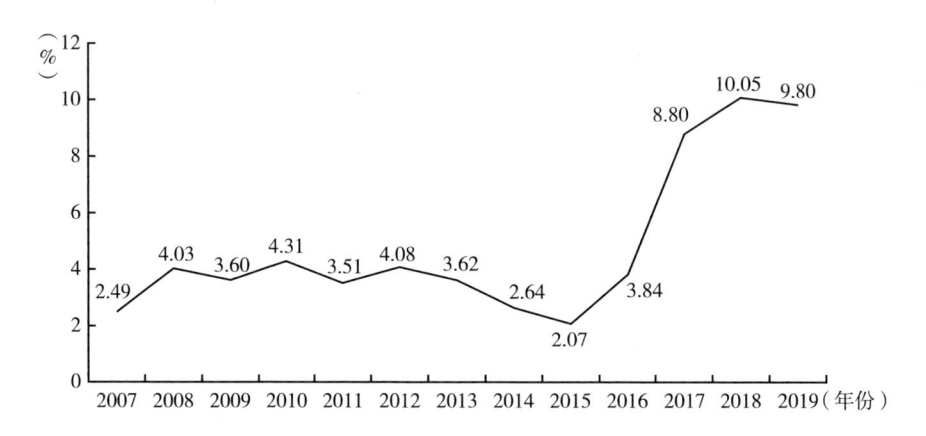

图3　2007～2019年全国行政复议案件调解、和解率变化情况

注：行政复议案件调解、和解率波动明显，总体呈现先下降再上升的趋势：2015年以前，呈波动式下降，2015～2018年，增长趋势明显，2019年又有所降低。

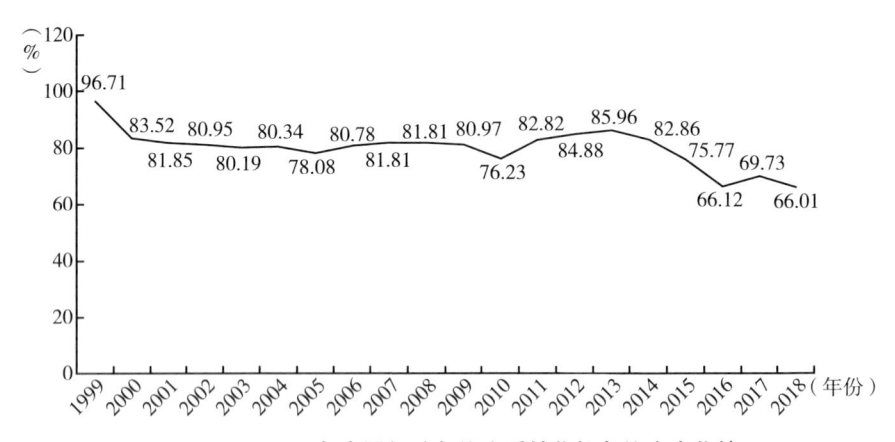

图 4　1999～2018 年全国行政复议实质性化解争议率变化情况

注：全国行政复议实质性化解率总体呈现下降趋势，但不稳定，特别是 2015 年以后波动明显。

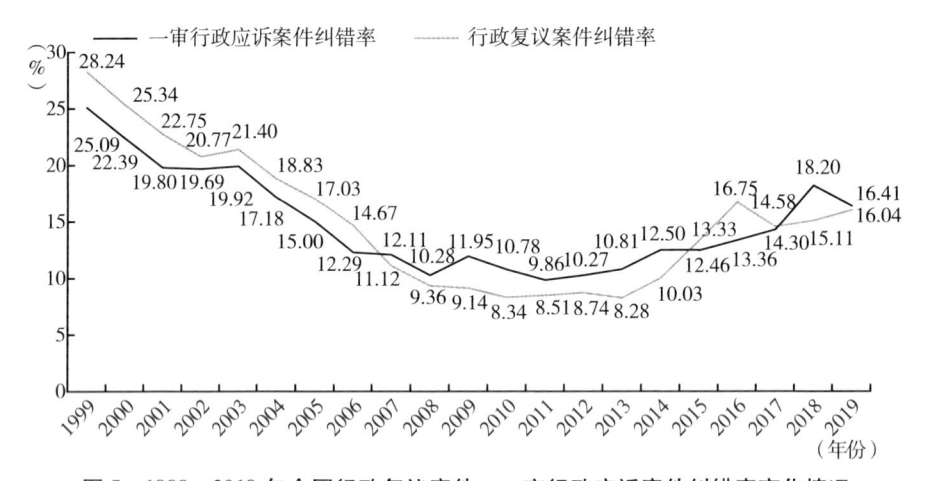

图 5　1999～2019 年全国行政复议案件、一审行政应诉案件纠错率变化情况

注：行政复议案件、一审行政应诉案件纠错率变化未能形成稳定的趋势：1999～2019 年，曾经出现 11 个年度行政复议案件纠错率高于一审行政应诉案件；2015 年以后，2015 年、2016 年、2017 年高于一审行政应诉案件，2018 年和 2019 年又低于一审行政应诉案件；二者比较看，纠错率的区分度并不明显。

（一）行政复议化解行政争议的数据透视

从图 1 至图 5 可以看出，20 余年来，行政复议在行政争议多元纠纷化解体系中发挥了日益突出、不可替代的重要作用。图1至图5亦显示,行政复议与行政诉讼两项制度在案件受理量、纠错率等方面,区分度越来越小,复议后被诉讼纠错比率不高,说明诉讼对复议结果认可度较高。作为法治轨道上的解纷机制,两者都在良性发展,并正在形成合力互促、优势互补化解行政争议的格局模式。

此外,学界和实务界曾在一段时间内用维持率、纠错率来评价行政复议质效,至少从目前大数据来看是欠科学的。各级行政机关在党中央和国务院大力推进法治政府建设,依法行政水平明显提高的背景之下,执意要求维持率不断下降、纠错率不断提高,既不科学,也与改革成效相背离。理论上,复议吸纳行政争议案件量以及化解行政争议量应当成为评价复议质效的重要观测点。[①]

(二)行政复议体制机制改革效果解析

大数据显示,行政复议体制机制改革对于提升行政复议质效具有关键性作用,这突出表现在以下几个方面。

1. 吸纳争议量明显提升

行政复议体制机制改革的效果直接表现为受案量大幅提高。比如,吉林省2004年全省共受理行政复议案件1052件,之后逐年递增,到2013年达到2116件,2014~2017年依次为2710件、2505件、2615件、2804件,2018年猛增加至4508件。2018年较2004年同比增长328.52%,较2017年同比增长60.77%。[②] 北京市行政复议案件申请量尽管存在一定程度的波动,但时间轴上的大幅增长是显而易见的(见图6)。上海市行政复议案件明显呈现两大特点:一是收案量虽然波动,但总体呈逐年递增态势(见图7);二是历年来数量均高于同期一审行政诉讼案件量(见图8)。

---

① 参见曹鎏《中国特色行政复议制度的嬗变与演进》,法律出版社,2020,第32~33页。
② 中国法学会行政法学研究会、中国政法大学法治政府研究院编《行政复议法实施二十周年研究报告》,中国法制出版社,2019,第112页。

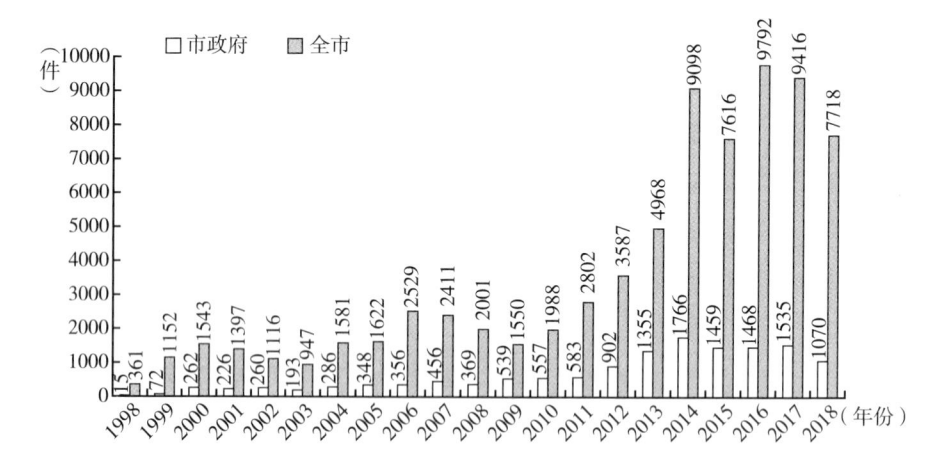

图6　1998~2018年北京市各级行政机关收到行政复议申请情况

资料来源：中国法学会行政法学研究会、中国政法大学法治政府研究院编《行政复议法实施二十周年研究报告》，中国法制出版社，2019，第100页。

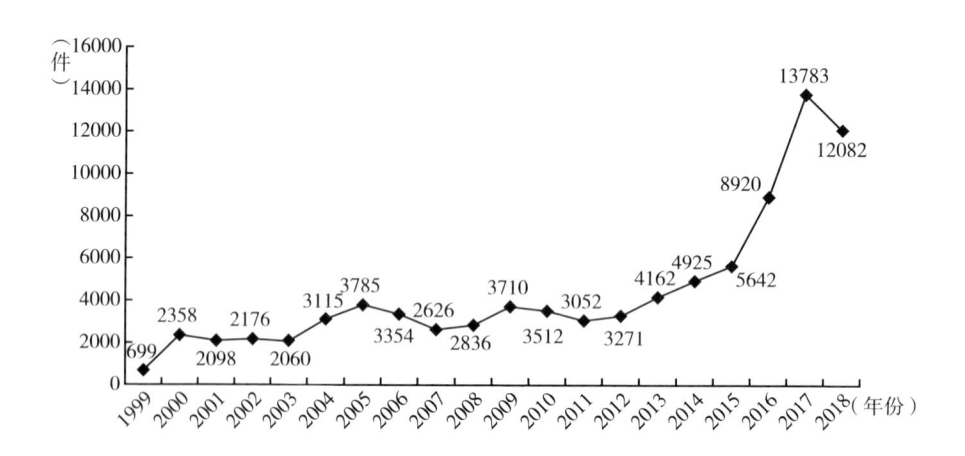

图7　1999~2018年上海市全市收到行政复议案件情况

资料来源：参见中国法学会行政法学研究会、中国政法大学法治政府研究院编《行政复议法实施二十周年研究报告》，中国法制出版社，2019，第137页。

2.纠错率提升，维持率下降

各级行政复议机关普遍提高了案件审查质量要求，加大了纠错力度。例

图 8　2008~2018 年上海市行政复议案件及一审行政诉讼案件数量

资料来源：参见中国法学会行政法学研究会、中国政法大学法治政府研究院编《行政复议法实施二十周年研究报告》，中国法制出版社，2019，第 137 页。

如，山东省 2014~2018 年行政复议综合纠错率超过了 35%。[1] 吉林省 2018 年办结的 4039 件中改变原具体行政行为 2225 件，占 55.09%，纠错率比 2016 年的 37.08% 增加了 18.01 个百分点。[2] 2018 年北京市各级复议机关审结的 6197 件行政复议案件中，撤销、确认违法、变更、责令履职等直接纠错的案件为 929 件，直接纠错率为 15%，较 2015 年增长了 6 个百分点。[3] 吉林省 2013~2017 年维持率分别为 53.90%、71.60%、50.92%、42.76%、46.78%，行政复议"维持会"的状况有所改变，特别是 2018 年办结的 4039 件中，维持 1266 件，占 31.34%，维持率大幅下降。[4]

---

[1] 中国法学会行政法学研究会、中国政法大学法治政府研究院编《行政复议法实施二十周年研究报告》，中国法制出版社，2019，第 177 页。
[2] 中国法学会行政法学研究会、中国政法大学法治政府研究院编《行政复议法实施二十周年研究报告》，中国法制出版社，2019，第 113 页。
[3] 中国法学会行政法学研究会、中国政法大学法治政府研究院编《行政复议法实施二十周年研究报告》，中国法制出版社，2019，第 101 页。
[4] 中国法学会行政法学研究会、中国政法大学法治政府研究院编《行政复议法实施二十周年研究报告》，中国法制出版社，2019，第 112 页。

3. 经行政复议后提起行政诉讼率降低

广东省经行政复议后提起行政诉讼率低于全国平均水平。以2018年为例，全省经行政复议提起诉讼的案件为6997件，占行政复议案件总数的20.85%，经行政复议后被诉率远低于全国平均水平的34%，近八成的行政纠纷解决在行政复议阶段。①

4. 行政应诉案件败诉率低于全国平均水平

以2018年为例，广东省共办理一审行政应诉案件19007件，占一审行政诉讼案件总数（21442件）的88.64%。其中，复议机关单独应诉642件，占3.38%；共同应诉6355件，占33.44%；行政机关负责人出庭应诉案件数量为3095件，占16.28%；败诉1794件，败诉率9.44%，低于全国平均水平的14.7%。②

地方行政复议体制机制改革因地制宜、各具特色，生动展现了行政复议制度的生命力。从行政复议改革后的复议结果大数据来看，地方有关行政复议体制机制改革成效显著，行政复议案件量、纠错率、复议后起诉率、复议后应诉案件败诉率等指标结果都是一致性向好的，充分说明有关行政复议体制机制改革作为行政复议自身再造的过程，能够从根源上彻底解决复议功能发挥不畅、复议公正性不足和权威性不够的治本之策。地方复议改革取得预期进展，通过改革获得的经验积累，应当及时上升为国家战略，并在《行政复议法》修改中有所体现。③

五 结语：《行政复议法》修改应关注的难点问题

"十四五"已经开局，当前正处于全面推进依法治国的新时期。《行政

---

① 中国法学会行政法学研究会、中国政法大学法治政府研究院编《行政复议法实施二十周年研究报告》，中国法制出版社，2019，第195页。
② 中国法学会行政法学研究会、中国政法大学法治政府研究院编《行政复议法实施二十周年研究报告》，中国法制出版社，2019，第195页。
③ 曹鎏：《中国特色行政复议制度的嬗变与演进》，法律出版社，2020，第65~70页。

复议法》修改迎来了最好的时代。20 年 1 次的修法不易，修法应正视复议自身缺陷和不足，充分反映时代需求，通过制度供给实现复议制度的改良和再造。结合《征求意见稿》，《行政复议法》修改还应当重点关注以下几方面。一是通过制度重构解决尽可能吸纳行政争议的目标，行政复议范围的法律表达如何助力主渠道实现是关键，目前列举式的立法模式在实践中引发真空地带的弊端是客观存在的。二是对行政复议体制改革的充分回应。应当全面考虑相对集中复议职责对管辖制度的影响，比如地方复议体制改革的理想模式如何确定，采用"办公室"还是"局"的模式是否能够因地制宜，司法行政部门自身案件的审理是否要采用"条条模式"等问题，修法时仍有必要作出回应。三是制度供给如何充分体现行政复议公正高效、便民为民的优势。复议审理程序的二元模式的区分及转化问题、调解规则的特殊性以及以实质性化解争议为目标的复议决定体系化重构等问题需要关注解决。四是修法如何解决行政复议与行政诉讼的良性互动问题。复议机关不当被告的制度设计以及诉讼法修改如何紧密衔接，复议机关不当被告后的监督补位问题等，亦应当作出全面考虑。

B.16
中国食药安全类行政公益诉讼制度实践与理论反思

刘 艺*

摘 要： 食品药品安全属于典型的社会性管制领域，检察公益诉讼作为行政执法的补充手段，弥补现有行政机制存在的不足，发挥社会共治作用。对2015~2019年食药安全类公益诉讼案件进行定量分析，发现办案数量明显增加；诉前程序案件量大幅增长，与诉讼程序案件比例不对称；刑事附带民事公益诉讼的比例最高，民事公益诉讼次之；民事与行政公益诉讼案件的线索来源不同。从定性方面来看，食药安全违法行为主体以"三小"为主，行政机关虽以客观归责原则追究责任，但因执法力量不足常常存在执法空白的领域。检察公益诉讼办案的空间多从行政执法空白处入手，查处的违法后果包括扰乱市场秩序和危害食药安全两种类型，而行政机关违法表现为不履职或者不充分履职。未来应在区分食药安全监管行为与食药市场监管行为、加强食药安全类检察公益诉讼与刑事检察衔接的基础上，从正确认识行政公益诉讼的局限性、加强行政机关与检察机关之间的合作交流、灵活运用公益诉讼检察建议和社会治理类检察建议、完善两法衔接机制等路径出发，完善食药安全类行政公益诉讼机制。

---

* 刘艺，法学博士，中国政法大学法治政府研究院教授、博士生导师，检察公益诉讼研究基地执行主任，主要研究方向为行政法基础理论、行政诉讼制度、行政检察制度。

关键词： 食品药品安全　行政公益诉讼　社会性管制　食药安全监管　食药市场监管

一　食药安全类行政公益诉讼的诉权边界

受案范围是诉权的客观维度与边界标识。行政公益诉讼的受案范围受到《行政诉讼法》"四重"诉讼目的①和第 25 条第 4 款受案范围的限制，检察机关无权对所有行政监管行为提起诉讼。分析《行政诉讼法》第 25 条第 4 款的规定，可知行政公益诉讼受案范围主要由可诉行为、可诉领域、利益类型及受损情况、线索来源等要素组成。②"四大领域"作为可诉领域的原因不同。国有财产保护、国有土地使用权出让活动纳入受案范围是为了防止行政机关借助私法形式处置国家利益而造成特定国家利益的损害。通过行政公益诉讼制度防范公共利益受损，补正制度罅隙。而生态环境和资源保护、食品药品安全两大领域属于典型的社会性管制领域。规制经济学将政府管制（regulation）分为经济性管制（economic regulation）与社会性管制（social regulation）两大类型。而社会性管制是政府为了保护公众的健康和安全对各行各业的环境、产品和服务及工作场所的标准等进行的管制。因此，健康、安全和环境都属于社会性管制的内容。结合《行政诉讼法》第 25 条第 4 款的规定，食药安全、生态环境是社会性管制的部分领域。将部分而不是所有社会性管制领域纳入行政公益诉讼受案范围的规范原因以及制度功效都是值得深入研究的问题。

国家在生命、健康、环境等领域通常会设置事前许可限制从事者的自由，从而在生命、健康、环境等领域内形成社会管制的三元结构。即作为管

---

① 《行政诉讼法》第 1 条规定的"四重"诉讼目的分别为"保证人民法院公正、及时审理行政案件""解决行政争议""保护公民、法人和其他组织的合法权益""监督行政机关依法行使职权"。
② 刘艺：《检察公益诉讼的诉权迷思与理论重构》，《当代法学》2021 年第 1 期。

制主体的国家（由公权力机关代表国家行使职权）、接受管制的对象（行政相对人）、因许可而获利或者受损的特定或者不特定多数（"第三方"）。因我国行政诉讼以"实质影响""因果关系"等标准来确定原告资格，常常使管制中的"第三方"较难获得诉权。由于"搭便车"效应的制约，因此我国集团诉讼和为保护公益而提起的私人诉讼都不发达，加之第三人撤销诉讼类型也不丰富，社会管制领域的受损公益往往陷入无救济渠道的困境。对于庞大的社会管制领域而言，行政执法力量总是处于相对不足状况。为此，《食品安全法》（2015年修订）和《环境保护法》都建构了"社会共治"或者"综合治理"的机制，虽未明确司法治理的地位，但都将检察公益诉讼视为行政执法的补充手段。检察公益诉讼可以在监管力量不足的领域发挥社会共治的作用。我国目前只将食药安全类社会管制纳入公益诉讼受案范围，原因在于其中各种问题已经充分暴露并引起各方高度重视，亟须新的机制来补强现有机制。检察机关在办理食药安全领域的公益诉讼时，还对事关生命、健康的美容院①管制、供水公司②管制进行监督。举一反三，今后可以从保护特定领域公共利益和化解该领域不特定多数民众的利益与放松管制之间的矛盾出发，稳健地将重点社会性管制领域纳入行政公益诉讼受案范围。③

二 食药安全类公益诉讼案件④的定量分析⑤

习近平总书记提出，要切实加强食品药品安全监管，用最严谨的标准、

---

① 北京市海淀区人民检察院就非法医疗美容问题向区卫生和计划生育委员会、区商务委员会制发检察建议（京海检行公〔2019〕11010800003号、京海检行公〔2019〕11010800005号）。
② 赤壁市人民检察院诉赤壁市水利局怠于履行饮用水安全监管职责案（〔2019〕鄂1281行初12号）。
③ 刘艺：《论国家治理体系下的检察公益诉讼》，《中国法学》2020年第2期。
④ 本报告重点讨论食药安全类行政公益诉讼案件，但因各类型公益诉讼案件之间具有天然的联系，所以相关分析不能截然分开。本部分数据来源于最高人民检察院2017年7~12月通报、2018年公益诉讼通报以及2019年线上系统对公益诉讼办理情况的统计。
⑤ 感谢郭程程同学对本报告的定量分析提供的统计数据。

最严格的监管、最严厉的处罚、最严肃的问责,加快建立科学完善的食品药品安全治理体系,严把从农田到餐桌、从实验室到医院的每一道防线。近年来,检察公益诉讼已成为落实食药安全"四个最严"要求的重要机制之一。早在2015年7月至2017年6月的两年改革试点期间,检察机关办理食品药品安全领域的公益诉讼诉前程序案件共31件,占诉前程序案件总量的0.68%;办理起诉案件共7件,占起诉案件总量的1.28%。两年改革试点期间的办案重心在于行政类公益诉讼案件,而《检察机关提起公益诉讼试点方案》仅明确了检察机关在食药安全领域办理民事类公益诉讼案件。这直接导致了相较于其他"三大"领域的公益诉讼办案量而言,食品药品安全领域的办案量所占比例是最小的。2017年7月1日"两法"修改之后,检察公益诉讼制度"全面推开"。① 修改后的《行政诉讼法》明确了检察机关可以在食药安全领域提起行政公益诉讼,在此之后,检察机关开展了食品药品专项活动(包括刑事领域和公益诉讼领域),食药安全领域检察公益诉讼案件量相较于两年改革试点期间的案件量有了大幅增长。从2017年7月1日至2019年10月检察机关办理公益诉讼的通报情况来看,食品药品安全领域的检察公益诉讼案件呈现完全不同的发展态势,检察机关积极介入食药安全管制领域并加强对相关案件的办理。具体数据呈现以下几个方面的特征。

(一)食药安全类公益诉讼的办案数量明显增加

2017年7~12月,全国检察机关共立案公益诉讼案件9918件,诉前程序案件为8937件,起诉案件为233件。② 其中食品药品安全领域诉前程序案件为451件,占诉前程序案件总量的5.05%;起诉案件为15件,占起诉案件总量的6.44%。2018年检察公益诉讼工作呈现迅速发展的态势,案件线

---

① 检察公益诉讼制度的建构经历了"顶层设计""法律授权""试点先行""立法保障""全面推开"五个阶段。参见《最高人民检察院工作报告》,新华网,http://www.xinhuanet.com/politics/2018lh/2018-03/25/c_1122587415.htm,最后访问时间:2019年4月5日。

② 刘艺:《我国检察公益诉讼制度的发展态势与制度完善——基于2017—2019年数据的实证分析》,《重庆大学学报》(社会科学版)2020年第4期。

索数、立案数、诉前程序案件量、起诉案件量等相较于2017年有了较大的增长，办案规模不断扩大。2018年全国检察机关共立案公益诉讼案件113160件，诉前程序案件量为102975件，起诉案件量为3228件。① 其中食药安全领域诉前程序案件为37926件，占诉前程序案件总量的36.83%；起诉案件为845件，占起诉案件总量的26.18%。特别是2018年8月至2019年9月期间，最高人民检察院在全国开展为期一年的"保障千家万户舌尖上的安全"检察公益诉讼专项监督活动。据2019年10月的统计，全国检察机关在一年专项活动中共办理食药类公益诉讼案61668件，发出诉前检察建议52291件，提起诉讼1083件。② 而根据2019年1月至10月的全部办案数据的统计，全国检察机关共立案公益诉讼案件101285件，诉前程序案件量为83913件，起诉案件量为3381件。其中食药安全领域案件诉前程序案件为24317件，占诉前程序案件总量的28.98%；起诉案件量为838件，占起诉案件总量的24.79%。

从以上数据可以看出，在两年改革试点期间，食药安全领域检察公益诉讼案件量仅为38件，远远小于其他领域的案件量。而在2017年7月检察公益诉讼制度"全面推开"之后，食药安全领域的案件数量呈现迅速增长的趋势。同时由于最高检以及地方检察机关采取了一系列食药安全刑事、公益诉讼领域的专项活动，着力纠正食药安全领域存在的违法行为，打击食药安全违法犯罪行为。因此与其他领域的检察公益诉讼案件相比，食药安全领域案件所占比例增大，办案的质效也不断提升。

（二）诉前程序案件量大幅增长，与诉讼程序案件比例不对称

2017年7月至12月，食药安全领域诉前程序案件量为451件（包括民事公益诉讼案件32件、行政公益诉讼案件419件），起诉程序案件量为15

---

① 刘艺：《我国检察公益诉讼制度的发展态势与制度完善——基于2017—2019年数据的实证分析》，《重庆大学学报》（社会科学版）2020年第4期。
② 《行政机关对检察建议的回复整改率达97.1%》，正义网，http://newspaper.jcrb.com/2019/20191011/20191011_ 001/20191011_ 001_ 3. htm，最后访问时间：2021年1月6日。

件（包括民事公益诉讼案件8件、刑事附带民事公益诉讼案件7件）。而在2018年，食药安全领域诉前程序案件量大幅增长，数量为37926件（包括民事公益诉讼案件555件、行政公益诉讼案件37371件），诉讼案件数量为845件（包括民事公益诉讼案件46件、行政公益诉讼案件9件、刑事附带民事公益诉讼案件790件）。

在食品药品安全领域诉前程序案件中，行政公益诉讼诉前程序案件量要远远高于民事公益诉讼案件量；而在诉讼程序案件中，刑事附带民事公益诉讼的案件量占比最大，其次为民事公益诉讼案件，行政公益诉讼案件占比最小。虽然检察机关宣称原因是大部分行政争议都能在行政公益诉讼诉前程序中得到解决，但行政公益诉讼起诉案件的总量在快速减少也是事实。2019年1月至10月，食药安全领域的诉前程序案件量为24317件（包括民事公益诉讼案件953件、行政公益诉讼案件23364件），而诉讼案件数量为838件（包括民事公益诉讼案件87件、行政公益诉讼案件16件、刑事附带民事公益诉讼案件735件）。单算行政公益诉讼的诉前与诉讼案件之比例为1460∶1。这样悬殊的比例，也隐含着食药安全类行政诉讼机制并不通畅或者诉前案件是否符合第25条第4款的立法宗旨的质疑。通过以上数据可以看出，在食药安全领域，大部分争议都通过诉前程序得以解决，诉前程序案件量在食药安全领域总案件量中占据绝对优势。由于执法资源有限性和违法行为普遍性之间的矛盾，行政机关不作为的情形较多，所以检察机关办理的行政公益诉讼诉前案件较多；其次，行政公益诉讼诉前案件量远高于检察民事公益诉讼案件量，说明检察公益诉讼并非严格遵循执法补充机制的功能定位，而更多关注于发挥监督职能（见表1）。

表1 2017~2019年食药安全领域诉前程序与起诉程序案件量对比

年份	诉前案件量		起诉案件量		
	民事	行政	民事	行政	刑附民
2017	32	419	8	0	7
2018	555	37371	46	9	790
2019	953	23364	87	16	735

（三）刑事附带民事公益诉讼的比例最高，民事公益诉讼次之

这种现象似乎可以解释为行政机关不履行法定职责的行为都能够通过诉前程序得以纠正，自然很难再提起诉讼。但事实上，三种案件类型的比例反差大的原因是检察机关依赖传统刑事检察机制，办理了大量刑事附带民事公益诉讼案件，或者在办理了食药类刑事案件之后再单独提起民事公益诉讼案件。检察机关办理食药类刑事附带民事公益诉讼案件数量大，正是因为食药安全问题不仅会涉嫌刑事犯罪，也会造成大规模的民事侵权。其刑事责任和民事责任具有高度的关联性，不一并追究责任很难发挥威慑作用。而且检察机关在刑事诉讼程序中具备发现公益诉讼案件线索的便利，但若将两种责任分开追究，不仅会影响诉讼效率，而且可能违背先民后刑的原则，使被告在受到刑事处罚之后无力承担侵权责任等。检察机关提起食药刑事公诉时可附带提起民事公益诉讼，这样既能实现法益保护和公益救济，也能提高司法治理的效率。而且，追究刑事责任之后需要再追究行政责任的情况较少。因此，检察机关办理的食药类公益诉讼案件中，还是刑事附带民事公益诉讼的案件量更多[1]，远高于食药类行政公益诉讼案件。

当然，检察人员偏重刑事法律的固有知识背景也决定了他们办理刑事附带民事公益诉讼或者单独提起民事公益诉讼更有专业优势。而且，食药类刑事附带民事公益诉讼是典型的刑事附民事公益诉讼案件。这类刑事附带民事公益诉讼主要针对那些主观权利无法进行客观化计算，无法采取财产性损失方式来补偿的案件。[2] 如侵害众多消费者健康权益或者有危害公共健康的食药安全类案件。对于主观权利可以进行客观化计算的犯罪与侵权行为，则宜通过刑事附带民事诉讼的方式来加以解决。

（四）民事与行政公益诉讼案件的线索来源不同

行政公益诉讼案件来源与民事公益诉讼案件来源并不完全相同。民事公

---

[1] 最高人民检察院典型案例之"江苏海安朱某某等销售假药刑事附带民事公益诉讼案"。
[2] 刘艺：《刑事附带民事公益诉讼的协同问题研究》，《中国刑事法杂志》2019年第5期。

益诉讼案件线索几乎是从刑事部门获得,而行政公益诉讼案件则更多是从其他渠道获得。2020年10月,最高人民检察院与中央网信办、国务院食品安全办等有关部门印发的《关于在检察公益诉讼中加强协作配合依法保障食品药品安全的意见》指出,除了行政执法与刑事司法衔接平台之外,还要求食品药品有关部门对于发生在校园及其周边、餐饮聚集区、农贸批发市场、种养殖生产基地、"菜篮子"产品主产区、屠宰场、食品和副食品批发市场、冷库物流中心等区域的;违法行为呈现规模化、组织化、链条化的;涉及婴幼儿食品和药品的;利用网络、电商平台、社交媒体、电视购物等媒介的;人民群众反映强烈、社会影响恶劣、舆论高度关注的涉及侵害食品药品安全的公益诉讼案件线索,在办理遇到阻力,或者需要多个部门协调解决的情况下,应当及时移送检察机关。而这些由行政机关移送的案件,通常都是行政机关履职未达执法效果的案件,因此不能再办理行政公益诉讼案件。检察机关通常会单独办理民事公益诉讼案件。而食药类行政公益诉讼的线索主要还是借助新闻媒体、检察热线等渠道获得,或者是两法衔接平台中涉及应同时进行或者先后进行刑事制裁与行政处罚的案件。

三 食药安全类行政公益诉讼案件之定性分析

食药安全类行政公益诉讼直接对接既有食药安全行政监管体制,也是检察公益诉讼机制参与食药安全治理的主渠道,是检察机关联动食药安全监管行政机关共同实现食药安全"四个最严"要求的新型治理机制。课题组因此聚焦食药安全领域的行政公益诉讼案件。为进一步分析食药安全领域行政公益诉讼,课题组借助中国政法大学检察公益诉讼研究基地举办"2019年十大典型案例"活动生成的2019年检察公益诉讼案例征集数据库,提取了其中2019年检察机关办理的93件食药安全领域公益诉讼案件,并对其中72件行政公益诉讼案件(包括69件诉前程序案件和3件起诉案件)进行定性分析。由于收集到的食药安全领域行政公益诉讼起诉案件量较少,课题组通过北大法宝案例检索平台,检索到6件2019年检察机关办理的行政公益

诉讼起诉案件①并对其进行分析。在定性分析方面主要关注行政公益诉讼包含的参与食药安全治理要素，并根据其核心程度依次展开，具体包含了"食药安全违法行为""食药安全违法后果""食药安全行政监管违法行为"。

（一）食药安全违法行为的主体、归责原则和场域

由于食品安全监管存在监管链条长、监管体量大、监管体系不够健全、监管力量相对薄弱等问题，99件公益诉讼案件中大部分案件属于食品安全类，共有73件；药品安全类案件仅有16件，另外还包括7件涉及饮用水安全的案件，以及3件既涉及食品安全又涉及药品安全的案件。

1.食药安全违法行为的主体

食品安全类公益诉讼办案主要针对"三小"主体的食品安全违法行为。食品安全领域中"三小"（即小作坊、小摊贩、小餐饮店）问题突出，"三小"是食品安全违法行为的重要主体。"三小"食品安全问题的主要特征为：从业人员多，市场规模较为庞大；生产经营者大多属于外来务工人员或者农村人口等，人员流动性强；主要经营现制现售食品。这些小作坊、小摊贩、小餐饮店多数是无证经营，生产经营者的食品安全意识往往较为薄弱，法律意识普遍不强，生产经营条件较差，生产设施设备较为简陋。

2.归责原则

我国《行政处罚法》并未规定行为人违法的归责原则。通说认为行政违法行为遵循过错原则，即主要采取客观的结果归责原则。即当违法结果与行为人的行为之间存在因果关系，这个行为人就会受到查处的归责逻辑。因此，行政违法行为的构成要件原本应该包括两项内容：一是客观（违法）构成要件；二是主观（责任）构成要件。因为主观构成要件是行为有责性的要件。除了违法行为构成要件之外，还需行为具备非难可能性（有责性）的要件时，才追究其责任；但如果行为人有法定责任阻却事由，则可予以宽

---

① 6件行政公益诉讼起诉案件的案号分别为：〔2019〕黔2301行初1号，〔2019〕晋01行终113号，〔2019〕黔0502行初197号，〔2019〕皖0826行初20号，〔2019〕黔2301行初47号，〔2019〕吉0402行初74号。

免。但我国对行政违法行为制裁以客观归责原则为原则，主观构成要件由法律特别规定。于是，检察机关一般只收集损害后果与行政违法行为的证据。

3. 场域

食品安全违法行为主要集中发生在校园及校园周边、自动售货机以及线上、线下的空间区域；而药品安全类案件主要发生于零售药店及互联网领域。

从办案情况来看，检察机关认为校园及校园周边食品安全问题较为突出。校园食品安全问题主要出现在校园食堂。为了缓解管理压力，大部分学校在食堂经营模式上采取外包方式，即将食堂外包给企业经营。某些企业为了追逐利益，在购货、基础设施建设等方面投资较少，往往为了节约成本而不顾食品的质量卫生。从案例中反映的情况来看，校园食品安全中的违法行为大都表现为购入不符合安全标准的食品原材料、卫生条件差、留存菜品的现象严重、食品贮存条件不合格、部分从业人员缺少健康证明等问题。而校园食堂作为集中用餐单位，"如果食品安全各项措施落实不到位，容易引发群体性食源性疾病"①。除此之外，校园周边食品安全则与"三小"食品安全存在交叉之处。大都在校园周边从事食品生产经营的小摊贩、小餐饮店也存在"三小"问题。另外，互联网的发展也给食药安全监管带来了新的风险和挑战。现行法律法规明显滞后于互联网销售活动的现实需求，相应的行政执法也未能跟上。从收集到的检察公益诉讼案件情况来看，互联网上的行政违法行为较多。在网络餐饮服务领域，经常出现行为人非法经营或者未按照规定公示、更新经营信息的违法行为，网络餐饮服务第三方平台对此未履行严格审查的义务等。

线上销售不符合安全标准的食用农产品、食品也是检察机关办案的重点。比如，线上外卖包装材料是否安全，网络经营者是否实名登记。而除了大型互联网平台之外，一些违法行为人利用网店、微信朋友圈等，借助当前

---

① 《落实四个最严和"中国之治"要求，在强化食品安全监管中践行十九届四中全会精神》，法治政府研究院网站，https://mp.weixin.qq.com/s/Tpkr3fZF73TW03RE-F9ZwA，最后访问时间：2020年8月16日。

便利的快递服务，销售假药劣药、有毒有害食品和不符合安全标准的食品，获利巨大。这类违法犯罪行为通常参与人员较多、牵涉地域广、社会危害性大，但违法手段隐蔽，监管部门缺乏有效的监管手段和技术支撑，难以及时发现违法犯罪行为，查处难度大，对于这类违法犯罪行为的打击效率低。同时，消费者对于互联网领域的食药安全缺乏相应的防范意识，往往仅以价格、商家宣传的功效以及评价等作为参考标准，再加上防范宣传工作不到位，导致互联网领域的食药安全违法行为多发且不易发现。

针对线下食药安全问题，检察机关还会办理蔬菜、水果、肉类是否含有违禁农药，以及农药残留是否超标、食品添加剂是否超量使用等案件。①

（二）食药安全违法后果

从案例数据来看，行政公益诉讼、民事公益诉讼和刑事附带民事公益诉讼案件中的具体的食药安全违法行为多样，且均造成了法益损害或公益损害危险的后果。这种公益危害（危险和损害）可以进一步细化分为扰乱市场秩序和危害食药安全。

1.扰乱市场秩序

扰乱市场秩序是指违法行为对市场秩序和经济发展产生不利影响，或者损害公平竞争和消费者权益。从案例数据来看，扰乱市场秩序的违法行为主要包括以下三种。（1）无证经营行为，如未取得营业执照，未办理食品经营许可证，违法共用营业执照开展网络餐饮服务活动。这类违法行为多发生在网络餐饮服务、校园及校园周边食品安全、小作坊小摊贩食品安全、餐饮服务和饮用水安全等存在较多执法盲点的领域。（2）未按照要求公示或者更新生产经营相关信息的行为，这类违法行为主要发生在隐蔽性较强的互联网领域和自动售货机食品安全领域，侵犯消费者的知情权。如未公示或者未

---

① 《检察机关开展"公益诉讼守护美好生活"专项监督活动，推动解决人民群众关注关切的公益损害问题》，正义网，http：//www.jcrb.com/xztpd/ZT2020/12y/2020SD/jcxw20/202012/t20201230_2238013.html，最后访问时间：2021年1月8日。

在自动售货机的显著位置公示经营许可证,未依法在网络餐饮平台公示营业执照和食品经营许可证、入网餐饮服务提供者公示的信息与营业执照信息不一致、公示的食品经营许可证已过有效期限、公示的营业执照为无效营业执照等。(3)虚假宣传行为,主要发生在保健品等特殊食品领域,表现为利用网络、电视购物等方式违法发布广告,对产品夸大宣传、虚假宣传,欺诈销售或者以非法手段推销食品、药品和保健食品。除上述三种主要的违法表现之外,食药安全领域扰乱市场秩序的违法行为还表现为虚假标签或者违法违规标签;无实体门店或者共用注册地址而开展网络餐饮服务活动;等等。从收集到的案例来看,未发现药品类扰乱市场秩序的违法行为。部分检察机关办理过在药房从事违法诊疗活动的公益诉讼案件。

2. 危害食药安全

危害食药安全是指违法行为对食药安全产生威胁或造成实质损害,侵犯公众生命健康权。这类违法行为所涉及的食品药品不符合安全性规则,即食品药品中可能存在对人体健康生命安全构成危险的物质或者因素。从案例数据来看,危害食品药品安全的行为表现为以下三种。(1)生产、销售不符合安全标准以及有毒有害食品的行为。这类违法行为中的行业潜规则现象突出,食品安全领域此类现象尤甚。根据深圳市食药局的定义,食品安全潜规则是指"没有被大众广泛知晓或证实,但在食品行业一定范围内存在,且从业单位或个人心照不宣、默许遵循的,可能带来食品安全危害的违法违规行为"。从案例分布情况来看,食品潜规则现象主要集中在食用农产品、普通食品和保健食品领域。如使用国家明令禁止使用的化学添加剂成分生产"毒豆芽"并进行销售,在食品中添加罂粟壳以改善食品的口感等,使用甲醛浸泡肉类和肉制品,以及在保健品中添加西布曲明、西地那非等对人体有害成分等。(2)未建立起食品安全配套保障制度或者未采取保障措施。这类违法行为主要发生在校园食堂及农贸市场等露天场所,表现为食品储存方式不当、防蝇防鼠防虫设施较差、餐具储存不符合要求等。(3)生产销售假药、劣药。而在药品安全领域,检察机关办理过执业药师"挂证"不在岗在职;未经药师审核处方销售处方药的案件。

（三）食药安全行政监管违法行为

从案例数据来看，所涉的行政行为主要是食用农产品安全、肉类食品安全、保健品监管方面的行政不作为。如政府未对使用国家明令禁止使用的化学添加剂成分生产"毒豆芽"并进行销售的行为进行处罚或者未查处、政府对在食品中添加罂粟壳以改善食品的口感等、使用甲醛浸泡肉类和肉制品的行为未发现或者未处罚。除此之外，还包括政府未对保健品在销售环节严重的虚假宣传问题未查处等。以及政府未对某些商户在经营过程中悬挂广告牌、口头推销、组织会销等方式，或者采取类似传销的手段夸大产品功能或者虚构使用效果，误导和欺骗消费者的行为进行查处。还针对政府未对在保健品中添加西布曲明、西地那非等对人体有害成分的违法行为进行查处等。而检察机关办理的药品安全类检察公益诉讼案件主要针对非处方药的违法生产、销售以及处方药的违法使用而未查处的情形。

检察机关办理的饮用水安全类公益诉讼案件也不在少数。从文义解释出发，饮用水安全无法被纳入民事公益诉讼和行政公益诉讼的适用领域，但是饮用水安全是保障人体健康的基本条件，关乎社会公共利益，"饮用水安全监管领域与等内所列事项食品药品安全中的食品具有极强的关联度"[1]，因此可以通过扩张解释将饮用水安全纳入食品药品安全领域，为检察机关就饮用水安全启动民事公益诉讼或行政公益诉讼提供依据。饮用水安全领域的违法行为大都发生在小区自动售水机和现场制售水机范围内，主要表现为未办理许可证，从业人员未办理健康证，水质监测、消毒设施等不完备或者未按照规定运行，环境卫生脏乱，缺少消毒、监测记录等情形。检察机关也办理过自来水厂水质不合格的公益诉讼案件，主要依据《水污染防治法》《水法》等法律法规，认定水利主管组织协调农村饮用水安全管理工作，而未针对建设自来水厂的镇政府和未发放卫生许可证的卫生和计划生育

---

[1] 杨建顺：《拓展检察行政公益诉讼范围和路径的积极探索——赤壁市人民检察院诉赤壁市水利局怠于履行饮用水安全监管职责案评析》，《中国法律评论》2020年第5期。

局提起诉讼。[①]

在课题组收集到的9件行政公益诉讼起诉案件中，除了1件涉及肉类食品安全的案件中县农业农村局未对检察建议作出回复，1件检察机关认为行政机关作出的行政处罚违法外，其他案件都是检察院认为行政机关未按照检察建议的内容完全履职，导致社会公共利益仍然遭受侵害而提起诉讼的。"未能完成履责"都集中在相关行政机关是否进行处罚这一个点上。实践中，相关行政机关未能进行处罚并不都是怠于履行职责，有时是因为法律、法规、规章规定的处罚类型属于行政机关的自由裁量范围。检察机关不能借助办理检察公益诉讼案件任意扩大监督范围，将监督违法行为延展到监督裁量行为。其次，检察机关对"不充分履职"应该坚持实质和形式合法性的双重标准。比如"松滋市人民检察院诉松滋市市场监督管理局不依法履行药品安全监管职责案"中，对于案涉行为人销售假药的行为，松滋市市场监督管理局在收到检察建议后依照法条竞合的理论仅针对其中一个违法行为作出责令当事人改正违法行为、停业整顿6个月的行政处罚，未落实"处罚到人"的原则，提供了转让药店的便利，使得本案中的违法行为人最终通过注销企业的方式逃避法律制裁。部分行政机关仅仅从形式上片面地理解"履职"的含义，对于"履职"的理解仅停留在作出形式性监管动作上。而检察机关更看重问题是否得到实质性解决，国家利益和社会公共利益是否得到有效维护。在松滋案件中，行政机关对于未构成刑事犯罪的行为人未作出处罚，并允许转让药店，显然有实质违法的情节。

四 食药安全类行政公益诉讼机制的理论反思

授权检察机关针对食药安全领域存在的违法行为提起行政公益诉讼或者检察民事公益诉讼，表明了立法机关加强食药安全领域违法行为监督力度的决心。自正式授权之后，食药安全类检察公益诉讼案件数量不断增加，在

[①] 赤壁市人民检察院诉赤壁市水利局怠于履行饮用水安全监管职责案（赤检行公诉〔2018〕2号，〔2019〕鄂1281行初12号）。

"四大重点领域"的案件比例不断扩大。但是,食药安全类检察公益诉讼案件多针对基层执法机关,反映出食药安全监管体系在基层仍然存在较大漏洞。如何加强或者完善食药安全的基层执法体系,也是食药安全类检察公益诉讼办案过程中必须思考的理论问题。其次,公益司法保护机制是借助传统行政诉讼制度展开的。而传统行政诉讼中审判权监督行政权的边界与深度由行政诉讼的受案范围和判决类型限定。行政公益诉讼中检察权监督行政权的边界与深度也由《行政诉讼法》第 25 条第 4 款所限定。如果严格遵循第 25 条第 4 款的规定,则需要进一步研究以下几个问题。

(一)不应混淆食药安全监管行为与食药市场监管行为

第 25 条第 4 款规定的是食品药品安全"等领域负有监督管理职责的行政机关违法行使职权或者不作为,致使国家利益或者社会公共利益受到侵害的"情形。而从组织法的角度看,食药安全监管与食药市场监管是有根本区别的。行政监管职责的同质性是指行政机关在进行行政监管的过程中追求目标的一致性,致力于实现某一公共行政目标。从这一角度切入,对食药监管部门的监管职责加以划分,可以将其划分为安全监管和市场监管两种监管职责。安全监管的指导思想是"在相关领域以维护公众(消费者)的生命安全和身体健康为全部的行为目标,以所有在监管视野内的工业产品(食品)的安全性为监管对象",其核心在于保障食品药品的安全性,从而保障公众的身体健康和生命安全。行政机关的安全监管职责主要针对不具有安全性的、危害食品安全的违法行为。而市场监管的核心在于维护市场秩序以促进公平竞争并保护消费者权益。市场秩序监管职责是"以维护市场经济的生机活力为终极目标,以规则的明晰与服从为手段,以保证市场的有效运转为行政目的的行政行为"[①]。行政机关的市场监管职责主要针对的是上文提到的扰乱市场秩序,不利于实现市场正常有效运转的违法行为。安全监管和

---

① 冀玮:《市场监管中的"安全"监管与"秩序"监管——以食品安全为例》,《中国行政管理》2020 年第 10 期。

市场监管在公共行政目标上并不具有同质性,前者的目标在于保障公众的生命健康权,后者的目标在于促进公平竞争、保护消费者权益。基于这一"异质性"特征,法律在对安全监管和市场监管进行制度设计时存在不同的取向,行政机关在进行安全监管和市场监管过程中也有不同的手段和侧重点。在履行食品药品安全监管职责时应当落实"四个最严"要求,即"最严谨的标准、最严格的监管、最严厉的处罚、最严肃的问责",注重风险防控,加强事前监管;而在履行市场监管职责时则以维护市场公平竞争、保护消费者权益为指导思想,则会侧重激发市场主体的活力,平衡市场主体之间的关系和力量对比。2018年机构改革时,国务院组建国家市场监督管理总局,将国家工商行政管理总局、国家质量监督检验检疫总局、国家食品药品监督管理总局、国家发改委以及商务部等机构的食药安全监管职责加以整合,实现了食品安全的综合监督管理。新的国家市场监督管理总局对于整合监管资源,推动统一执法,避免出现监管空白、监管交叉等问题发挥了重要作用。但是,将监管职能以"物理整合"的方式划入市场监管部门,反而忽视了安全监管和市场监管之间的差异,难以实现监管职能的"化学融合",从而无法形成监管合力。而检察机关在办理食药安全监管领域案件时多以特定行政机关为被告,而并未严格区分食药安全监管行为与食药市场监管行为。从实证数据分析,检察机关办理怠于履行食药市场监管行为或者违法履行食药市场监管行为的案件明显多于食药安全监管行为。

所谓食药安全监管是指以保障劳动者和消费者的安全、健康、卫生为目的,对食品、药品等产品和服务的质量和伴随着提供它们而产生的各种活动制定一定标准,并禁止、限制特定行为的监管。通常,任何安全监管的指导思想基本是一致的,就是在相关领域以维护公众(消费者)的生命安全和身体健康为全部的行为目标,以所有在监管视野内的工业产品(包括食品、药品)的安全性为监管对象,都会建构起"最严谨的标准、最严格的监管、最严厉的处罚、最严肃的问责"等"五严"标准。对于食药安全监管而言,食品、药品在生产加工、运输、储存、经营等过程中产生的、可能对人体健康生命安全构成的风险因素都要进行管制。这种风险因素(也可以视为安

全监管需要服从的规则）往往不是人类所能"发明"的，常表现为一种自然规律。如食品原料中的致害成分、新的生产加工工艺可能造成的新的有毒有害物质等。安全监管的具体职责之一就是要不断去"发现"这些风险因素，并将其纳入行政监管的视线中并转化为具体监管行为的目标。如《食品安全法》第109条规定食品安全监管的具体实施是以风险控制为原则，以风险分级管理为基本思路。安全监管不只关注结果，还会关注生产经营行为过程；在强制性约束与制裁方面有明显的偏重性，对安全的第一责任人赋予的义务明显大于其他法律主体，且法律责任的设定明显十分严厉；与刑法的衔接也更加紧密。

根据国务院《"十三五"市场监管规划》中指出市场监管具有综合性、基础性和战略性等特征，强调从维护全国统一大市场出发，从维护市场公平竞争出发，从维护广大消费者权益出发，对市场秩序、市场环境进行综合监管。在行政机关进行食药市场监管时，主要是依法监督管理食品、药品市场交易，网络中食药产品、商品交易及有关服务的行为；组织指导查处食药价格收费违法违规、不正当竞争、违法直销、传销、侵犯商标专利知识产权和制售假冒伪劣行为；指导食药广告业发展，监督食药管理广告活动；指导查处食药厂家无证生产经营行为等。食药市场监管领域的基础市场较为庞大，且存在较为突出的"违法过剩"现象。"执法能力的强弱不仅取决于执法资源的绝对值，还取决于社会中的违法存量。"[1]"如果社会中违法现象的数量过于庞大，其整体规模超过了守法现象，甚至，在特定情境下无人不违法或者某项法规无人遵守。"[2] 而在食药市场监管领域，基层执法资源相对稀缺，监管力量薄弱、监管技术滞后、人手不足，大量违法行为无法被及时发现并得以纠正。如农贸市场、农村或者城乡接合部的集市、互联网以及产品流通的全流程往往都是这类违法行为较为集中的场所。而这些领域还未建立起各

---

[1] 刘杨：《执法能力的损耗与重建——以基层食药监执法为经验样本》，《法学研究》2019年第1期。
[2] 刘杨：《执法能力的损耗与重建——以基层食药监执法为经验样本》，《法学研究》2019年第1期。

部门在监管理念上"仍未能突破自成体系、独立作战的狭窄视野"①，各监管部门难以实现有效的互联互通机制，缺乏联合作战、协调执法的理念。实践中，检察机关办理督促食药监管部门与邮政部门沟通配合，加强对线下物流运输假药劣药的拦截或者查验。再比如，在"吉林省辽源市西安区人民检察院诉辽源市市场监督管理局未完全履行监管职责案"中，对于入网餐饮服务提供者未公示许可证、量化分级信息、主要原料名称等信息，行政机关回复称已按照相关规定向该商户下发责令整改通知书，但是检察院在后续调查中发现该商户的违法行为仍未得到纠正，市场监督管理局未对违法商家作出行政处罚，未依法履行监管职责，社会利益仍处于被侵害中，因此提起行政公益诉讼。该案中造成违法行为的原因主要是立法空白、执法依据不充分，因此造成行政机关的执法不到位。但以上这些案件并非典型食药安全监管类行为，而属于食药市场监管类行为，建议检察机关减少对这类行为的监督。比如最高人民检察院开展的"保障千家万户舌尖上的安全"检察公益诉讼专项监督活动中，检察机关办理的保健食品药品虚假宣传案1139件，大多属于食药市场监管类案件，并非安全类公益诉讼案件。轰轰烈烈开展专项活动，却未将办案重点厘清，办理大量非典型案件，实在有点浪费稀有的司法资源。

（二）加强食药安全类检察公益诉讼与食药刑事检察的衔接

根据《食品药品行政执法与刑事司法衔接工作办法》第12条的规定，"未作出行政处罚决定的，原则上应当在公安机关决定不予立案或者撤销案件、人民检察院作出不起诉决定、人民法院作出无罪判决或者免予刑事处罚后，再决定是否给予行政处罚"。第15条第2款规定"对于人民法院已经作出生效裁判的案件，依法还应当由食品药品监管部门作出吊销许可证等行政处罚的，食品药品监管部门可以依据人民法院生效裁判认定的事实和证据依法予以行政处罚"。该规定虽然强调是"原则上"，但也说明规范制定者都认为刑事制裁优先于行政处罚。《食品药品行政执法与刑事司法衔接工作

---

① 李春雷主编《食药安全行政执法与刑事司法》，研究出版社，2019，第91页。

办法》第 15 条也规定"对于尚未作出生效裁判的案件，食品药品监管部门依法应当作出责令停产停业、吊销许可证等行政处罚，需要配合的，公安机关、人民检察院、人民法院应当给予配合"。这说明食药领域的刑事制裁与行政处罚也可能同时进行、并存。但实际情况是，某些地方的食药监管部门并没有意识到应当在刑事责任之后继续追究违法行为人的行政责任，对于行政执法和刑事司法衔接工作存在"以刑代罚"的认识误区，对于已被判处承担刑事责任的人员或者尚未被判处刑罚的人员很少进行处罚，甚至还违法颁发食品、药品经营许可证或者不撤销违法颁发的许可证。客观上看，人民法院、人民检察院与食药监管部门并没起到信息共享平台的作用。食药行政管理部门对于已经判处刑罚的案件无法充分获悉案件办理情况和阶段，导致无法及时采取措施禁止已被判处刑罚的违法行为人从事食品生产经营工作或者采取相应的行政处罚。但除了完善三个部门之间信息共享机制之外，还需要特别强调行政处罚和刑事处罚在种类设置上的重大差异。刑事处罚的种类更多是针对自然人犯罪，而行政处罚不仅针对自然人违法行为，同时针对单位违法行为。根据《行政处罚法》"一事不再罚原则"，只有当科予罚金、人身自由刑时，行政机关不能再科予罚款和行政拘留，而并不影响行政机关在刑事案件起诉之前、起诉之时或者裁判之后采取除了这两种处罚类型之外的其他行政处罚类型，甚至"从尽快维护客观的法秩序的执法实践出发，对于可以迅速制止违法行为的各种行政执法措施还可以优先于刑事责任的追究予以提前实施"[①]。

五 食药安全类行政公益诉讼机制的完善路径

（一）正确认识行政公益诉讼制度的局限性

在公共利益保护上，行政权主动性强、效率高，能够迅速对违法行为作

---

① 练育强：《行政执法与刑事司法衔接制度沿革分析》，《政法论坛》2017 年第 5 期。

出反应，因此行政救济要优先于司法救济。在食药安全监管问题上，行政机关仍然是保护食药安全的主要承担者，检察机关提起公益诉讼制度主要发挥执法补充作用。检察机关通过行政公益诉讼督促行政机关依法行使职权或者针对违法行为提起民事公益诉讼、刑事附带民事公益诉讼，其最终目的同行政执法一样是维护"两益"和客观法律秩序。因此，检察机关办理公益诉讼案件必须加强与行政机关的合作交流，"积极建立人民检察院与食品药品监管部门协作推进食品药品安全领域行政公益诉讼促进食品药品安全治理的工作机制"[1]，以协同配合新型关系促进我国国家治理体系和治理能力现代化。具体来说，首先，食药安全监管执法的各个部门之间应建立案件线索移送和信息共享机制，"及时互通执法办案、公益诉讼案件线索、违法行政行为整改等信息，推进行政执法信息和司法监督信息资源共享"[2]。食药监管部门对于在监管过程中发现的可能或者已经损害社会公共利益的违法行为，应及时向人民检察院通报。人民检察院在办理食药类刑事案件时，若发现损害"两益"的违法行为，应及时跟食药监管部门沟通，督促食药安全部门及时采取行政处罚，查处并追究行政责任。其次，建立长效协作配合机制。食药监管的多个部门之间应当长期保持沟通协作、互换意见。对于公益诉讼涉及的重点问题、重点环节等进行沟通，形成合力，共同应对食药安全领域的违法犯罪行为。如对于检察机关在检察建议中提到的违法行为，食药监管部门可以邀请检察机关召开联席会议，对如何处理违法行为、如何加强日常监管工作共同分析研判，确保案涉违法行为整改到位，社会公共利益得到切实有效的维护。反之，检察机关发现食药安全类行政违法行为，在立案之前或者立案之后应该及时与食药监管部门进行磋商，统一法律适用的标准。最后，食药监管部门和检察机关应加强沟通配合，对检察机关的工作提供相应

---

[1] 《积极作为 主动适应新形势——正确认识食品药品安全领域公益诉讼（上）》，食品伙伴网，http://news.foodmate.net/wap/index.php?moduleid=21&itemid=471209，最后访问时间：2020年8月16日。

[2] 《积极作为 主动适应新形势——正确认识食品药品安全领域公益诉讼（上）》，食品伙伴网，http://news.foodmate.net/wap/index.php?moduleid=21&itemid=471209，最后访问时间：2020年8月16日。

支持。如对于检察机关提起民事公益诉讼和刑事附带民事公益诉讼的案件，食药监管部门可在调查取证等环节予以支持配合，为本案的调查、取证提供专业化的意见，"协助做好涉案食品、药品的检验、检测、评估等工作"①。当然，检察机关与食药部门的协同并不能完全免除食药监管部门的责任，一味将案件转化为民事公益诉讼案件，还是应该坚持以客观过错原则为主、主观原则为辅的归责原则，全面制裁违法、犯罪行为。

（二）区分安全监管和市场监管，分别制发公益诉讼检察建议与社会治理检察建议

安全监管的依据为《食品安全法》《药品管理法》等法律法规，而市场监管的依据更多的是《反不正当竞争法》《消费者权益保护法》等法律法规，二者所依据的法律法规在目标设定、指导思想和具体规则设置上存在很大区别。检察机关办理案件时，需要对安全监管和市场监管进行区分，明确两者之间的异质性，并可以分别诉前检察建议和社会治理类检察建议的监督手段。行政公益诉讼重点监督食药类安全监管行为；而民事公益诉讼可以对食药安全和市场监管领域的侵权行为进行处理。若发现市场监管类行政行为违法，也可以采取社会治理类检察建议。当前的市场监管部门内部进行重构，将同质性的监管职责划归至监管部门内的特定机构，组成不同的行政业务板块；对不同的板块明确不同的公共行政目标，并依法配套进一步提出不同的原则要求、职责内容、结果导向②，并根据监管职责的要求配备专业性的工作人员。所以，检察机关也应针对不同部门采取不同监督手段。但针对食药安全领域存在的执法力量薄弱、人手不足的问题，检察机关应该减少对食药市场监管类行政公益诉讼案件的办理。特别是针对基层执法力量薄弱和专业性不强的问题，也应减少社会治理检察建议的制发。但建议检察机关与

---

① 《关于在检察公益诉讼中加强协作配合依法保障食品药品安全的意见》，最高人民检察院2020年10月10日发布。
② 冀玮：《市场监管中的"安全"监管与"秩序"监管——以食品安全为例》，《中国行政管理》2020年第10期。

基层执法机关建立网格化的执法机制。特别是针对某些地方存在的监管部门各自为政、缺乏沟通配合的现象，检察机关可以发挥衔接、沟通与推动作用。比如针对校园及校园周边食品安全问题，推动食药监管部门与教育部门等的联系；而针对互联网领域的食药安全问题，检察机关不仅要推动公安、商务等部门的联系，还要推动与邮政部门的联系，及时发现并封堵线下物流监管存在的漏洞，从而填补由"各自为政"导致的监管空白。

（三）完善两法衔接机制，建立检察机关内部的协同机制

课题组收集到的检察公益诉讼案件的办理情况显示，某些地方的食药监管部门对于行政执法和刑事司法衔接工作仍然存在"以刑代罚"的认识误区，片面理解两法衔接中的刑事优先原则从而导致执法不严，使某些违法行为人得以逃避法律制裁。因此行政机关应当加强对其工作人员的培训，提高其专业能力，加深其对两法衔接相关法律法规的理解和认识，提高执法水平。同时完善两法衔接信息共享平台，明确信息共享的内容等，加强刑事处罚和行政处罚的双向衔接，避免出现"以刑代罚"和"以罚代刑"的现象。同时检察机关内部也应加强交流，优化内部相关部门的信息沟通共享机制，建立完善司法数据与食品药品安全信用信息数据以及食药生产经营行业准入黑名单等机制的衔接，避免出现向已被判处刑事处罚的人员再次颁发许可证，使其继续违法从事食品药品行业的现象。比如在福清市检察院开展的"保障千家万户舌尖上的安全"检察公益诉讼专项监督活动过程中，发现市场监督管理局未依法将因食品安全犯罪被判处刑罚的池某某等7人上报福建省食品药品严重失信"黑名单"，也未对其采取相关限制措施和惩戒措施，导致食品安全生产领域存在隐患，有侵害社会公共利益的风险。池某某因生产、销售不符合安全标准的食品于2018年5月29日被福清市人民法院判处有期徒刑6个月，并处罚金人民币2000元。根据《中华人民共和国食品安全法》第113条、第135条第2款以及《福建省食品药品安全严重失信"黑名单"管理暂行规定》第4条第2款、第5条、第8条、第14条的规定，对因食品药品安全犯罪受到刑事处罚的，应当被纳入本省食品药品安全

严重失信"黑名单",加强日常监管,并采取相应的限制措施和惩戒措施。但行政机关未履行上述职责,也未将该信息予以公开,行政机关不履职行为侵害了公众的知情权,也不利于对食品安全犯罪人员落实终身禁业的要求和规定,使食品安全犯罪人员可能继续从事危害食品安全的生产经营活动,存有继续损害公共利益的潜在风险。人民检察院于2019年7月29日向市场监督管理局发出了向池某某等7人送达《食品药品严重失信"黑名单"认定告知书》,将其依法上报列入本省食品药品严重失信"黑名单";对被判处有期徒刑以上刑罚的池某某等4人依法采取监管和惩戒措施,明确其终身不得从事食品生产经营管理工作,也不得担任食品生产经营企业食品安全管理人员;对本市近年来因食品药品安全违法犯罪受到行政及刑事处罚的人员进行梳理,如有上述情形,依法及时履行监管职责,切实维护人民群众的生命健康权益;等等检察建议。该案办结之后,政治效果、社会效果、法律效果等非常好,更是突现了行政检察机制(包括公益诉讼机制)与刑事检察衔接的重要性以及行政检察(包括公益诉讼检察)的国家治理功效。

· 五 北京市法治政府专题 ·

B.17
北京市营商环境的立法、实践与评估（2020）

成协中 陈刻勤[*]

摘　要： 《北京市优化营商环境条例》在行政审批、市场环境、政务服务、监管执法方面作出了较多创新，但对比其他省市的营商环境条例仍有进步和完善的空间。在优化营商环境的实践中，北京市实施了一系列创新举措，使得行政审批改革加快推进、政务服务不断优化、监管执法更加规范，但同时也面临着市场环境需改善、融资难待解决、政务服务效能需提升、严格公正执法应加强、政务诚信建设要推进的挑战。第三方评估是观测一地营商环境建设状况的重要窗口，北京市在不同评估中取得的优异成绩彰显了其制度优势和治理效能，同时评估暴露出了获得信贷阻碍大、税率高流程烦琐、自然和生活环境待完善、诚信建设需加强的薄弱环节。为进一步完善营商环境，北京市应引入第三方评估，强化对《北京市优化营商环境条例》实施的社会监督；扩大政府购买服务范围，全面提升政务服务的效率、质量和标准；出台统一的包容审慎监管清单，进一步完善宽严相济的执法环境；进一步强化政府部门的诚信意识，完善涉企政府沟通机制。

关键词： 营商环境　政务服务　行政执法　政务诚信　北京市

---

[*] 成协中，法学博士，中国政法大学法学院博士生导师，主要研究方向为行政法学、营商环境；陈刻勤，中国政法大学法学院博士研究生，主要研究方向为行政法学。

良好的营商环境是迸发生产力和实现经济高质量发展的肥沃土壤，对加强北京市营商环境建设具有重要的意义。于中国营商环境的世界影响力而言，北京市是世界银行开展的营商环境评估所选取的观察城市之一，北京市营商环境的优劣很大程度上决定了中国在世界营商环境评估中的排名。对全国营商环境建设来说，北京市作为优化营商环境的改革先锋和领跑者，其对标国际先进推出的改革举措和典型经验做法，对其他省市优化营商环境具有较强的借鉴和启发意义。从北京市的自身发展来看，习近平总书记视察北京市时，明确了"全国政治中心、文化中心、国际交往中心、科技创新中心"的首都城市战略定位，提出了建设国际一流的和谐宜居之都的战略目标，营造良好的营商环境是实现北京市战略定位和战略目标的重要基础和关键一环。本报告从制度建立、制度执行和制度评估三个层面，对北京市的营商环境建设进行全面的剖视和解析，希冀通过对北京市优化营商环境的立法、实践和评估的回顾和反思，为未来北京市相关工作的开展提供思路借鉴和路径选择。

一 北京市优化营商环境的立法现状

法治是最好的营商环境，北京市坚持在法治轨道上推进营商环境建设，出台了一系列关于营商环境的地方性立法和行政规范性文件，这些立法和政策构成了北京市营商环境建设的坚实制度保障。

（一）北京市优化营商环境的法治保障

从2001年的《北京市促进私营个体经济发展条例》、2005年的《北京市专利保护和促进条例》，到2010年的《中关村国家自主创新示范区条例》、2013年的《北京市促进中小企业发展条例》、2019年的《北京市促进科技成果转化条例》，再到2020年的《北京市优化营商环境条例》（以下简称《条例》）。北京市始终在优化营商环境的法治道路上砥砺前行，以立法引领和保障改革，确保改革于法有据、顺利实施。

《条例》的出台，标志着北京优化营商环境法治化建设进入了崭新阶段。《条例》共6章83条,分为总则、市场环境、政务服务、监管执法、法治保障、附则。主要包括五个方面:一是针对行政审批手续多、时间长等问题,构建以告知承诺为基础的审批制度,推行市场主体登记便利化,提高企业登记、变更、注销效率;二是针对执法检查频次高、执法标准不统一、信用修复机制不健全等问题,构建以信用为基础的监管制度,实行公平公正和包容审慎监管,规范执法行为和自由裁量权,最大限度减少对企业正常经营的干扰;三是针对企业群众办事不便、跑动次数多、申报材料多等问题,构建以标准化为基础的政务服务制度,规范政务服务行为,提升政务服务水平,完善咨询维权服务机制;四是针对网上办事办不全、办不深,数据共享不充分、不及时等问题,构建以区块链等新一代信息技术为基础的数据共享和业务协同制度,建设全市统一的在线政务服务平台,推广应用电子材料,推动税费缴纳更加便利,推进信贷办理更加快捷,实行公共资源交易全流程电子化;五是针对政策制定企业参与不足、政策实施缺少缓冲期、政策异议渠道不明确等问题,构建以法治为基础的政策保障制度,进一步完善政策制定、实施和异议解决机制,为市场主体营造稳定、可预期的政策环境。2020年6月,北京市市场监督管理局出台了《关于贯彻落实〈北京市优化营商环境条例〉的实施意见》,值得肯定的是,北京市市场监管局将质量提升作为优化营商环境的重要内容,提出推动首都高质量发展标准体系建设、开展实施首都标准化战略资金补助、开展计量管理改革试点、推进北京市质量认证体系建设、依法规范公共服务五项具体举措,由此凸显了优化营商环境与促进经济高质量发展的内在关联。

此外,在不同的时期北京市以问题为导向,直击营商环境建设重点领域和关键环节的痛点难点,刀刃向内自我革新,重新划定政府和市场的边界,摆脱传统的监管路径依赖,先后出台了优化营商环境1.0版、2.0版、3.0版改革政策,共计395项措施和任务。2017年的1.0版围绕世行评价10个指标,注重"减环节、减时间、降成本,增加透明度";2019年的2.0版聚焦北京效率、北京服务、北京标准和北京诚信这"营商环境四大示范工程",关注"减流程、优服务、降成本、强监管";3.0版则围绕商事制度改革、知识产权保护、司法保障等方面，全方位推进营商环境各领域改革。①2021年北京市将出台营商环境4.0版，包括277项改革措施②，更加凸显了北京市营商环境的改革在不断深化，力度在不断加大。《条例》与优化营商环境1.0版、2.0版、3.0版、4.0版共同构成了北京市营商环境建设的坚实制度保障（见表1）。

表1　北京市优化营商环境的核心制度体系

层级	名称	主要内容
地方性法规	《北京市优化营商环境条例》（2020-03-27）	构建以告知承诺为基础的审批制度，以信用为基础的监管制度，以标准化为基础的政务服务制度，以区块链等新一代信息技术为基础的数据共享和业务协同制度，以法治为基础的政策保障制度
行政规范性文件	优化营商环境1.0版（2017）	围绕世行评价10个指标，注重"减环节、减时间、降成本，增加透明度"
	优化营商环境2.0版（2019）	聚焦北京效率、北京服务、北京标准和北京诚信这"营商环境四大示范工程"，关注"减流程、优服务、降成本、强监管"
	优化营商环境3.0版（2019）	围绕商事制度改革、知识产权保护、司法保障等方面，全方位推进营商环境各领域改革
	优化营商环境4.0版（2021）	以清除隐性壁垒、优化再审批流程、加强事中事后监管和深化数字政府建设为重点

资料来源：《北京市优化营商环境条例》；优化营商环境1.0版包含《关于进一步优化营商环境深化建设项目行政审批流程改革的意见》《进一步提升纳税等便利度优化营商环境的工作措施》《关于进一步优化营商环境提高企业开办效率的通知》《关于北京市进一步优化电、水、气、热接入营商环境的意见（试行）》《北京市城市管理委员会关于完善北京市电力可靠性赔偿工作的通知》《关于进一步优化营商环境提升京津跨境贸易便利化若干措施的公告》《关于进一步优化金融信贷营商环境的意见》《关于推进"互联网+不动产登记"改革实施方案》《北京市规划和国土资源管理委员会关于进一步优化营商环境缩短不动产登记办理时限的通知》；优化营商环境2.0版包含72个政策文件，具体内容见《北京市优化营商环境政策2.0导航手册》；优化营商环境3.0版指《北京市新一轮深化"放管服"改革优化营商环境重点任务》；优化营商环境4.0版指《北京市进一步优化营商环境更好服务市场主体实施方案》。

---

① 《北京市人民政府办公厅关于印发〈北京市新一轮深化"放管服"改革优化营商环境重点任务〉的通知》（京政办发〔2019〕19号）。
② 《北京市人民政府办公厅关于印发〈北京市进一步优化营商环境更好服务市场主体实施方案〉的通知》（京政办发〔2020〕26号）。

(二)《北京市优化营商环境条例》的制度创新

《条例》在对国务院《优化营商环境条例》的落实、细化、完善过程中,立足于北京市建设国际一流和谐宜居之都的基本定位,对标国际最有竞争力的营商环境标准,总结北京市优化营商环境中的经验成果,作出了标准拔高和制度创新。(见表2)

表2 《北京市优化营商环境条例》的制度创新

领域	制度创新
行政审批	全面实行政务服务告知承诺制
企业准入与退出	实施"一址多照""一照多址""一业一证""证照联办"制度,推广应用电子材料
市场环境	获得贷款便利化改革,公共资源交易平台建设,内部举报人制度
政务服务	"最多签两次"制度,"就近办"制度,"延时服务"制度,政务服务"好差评"制度
监管执法	信用分级分类监管制度,信用修复制度,年度执法检查计划制度、行政检查单制度

资料来源:《北京市优化营商环境条例》,北京市人民政府网站,http://www.beijing.gov.cn/zhengce/dfxfg/202004/t20200401_1781837.html,最后访问时间:2021年4月18日。

其一,在行政审批的改革方面。国务院《优化营商环境条例》提出对符合相关条件和要求的行政许可事项,可以采取告知承诺制的方式办理。在此基础上,《条例》明确了实施告知承诺制的范围,将告知承诺制作为行政审批的常态,仅仅排除了那些直接涉及国家安全、公共安全和人民群众生命健康等行业、领域,极大地提高了审批效率;并将告知承诺制与信用监管结合在一起,实现了从事前审批向事中事后监管的转化。

其二,在企业的准入和退出方面。《条例》在国务院《优化营商环境条例》提出的"简化企业从申请设立到具备一般性经营条件所需办理的手续"的基础上,创新实施"一址多照""一照多址""一业一证""证照联办"等多项制度,并明确电子签名、电子印章和电子证照的效力,极大地提高了

企业开办效率。为提升办理破产便利度,《条例》用了8个条款规定了破产制度,从破产府院协调机制、破产企业财产处置、破产企业税收优惠、破产企业职工权益保障、债权人权益保障、破产管理人履职保障、破产管理人协会行业自律等方面全面规定了市场主体拯救和退出机制。

其三,在营造公平竞争的市场环境方面。为便利中小企业获得贷款,《条例》提出推动政府部门信息与金融机构共享、建立企业电子身份认证信息系统、实现动产担保物统一登记、建立担保物处置平台等多项举措。为确保不同的市场主体公平参与政府采购,《条例》对限制或者排斥潜在供应商或者投标人的行为作出了明确列举,并提出公共资源交易平台建设和全流程电子化建设。国务院《优化营商环境条例》提到监督执法的线索来源可以是投诉举报、转办交办、数据监测等,《条例》进一步将投诉举报主体区分为公众和行业、领域内部人员,强调内部举报人及时发现市场主体违法违规行为和重大风险隐患的角色定位。

其四,在提升政务服务水平方面。《条例》作出了很多创新,如实施"最多签两次"制度,原则上经办人、首席代表最多签两次就要将受理事项办结,防止办理流程过于烦琐和拖延;提出"就近办",建立市、区、街道和乡镇政务服务体系,在交通便利的区域设立政务服务大厅或者政务服务站点;推广"延时服务",实行服务大厅或者政务服务站点周末服务、错时服务;推行政务服务"好差评"制度,将公众的满意度作为衡量政府服务优劣的重要标准。

其五,在加强事中事后监管方面。为落实国务院《优化营商环境条例》提出的"创新和完善信用监管"要求,《条例》明确了信用监管的依据和方式、信用修复制度、行政处罚公示期。此外,《条例》明确了对行政检查的要求,提出年度执法检查计划制度、行政检查单制度、联合检查制度,尽可能检查行政检查对企业正常经营活动的影响。

(三)北京市优化营商环境的制度完善

北京市的营商环境制度建设成就斐然,但若建成国际一流的营商环境高地，还需经历艰苦卓绝的努力。其他省市在建设营商环境建设中积累的改革经验，可为北京市的制度完善提供启发，本部分选取上海市和深圳市的营商环境立法为观察对象，从中汲取营养，进而厚实北京市优化营商环境的制度根基。

在激发市场主体活力方面，需要进一步强化政府部门的主动性。《上海市优化营商环境条例》创新性地提出了"两告知一反馈"制度，即"市场监管部门根据企业自主申报的经营范围，明确告知企业需要办理的许可事项，同时将需要申请许可的企业信息告知相关主管部门。相关主管部门应当依企业申请及时办理涉企经营许可事项，并将办理结果即时反馈市场监管部门"。该制度将市场主体复杂的申请流程转化为行政机关内部的协调沟通，减轻了申请人的负担，提高了业务处理的效率。《深圳经济特区优化营商环境条例》提出了允许境外专业机构及人才按照规定在深圳提供专业服务、实施商事登记行政确认制、推行涉企报告"多报合一"、探索建立破产重整识别及破产预重整机制、"除名制度"和"依职权注销制度"等多项创新性改革。

在构建高效便捷的政务服务体系方面，需要进一步提升工作人员的服务能力与意识，建立相关评价与反馈机制。《条例》仅对作为硬件设施的综合窗口的设置作出了规定，并未对作为软件设施的工作人员提出能力和素质的要求，《上海市优化营商环境条例》则对政务服务大厅的窗口服务力量配置和窗口工作人员业务培训提出了要求。《条例》仅指出要推行政务服务"好差评"制度，对市场主体评价后的结果应用只字未提，《上海市优化营商环境条例》则明确了"好差评"评价和回复的公开制度，以及差评和投诉问题调查核实、督促整改和反馈机制。此外，在工程建设领域，上海市和深圳市都探索实施工程质量潜在缺陷保险及建筑师负责制。为保障市场主体及时、全面获取涉企政策，上海市和深圳市都提出建设统一的市场主体服务平台，统一发布涉企政策。

在完善普惠制全方位的企业公共服务体系方面，需要探索更加多元化的服务方式和内容。《上海市优化营商环境条例》在公共服务方面的亮点颇

多,包括企业服务云兜底式服务、网格化企业服务、惠企政策统一申报、公用企事业单位全程代办、鼓励实施无抵押信用贷款、设立中小微企业政策性融资担保基金、产业园区一站式政务服务等。《深圳经济特区优化营商环境条例》将"融资便利"作为独立的一章进行了规定,提出了公益性融资、信用借贷、以保函替代现金缴纳涉企保证金、知识产权质押投融资风险补偿机制、银行贷款风险补偿、融资担保风险分担、政策性融资担保等多项改革措施,为中小微企业获取贷款提供了很多的机会和便利。为提高全社会人力资源配置和使用效率,《深圳经济特区优化营商环境条例》还在引进境外人才、探索灵活用工上作出了创新,提出为海外人才停留居留、往返签证、出入境通关提供便利,开展共享用工,实行特殊工时告知承诺制。这些都是《条例》未涉及的,北京市若要进一步加强公共服务建设,在这些方面可予以借鉴。

在创新包容审慎公平公正的监管体系方面,需要进一步完善包容审慎监管与柔性执法制度。上海市建立了市场主体轻微违法违规经营行为包容审慎监管制度,明确轻微违法违规经营行为的可依法不予行政处罚。深圳市则明确了行政机关实施行政指导的方式,包括发布一般性的指导意见或者提出具体指导建议;制定、发布相关合同示范文本;发送提示信函;规劝、约谈,从而确保柔性手段落实到位。

在健全完备有力的法治保障体系方面,《上海市优化营商环境条例》对不同的主体提出了明确的要求。对司法机关来说,要求上海市各级法院加强网上诉讼服务平台建设,支持各级法院依法公正审理涉及市场主体的各类案件,平等保护各类市场主体合法权益,支持各级检察院对法院审判活动实施法律监督。对人大机关而言,要求人大常委会发挥监督和代表作用,对本行政区域内优化营商环境工作开展监督,并组织代表开展专题调研和视察等活动。对社会团体而言,要求专业院校、社会组织参与到优化营商环境法治保障共同体中,为推进营商环境建设提供智力支持。由此可见,建设良好的营商环境不是行政部门的一家之责,人大机关、司法机关、社会团体都应当参与其中,北京市在未来营商环境的优化中,除了要加强行政保障,也要注重发挥人大监督、司法保障和公众参与的功能。

二 北京市优化营商环境的改革实践

经过持之以恒的多轮改革,北京市在优化营商环境的进程中取得了丰硕的成果,很多行之有效的改革举措被作为"北京经验""北京样本"在全国范围内推广。与此同时,改革实践中存在的问题成为北京市营商环境建设实现新跨越和新突破的阻碍。

(一)北京市优化营商环境的改革措施

北京市 2015 年被国务院批复作为"服务业扩大开放综合试点城市",并开启了一场产业开放的改革探索。2020 年 9 月,国务院再次作出批复,积极支持北京市深化新一轮服务业扩大开放综合试点、建设国家服务业扩大开放综合示范区,这意味着国家赋予北京探索世界服务业开放发展新模式、新路径的重要职能。经过若干年的发展,北京在扩大服务业开放、服务贸易便利化等方面形成了百余项全国首创政策或创新制度安排。此外,北京市在优化营商环境的过程中,立足首都城市战略定位,对标国际高标准,着力打造"北京效率"、"北京服务"、"北京标准"和"北京诚信"营商环境四大示范工程[①],既摆脱固有路线羁绊探寻新的发展路径,又突破传统观点束缚重塑政务审批和服务流程,实施了一系列改革与创新,诸多重大改革创新措施在北京先行先试。

1. 企业全流程电子化登记制度

为便利企业开办,北京市建立全城通办的工商登记服务体系,实现企业设立、变更、注销全流程电子化登记。具体包括实施开办企业申领营业执照、刻制印章、申领发票、用工信息登记、银行预约开户全流程在线申报;实施"名称自主预查"、"经营范围规范化"、"系统智能审批"以及容缺受理、网上办照等措施,实现营业执照当天领取;全面推广电子营业执照,企

[①] 《中共北京市委 北京市人民政府关于印发〈北京市进一步优化营商环境行动计划(2018年—2020年)〉的通知》(京发〔2018〕18 号)。

业开办完成后，凭电子营业执照即可办理后续税务、社保、公积金、银行等开办企业事项；提供企业档案"容e查"服务，企业可以快捷、全面查询并获取带有签章和防伪水印的电子档案。

2. 动产担保融资统一登记制度

为解决企业贷款难、融资难、资金统筹调度难的问题，北京市创新实施"统一登记的动产担保融资服务模式"，改变以往不同类别的动产和权利担保需分别登记的模式，使企业可以把应收账款质押与动产和权利担保作统一登记，统一申请融资；并扩展质押产品类型，协调金融机构和知识产权运营机构，使企业可以通过专利质押融资。

3. 科技创新鼓励发展机制

为营造鼓励创新的发展环境，北京市在专利申请、企业兴办、人才服务、权益保护、研发设备监管等多个环节都作出了改革创新。具体包括开通企业专利申请优先审查"绿色通道"，将专利授权周期缩短三分之二以上；[1] 支持永久居留身份外籍人才创办科技型企业，持永久居留身份证外籍人才在创办科技型企业方面享受国民待遇；设立外籍人才一站式政府工作站，为外籍人才提供多方面的定制服务；建立知识产权纠纷多元化调解机制；延长非必检研发测试车辆暂时进口期限。[2]

4. 建筑许可网上办和分级管理制度

在办理建筑许可方面。北京市实行施工图审查无纸化申报和网上多图联合审查，推行工程招投标交易全过程电子化，以及施工许可证全程网上办。实施环境影响评价分类分级管理，对于不同类型的项目分别采取下放、取消、上收管理权限的方式。

5. 小微企业接电"三零"制度

在获得电力方面。北京市率先推出低压小微企业接电"零上门、零审批、零投资"服务，并实行客户用电线上报装，客户可线上提交用电申请，

---

[1] 《北京市服务业扩大开放综合试点第三批最佳实践案例》（商资函〔2020〕180号）。
[2] 《关于做好北京市服务业扩大开放综合试点经验复制推广工作的通知》（商资函〔2020〕212号）。

电力部门实时响应客户接电需求,并在受理客户接电申请后,由一名客户经理和一名项目经理组成服务团队,提高协同及工作效率。①

6. 口岸通关提前申报制度

在跨境贸易方面,北京市在全国率先建立进口"提前申报"容错机制,创新"岸边直提"新兴疏港模式,推出新版"一站式阳光价格"清单,同时大幅精简单证,将报关单、报检单合并为一张报关单,切实提高通关效率。② 实施文化艺术品"区内存储+区外展拍"保税交易模式,一改以往文物展拍前需送到文物部门审核的方式,转为审核人员上门审核。③

7. 不动产登记一网通办、一窗办理制度

北京市开拓了不动产登记、交易、税收"一窗受理、并行办理"服务和不动产登记信息网上查询和现场自助查询服务,推行不动产登记信息和地籍管理信息互联互通,并建立健全了不动产登记和土地权属投诉机制,以及土地纠纷相关信息公开制度。海淀区政府还探索利用区块链和人工智能技术办理不动产登记,试点实行"智能秒批"。④

8. 纳税一表申请、一键报税制度

在缴纳税费方面。北京市制定了办税事项"最多跑一次"清单和"全程网上办"清单,并推行财税一体化辅助申报系统,企业财务报表可直接转化为纳税申报表,纳税人只需两到三分钟便可完成从申报准备到申报办结的全流程。⑤ 推行住房公积金缴存业务全程网上办、归集业务"通缴通取",

---

① 《国务院办公厅关于做好优化营商环境改革举措复制推广借鉴工作的通知》(国办函〔2019〕89号)。
② 《世行发布营商环境报告 北京市为中国排名提升作出重要贡献》,北京市人民政府网站,http://www.beijing.gov.cn/fuwu/lqfw/gggs/201910/t20191028_1856933.html,最后访问时间:2021年3月5日。
③ 《北京市服务业扩大开放综合试点第三批最佳实践案例》(商资函〔2020〕180号)。
④ 《北京市优化营商环境3.0版推204项措施》,北京市发展和改革委员会网站,http://fgw.beijing.gov.cn/fzggzl/yshjzcjc/mtbd/201912/t20191220_1342953.htm,最后访问时间:2021年3月5日。
⑤ 《2019年北京市预计减税降费近1800亿元》,北京市发展和改革委员会网站,http://fgw.beijing.gov.cn/gzdt/fgzs/mtbdx/bzwlxw/201912/t20191221_1397611.htm,最后访问时间:2021年3月5日。

企业两分钟即可办结缴存住房公积金业务。

9.沙箱监管与远程监管制度

北京市推动包容审慎监管,既为新业态创新营造宽松的环境,又守住市场秩序和国家安全的底线。为培育壮大新业态、新模式,北京市探索"沙箱监管"措施,将属于新业态、新模式下的企业放在一个"箱子"里,设置一定的"观察期",对出现的问题及时引导或处置,同时杜绝将问题扩散到"箱子"外面,并由监管部门对运行过程进行全程监管。① 通州区还创新多个举措实现包容审慎监管,如企业首次轻微违法行为如能及时纠正,适用"首违不罚"制度;搭建"包容审慎"数据库优化监管;重大建设项目被评定为"达标免检工程"的90天免检。② 此外,为减少现场执法检查对项目单位正常经营行为的干扰,北京市实施"互联网+监管",执法机关在线填报信息,即可向被监管单位送达电子检查通知书或责令改正通知书,被监管单位按照要求填报并提交相关数据信息,从而实现以远程监管、移动监管、预警防控为特征的非现场监管。③

(二)北京市优化营商环境取得的成效

北京市政府、区政府及其职能部门认真贯彻党中央、国务院优化营商环境决策部署,严格执行本地推进营商环境建设的方针举措,为市场主体创造了效率更高、服务更好、监管更优的发展环境。

1.行政审批改革加快推进

在落实以告知承诺为基础的审批制度方面,北京市大刀阔斧再造审批流

---

① 《发挥人大监督作用 助力优化营商环境 北京市将推行"证照分离"改革全覆盖》,中共北京市纪律检查委员会网站,http://www.bjsupervision.gov.cn/ywyl/202007/t20200731_70375.html,最后访问时间:2021年3月5日。
② 《重服务 优监管 副中心率先实施"包容审慎"监管》,北京市人民政府网站,http://www.beijing.gov.cn/fuwu/lqfw/gggs/202011/t20201120_2140786.html,最后访问时间:2021年3月5日。
③ 《关于北京市发展改革系统在线监管功能上线运行有关事项的通知》,北京市发展和改革委员会网站,http://fgw.beijing.gov.cn/gzdt/tztg/202009/t20200923_2089004.htm,最后访问时间:2021年3月5日。

程，2018年来在企业开办、办理建筑许可证、获得电力、不动产登记、跨境贸易、纳税等重点领域一共压减审批环节39个、压缩审批时间达623天。在企业开办方面，推进313项"证照分离"改革，通过合并办、网上办、承诺办、简易办等方式实现"一窗、一网、一表、一次申报、最多跑一次"，开办企业环节压缩至一个，办理时间压缩至一天。在获得电力方面，北京市成为世界上仅有的三个电力接入全免费的地区之一。

2. 政务服务不断优化

在优化政务服务制度方面，北京市持续改进和优化政务服务工作，进一步提升企业和群众办事便利度和获得感。第一，大力推行"只进一门"，为便利企业融资纾困，北京市在市级政务服务大厅设立全国首家首贷服务中心，28家金融机构进驻，通过共享工商、社保、医保等27个政府部门数据，为金融机构发放信用贷款提供信息支撑。第二，大力推行"一网通办"，建立基于区块链的不动产登记系统，"链通"身份证、结婚证、房产证等12类数据信息，实现全程网办，企业不再需要持营业执照、买卖合同、契税完税凭证等材料现场核验，企业间不动产登记由2017年的交易、登记、缴税、领证等四个环节、九天压减为目前的一个环节、一天办结，最快45分钟领证。第三，大力推行"一窗通办"，全面实施"前台综合受理、后台分类审批、窗口统一出件"的综合窗口工作模式，取消过去的部门摆摊设窗，实现所有事项均可在任一窗口办理。[①] 第四，畅通政企沟通渠道，12345热线增设了企业服务功能，实行7天×18小时专人值守听取企业意见建议，对反映的问题"接诉即办"，对政策建议及时研究吸纳。为破解企业对涉企政策了解不全、理解不透、用不充分的问题，提高政策覆盖率和知晓度，北京市还创新了"优化营商环境政策天天讲"服务，在市、区两级政务服务大厅开通服务区，并于政府官网开通政策咨询互动入口，采用线上线

---

① 《"回顾'十三五'，展望'十四五'"系列新闻发布会——优化营商环境专场》，北京市人民政府网站，http://www.beijing.gov.cn/shipin/Interviewlive/380.html，最后访问时间：2021年3月5日。

下、宏观解读与微观咨询相结合的形式提供相关服务。① 第五，为满足群众对办理业务时间的特殊需求，北京市探索实施政务服务周末服务，错峰、延时服务。② 朝阳区政务服务中心对于高频办事事项，还将工作日延长两小时服务时间，非工作日提前网上预约即可实现错峰服务。③

3.监管执法更加规范

在构建更加规范有序的监管执法环境方面，北京市将刚性执法和柔性执法相结合，行政机关严格执法和市场主体自觉守法相配合。北京市在交通、住建、文化和旅游等12个行业领域率先实施了信用分级分类监管，对于信用较好、风险较低的市场主体，减少检查比例和频次；对于违法失信、风险较高的市场主体，提高检查比例和频次。④ 此外，为慎用信用惩戒制度，确保信用惩戒的合法性、合理性，切实保障市场主体的合法权益，北京市制定了信用分级分类标准，明确失信行为和失信联合惩戒的认定范围、标准和程序，细化信用惩戒措施，开展失信企业信用修复工作。

（三）北京市营商环境面临的挑战

在肯定北京市在营商环境建设中取得令人瞩目成效的同时，也不能忽视实践中存在的问题和面临的挑战。营商环境建设是一场持久战，改革越是到攻坚期和深水区，越有硬骨头要啃，因此要攻坚克难，推动北京市营商环境工作再上新的台阶。

---

① 《本市正式启动"优化营商环境政策天天讲"服务》，北京市人民政府网站，http://fgw.beijing.gov.cn/fzggzl/yshjzcjc/mtbd/201912/t20191220_1343240.htm，最后访问时间：2021年3月5日。
② 《为企业办事提供错峰服务 对市民推行延时服务 本市正在制定周末政务服务方案》，北京市人民政府网站，http://www.beijing.gov.cn/ywdt/gzdt/202001/t20200114_1828300.html，最后访问时间：2021年3月5日。
③ 《朝阳营商环境持续优化 区政务服务中心试行错峰延时办公服务》，朝阳区人民政府网站，http://www.beijing.gov.cn/fuwu/lqfw/ztzl/yshj/dt/201807/t20180711_1870578.html，最后访问时间：2021年3月5日。
④ 《"回顾'十三五'，展望'十四五'"系列新闻发布会——优化营商环境专场》，北京市人民政府网站，http://www.beijing.gov.cn/shipin/Interviewlive/380.html，最后访问时间：2021年3月5日。

1.市场环境仍需改善

公平有序的市场竞争环境是良好的营商环境的重要标志，然而在准入许可、要素获取、招投标等领域，市场准入的不公平竞争依然存在，民营企业仍然要面对行政机关设置的隐性壁垒或不合理限制。在政府采购中，国有企业与民营企业之间、本地企业与外地企业之间、国内企业与外资企业之间，因所有制形式、组织形式或者股权结构的不同，而受到了采购方的差别对待。政府基于部门利益或地方利益的考量，对供应商设置符合特定经济实力、行业身份或处于特定的地域范围的高门槛或不合理条件，使一些企业难以公平参与到政府采购的竞争中。

2.小微企业融资难亟待解决

尽管北京市为缓解企业融资难出台了很多举措，但小微企业仍面临贷款门槛高、利率高、手续繁、增信难、稳定性弱等挑战。小微企业能够获得信贷取决于供给侧和需求侧双方的因素，然而在供给侧方，大中型金融企业较多，且这些企业因股东多为政府财政部门和大型国有企业，在借款时倾向于优先满足大型企业或国有企业的需求，与之相对的是，服务于小微企业的小型金融企业的数量较少。在需求方一侧，担保和信用是小微企业能否取得贷款的重要因素，实践中金融机构习惯采取传统的抵押贷款方式，企业通过知识产权质押融资还比较困难，一些企业即使获得融资担保，仍需提供相当的抵押财产，而小微企业往往缺乏足够的不动产抵押品；且由于社会信用体系建设尚未健全，私营的信用机构体系还未建立，企业依靠信用获取贷款存在较大阻碍。[1]

3.政务服务效能还需提升

北京市的政务服务还有待从形式优化走向实质优化。具体而言，一是政府政务服务平台建设管理分散、办事系统繁杂、事项标准不一、数据共享不畅、业务协同不足等问题较为普遍，政务服务整体效能不强，办事难、办事

---

[1] 王蓉、刘斌：《优化"获得信贷"指标的制度因应——营商环境视角》，《银行家》2020年第7期。

慢、办事繁的问题还不同程度存在。二是线上服务平台和线下服务大厅对接不顺畅，电子签名和电子印章尚未在所有领域推广，在部分业务办理中，企业在政务服务平台提交电子材料后，仍需到政务服务大厅提交纸质材料；或者能够在线下完成的业务办理，要求在线上重复进行预约或申请。三是政务服务的标准化和个性化尚未很好地结合。当下政务服务虽然注重标准化建设，却不能充分满足企业对政务服务的个性化需求，定制化、多样化、智慧化的政务服务应用还较为匮乏。四是政务服务中心的一些服务人员专业化水平有待提高。在政务服务大厅的建设中，硬件设施的配置、更新都比较到位，然而政务服务工作者的队伍建设却缺乏必要的重视。一些工作人员专业能力不强，服务意识不高，面对申请人提出的业务问题，并不能准确地告知相应的政策规定和解决途径；在受理材料时，不能一次性精准告知申请人应完善或补充的材料，申请人多跑路现象仍难杜绝。

4. 严格公正执法应予加强

强化监管和避免执法扰民的博弈，包容监管和审慎监管的制衡，统一标准与个别裁量的并存，都对行政机关执法的严格性和公正性提出了挑战。首先，"管得过多"与"管理不到位"现象并存。一方面，由于不同的监管部门缺乏协同，针对不同的检查项目，多个监管部门在不同的时间段前往企业开展执法活动，给企业的正常经营活动带来了不必要的影响；另一方面，市场准入的不断放宽并未伴随事中事后监管的持续加强，在一些需要重点监管的领域尚未将随机抽查和全面检查有机结合，仅仅开展了随机抽查，导致监管缺位或不到位，放任了一些违法行为的存在。其次，信用监管作为新型的监管手段，相应的程序设置未充分保障相对人的合法权益，信用信息的采集、归集和使用的规则不透明，信用惩戒措施被滥用，信用异议和修复渠道不畅通等问题依然存在。最后，在实施包容审慎监管时，既存在裁量权过大导致处罚标准不一的问题，也存在将某项违法行为纳入包容审慎执法处罚清单，违背法律法规设定的法律责任作出不予处罚决定的法律风险。

5. 政务诚信建设仍需推进

实践中，一些政府部门"新官不理旧账"、政策朝令夕改、允诺优惠不到位等漠视政务诚信的行为频发,严重损害了市场主体的投资信心。一方面,在行政机关与公民、法人签订的政府特许经营、征收征用补偿、国有自然资源使用权出让等行政协议中,行政机关不履行协议、不按约定履行协议、违法变更或解除协议的情形还时有发生,政府的诚信形象受损,并成为制约社会信用建设进程的瓶颈。另一方面,政策立而不用、立而无用,优惠政策难以落实到位的问题还比较突出。此外,行政机关往往缺乏对涉企政策的事后评估,未能充分了解掌握政策措施是否全面覆盖、精准有效、切实可行,以及企业对政策实施是否满意等信息,因而也就不能及时对政策作出调整,导致政策规定与现实运行的偏差难以纠正。

三 北京在优化营商环境评估中的成绩与不足

第三方机构依据科学的营商环境评估指标开展的量化分析和比较评价,能更为客观地展现一地营商环境建设的成就和不足。通过探析不同机构发布的营商环境评估结果,可以发现北京市营商环境建设的制度优势和薄弱环节。

(一)营商环境评估的不同维度

城市的营商环境排名是市场主体选择投资地的重要参考,为进一步提高北京市在各项评估中的排名,需要"知己知彼",对评估的方式、指标、标准有充分的把握。尽管不同机构设计的营商环境指标体系差异较大,但基本上都包含了营商环境的核心要素,因此解构不同的营商环境评估指标体系,对北京市在营商环境建设中瞄准努力方向、找准工作重点、实现成果到分数的转换意义重大。

1.营商环境评估主体和方式的差异

营商环境的评估整体上呈现国际先行发展和国内后发创新的局面。在国际层面,营商环境的评估出现较早且指标体系较为成熟。世界经济论坛从1979年起,每年都会发布一期《全球竞争力报告》,其所构建的指标体系被认为是最早面向全球经济体的营商环境评估体系。世界银行从2003年开始对全

球 190 个经济体的营商环境进行评估,其将主观的问卷调查和客观的法律法规梳理相结合,形成对一地国家监管环境的整体认识,并发布《全球营商环境报告》为各国改善营商环境提供借鉴和参考。经济学人智库(EUI)的《营商指标模型》以考察区域发展的市场化程度为中心,每 5 年会编制一次营商环境排名,评分时不仅考虑以往表现,且会评估未来 5 年内的营商环境转变。

在国家层面,中国政府单位、协会组织、高校、研究智库等机构结合自身定位和目标取向设计了各具特色的评估指标。国家发展改革委自 2018 年以来牵头研究建立并不断完善中国营商环境评价体系,已在百余个城市开展了营商环境评价,并于 2020 年出版了《中国营商环境报告 2020》,这是中国营商环境评价领域的首部国家报告。全国工商联通过问卷调查收集民营企业对营商环境的主观感受,对数据进行科学处理后形成《万家民营企业评价营商环境报告》。中央广播电视总台作为国家级媒体,以收集到的政府机关公开数据为基础编撰《中国城市营商环境年度报告》,数据来源包括国家统计局和各城市统计局发布的城市统计年鉴、国民经济和社会发展统计公报以及部门工作报告等。万博新经济研究院联合其他 4 个机构,综合采用客观统计的数据和企业对法治环境的主观评价,形成《中国城市营商环境指数评价报告》。中国国际贸易促进委员会贸易投资促进部和贸促会研究院自 2016 年起,运用问卷调查、实地调研、企业座谈、对比分析及文献分析等方法开展中国营商环境调查,并发布年度报告——《中国营商环境研究报告》。中国政法大学法治政府研究院自 2018 年开始,以推进法治政府建设为核心,主要通过网络检索的方式,对全国 100 个城市"优化营商环境的法治保障"进行评估,并发布《中国法治政府评估报告》。

2. 营商环境评估指标的差异

不同机构开展的营商环境评估,在评估指标的设计上存在较大差异(见表 3)。世界银行的评估从企业开办、运营、退出的全流程入手,考察监管过程的复杂程度和费用支出,经济体的商业监管设计的越好,营商便利度评估取得的成绩就越好。但世界银行的营商环境指标将企业开办的难易程度作为整个营商环境的评价标准,难免有些片面,忽视了其他要素对营商环境的保障和促进作用。世界经济论坛的全球竞争力指数（GCI）重点考察经济体在支撑环境、市场、人力资本和创新生态系统四个方面的表现①，这与哈佛大学波特教授提出的国家竞争优势理论是一脉相承的，该理论主张国家在不同的发展阶段分别依赖自然要素、资本要素和创新驱动，因此对这些要素的考察一定程度上可以判断一国的竞争力②。经济学人智库（EUI）的指标体系既包含微观的政府监管，如政府政策、税收、融资等，也包含宏观的社会背景，如政治环境、经济环境、市场机会等，但与世界经济论坛的全球竞争力指数（GCI）相比，缺乏对人力资本和创新环境的关注。这对北京市营商环境的建设的启示是，营商环境的建设是一项系统性的巨大工程，需要统筹兼顾、多方发力，人与物、制度与思维、市场与监管都是营商环境不可或缺的要素。

表3 不同机构的营商环境指标体系

国际组织			政府机关	社会组织、研究院				
世界银行	经济学人智库（EUI）	世界经济论坛	国家发展和改革委员会	中华全国工商业联合会	中国国际贸易促进委员会贸易投资促进部	中央广播电视总台	万博新经济研究院	中国政法大学法治政府研究院
《全球营商环境报告》	《营商指标模型》	《全球竞争力报告》	《中国营商环境报告》	《万家民营企业评价营商环境报告》	《中国营商环境研究报告》	《中国城市营商环境报告》	《中国营商环境指数报告》	《法治政府蓝皮书：中国法治政府评估报告》
开办企业	政治环境	制度	与世界银行相同的11项指标	要素环境评价	基础设施环境	基础设施	自然资源	市场准入
劳动力监管	宏观经济环境	基础设施	政府采购	政务环境评价	生活服务环境	人力资源	基础施设	政府诚信

---

① 叶伊倩、林世爵：《全球竞争力排行榜中的中国——〈2019年全球竞争力报告〉的解读及对中国的启示》，《科技创新发展战略研究》2020年第2期。
② 郝凤霞、陈飞翔：《〈解读全球竞争力报告〉评价指标体系》，《科技进步与对策》2005年第3期。

续表

	国际组织		政府机关	社会组织、研究院				
办理施工许可证	市场机会	宏观经济环境	招标投标	法治环境评价	政策政务环境	金融服务	技术创新环境	行政审批
获得电力	政府对自由市场及外国投资的政策	健康保障与基础教育	获得用水用气	市场环境评价	社会信用环境	政务环境	金融环境	制度保障
登记财产	外贸和外汇管制	高等教育与职业培训	知识产权创造、保护和运用	社会环境评价	公平竞争环境	普惠创新	人才环境	—
获得信贷	税收	商品市场效率	市场监管	创新环境评价	知识产权保护环境	—	文化环境	—
保护少数投资者	融资	劳动力市场效率	政务服务	—	科技创新环境	—	生活环境	—
纳税	劳动力市场	金融市场成熟度	包容普惠创新	—	人力资源环境	—	—	—
跨境贸易	基础设施	技术就绪指数	—	—	金融服务环境	—	—	—
执行合同	—	市场规模	—	—	财税服务环境	—	—	—
办理破产	—	商业成熟度	—	—	口岸服务环境	—	—	—
—	—	创新能力	—	—	企业设立和退出环境	—	—	—

资料来源：World Bank Group, *Doing Business 2020*, https://openknowledge.worldbank.org/bitstream/handle/10986/32436/9781464814402.pdf；World Economic Forum, *The Global Competitiveness Report 2019*, http://www3.weforum.org/docs/WEF_ TheGlobalCompetitivenessReport2019.pdf；国家发展和改革委员会编著《中国营商环境报告2020》，中国地图出版社，2020；《2020年万家民营企业评营商环境报告发布》，中国产业网，http://www.iincn.com/plus/view.php? aid=315392；中国国际贸易促进委员会研究院：《2019年度中国营商环境研究报告》，http://www.gyccpit.org/uploadfile/202002/20200221115616584.pdf；中央广播电视总台：《2019中国城市营商环境报告》，https://www.sohu.com/a/402827837_468714；万博新经济研究院：《后疫情时代中国城市营商环境指数评价报告（2020）》，https://www.360kuai.com/pc/98fe47a04d38c2e70? cota=3&kuai_ so=1&sign=360_ da20e874&refer_ scene=so_ 3；中国政法大学法治政府研究院主编《中国法治政府评估报告（2020）》，社会科学文献出版社，2020。

国家发改委设计的营商环境评估指标在延续世界银行的营商环境指标体系的基础上，增加了政府采购、招标投标、获得用水用气、知识产权创造保护和运用、市场监管、政务服务、包容普惠创新这七项指标，既对企业全生命周期进行了考察，又结合了影响营商环境的其他因素。全国工商联、中国国际贸易促进委员会贸易投资促进部、中央广播电视总台和万博新经济研究院设计的营商环境指标体系全面总结了营商环境的构成要素，从作为硬环境的自然环境、基础设施，和作为软环境的政务环境、法治环境、市场环境、社会环境、文化环境、生活环境、人才环境、金融环境、创新环境等方面，对一地的营商环境建设进行全方位的考察。万博新经济研究院研究推出的"中国营商环境评价体系及指数排序"，旨在探索新时代经济高质量发展和新旧动能转换的领先指标，该指标强调软环境中良好的创新环境、多渠道的金融支持、灵活的人才引进政策与经济规模呈现明显的正相关关系，因此北京市应注重发挥企业创新、借贷融资和人才建设对经济的推动作用。中国贸促会对评估指标的设计结合了实践难点和企业痛点，在常规的指标外增设了对公平竞争环境、知识产权保护环境、财税服务环境和口岸服务环境的考察。[1] 中国政法大学法治政府研究院构建的"优化营商环境的法治保障"指标，是法治政府建设评估指标中的组成部分，其核心在于考察营商环境的行政保障，内容并不涉及人大的立法保障和法院的司法保障，但具体的考察借鉴了世界银行评估指标体系中"企业开办""办理施工许可证""登记财产""获得电力""获得信贷"指标的相关内容。这些指标都需要北京市在营商环境工作中重点关注并持续推进。

（二）北京市在评估中展现的制度优势

国家发展改革委发布的《中国营商环境报告2020》显示，北京市在18项指标中均获评"标杆城市"。此外，北京市的"打造国际一流营商环境"

---

[1] 刘英奎、吴文军、李嫒：《中国营商环境建设及其评价研究》，《区域经济评论》2020年第1期。

被作为典型经验做法予以推广，报告指出"北京市始终把优化营商环境作为一项重要政治任务，作为政府转变职能、促进高质量发展的重要抓手和关键环节，坚持高位推动，系统谋划，狠抓落实，推动优化营商环境取得实效"①。这是对北京市在优化营商环境中所做的工作给予了高度评价和充分肯定。从不同机构发布的评估报告中，可以从细微之处把握北京市在优化营商环境中展现的制度优势。

北京市在办理施工许可、保护少数投资者、获得电力、执行合同、企业开办几个方面进步明显。世界银行的营商环境评价以北京市和上海市为样本，因此中国在世界银行发布的《全球营商环境报告》中的排名，一定程度上可以反映北京市营商环境建设的实际状况。根据世界银行发布的《全球营商环境报告》，中国的名次从2017年的第78名提升至2018年的第46名，到2019年达到第31名，且连续两年位列全球优化营商环境改善幅度最大的十大经济体，北京市为中国排名的提升作出了"北京贡献"。世界银行《全球营商环境报告2020》显示，在办理施工许可、保护少数投资者、获得电力、执行合同、企业开办方面，中国取得了长足的进步。其中办理施工许可指标增长12.1%，全球排名达到第33位；保护少数投资者指标增长10%，名列第28位；获得电力指标全球排名第12位，比2019年提高80个位次，获得电力企业办理手续数量从5.5个减少到2个；执行合同指标全球排名第5；企业办理时间从140多天减少到32天。

北京市的人才环境、金融环境、创新环境优势显著。根据万博新经济研究院发布的《2019中国城市营商环境指数评价报告》，北京市人才环境和金融环境位列第一。在24项软环境三级指标中，北京市的科研人才供给、政府文教投入力度、大学数量、学术文化、服务市场规模、技术成果储备等12项指标均位居首位。在万博新经济研究院2020年发布的《后疫情时代中国城市营商环境指数评价报告》中，北京市创新环境指数从2019年的第三位上升至全国首位，基础研究、企业创新、技术成果和信息赋能度等创新环

---

① 国家发展和改革委员会编著《中国营商环境报告2020》，中国地图出版社，2020。

境的细分指标均名列第一,创新驱动和经济增长构成了北京市经济高质量发展的核心推动力和主要动力源。

北京市的优化营商环境的行政保障充分。在中国政法大学法治政府研究院的"优化营商环境的法治保障"评估中,北京市2018年取得了满分的优异成绩,名列全国第一;2019年北京市虽然名次上位居第四,但总分与第一名仅相差了两分。在2019年的评估中,课题组选取了六个角度对政府在"优化营商环境的法治保障"的表现进行了评估。经网络检索发现,在告知承诺制的实施方面,北京市政府不仅出台了关于告知承诺制的文件,还在多个领域贯彻落实告知承诺制;在优化准入服务方面,北京市在政府门户网站设置"开办企业"专栏并明确标识创办企业所需材料和条件,以及承诺企业创办所需时间;在创新审批方式方面,北京市政府实施了企业获得信贷审批改革和获得电力审批改革;在涉企收费清理方面,北京市政府不仅就"涉企收费和监督检查清单"制定了专门规定,还开展了涉企收费、摊派事项和各类评比达标活动清理工作;在企业家参与涉企政策方面,北京市2019年度出台了《北京市大力营造企业家创新创业环境充分激发和弘扬优秀企业家精神若干措施》,且检索到北京市政府实际开展企业家参与涉企政策制定的事例。

(三)北京市在评估中暴露的薄弱环节

通过评估和比较,北京市在优化营商环境方面还存在如下薄弱环节。一是获得信贷的体制机制仍不健全,中小企业获得信贷阻碍依旧较大。根据世界银行发布的《全球营商环境报告》,中国的多项指标的名次都呈现稳步上升的良好局面,然而"获取信贷"指标却在2016年至2019年出现连年下降的趋势,从第62名、第68名、第73名,到2019年下降至第80名。在国家发改委对18项指标的评估中,北京市在12项指标中取得了第一名,获得信贷指标则在剩余指标中排名最为靠后,排第六名。由此可见,北京市在获得信贷方面,与国际上的发达城市相比,还存在一些差距,需要进一步改进和提升。

二是北京市总税率和社会缴纳费率较高，税后流程不够简便。在国家发改委的评估中，北京市的纳税指标仅排名第四。从世界银行发布的《全球营商环境报告2020》来看，中国"纳税"指标在2019年全球排名105位，由于2019年评估的数据截至2019年5月1日，尚未展现2019年下半年和2020年的改革成果，但是整体上反映了北京市在纳税改革中的不足。世界银行对"纳税"指标的评价从纳税次数、纳税时间、总税率和社会缴纳费率、税后流程这四个方面展开。随着放管服改革的深入，中国纳税次数不断减少，纳税时间也大幅减少，但是"总税率和社会缴纳费率"和"税后流程"两项指标的得分却始终不尽如人意，与亚太地区、OECD成员国存在较大差距。这与中国税收制度冗杂，税收优惠虽较多但名义税率保持较高水平的税收体制，以及增值税退税程序多、时间慢密切相关。① 由此反映出来北京市在降低企业名义税率、减轻税收征纳成本，简化税后流程等方面存在进一步完善的空间。

三是作为硬环境的自然环境和作为软环境的生活环境还有待完善。尽管自然环境和生活环境与营商环境并非直接相关，但是正所谓"绿水青山就是金山银山"，优美和谐的自然环境、宜人舒适的生活环境是发展生产、吸引投资、留住人才的关键性因素。在万博新经济研究院开展的营商环境评估中，北京市软环境指数得分在全国排名居首，但是受到空气质量、气候环境、森林覆盖率等自然环境的制约，硬环境指数排名较为靠后。此外，在软环境指数中，北京市的生活环境指数较其他一线城市仍有差距，较高的住房和生活成本、短缺的教育和医疗资源降低了居民的生活幸福感。因此北京市在完善市场环境、政务环境、监管环境的同时，要注重打造良好生态环境和优美宜居环境。

四是政府诚信建设方面存在不足。中国政法大学法治政府研究院开展的评估，暴露出北京市在政府诚信建设方面的弊端。在政府合同的履约方面，需要进一步强化政府及相关部门的诚信守约意识。

---

① 国家税务总局湖北省税务局课题组：《世界银行营商环境报告纳税指标及我国得分情况分析》，《税务研究》2019年第1期。

四 北京市优化营商环境的完善路径

北京市营商环境建设在改革实践中面临的挑战,以及在第三方评估中暴露出来的薄弱环节,都是未来北京市优化营商环境的工作重点。"水深则鱼悦,城强则贾兴",为贯彻落实北京十四五规划提出的"持续优化营商环境"要求和"打造国家营商环境示范区"目标①,应对当下世界局势带来的不确定因素,缓解经济增速下行压力,北京市应在以下几方面持续推进营商环境建设,努力营造一流的营商环境,这是时代赋予其的重要使命和历史责任。

(一)引入第三方评估,强化对《条例》实施的社会监督

《条例》的出台,标志着北京优化营商环境法治化建设迈上了新台阶。在新的起点上,北京应当大力推动《条例》的高效实施,全面提升北京优化营商环境的法治保障水平。法律规范的有效实施不能完全依赖执法部门主动为之,必须辅之以相应的外部监督机制。第三方评估具有独立性、专业性、权威性的特征,与行政机关不具有隶属关系,因而能在最大程度上确保评估结果的公正性,因此在《条例》的实施中,引入第三方评估,能够充分发挥第三方机构在知识、利益和视角方面的独特优势。第三方机构通过设计一定的评估指标体系,并按照科学的方法对行政机关实施《条例》的情况作出评估,可以超脱执法机关自我督查的狭隘视角,以外部视角评估《条例》的实施现状,充分了解《条例》所确定的制度是否实施到位,是否取得了一定的社会效益或者经济效益,并发现法律实施中存在的具体问题,提出完善法律实施的具体路径。这对加强社会主体对《条例》

---

① 《中共北京市委关于制定北京市国民经济和社会发展第十四个五年规划和二〇三五年远景目标的建议》提出:"持续优化营商环境。深入转变政府职能,优化完善机构职能体系。完善营商环境评价体系,滚动推出营商环境改革政策,探索实施一批突破性、引领性改革举措,提高市场化、法治化、国际化水平,打造国家营商环境示范区。"

实施的监督，更好地发挥《条例》对营商环境的保障作用具有重要的意义。

（二）扩大政府购买服务范围，全面提升政务服务的效率、质量和标准

北京市在政务服务中存在的部门间数据鸿沟、个性化照顾不周、工作人员能力欠佳等问题，都对其营造更优的政务服务环境提出了新的要求。引入市场机制，通过政府购买服务等方式，吸引社会力量参与政务服务的提供，能很大程度上改变政府提供一项服务就要成立一个部门、养一批人的情况，有利于减轻政府财务负担，提高服务质量与服务供给效率，进一步助力服务型政府建设。传统上政务服务注重行政职能部门的职责明确和专业分工，以更好地实现对行政机关的管理和对行政相对人的控制，但忽视了公众的需求。电子政务的发展使公共服务从职能部门的经验导向转向公众的需求导向，这为集约化政府的发展提供了机遇。① 因此政府要以整体政府、顾客导向理念为指引，推动政府组织机构从碎片化、分散化走向集中化、整体化，从办事窗口的合并深入组织体系的重构，从办事程序的统一标准化扩展为服务类型的个性多样化，从硬件设施建设走向工作队伍建设，致力于为办事者提供高效、舒心、满意的服务。此外，为推动政务数据共享，要发挥区块链技术在数据共享中的作用，建立统一的政务数据平台并推行统一的元数据标准，将数据共享以部门为单位转变为以业务为驱动，实现同一业务中不同部门间的数据交互，确保业务办理所需数据的精确查找和实时共享，提高部门间协作能力和办事效率。② 同时要明确数据权属，由各部门自主授权数据开放领域，保证数据的安全、可追溯、不被攻击和不被篡改，打消行政机关不敢、不愿共享数据的顾虑。

---

① 王敬波：《面向整体政府的改革与行政主体理论的重塑》，《中国社会科学》2020年第7期。
② 袁刚、温圣军、赵晶晶等：《政务数据资源整合共享：需求、困境与关键进路》，《电子政务》2020年第10期。

(三)出台统一的包容审慎监管清单,进一步完善宽严相济的执法环境

营造宽严相济的监管执法环境,对维护公平公正的市场秩序,激发市场主体的创新活力意义重大。首先,市级执法机关应当出台统一的包容审慎监管清单,确定需要实施包容审慎监管的行业和领域,执法机关不能突破法律、法规、规章的规定,放任特定行业和领域的违法行为或加重打压力度。其次,执法部门要依法、科学地实施分类监管,对守法守信者"无事不扰",对违法失信者"利刃高悬",将双随机监管和全面监管相结合,将简政放权和加强事中事后监管相衔接。最后,要运用关联原则约束信用监管,避免信用监管手段的滥用。被纳入失信名单的违法行为应当与诚信价值密切关联,从而限定失信惩戒的范围,避免将任何行为都界定为失信行为;惩戒措施应当与失信行为的违法度相适应,避免加重对违法行为的制裁导致过罚不当;监管手段应当与监管目的有合理、必要且实质的关联,避免违反比例原则。[①] 同时,为解决信用异议和修复渠道不畅通的问题,要广泛宣传和严格落实《条例》规定的信用修复制度,为市场主体通过承诺、整改、核查、培训等方式开展信用修复提供指导和便利。

(四)进一步强化政府部门的诚信意识,完善涉企政府沟通机制

建设诚信政府是健全社会主义市场经济体制的本质要求,政务诚信对市场诚信有着重要的表率和导向作用。加强政务诚信可以提高政府公信力,增强市场主体的信任度,从而吸引更多的投资项目落地。因此政府及其公务人员应当认真履行在招商引资、政府与社会资本合作等活动中与投资主体依法签订的各类合同,建立健全清理政府部门拖欠企业账款长效机制,完善政府换届或领导人员更替时的权力交接和工作衔接机制,强化官员违约毁约的责任追究。加强政务诚信建设,还要求政府制定的规章、行政规范性文件保持

---

① 袁文瀚:《信用监管的行政法解读》,《行政法学研究》2019年第1期。

一定稳定性，不朝令夕改，能贯彻到位。因此政府在制定政策时，应当采取多种方式与企业沟通交流，充分倾听不同类型、不同行业、不同规模的企业声音，确保政策的科学性、可行性及长远性。为避免新旧政策叠加或不协调影响企业的正常生产经营活动，政府还应当合理确定政策的出台时间，并在政策发布后设置一定的政策执行缓冲期，为市场主体留出必要的适应调整时间，对因新政策出台权益受损的市场主体给予一定的补偿。

B.18
基于空间的首都城市治理法治化

崔俊杰*

摘　要： 超大型城市是一个复杂的巨系统，如何对其开展有效的治理始终是公法学的关注重点。传统城市治理着眼于末端执法、关注人的违法行为。近年来，北京市将空间作为城市治理的载体，以规划的法治化为龙头，围绕实现"都"的功能来谋划"城"的发展，以"城"的更高水平发展服务保障"都"的功能，取得了丰硕的成果。在此治理理念之下，空间成为人和物等要素的统合体，既是物理意义上的，也是社会意义上的。对城市空间进行治理的目的在于实现和发展人的城市权利，这又反过来决定了城市政府的公法义务和权力边界。为了强化基于空间的首都城市治理的法治品性，需要进一步拓展法律层面的空间内涵，形塑首都城市空间治理的法律规范体系，优化空间治理的实施机制。

关键词： 城市空间　首都功能　城市治理　城市权利　政府职责

城市治理并非千城一面，需要首先框定治理的对象，即治理一个什么样的城市。"中国城市治理变革存在多样性路径，它是外部环境和内部需求共

---

* 崔俊杰，法学博士，首都师范大学政法学院讲师、硕士生导师，主要研究方向为行政法学、风险规制等。

同作用的结果，不同城市治理变革面临着不同的环境和需求，从而产生了差异化演化路径。"① "中华人民共和国首都是北京。"② 首都的城市治理既同享其他超大型城市治理的共性，又因其治理对象的特殊宪法地位而在治理路径方面呈现重大不同。《北京城市总体规划》（2016—2035 年）将北京明确定位为"全国政治中心、文化中心、国际交往中心、科技创新中心"，并强调"履行为中央党政军领导机关工作服务，为国家国际交往服务，为科技和教育发展服务，为改善人民群众生活服务的基本职责"。③ 据此，北京的城市功能与首都的宪法功能在北京市的城市范围内形成聚合。因之，北京城市治理最为独特之处即在于处理好"都"与"城"的关系，在完善城市自身治理的同时，着眼于首都功能的实现。二者之间的对向性关系可以描绘为：围绕实现"都"的功能来谋划"城"的发展；以"城"的更高水平发展服务保障"都"的功能。

明定首都城市治理对象之后，即应回归治理手段的问题。简单地讲，就是怎样治理城市。《北京城市总体规划》（2016—2035 年）指出："从精治、共治、法治、创新体制机制入手，构建……城市管理体制。"④ 这其中，精治强调制度建设和科技创新；共治体现以人为本的治理价值观，强调社会各方面形成广泛的治理共识，继发推动形成全社会共同参与城市治理的合力倍增效应。相比较而言，法治应该是一个管总的东西。精治和共治都离不开法治这个基础。"超大规模城市法律治理的新范式应尊重社会功能系统的内部运作的自主性，在此基础上通过法律系统与其他社会功能子系统之间的结构耦合进行治理，从而实现对复杂社会的复杂治理。"⑤ 因此，如何选择一个

---

① 李文钊：《理解中国城市治理》，《中国行政管理》2019 年第 9 期。
② 《中华人民共和国宪法》第 143 条。
③ 《北京城市总体规划（2016—2035 年）》，北京市人民政府网站，http：//www.beijing.gov.cn/gongkai/guihua/wngh/cqgh/201907/t20190701_100008.html，最后访问时间：2021 年 2 月 17 日。
④ 《北京城市总体规划（2016—2035 年）》，北京市人民政府网站，http：//www.beijing.gov.cn/gongkai/guihua/wngh/cqgh/201907/t20190701_100008.html，最后访问时间：2021 年 2 月 17 日。
⑤ 泮伟江：《中国超大规模城市法律治理》，《国家检察官学院学报》2020 年第 6 期。

能够服务于首都城市定位,又具备较强包容度和整合能力的法治切入点,进而实现城市的良法善治,是近年来首都城市治理的关注重点。

一 作为传统公法议题的城市治理

超大规模城市治理涉及城市运行和发展的目标定位;涉及人口、土地、环境、交通、产业等信息流的调节和控制;涉及决策、规划、组织、指挥等一系列机制;涉及法律、经济、行政、技术等手段;涉及政府、市场与社会不同主体的互动,是一整套决策引导、规范协调、服务和经营行为的统合体。因此,超大规模城市治理从来就是一个公法领域的富矿,理论及治理实践均积累了相对丰富的资料。

(一)城市治理的既有路径

1. 以行政管理实践为先导

在正式宣布推进国家治理体系和治理能力现代化之前,管理城市主要依赖于政府包揽一切的直接管理。有关治理思路被概括为"有一摊事情,就制定一部法律,并设置一支执法队伍"。从国家层面来看,通过分别立法和逐个规范的办法,已经就市政工程、公用事业、市容环境、园林绿化等城市建设和管理领域的具体事项分别制定了行政法规和部门规章。在北京市层面,早在2014年,当时的北京市城市管理综合执法协调办公室就曾先期梳理出城市管理综合执法中涵射的"非法小广告管理""工地管理与车辆遗漏遗撒""露天烧烤与露天焚烧""无照经营与非法市场""停车管理""非法营运""违法建设""店外经营与堆物堆料""户外广告与牌匾标识"九大类常见的城市管理问题可资适用的法律依据,共涉及法律法规和规范性法律文件94部(其中法律20部、行政法规11部、地方性法规31部、部门和政府规章11部、规范性法律文件21部)以及50个成员单位的"三定方案"。2015年,该办公室又梳理出"流浪乞讨管理""地下通道管理""燃气管理""报刊亭管理""废品收购管理""井盖雨篦管理""园林绿化管理"

"夜景照明管理""非法出版物管理""过街天桥管理""城市道路管理"等11项扩展的城市管理问题适用的法律依据,并分别由不同部门主管实施。近年来,北京又陆续开展了《街道办事处条例》《生活垃圾管理条例》《物业管理条例》等与城市治理直接相关的具有突破性意义的立法,城市治理的法治实践不断深入。

以上城市治理的历史性实践在为建立科学规范的城市管理体制作出积极探索并积累丰富经验的同时,其教训也越发获得治理者与研究者的共识——执法权力有待进一步整合,部门间职责有待进一步协调,执法效率有待进一步提高。近年来的城市管理改革,在很大程度上即着眼于围绕解决上述顽疾而展开。

一方面,向上强化国家治理层面的顶层设计。城市治理权尽管是一项地方事权,但在单一制国家,因其不离"行业管理"而需要顶层设计。[①] "人类的有限理性无法实现不同属性法律规范与相应法律部门之间的'一一对应'。"[②] 特别是伴随政府职能转变,公共服务职能凸显,城市管理事权日趋膨胀,依靠少数执法部门开展高权管理的思路将面临系统性失灵。在不同发展阶段,着眼于强化多个城市治理部门的治理合力,推进不同形式的综合行政执法,始终是城市治理改革的重头戏。事实上,北京本身就是最早开展这一改革的城市之一。从1996年11月国务院批准北京市宣武区成为全国第一个城市管理综合执法改革试点地区开始,到2000年北京全域所有区县均成功推进了城市管理相对集中行政执法权改革。2002年,北京市人民政府作出《关于进一步推进城市管理领域相对集中行政处罚权工作的决定》,实现了职权集中的初步法制化。然而,如果站在当下的历史节点往前回溯即可发现,当初的城市管理职权相对集中,尽管改革幅度不小,但充其量也只是历史的一小步。近年来,北京城市化的发展、大城市病的日趋凸显倒逼北京城市治理新变革。2015年《中共中央 国务院关于深入推进城市执法体制改

[①] 中国政法大学法治政府研究院主编《中国法治政府发展报告(2017)》,社会科学文献出版社,2018,第367页。
[②] 章志远:《行政法治视野中的民法典》,《行政法学研究》2021年第1期。

革　改进城市管理工作的指导意见》扩大了城市管理的内涵，明确了城市管理的职责，初步形塑了覆盖市政管理、环境管理、交通管理、应急管理和城市规划实施管理的"大城管"格局。2016年，《中共中央　国务院关于进一步加强城市规划建设管理工作的若干意见》则进一步统筹了城市规划、建设和管理三者的关系，凸显了城市管理的顶层设计思路，也为后来的城市管理和规划领域的机构改革奠定了思路。作为贯彻中央决策的落地方案，2016年5月，北京市委市政府印发了《关于全面深化改革提升城市规划建设管理水平的意见》。该意见除了一如既往地推进城市管理执法权相对集中以外，更富特色之处即在于梳理了当前阶段北京城市治理的聚焦点，包括"全面加快疏解非首都功能""治理'大城市病'""集中力量打造北京城市副中心"，以及"建设以首都为核心的世界级城市群"等。这些关注尽管看上去颇为具象，但都足以透视北京城市治理变革的宏观站位，着眼于进一步理顺"都"与"城"的关系，在把脉首都城市治理特色方面系统性地开展顶层设计。

　　另一方面，向下推进执法重心下移。立足于更为宏观的视角，城市治理是社会治理在城市场域的具体化体现。社会治理作为国家治理的重要领域，其重心在基层，最突出的难点问题也在基层。事实上，下移执法重心本就是《中共中央　国务院关于深入推进城市执法体制改革　改进城市管理工作的指导意见》所确立的理顺城市管理体制的五大中心工作之一。北京市《关于全面深化改革提升城市规划建设管理水平的意见》亦将推进执法重心下移作为工作重点。隶属于全市层面整体的行政管理体制改革工作部署，城市管理执法重心下移在随后的制度实践中寻获了新的抓手。2018年2月，北京市委办公厅、北京市人民政府办公厅印发《关于党建引领街乡管理体制机制创新实现"街乡吹哨、部门报到"的实施方案》。2019年，北京市委市政府发布《关于加强新时代街道工作的意见》指出，坚持赋权下沉增效。深化街道管理体制改革，推动重心下移、权力下放、力量下沉，形成到一线解决问题的工作导向，实现责权统一、上下联动，切实发挥街道在城市治理中的基础作用。在组织法层面，给街道"赋权"的体现在于变从前的联合

执法为综合执法。通过设置以城市管理为主体的综合执法队，加入公安、市场监管、交通管理、消防救援等部门人员，在更加突出条块结合的基础上将人员、责任、工作机制、工作场地相对固化，解决城市基层治理"最后一公里"难题。2020年实施的《北京市街道办事处条例》将上述实践以地方性法规的形式进一步固化下来。

2.回应型的公法理论支撑

囿于特定时期推进秩序行政法治化的第一序位需求，公法学在很长一段时间内对城市管理的研究相对欠缺体系化方案，更多体现为回应型的立法研究。即通过回应城市管理实践的做法，实现与《行政处罚法》《行政强制法》等立法工作的互动，并在一定程度上反哺行政法的总论体系。典型的例证即是最初对城市管理相对集中行政处罚权的研究。就目前而言，公法学对当下北京开创的"吹哨报道""接诉即办"机制的理论回应成果尚不算丰富，即便有，多涉及"执法主体资格""管辖权"等传统行政法问题。对这些问题的研究在相当程度上回应了《行政处罚法》的修订工作，回应了中共中央办公厅、国务院办公厅印发的《关于推进基层整合审批服务执法力量的实施意见》的政策要求，有关研究的成果也多数获得了立法的采纳。比如2021年刚刚修订完成的《行政处罚法》即分别对推行建立综合行政执法制度，相对集中行政处罚权，以及将基层管理迫切需要的县级人民政府部门的行政处罚权交由能够有效承接的乡镇人民政府、街道办事处行使作出了规定。[①]

尽管对城市管理的回应型研究在深度和广度两个层面都得到了拓展，城市管理的公法知识拼图在逐步完善，但有关研究成果大体上体现了两种分化。其一，倾向于研究行政法总论的学者在对待城市管理问题时更多仍着眼于秩序行政的基本框架，虽也涉及管制理论向治理理论的范式转变，但理念的追寻多于具体的制度设计。有些学者虽然深入研究了行政主体理论的变迁、行政行为理论的调适、行政程序制度的完善，但城市管理更多作为其理

---

① 参见《行政处罚法》第18条、第20条。

论证成的一个注脚。其二，倾向于研究规制理论的学者虽尝试将研究的触角伸向都市更新、城乡规划、土地管理、城市群研究等城市治理具体领域，但就城市各领域规制的系统集成而言，研究成果相对不足。

（二）对首都城市治理既有路径的反思

现有城市治理的理论和实践是在暂时难以对城市管理领域的法律、法规进行全面修订，而机构改革又处于渐进式推进的情况下，及时解决行政管理领域现实问题的策略性举措。尽管制度变迁仍将遵循一定的路径依赖，但改革的作用恰在于确立和发展新的治理进路。为此，有必要就城市治理的既有理论和实践作出反思。

1. 城市治理事权需要进一步整合优化

既有理论和实践的探索虽然触及多部门合作这一城市治理的框架性思路，但受制于条块分割的行政管理体制以及与之对应的部门行政法研究思路，导致在寻找打通部门分立的切口方面始终不尽如人意。不管是理论研究还是实践做法，大多只能用"公务协作"等机制的创制来推动解决体制问题，导致许多城市管理的"痼疾顽症"长期无法解决，给城市安全运行带来了很大隐患。

以北京为例，2014年，北京印发《北京市城市管理综合执法"四公开、一监督"工作实施意见》《北京市城市管理综合执法"四公开、一监督"工作实施方案》，推动实施"四公开、一监督"工作。该工作的要点十分清晰，即公开城市管理责任部门清单、公开责任部门的执法责任和查处标准、公开责任部门的城市管理网格化机制、公开责任人以及责任部门"月检查、月曝光、月排名"的城市管理执法数据。在此基础上，通过高位推进的组织手段，监督各区（县）政府、地区管委会、职能部门、执法部门履职。这一工作的实质是通过组织手段整合优化城市管理责任体系，通过公开产生的震慑力形成责任倒逼机制，督促部门履职。

而近年来陆续推出的"吹哨报道""接诉即办"在制度形塑的初期都首先是一种公务协助的助推机制。"各部门不能有效地配合协作，各自为政，

才催生出相对集中行政处罚权和'吹哨报到'体制机制创新。"[1] 不过，上述机制要发挥作用，在条块分割的体制下仍有赖于高位协调的组织机制和监督问责所形成的反向威慑予以强力"黏合"。故而，如何进一步整合优化城市管理事权，构成首都城市治理体系和治理能力现代化进程中的重要关注点。

2. 城市治理事权需要在立法过程中进一步拓展

从全国范围来看，《中共中央 国务院关于深入推进城市执法体制改革 改进城市管理工作的指导意见》实施以后，有关部门着力推动过一次城市管理全国统一立法的工作，但最终陷于停顿。[2] 就北京而言，除了2007年制定的市政府规章《北京市实施城市管理相对集中行政处罚权办法》以外，全市层面"大口径"的城市管理立法始终未列入计划。这其中，当然涉及立法资源分配的问题，但从城市治理者的角度而言，在立法资源极其有限的前提下，"大而全"的城市管理立法可能并非首选。这反过来说明，如果将城市管理直接作为立法的切口，将存在一些难以解决的现实问题。

尽管从直观上看，城市管理概念的包容性很强，但立法的重心在于规范人的行为，导致现有城市管理立法（不论是综合性的立法还是单行立法）都主要关注末端执法权运作，侧重于治理违法违规行为。2015年《立法法》修改以后，城市管理立法成为一些新获得立法权限的"立法俱乐部"成员的开门立法[3]，但如果就上述立法文本进行分析就不难发现，有关立法仍呈现比较明显的两头着力现象。一是聚焦于相对集中行政处罚权或者综合执法，二是聚焦末端违法行为治理。这样一来，对城市管理的关注通常止步于行政处罚，偶有立法关涉到相当有限的行政许可事项。对于许可向前端的治理机制的法治化构建则可能会进一步弱化。这可能在实践中存在以执法拉动

---

[1] 金国坤：《基层行政执法体制改革与〈行政处罚法〉的修改》，《行政法学研究》2020年第1期。

[2] 《城市管理立法研讨会召开》，中华人民共和国住房和城乡建设部网站，http://www.mohurd.gov.cn/zxydt/201803/t20180327_235518.html，最后访问时间：2021年2月17日。

[3] 如《荆门市城市管理条例》《日照市城市管理条例》《蚌埠市城市管理条例》《遂宁市城市管理条例》《孝感市城市管理条例》等。

管理的"小马拉大车"现象。不仅如此，这一进路还容易导致完整的执法链条被拦腰截断，管理权与执法权相分离，监督检查权的行使出现错位和真空，这反过来又倒逼城市管理执法部门在一些具体管理事项上产生"要许可"的冲动。即便赋予其许可权，也是具体事权上的头痛医头、脚痛医脚。就整个城市的治理而言，当面对城市发展过程中的人口资源硬环境矛盾，确定城市发展规模、布局城市产业等宏观议题的时候，过去更多的是进行政策层面的表达，而较少在城市治理相关法律中分配具体的权利、义务和政府职能。综上，城市治理事权需要在立法过程中进一步扩展。

3. 法与法之间需要进一步衔接

虽然城市管理统一立法的基本方向是给城市管理树立框架，补充部门立法的不足，协调部门运行的合力，但立法的过程中首先需要协调统一立法与已经存在的专业立法之间的关系。这不仅将导致法典内部逻辑周延性方面出现问题，也将直面部门利益再分配和再协调所可能带来的阻力，实际上也指涉该领域立法在必要性和可行性方面的问题。

二 空间治理：对首都城市治理实践的观察和建模

全面推进依法治国背景下，城市治理法治化是一个不容忽视的问题，关键在于选好依法治理的载体。载体的选择不仅要有利于工作的开展，有助于提取各类城市治理事项的公因式，而且要作为立法的小切口，推进做好城市治理的大文章。

（一）"疏解整治促提升"及其治理理念

"推进京津冀协同发展"是党的十八大以来中央提出的三大战略之一。2016年底的北京市委十一届十二次全会就"深入推进京津冀协同发展，着力疏解非首都功能，优化提升首都核心功能，加快建设国际一流的和谐宜居之都"作出部署。2017年，党的十九大报告将京津冀协同发展正式上升为国家级区域发展协同战略，而疏解北京非首都功能则被作为实施该战略的重

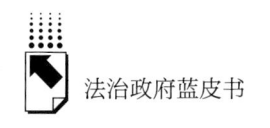

要抓手。

从具体内容的表述上看,推进京津冀协同发展,特别是疏解北京非首都功能的宏观政策已经在近几年的制度实践中细化为首都超大规模城市治理的一些具体举措。而国家层面的顶层设计在其治理架构的基层落实,也就是微观层面的具体体现,对于把握政府整体运行的基本态势十分必要。与此同时,这种"落实"与"体现",又是在近年来的具体实践中一步步推进的。应该说,在中国这样一个强调中央权威的政府治理格局中,来自中央政府的宏观政策,在地方层面得到积极回应是必然的。问题的关键在于这种回应本身所折射出来的实践逻辑,又能为我们提供怎样的分析样本,以便于我们更加深入地展现其所包含的颇具特色的首都城市治理的真实状态呢?

北京市政府决定,2017年至2020年期间,在全市范围内组织开展"疏解整治促提升"专项行动,并发布了《北京市人民政府关于组织开展"疏解整治促提升"专项行动(2017—2020年)的实施意见》。疏解整治促提升专项行动,是一种政策层面的表达。就其语义而言,就不仅描述了一套自成闭环的具体的工作机制,也提示了工作需要达成的目标。从表面上看,疏解整治促提升是回应当前北京城市发展突出问题、破解"大城市病"的一个机制层面的举措,但在实施过程中,对其的认识则远远溢出于机制层面。这是因为,推进这一举措的过程实际上是深化对城市功能定位的理解的过程,是深化对超大城市运行规律的认识的过程,是深化对城市治理方式和治理体系的共识的过程。在聚焦首都城市功能定位中,转变发展理念,认清人口、土地和环境等刚性约束对城市更新方式的深刻调整,在破解"大城市病"中,创新工作方式方法,增强城市治理能力,提升城市品质,改善人居环境。

根据《北京市人民政府关于组织开展"疏解整治促提升"专项行动(2017—2020年)的实施意见》,"疏解整治促提升"专项工作涉及十个领域:(1)拆除违法建设;(2)占道经营、无证无照经营和"开墙打洞"整治;(3)城乡接合部整治改造;(4)中心城区老旧小区综合整治;(5)中心城区重点区域整治提升;(6)疏解一般制造业和"散乱污"企业治理;(7)疏解区域性专业市场；（8）疏解部分公共服务功能；（9）地下空间和群租房整治；（10）棚户区改造、直管公房及"商改住"清理整治。从政策的细化分界来看，专项行动的责任单位几乎囊括各大委办局和各区政府，可以说是一项综合性的系统性工程。

强调体系化的意义在于抽象其内在的系统逻辑。以学术的视角，从基层政府看似散乱无章、着眼末端治理的工作细节着手，分析其政策的基本定位、措施的具体落实，进而为我们提供一种对北京市政府开展首都城市治理所进行微观透视的真实样本。把上述十个领域的治理对象提取公因式，"空间"这一个具备高度关联性的治理对象跃然其间。

当然，此处的空间具有层次性、立体性和主体性。就空间的层次性而言，前述（6）、（7）、（8）等疏解非首都功能是首都整体城市空间的利用和改造问题；（3）、（4）、（9）等事项则涉及部分具体空间的调整。就立体性而言，占道经营、无证无照经营等事项更多涉及平面空间的治理，楼宇广告牌治理则涉及楼体之上垂直立体空间的利用。就主体性而言，与其他事项更多关涉公共空间不同，群租房整治、中心城区老旧小区整治、棚户区改造更多关涉市民个体的生活居住空间改善，涉及私权利的分配和调节。可见，空间概念得以涵摄单纯的行为法监管思路的盲区和权力真空，也体现转型发展的动态治理观和方位感，较"都市更新""城市群"等舶来法律概念更具现实层面的整合优势。

（二）空间概念的法律内涵

有学者指出，"协调'都—城'关系首先在于明确界定北京纯粹的城市功能和同首都功能竞合的城市功能的规范畛域，而区分的关键则是两大功能的结合地带，主要有空间界分和功能界分两种进路"[①]。按照该学者的表述，空间进路和功能进路是作为两种不同的理想类型（idea-types）而分别表述

---

① 郑毅：《作为城市的北京与作为首都的北京——基于宪法规范的研究》，《中外法学》2020年第3期。

的。诚然，物理上的空间只是一个方位概念，是与时间相对的一种物质客观存在形式，体现为一种纵横切面，是一种描述性的事实，但从法律上讲，不仅现行法律体系难以为北京的空间内涵提供明确的规范支撑，而且不论在政治上、技术上，还是在实践上，就北京和首都的空间进行明确界分在中国都难以实现。因此，似乎功能的进路才是走出困境的必由之路。基于宪法规范的研究，上述视角无疑具有其合理性，但问题在于，如果具象为政府对特定事项的治理，则功能的发挥就势必与具体的城市空间及附着于空间之上的权利和义务、权力和责任相结合。正是在这种行政法的视角之下，空间的内涵变得充实起来。

1. 空间概念之下人和物等要素的统合性

与传统城市管理侧重于人的违法行为整治，以及城市各类复杂要素表面上的简单铺陈相对比，空间则是一个具有物理载体意义的聚合性概念，并以此来集聚人和物等各类复杂的城市要素。

空间并不是一种简单的陈述，"优化首都发展布局"、"创造良好人居环境"以及"提升城市发展质量"等具体治理举措都是在北京既定的政区范围内进行的。即使考虑到非首都核心功能疏解、京津冀协同发展、雄安新区建设等政区范围之外的重大改革也不可避免涉及央地关系、北京与首都圈周围各城市的协同治理等问题，但北京的"一核"仍是关键。换句话说，各类外部法律关系的理顺在很大程度上都是以北京既定空间范围内的法律关系的理顺作为前提的。因此，此处的空间应该是一个结构性的概念，对其的规范应主要聚焦于首都功能的发挥以及与之相关的纵向和横向法律关系的调整。

为了确保北京所承载的首都功能的实现，通过"疏解整治促提升"这一城市治理机制的抓手，有关法律关系的调整和理顺涉及空间、规模、产业三大结构的重新调整，涉及人、事、物的重新调配。在空间、规模、产业三大结构中，空间是居于首位的，也是处于基础地位的。因为管人、管事、管物的城市治理逻辑得以在北京既有的城市空间之下予以整合。优化北京城市空间的作用在于规范城市空间秩序；控制城市规模的目的在于降低单位空间之上的城市过载；同理，产业规制的目的在于"腾笼换鸟"，最终也会回到空间治理的框架中来。

2. 空间既是物理空间，也是社会空间

物理空间体现空间的客观实在性；社会空间则承载着空间之上复杂的社会关系。城市是市民空间的集合体，只有在城市空间中，不同主体利益的多元表达、有关权利和义务的交叉协调、社会的多维度整合才有可能得到更新和发展。从城市治理的意义上讲，北京的城市治理，就是要在北京客观实在的物理空间之上，对空间内部主体之间的权利和义务进行合理化的配置。

城市中的主体虽然身份多样，但都是城市产品与服务的提供者或消费者，都拥有生产、生活和发展方面的需求，也势必因资源有限性而在生活和发展中产生权利与权利的交织乃至冲突。当城市治理下的空间不再仅仅具备物理意义，而成为社会意义上的空间之时，就是要使空间的规模、结构和密度等符合人的需求与习惯，满足人与人和谐相处对空间环境的要求。在城市空间之内，通过利用和开放良好的公共设施，配置科学合理、高效便民的交通线路，在功能上注重完善城市生态与服务市民生活相结合，将城市人的需求落实到空间（安全、舒适、愉悦）、设施（合理、方便、共享）、线路（可达、便利、经济）这三大维度需求上，避免不同主体的权利在冲突中失序，或者堕入城市丛林法则的调整之中。

3. 城市空间治理的目的是实现人的城市权利

《北京城市总体规划》（2016—2035年）指出，"转变城市发展方式，完善城市治理体系，有效治理'大城市病'，不断提升城市发展质量、人居环境质量、人民生活品质……率先全面建成小康社会"。可见，城市治理是以人为本的。就此而言，对北京城市空间和要素的关注，应当把与人相关的基层生活和居住空间作为关注的重点。街道空间是城市空间的重要组成部分，是当前北京城市规划与空间治理的重点研究对象之一。北京市《关于加强新时代街道工作的意见》从30个具体的方面强化工作任务，其中，在"实施街区更新，提升城市精细化管理水平"方面，围绕人居空间改善，公共空间提升着墨甚多。这一城市治理思路的转变亦需要在法理层面进行

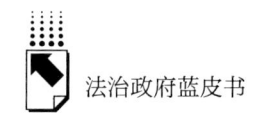

解读。

在完成政治国家建构之后,"公民身份将主要在地方的层面上得到落实"①。"经由公民身份所存在的公民权利和经由市民身份所实现的市民权利在当代法治语境中被整合为人的城市权利。"② 城市即是这一人的权利的具体实现场域,在城市空间之下,基于公权的介入和私权的参与,构建一个以公法目的为依归,以公法要素为主,私法要素参与的具体的法域。在这个法域中,由于人是城市的核心,故而,应当将人基于城市空间的公法权利作为分析、解决城市空间利益争端的前提,作为分配有关物上权利的基础。

对于北京而言,一度过度的中央集权决定了北京特殊的政治—经济依附体制及其人口聚集效应,但在既定的城市空间之下,北京的发展规模并非越大越好,其空间上所附着的人口也并非越多越好。北京人口总量的加速膨胀与无序流动,已经使本地区的水、土地等自然资源日益枯竭,交通、教育、医疗、垃圾处理等公共资源的供给也捉襟见肘。在此前提下,一部分人的城市权利的实现能力和实现水平存在突破下限的危险。"在城市建设中,一定要贯彻以人民为中心的发展思想,合理安排生产、生活、生态空间,努力扩大公共空间,让老百姓有休闲、健身、娱乐的地方,让城市成为老百姓宜业宜居的乐园。"③ 北京的城市发展应当是城市经济社会的发展与生活于城市中的人本身的发展相统一的,就此而言,北京城市空间的治理应着眼于人的城市权利实现,而城市权利的实现程度也折射出一个国家基本权利的保障程度。

4. 治理目的决定城市政府的公法义务及权力边界

人的城市权利概念反过来进一步明确了城市政府的治理职能。对于现代城市政府而言,既要开展消极的权利限制和秩序维护,又要自上而下地整合考量城市资源环境承载能力,致力于城市积极秩序的形成,提升城市市民权

---

① 〔美〕基思·福克斯:《公民身份》,郭忠华译,吉林出版集团有限责任公司,2009,第137页。
② 胡杰:《城市权利的法理意蕴》,《法学》2020年第5期。
③ 《习近平:人民城市人民建,人民城市为人民》,新华网,http://www.xinhuanet.com/politics/2019-11/03/c_1125186430.htm,最后访问时间:2021年2月17日。

利的实现水平，特别是积极性基本权利的实现水平。

北京的人口规模是巨大的，但这不意味着北京的城市发展要继续膨胀下去。习近平总书记在视察北京讲话时指出，"首都规划务必坚持以人为本，坚持可持续发展，坚持一切从实际出发，贯通历史现状未来，统筹人口资源环境，让历史文化与自然生态永续利用、与现代化建设交相辉映"①。对北京这样一个资源环境过载的城市而言，发展潜力再好，也要划定开发边界，通过既定空间上的减量发展来形成倒逼机制，更加注重合理的城市功能布局，建设更高水平的基础设施体系、更高效的土地利用效率、更集约的公共服务等，以此推动城市的转型发展。从这个意义上讲，实践中即便是群租房整治这类看似属于私法自治空间的议题，在人的城市权利话语体系之下，也是一个公法和私法交融的问题。

（三）基于空间治理的法治化手段

"规划是法"在近年来北京市基于空间的城市治理中被反复提及，用以强化北京城市规划的法律属性。这体现出北京城市治理中的法治思维和法治方式。不过，规划何以为法？这仍是一个需要作出理论回应的问题。

其一，从形式法治而言。如果按照《立法法》所确立的法律规范体系，城市总体规划、分区规划、详细规划，乡、镇域规划，村庄规划，特定地区规划和专项规划等均不能直接被纳入法律规范体系的框架之中。事实上，上述规划的法律效力来源于立法的授权。除了国家层面已有的城乡规划法律规范外，2019年，北京修订了《北京市城乡规划条例》（以下简称《条例》）。这部新修订的《条例》尽管仍保留了城乡规划的法名，但作为未来规划、建设和管理的基本依据，为落实新版北京城市总规有关首都国土空间治理的目标提供了制度性保障。这部《条例》在调整的范围方面，增加了"分区规划、详细规划、乡镇域规划"的内容，并将规划

---

① 《习近平在北京考察 就建设首善之区提五点要求》，新华网，http://www.xinhuanet.com/politics/2014-02/26/c_119519301.htm，最后访问时间：2021年2月17日。

的确定与实施作为北京城市空间治理的重要手段。事实上，行政规划尽管并不为空间所独占，但国土空间的规划是空间治理的龙头。近年来，北京的城市治理实践表明，对空间权的关注，不仅要关注对空间环境及设施的规前论证和权属认定登记、保障等问题，也要关注整体城市空间之上，为促进人的城市权利实现在空间利用品质方面的引导与控制，从而开展有效的规后治理。因此，"规划是法"更多是从规划的法律效力层面来讲的。通过法律规范的刚性约束力，以组织法制度和行为法制度相互配合的方式，实现总规相关要求的立法转化和立法保障。

其二，从实质法治而言。城市规划的形成过程及其法定程序要求本身就是一个检视规划实质合法正当性的重要维度。这其中，由于城市总体规划位居统领地位，通过北京城市总规的形成过程即可观摩中国特色的共识性协商决策机制。就此而言，总规的决策主体包括政府、外部精英和社会公众，而上述主体又统摄于党的统一领导之下。为此，新修订的《条例》建立了专门的重大事项请示报告制度，要求"城市总体规划实施遇有重大事项，应当依照相关规定经首都规划建设委员会审议，向党中央、国务院请示报告"[1]。此外，"城市总体规划报党中央、国务院批准"；"首都功能核心区、城市副中心的控制性详细规划报党中央、国务院批准，经批准后报市人民代表大会常务委员会备案"[2]。一方面，这体现出首都功能与北京城市功能的适度交融，但对作为首都宪法功能基础的北京城市功能的变动则超出北京地方事权的范畴，须有中央的决策；另一方面，在决策方式上，规划的形成过程集政府组织、专家领衔、部门合作、公众参与、科学决策于一体[3]，强调党中央的统合决策、社会工程师的顶层设计以及履行人大重大事项决定权相统一。这一决策机制嵌构于中国特有的民主政治体制之下，畅通政民互动、

---

[1] 《北京市城乡规划条例》第4条。
[2] 《北京市城乡规划条例》第19条。
[3] 《北京市城乡规划条例》第17条："规划的组织编制机关应当采取论证会、听证会、座谈会、公示等形式，依法征求有关部门、专家和公众的意见，并在报送审批的材料中附意见采纳情况及理由。"

央地互动的渠道,是中国宪法所特有的民主集中制原则的体现,也构成总规的实质合法性之源。

三 基于空间的首都城市治理法治化展望

"城市作为一个人口聚集性生存的空间存在,其空间本身不再被看成是死亡的、固定的、非辩证的、静止的容器,而是成为一种支配性的、建构性的力量,影响着社会关系、利益结构以及人们日常生活的变化。"[①] 由于城市的空间治理涉及国家的引导、社会力量的参与和市场的作用,因此其本身即构成国家治理的主要阵地。以空间作为载体来谋划首都城市治理大局,是北京市近年来的主要探索,并取得了重要成果。不过,首都城市空间的治理不仅关乎不同利益主体之间的权利义务平衡,而且涉及首都功能和北京既有城市功能的再平衡以及其基础之上的权益体系的完善,在这一持续动态的变革过程中,如何用法治的刚性约束确保权力不越界、权利不滥用,使城市空间之内始终维持创新、公平、共享、生态性的价值,仍有进一步探索的广泛空间。

(一)拓展法律层面的空间内涵

其一,从当前城乡规划法律规范体系中的侧重于平面空间治理拓展至地上、地下立体空间治理。仅就条文而言,《北京市城乡规划条例》规范的空间还主要是平面空间,只在第16条提及地上和地下空间开发的顺序原则。事实上,《中共中央 国务院关于进一步加强城市规划建设管理工作的若干意见》《中共中央 国务院关于建立国土空间规划体系并监督实施的若干意见》等均提出统筹地上、地下空间开发利用的总体要求。2019年5月自然资源部印发《关于全面开展国土空间规划工作的通知》,要求

[①] 王海荣:《空间理论视阈下当代中国城市治理研究》,博士学位论文,吉林大学,2019,第1页。

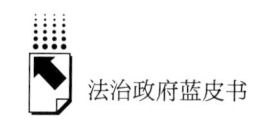

将地下空间作为市级国土空间总体规划主要内容。《十四五规划纲要》则明确要"强化国土空间规划和用途管控"。应该说，以法典化思维推进国土空间开发保护立法已是确定性的趋势。和相对平面化的城乡规划相比，国土空间是三维立体空间。合理开发利用地下空间，增强地下空间之间及地下空间与地面建设之间的有机联系，是优化城市空间结构和格局、促进地下空间与城市同步发展、缓解城市土地资源紧张的必要措施；而对于地上空间，也要杜绝无限制地建设摩天大楼、玻璃幕墙，营造地域、文化、时代和谐统一的城市风貌。就目前而言，北京的地上、地下空间综合开发利用和互联互通方面还存在很大的潜力，特别是地下空间的开发仍有较大的提升空间，在统筹规划、开发利用等各个环节都需要进一步强化系统性的法治化治理机制，从而推动形成规划、建设、管理相协调，地上、地下空间相统筹的新格局。就北京而言，地下空间在疏解非首都功能、缓解大城市问题、增强城市防灾减灾能力、提升城市公共环境品质、保障城市服务功能等方面具有重要的作用。为此，有必要在法律层面拓展空间的内涵。国内已经有一些地方专门就地下空间开展了立法活动，北京作为中国地下空间开发利用起步最早、规模最大的城市之一，把握城市地下空间快速发展的重要时期，在全面推进依法治国的总体目标要求下，发挥立法的引领和推动作用，建立相对完善的法律体系是地下空间科学合理规划建设的首要保障，对于推动北京市城市地下空间的安全、高效、可持续发展有着非常重要的意义。

其二，从单纯的物理空间扩展至社会治理意义上的空间，并由此明晰治理目的和治理主体的法定职责。就此而言，作为城市的北京和作为首都的北京，在功能定位上是不一致的。"宪法中'首都是北京'的表达既是事实描述，也是命令规范。"[①] 在此命令规范之下，首都城市治理目的、方案等都体现出不同于其他城市的地方。由此，首都城市治理的政府职责得以在法律

---

① 郑毅：《作为城市的北京与作为首都的北京——基于宪法规范的研究》，《中外法学》2020年第3期。

层面客观化。

其三，从现实空间拓展至历史空间和未来空间，强化空间治理的方位感。就历史意义上的空间而言，要考虑北京首都属性曾经对北京先天附带的城市功能及城市发展所产生的积极作用，以及当时的历史条件下的客观化的空间治理职责，解决好当前政策调整可能带来的信赖利益保护问题。就未来而言，需破解现阶段首都属性反过来制约北京可持续发展和京津冀地区协同发展的不利因素，体现对首都城市发展的引领。

（二）形塑空间治理的法律规范体系

基于前述空间的内涵的扩展，需将城市空间规划体系、《城乡规划条例》的实质内容、《北京市实施〈中华人民共和国土地管理法〉办法》中有关土地用途管制和土地利用总体规划的有关内容、首都城市治理的总体性要求等内容进行整合，并与国民经济和社会发展五年规划进行协调，以国土空间立法为契机看，形成城市空间开发利用保护的整合性法律框架。

（三）优化空间治理的实施机制

其一，在政民互动方面，坚持城市规划产生过程中的共识性协商决策方式，改进其实现机制和程序制度，强化角色充权，特别是利用12345政民服务热线归集的市民需求大数据信息，进一步获取优质的民主，用事前协商吸纳事后掣肘。

其二，在央地关系方面，需要进一步协调好首都功能和北京城市功能之间的关系。因首都空间与北京城市空间的高度重叠，很难对首都空间与地方空间进行彻底的物理分隔。在此基础上，若首都宪法功能的实施会影响北京城市功能的实现，则在树立首都意识的同时，有关解决方案也应基于央地之间良性协商机制而形成良性共识，以此适当重视北京的主体性和积极性。这种央地间良性协作的机制将有助于宪法惯例的形成。

其三，在依法治理方面，虑及城市总规对北京城市战略定位的改变，北京不可避免面临转变发展方式，即从增量发展走向减量发展的阶段。受

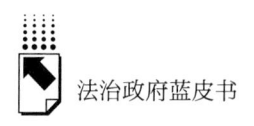

此牵引，一些治理政策也将发生改变。如对背街小巷的治理、对开墙打洞的整治、对楼宇广告牌的治理等，从长远和整体来看均体现了发展的目标，但也需处理好执法层面的信赖利益保护问题。执法层面的问题是传统的行政法问题，即需进一步强化比例原则的运用，进一步优化和改进执法方式等。

B.19 新公共服务理论视角下北京市普惠性幼儿园的推进策略*

王春蕾 郑悠然**

摘 要： 现代学前教育的本质是一种公共服务。北京市通过实施三期学前教育三年行动计划，基本建成广覆盖、保基本、有质量的学前教育公共服务体系。新公共服务理论为学前教育的持续优化提供思路：政府在利用财政资金购买学前教育公共服务的同时，还要承担起优化、监管和担保责任。新公共服务理论视角下推进普惠性幼儿园发展的具体策略包括：尽快出台《学前教育法》，完善顶层设计；推动学前教育供给侧结构性改革，实现供需均衡；完善普惠性幼儿园的内部治理结构；加强普惠性幼儿园的外部监管；等等。

关键词： 普惠性学前教育 新公共服务理论 公共利益

一 北京市普惠性幼儿园发展取得的主要成就

学前教育是国民教育体系中的重要组成部分，具有典型的公共服务属

---

* 本文为北京市社会科学基金决策咨询项目"《北京市学前教育条例》修订研究"（项目编号：20JCC112）的阶段性成果。
** 王春蕾，法学博士，中国政法大学法治政府研究院师资博士后，主要研究方向为行政法学、教育法学；郑悠然，北京大学法学院博士研究生，主要研究方向为行政法学。

性，接受学前教育是每个适龄孩童应有的宪法性权利。政府有义务为公民提供充分的学前教育资源，并且排除公民接受学前教育的障碍。随着现代政府理论的兴起，有限政府和服务型政府的观点逐渐被接受，政府作为公共服务责任的承担者，并不意味着其必然成为公共服务的直接提供者。公共服务的间接给付模式具有多样性，公共服务理论要求政府所提供的给付内容必须能较高水准地满足公众的愿望和要求。① 因而，政府所承担的责任不仅是提供资金购买服务，更应该保障服务的质量。在学前教育领域，由市场主导的民营化模式近年来逐步向公共性回归②，普惠性学前教育的概念应运而生。

所谓"普惠"，是指普遍惠及、人人享有，以较低的价格向大众提供较高质量的教育服务，以非营利性为根本属性；③ 普惠性幼儿园既包含政府举办的公办幼儿园，也包含普惠性民办幼儿园。囿于政府的财政能力，现阶段如何积极扶持民办幼儿园转向普惠性幼儿园成为优质学前教育资源供给的重要途径。④ 2010年颁布的《国务院关于当前发展学前教育的若干意见》首次使用"普惠性民办园"这一概念。

为提供广覆盖、保基本、有质量的学前教育服务，落实国务院《关于当前发展学前教育的若干意见》的要求，自2011年以来，北京市共实施了三期学前教育行动计划，提出在坚持学前教育公益性和普惠性的前提下，构建政府主导、社会参与、公办民办并举的学前教育公共服务体系，鼓励社会以多种形式举办幼儿园，尤其要积极扶持普惠性民办幼儿园的发展。⑤ 总体而言，北京市在推进学前教育普惠发展的过程中，坚持政府主导、普惠性幼儿园社会共同举办的政策导向，对普惠性幼儿园按照"质量标准统一、补

---

① 〔美〕罗伯特·登哈特、珍妮特·登哈特：《公共行政：一门行动的学问》（第6版），谭功荣译，北京大学出版社，2013，第6页。
② 李蕊：《公共服务供给权责配置研究》，《中国法学》2019年第4期。
③ 秦旭芳、王默：《普惠性幼儿园的内涵、衡量标准及其政策建议》，《学前教育研究》2012年第7期。
④ 杨卫安、邬志辉：《普惠性学前教育的内涵与实现路径》，《广西社会科学》2014年第10期。
⑤ 北京市人民政府办公厅：《北京市第三期学前教育行动计划》（京政办发〔2018〕2号）。

助标准统一、收费标准统一"和"促进教师待遇缩小差距"的政策进行管理，不断扩大普惠性幼儿园的资源供给，普惠性幼儿园的发展取得了一系列重要成就。

一是明确学前教育的公益普惠发展战略，完善管理架构。2011年以来，北京市先后实施了三期学前教育三年行动计划。《北京市学前教育三年行动计划（2011—2013年）》确立了学前教育坚持公益普惠为基本原则的发展战略，《北京市第二期学前教育三年行动计划（2015—2017年）》出台了支持普惠性民办幼儿园发展的若干政策，《北京市第三期学前教育三年行动计划（2018—2020年）》进一步明确提出"普惠性幼儿园覆盖率（公办幼儿园和普惠性民办幼儿园在园幼儿数占在园幼儿总数的比例）达到80%以上"的发展目标。同时，通过制定《北京市普惠性幼儿园认定与管理办法（试行）》，明确普惠性幼儿园的认定范围、申报条件、认定程序、退出机制、保障支持和日常监管要求，建立健全普惠性幼儿园管理架构。

二是提升普惠性幼儿园的财政保障力度，探索学前教育绩效成本预算管理模式。2018~2020年，北京市持续加大学前教育经费投入，市对区学前教育专项转移支付资金共安排了110亿元，比2015~2017年转移支付学前专项投入增加51.27亿元，增幅为87.3%；在政策实施过程中，市级财政通过提供1000元（人·月）定额补助、10000元/人一次性新增普惠园学位补助、5元/（天·平方米）租金补助、3000元/人"转普"一次性奖励的方式，鼓励机关部门、部队、企事业单位、社会团体、个人面向社会提供普惠性学前教育服务，支持普惠性幼儿园提高办园质量。[①] 同时，北京市积极探索学前教育领域的绩效成本预算管理模式，通过修订《北京市市对区促进基础教育事业发展（学前学段）专项转移支付资金管理办法》和《北京市市级财政支持学前教育事业发展补助资金管理使用实施细则》，进一步完善普惠性学前教育成本分担机制、市级财政保障方式与学前教育学段市级财

---

① 《加大支持增普惠》，北京市教育委员会网站，http://jw.beijing.gov.cn/jyzx/ztzl/bjxqjyfz/xqjyjdzczph/202105/t20210520_2394400.html，最后访问时间：2021年5月20日。

政经费管理使用办法。

三是普惠性幼儿园的资源供给和覆盖率逐步提高。学前教育三年行动计划以来，北京市学前教育发展迅速。尤其是第三期学前教育行动计划期间，学前教育资源迅速扩增，全市共增加学位179550个；连续三年通过实施北京市重要民生实事项目，新建、改建、扩建403所幼儿园，新增学位93140个；各区通过挖潜、支持社会资本开办普惠性幼儿园等方式增加学位86410个。[①] 2020年底，北京市适龄儿童入园率达到90%，普惠率达到87%，均大幅优于全国平均水平，基本建成广覆盖、保基本、有质量的学前教育公共服务体系，有效缓解了"入园难"和"入园贵"问题，学前教育满意率大幅提升。

二 学前教育领域新公共服务理论的引入与展开

（一）新公共服务理论的缘起与普惠性幼儿园的实践

普惠性学前教育的实践，首先源自学前教育领域新公共服务理论的兴起。新公共服务理论，由美国公共管理学者登哈特夫妇提出，旨在全面批评和反思以威尔逊、古德诺的"政治—行政二分论"和韦伯的科层制为基点的传统公共行政理论。新公共服务理论认为，在坚持服务是公共行政核心职能的前提下，将维护公共利益作为行政目标，政府以民主的方式来服务公民，在服务的过程中关注法律、社区价值观、政治规范和公民利益。[②] 传统公共行政理论秉持"家长式的关怀"，认为公民无法准确地发现或者表达其真实的意愿和需求，但随着经济发展和人口增长，加之对政府职能僵化和低效的批判，传统公共行政模式的正当性被逐步消解，新公共服务理论正是自20世纪80年代起蓬勃发展的"新公共管理"的政府改革运动的产物。

从学前教育领域公共服务的提供模式上看，政府管制的放松催生了学前

---

① 《多措并举扩学位》，北京市教育委员会网站，http://jw.beijing.gov.cn/jyzx/ztzl/bjxqjyfz/xqjydcbjkxw/202105/t20210520_2394357.html，最后访问时间：2021年5月20日。
② 〔美〕珍妮特·V. 登哈特：《新公共服务》，丁煌译，中国人民大学出版社，2004，第31页。

教育民营化浪潮。在民营化浪潮之前，公办性质的幼儿园占据主流，政府直接承担学前教育公共服务的供给和管理，以政府的名义实施公共服务，发生问题由政府负责处理并承担相应责任，其本质属于行政委托，政府以其信誉和财产为幼儿园提供办学担保。民营化过程中公办幼儿园规模的削减，促使私人主体进入学前教育领域，但全新的问题也随之产生：学前教育作为一种"准公共产品"，受制于支付能力、距离和稳定性的需要，并不适合以利益为导向的实质民营化运行模式，否则极容易形成"垄断竞争型市场"。[1] 按照公共服务的民营化形态，可分为实质民营化和功能民营化。[2] 实质民营化是将国家承担的行政任务完全一次性转移给私人，私主体以自己的名义开展业务，并对自己的经营行为承担责任，政府通常以行政许可的方式进行监管，是一种彻底的民营化。[3] 实质民营化往往出现在不涉及公共权力行使且公益性要求较低的行业。功能民营化是指国家将其职责范围内的行政任务通过委托的方式向私人进行出让，由国家和私人共同承担公共责任。私人并非仅为国家履行职责的工具或者延伸，而是与国家共同分担执行公共任务。

新公共服务理论为学前教育领域的功能性民营化提供了理论指引。学前教育领域"公办民办并举的"发展方针正符合功能民营化的要求，普惠性幼儿园的出现具有必然性：其一，普惠性幼儿园是政府垄断和实质民营化的中间点，在强调充分扩充学前教育资源的同时，回归学前教育领域的公益属性；其二，政府可以通过行政命令或者许可来调配学前教育资源，解决区域间和服务质量上的不均衡。政府不但要满足公众对学前教育服务的需求，同时保障在民营化浪潮下该服务的公益性和普惠性，而且在该服务提供的过程中不断提高服务质量，担保和杜绝其在法律、道德、政治、人权方面的风险。普惠性幼儿园正是学前教育领域引入新公共服务理论的重要体现。

---

[1] Helen Penn. "The Business of Childcare in Europe," *European Early Childhood Education Research Journal* (2014) 22 (4): 432–456.
[2] 李玉君：《社会福利民营化法律观点之探讨》，《月旦法学》2002年第6期。
[3] 敖双红：《论公共行政民营化的法理基础》，《湖南大学学报》（社会科学版）2008年第3期。

（二）新公共服务理论视角下普惠性幼儿园的应然标准

总体而言，新公共服务理论视角下，政府提供的普惠性学前教育服务具有如下应然标准。

第一，政府服务于公民，而非顾客。① 公共服务应当基于公共利益，而公共利益不是个人诉求的简单集合。公民往往更关注切身的短期利益，而忽视那些长期的回报和缓慢的利益，即便后者所带来的利益远超过前者。这意味着，政府不应当如同店员对待顾客一样，无条件满足所有公民诉求。双方应以尊重为前提，在信任和合作的基础上建立合作关系，共同探讨和选择公共服务提供的步骤和要求。比较突出的例子就是我国的校车安全标准事件。2010年前后发生的一系列重大校车安全事故，致使家长强烈呼吁制定校车安全的国家标准。为回应这一诉求，国务院于2012年颁布了《校车安全管理条例》，在技术层面提高了校车的强制性标准。但在我国，乡镇小学才是校车使用的主体，以满足"撤点并校"后低龄孩子的上下学需求。而这些学校的校车难以到达强制性标准，学校只能选择违法运营或者取消校车服务，这就是"福利陷阱"在教育领域的表现。②

第二，思考具有战略性，行动具有民主性。政府应当增进和鼓励公民参与政策制定和执行过程的各个方面和各个阶段，从而实现公共服务的达成。③ 新公共服务的倡导者认为，公民和行政官员共同承担责任并且为执行一项任务而工作时，不但可以增进效率，而且可以加深公民对于政府信任和对该项任务的认同，并为改良和推进该项任务打下良好的基础。在普惠性幼儿园的建设和服务优化过程中，政府要充分发挥制度的民主性，让社会主体、专家和家长有效参与进来。在学前教育资源供给问题上，民主程序不仅

---

① 〔美〕珍妮特·V.登哈特：《新公共服务》，丁煌译，中国人民大学出版社，2004，第31页。
② 管华：《警惕福利陷阱　促进事业发展——论"学前教育法"的立法目的》，《中国教育学刊》2019年第10期。
③ 〔美〕珍妮特·V.登哈特：《新公共服务》，丁煌译，中国人民大学出版社，2004，第84~87页。

能让办园者更好地理解政策要求和办园条件，而且能让政府了解办园者准确且具有差异化的需求，通过加强行政给付来帮助和引导办园者提供更多的普惠性学前教育服务。在学前教育的评估和督导问题上，通过民主程序能充分了解家长意愿，调动家长参与办园监督的积极性。在学前教育的责任负担问题上，加强政府和办园者之间的责任分配，以此真正实现公私合作的机制目的，从而减小成本和市场驱动因素在重要公共服务领域的负面作用。

第三，政府应当关注的不仅仅是市场，还应当关注"宪法和法令、社区价值观、政治规范、职业标准以及公民利益"。[①] 在民营化政策实施过程中，公共政策往往会偏向于提升工作效率和提供更符合民众需求的产品，而在一定程度上排斥诸如公平、正义、参与和表达公共利益这样的民主原则。学前教育领域的民营化，将大量民办幼儿园带入市场。一类民办收费较高，以开发智力、培养孩子学习能力为宣传口号，以满足家长对"精英教育"的追求。这类幼儿园为了让孩子表现出所谓的"天赋"和"特长"，运用大部分在园时间对孩子进行文化、艺术类培训，挤占了孩子玩耍和休息的时间。这种做法偏离了幼儿发展的正常规律。另一类民办园则走经济实惠路线，满足了经济较为拮据的家庭的需求。但这类幼儿园可能存在所聘用人员职业素养较低、硬件设施不达标，服务质量不佳且容易发生安全事故等情况。这两类民办园正是市场选择和分化的结果，学前教育领域必须向普惠、公平和符合儿童最佳利益的中间地带回归，这是市场本身所无法做到的。政府必须承担起维护价值规范和公共利益的责任，让每个孩子都能享受到健康快乐且公平的普惠性学前教育服务。

（三）政府在普惠性学前教育服务中的义务

政府通过财政收入的单一途径，不能满足普惠性学前教育资源给付需求。从新公共服务理论的基本逻辑出发，政府的给付责任不限于货币给付，更应当强化间接给付义务，特别是履行学前教育领域的优化义务、监管义务

---

① 〔美〕珍妮特·V. 登哈特：《新公共服务》，丁煌译，中国人民大学出版社，2004，第31页。

和担保义务。

第一，优化义务。新公共服务理论要求，政府在提供公共服务过程中应当不断扩大供给和提高质量，并提高投入和产出的效率。首先，政府应当吸引更多办园主体参与普惠性学前教育的供给过程，通过投入更多财政资金帮助民办园进行普惠性改造，将达标的幼儿园认定为普惠性幼儿园。其次，通过财政补助、土地划拨、税收减免、教师待遇提升来支持普惠性幼儿园的运营。再次，通过民主程序多方位监督幼儿园的服务，不断听取家长和专家意见以提高学前教育服务质量。最后，通过体系化的评估方式评定办园质量，其结果与办园资格、学位数量和财政投入直接挂钩。

第二，监管义务。这意味着，政府在提供学前教育服务的过程中，要以保护儿童最大利益为监管原则，监督管理服务提供的全过程，杜绝不合理不合规的行为发生。监管的内容包括教育内容、人员条件、空间和设施条件、机构管理状况和家长满意度。教育内容方面，量化孩子的在园活动轨迹，满足孩子室内室外的教育和精神需求，禁止小学化倾向；人员条件方面，保证一定限度的师幼比，鼓励招募高学历、高职称的幼儿教师，配备专业的卫生保健人员、安全员、财务人员和具有资质的炊事人员；空间和设施条件方面，要具备足够的室内空间、室外空间、安全设施和卫生设施；机构管理方面，要有明确组织架构和完善的办园制度，如财务制度和卫生管理制度等；家长满意度方面，呼吁家长参与孩子的学前教育，加强家校合作，及时接受家长建议和向家长反馈孩子日常动向。此外，还应当建立和优化以上述内容为主体的学前教育督导评估指标，并制定法律法规，要求教育行政部门和民办园定期开展评估活动。依据评估结果，联动奖惩体系。

第三，担保义务。新公共服务理念语境下，政府在通过非直接给付手段提供公共服务时，应当为其他公共服务提供主体的行为所导致的后果承担赔偿、代履行等担保义务。由于提供公共服务是政府必须承担的社会责任，在学前教育向公共化回归的过程中，政府不应当再通过民营化外壳向社会其他主体转嫁责任。尤其是普惠民办幼儿园，其作为与政府共同分担社会责任的主体，政府不能仅作为花钱购买服务的甲方，而应当为民办幼儿园办学过程中所产生的法律责任做担保。比如，在发生外来人员侵害或者幼儿园侵权的情形下，先由直接责任人承担责任，在直接责任人履行不能的情况下，政府应当承担担保责任；再如，在发生不可抗力或者幼儿园丧失办学资格的情况下，政府应当保障已入学儿童继续接受普惠性学前教育的权利。

三 推进北京市普惠性幼儿园发展的具体策略

针对普惠性幼儿园的发展现状，从新公共服务理论视角提出如下推进北京市普惠性幼儿园发展的策略和建议。

（一）尽快出台《学前教育法》，完善普惠性学前教育的顶层设计

我国学前教育的发展目标从2020年"基本普及学前教育"全面升级为《中国教育现代化2035》提出的"普及有质量的学前教育"。学前教育的公共属性和普惠属性在2015年《教育法》的修正过程中已经得以体现，目前关于学前教育政策条件、目标导向、立法基础日臻成熟。2018年9月，第十三届全国人大常委会将《学前教育法》纳入五年一类立法规划，立法可谓"箭在弦上"；2020年9月7日，教育部发布《学前教育法草案（征求意见稿）》公开征询意见。现阶段我国学前教育机构的主要形式是幼儿园，其他类型学前教育机构的法律地位还未得到立法肯认。面对人口老龄少子化的困境，通过立法发展普惠性婴幼儿托育教育服务体系将成为定局。[①] 有必要通过立法明确普惠性幼儿园的认定范围、申报条件、认定程序、退出机制、保障支持和日常监管要求，建立健全普惠性幼儿园管理制度。

从实践来看，普惠性幼儿园主要是收费实行政府定价或者接受政府指导价的公益性质的幼儿园，包含公办幼儿园、集体或者单位举办的公办性质幼儿园和提供普惠性服务的民办幼儿园三类。《学前教育法》应贯彻学前教

---

① 庞丽娟：《发展普惠性婴幼儿托育教育服务体系》，《教育研究》2021年第3期。

的公共服务属性，其关键就在于通过立法为普惠性民办幼儿园的发展提供更好的制度安排，从而建立一个政府、家庭、社会共同分担的学前公共服务体系。北京、上海、浙江、江苏、辽宁等省市已经实施的学前教育地方性法规，为国家学前教育统一立法提供了丰富的立法素材和实证经验，其中相对成熟、经实践检验的政策制度理应转化吸纳到《学前教育法》中，这也是依法治教的需要。

（二）推动学前教育供给侧结构性改革，实现供需均衡

构建完整的普惠性学前教育公共服务体系，绝非简单地推进公办幼儿园或扶持普惠性民办幼儿园的问题，而是学前教育供给侧结构性改革的问题。

第一，增加财政投入，在价格上做减法。特别是应当重点加强脱贫攻坚地区、两孩政策新增人口集中地区和城乡接合部普惠性学前教育的覆盖规模，进一步加大学前教育领域的经费投入，大力扶持普惠性民办幼儿园，将提供普惠性学位数量和办园质量作为奖励和支持的依据。持续加大学前教育经费投入比例，同时应积极探索并完善以绩效成本预算管理为核心的学前教育财政投入机制，施行普惠性幼儿园办园成本定期监测机制、收费与财政补助动态调整机制，合力构建合理的普惠性幼儿园成本分担机制。

第二，充实资源供给，在学位上做加法。除了直接的财政给付，未来应当持续扩大公办园规模、全面落实城镇居住区配套园建设，并通过央地合作、以租代建、购买服务等多元模式，支持普惠性学前教育的发展。在过去，只有"公益事业"才能享受土地划拨政策，而政府又将公益事业狭定为义务教育范畴，应当将学前教育纳入公益事业范畴，对公有性质幼儿园无偿划拨土地，对普惠性民办园减免土地租金。为普惠性幼儿园制定减免税标准，鼓励社会主体兴办普惠性质幼儿园。

第三，提升师资力量，在质量上做乘法。在培养方式上，应当提升学前教育专业的培养规模和层次，加大对高层次本专科学前教育师资力量的培育力度，同时支持地方通过多种方式为农村和边远贫困地区补充培养合格幼师。在管理体制上，实施有利于幼儿园教师专业发展的职称评聘标准，通过

定期对幼儿教师开展职业培训和考核，鼓励教师提升业务能力。特别是要切实解决公办园非在编教师和民办园教师工资待遇偏低问题，逐步实现与公办在编教师同等待遇，同工同酬，教师待遇不足的部分由财政补齐，多环节留住学前教育事业的人才。

（三）完善普惠性幼儿园的内部治理结构

建立专家听证和家校互动机制，听取专家和家长对幼儿园办园活动的意见，并在此基础上谨慎确认当下最值得完善的公共利益。新公共服务理论的核心就是民主参与机制。民主参与活动贯穿普惠性学前教育服务提供的全过程。与公共管理理论不同的是，政府不是民意的简单执行者，而是要在平等协商的基础上，找出实现公共利益的最优解。即政府有义务提供良好的教育服务，但是以何种方式给付、给付的次序、质量，可以由政府与公民合理协商后自行确定，以此避免个人利益之间的冲突和福利陷阱的产生。[1]

具体而言，在普惠性幼儿园认定阶段，既要听取家长对于普惠性幼儿园的期盼，又要严守认定标准和适度考量财政给付能力。在认定普惠性幼儿园之外，可通过其他方式支持公民进行学前教育。在普惠性幼儿园的运营阶段，要发挥家长的监督作用，听取家长对于孩子教育和教学服务的改良意见，但是要恪守教育资源平等原则和未成年人隐私保护原则。在幼儿园发生侵权事件等情况下，要安抚家长情绪，但要允许家长发表意见和追究责任。

（四）加强普惠性幼儿园的外部监管

雨后春笋般冒出的民办幼儿园考验着教育行政部门的监管能力，政府监管的重点应当是政府资助资金的使用情况以及学前教育的质量。

第一，加强学前教育准入、收费、信息公开等方面的监管力度。应当制定明确的学前教育质量准入标准，并根据各区的学前教育发展现状，施行差异化的财政供给体系；明确普惠性学前教育经费使用的原则、范围、内容，

---

[1] 敖双红、廖朝湘：《论学前教育民营化后的国家责任体系》，《时代法学》2019年第2期。

消除部分普惠性民办幼儿园扶持资金盲目用于扩大规模的现状;同时,通过实行幼儿园年检制、等级动态升降制,建立健全普惠性幼儿园退出和补充机制,特别是要使民办普惠幼儿园的举办者"进得来、办得好、出得去",并及时将评估结果向社会公布。公开内容聚焦于普惠性幼儿园的教育、财务、卫生、安全等事项,其中应当重点披露幼儿园资金的使用明细和教育、卫生、安全事项中发生变动的部分。建立常态化信息公开机制,可通过互联网网站、园内电子屏、信息公开手册、电子邮件、微信公众号、手机短信等渠道向重点对象进行公开,其中重点公开对象包括教育行政主管部门和在园儿童家长,并接受教育行政机关和家长的质询,开放电子留言板和园长信箱等质询渠道。

第二,完善督导评估机制,建立主体多元、内容多元、方式多元的评价体系。学前教育领域具有反馈困难的原生问题,可行且完善的督导评估制度是学前教育优化的基础。

一是外部督导与评估机制。外部评估要依托专业的评估队伍和科学合理的评估指标。外部评估应当突出评估的专业性和客观性。教育行政部门是评估的责任主体,在评估的过程中应当吸收学前教育专家和利益无涉的第三方评估机构参加。建立督导评估专家库,提高督导评估的科学性。在评估指标设计上,要充分听取教育专家、资深教师和家长等各方意见,在充分公开讨论的基础上审慎制定。指标不宜过泛过严,主要在重点问题上起到一个警示红线的作用。另外,在监督评估之外,还要发挥教育督导中的指导功能。在普惠性幼儿园办园过程中,可以驻派专家或者资深教育人士对园内重难点问题进行指导和帮扶,使其通过整改能达到评估标准。

二是学前教育的内部评估机制。自我评估与外部督导二者的有机结合才能最有效地保证学前教育质量的提高。① 内部评估更要注重评估的方式和方法,避免自我监督流于形式。内部监督应当突出程序价值,评估内容应当客观化、可视化。相较于外部监督,内部监督指标应当全面详细,最大限度地呈现本园的办园情况。并辅以强度适当的复核机制,由教育行政主管部门对

---

① 姚伟、黎谞:《英国托幼机构自我评估制度及其启示》,《外国教育研究》2015年第1期。

幼儿园自评结果进行抽查与复核,力求数据真实透明。

三是注重督导和评估结果的运用。督导评估是一个长期且动态的监管制度,一个周期的督导评估应当与下一周期的督导评估有序衔接。具体而言,就是在本次督导评估之后,给予幼儿园适当的整改时间,并在下一周期督导评估中重点验收。针对幼儿园存在的性质严重、影响重大的问题,应当增设专项评估机制,适时再次验收。幼儿园若存在安全、卫生和消防方面的重大问题,整改期间应当暂停办园,专项评估合格后恢复办园。对于多次整改后依然达不到评估标准的普惠性幼儿园,应当取消其普惠性认定。幼儿园暂停办园期间或者终止办园后,政府应当保障已入园儿童继续接受普惠性学前教育服务的权利。

Abstract

　　2020 is the final year of building a well-off society in an all-round way and the "13th Five-Year Plan". It is the year of decisive victory for the realization of the first centenary goal, and the year of reaching the target for the fight against poverty. Since entering the development stage of building a well-off society in an all-round way, our country's rule of law government has achieved fruitful results in terms of conceptual systems, related theories, system construction, and specific measures. The Fifth Plenary Session of the 19th Central Committee of the Communist Party of China put forward the long-term goal of basically realizing socialist modernization by 2035, marking that our country has entered a new stage of development, and it also put forward new requirements for the construction of the rule of law government. In 2020, the theoretical circle of administrative law will focus on the construction of the rule of law government, and continue to research in the fields of basic theory, administrative behavior law, administrative organization law, administrative law sub-theory, and administrative litigation, focusing on a series of hot issues, and the research system and research horizons are continuously broadened andenriched. At the level of national governance and administrative rule of law, the revision of *The Administrative Punishment Law* opened a new journey to strictly regulate, just and civilize law enforcement, and strengthen the power restriction and supervision mechanism. The promulgation of *The Measures for Foreign Investment Security Review* marks that our country has established a unified national security review system for foreign investment. State-level economic and technological development zones continue to deepen the reform of "delegation, management and service" to stimulate social vitality and promote economic development. The level of rule of law in grassroots social governance throughout the country has continued to improve, and autonomous systems such as grassroots mass autonomy, industry association autonomy, and grassroots legal services have all achieved certain results. In the field of departmental administrative law, this report selects the themes of the rule of law in health and the rule of law in education for analysis. In particular, the national practice of fighting the new crown pneumonia epidemic has enabled my country's emergency management, public health rule of law system and grassroots epidemic prevention emergency response plan mechanism to be rapidly updated and improved. At the same time, it also exposed the lack of completeness, clearness and uniformity of laws and regulations, the lack of emergency legislation at the grassroots. The anti-epidemic emergency plan is weak in advance, and the rule of law is not guaranteed. The public health legal system and emergency management system and mechanisms urgently need to be improved. In the field of scientific and technological development and the rule of law government, the rapid development of artificial intelligence and algorithm technology has put forward new propositions for the rule of law government to administer and supervise according to law. In terms of administrative dispute resolution, this report focuses on the realization and annual development of the main channels of administrative reconsideration, and the practice and theoretical reflection of the administrative public interest litigation system for food and drug safety. Regarding Beijing's rule of law government, this report focuses on the three topics of legislation, practice, and evaluation of the business environment in Beijing, the rule of law in the capital city, and the promotion strategy of Beijing's inclusive preschool education, and summarize the remarkable results, new problems and new situations that Beijing has achieved in the development of administrative law.

Keywords: State Governance; Rule of Administrative Law; Construction of Law-based Government

Contents

I General Report

B. 1 Based on the New Stage of Development, Creating a New Situation for the Construction of the Law-based Government of China
—Development and Prospects of China's Law-based Government (2020) *Ma Huaide, Guo Fuchao* / 001

Abstract: The construction of law-based government made fruitful achievements at the stage of building a moderately prosperous society in all respects. There is great progress made in its concept system, relevant theories, institutional construction and practical measures. New development in the construction of law-based government in 2020 includes: studying and explaining law-based government theories in Xi Jinping Thought on the Rule of Law; the updating of Chinese emergency management and public health legal system; promoting the construction of law-based government based on the effective implementation of *The Civil Code*; the establishment of long-term credibility mechanism; reforming to delegate power, streamline administration and optimize government services further, invigorating the market and facilitating economic advance. The Fifth Plenary Session of the 19th CPC Central Committee set specific targets for China to basically become a modern socialist country by 2035. Based on the new development stage, the construction of law-based government will make new advances according to new development requirements and play an important role in realizing the magnificent target of socialist modernization.

Keywords: Law-based Government; Socialist Modernization; Law-based Governance of China

Ⅱ Special Reports

B.2 The Current Status and Development of Administrative

  Punishment Theory in China *Zhang Hong, Yue Yang* / 021

Abstract: Administrative punishment is an important means for government to effectively implement administrative management and ensure the implementation of laws and regulations. As *The Administrative Punishment Law* is included in the legislative plan of the Standing Committee of the National People's Congress, the academic circle has set off a second time discussion around themes such as the principle of punishment, the definition of punishment, the types of punishment, the jurisdiction and application of punishment, and the procedure of punishment. In the future, it is necessary to expand and deepen theoretical issues such as the extraterritorial jurisdiction of administrative punishments, the subject of administrative punish-ments in towns, the reconciliation of administrative law enforcement, and the specific implementation of the first exemption. Doing this would ensure that the theoretical research on administrative punishments is stable and far-reaching.

Keywords: Administrative Punishment; Setting Right of Punishment; Jurisdiction and Application of Punishment; Procedure of Punishment

B.3 The Establishment and Latest Developments of China's

  National Security Review Regime in Foreign Investment

  Hao Qian / 051

Abstract: With the deepening reform of foreign investment management system and the development of national security regime in China, the national security review system for foreign investment has emerged gradually. On December 19, 2020, the National Development and Reform Commission and the Ministry of Commerce jointly issued *The Measures for the Security Review of Foreign Investment*, which established a unified institutional framework for the national security review of foreign investment in China. The framework leaves much room to be improved, with many provisions of *The Measures for the Security Review of Foreign Investment* need to be refined and clarified. At present, the main problems include the low level of legislation, the vagueness of the review body, the low transparency and the insufficient protection of the parties' procedural rights. It is recommended to elevate the level of legislation, improve the operational mechanism of the review body, increase the transparency of the review system and optimize the procedural rules, so as to further improve the national security review system for foreign investment in China.

Keywords: Foreign Investment; National Security Review; The Measures for the Security Review

B. 4　Investigation into the Status of Law Regulations of Economic and Technological Development Zones

　　—*The Analysis Based on 50 Regulations for National ETDZ*

Zhang Li, Zhang Yupeng and Lv Zhibin / 074

Abstract: Economic and Technological Development Zones (ETDZ) are historic innovations in the great practice of reform and opening up. The analysis based on 50 regulations for national ETDZ, found that ETDZ regulations are mainly in the form of local laws and regulations and have been driven by central policy document. There is a certain correlation between the regulations' quality and the local economic development level, and legislation lack, lag and innovation coexist. The legislative purposes of different regulations are similar, but there are also local characteristics. There is a correlation between the textual structure and the time of legislative renewal, and scientific nature of legislation varies. Common problems exist in ETDZ regulations: the function orientation of national ETDZ regulations lags the national policy, and the legal status of the administrative organs of the ETDZ is unclear. There are few clauses about innovation of management system and mechanism and significant decision-making mechanism. The lack of adequate empowerment has made it difficult to implement reforms to delegate power, manage and improve services. Legal liability clause is missing. The future legislation of ETDZ should strengthen the top-level design and can adopt the form of administrative laws and regulations. Establish the development thought of the integration of industry and city, clarify that administrative organs of ETDZ is administrative agency, and empower it innovation right of management system and mechanism to provide legal protection for the long-term development of national ETDZ.

Keywords: ETDZ; Law Regulations; Legal Status

B. 5　The Problems and Countermeasures of the Legalization of Basic Social Governance　　　*Li Hongbo, Wang Jing* / 108

Abstract: Under the background of building a society ruled by law, the level of rule of law in grassroots social governance throughout the country has been continuously improved, and certain achievements have been made in grassroots mass self-governance, industry association autonomy, and grassroots legal services. However, there are also some shortcomings, including the strong administrative color of grassroots mass self-governance organizations, the poor autonomy of industry associations, and the incomplete performance of grassroots judicial office functions. Therefore, it is necessary to take active measures to straighten out the relationship between mass self-governance, industry autonomy and government regulation, stimulate the vitality of mass self-governance and industry autonomy, strengthen the capacity-building of grassroots judicial offices, optimize the supply of grassroots legal services, and continuously improve the level of rule of law in grassroots social governance. To sum up, the aim of these measures is to lay a solid social foundation for the rule of law in China.

Keywords: Social Governance; Grassroots Mass Self-governance; Industry Association; Judicial Office

B. 6 Inspection and Improvement of *Law on the Prevention and Treatment of Infectious Diseases*   Zhao Peng / 129

Abstract: The prevention and treatment of infectious diseases have always relied on the use of public power, especially in the emergency of epidemic outbreak. The challenge to legislation is to find a balance between granting the necessary power to government and maintaining the reflection on such power. In the prevention and control of COVID-19, the power and duty of government appointed by law seemed insufficient in terms of the monitoring of new infectious diseases, the immediate control before being included in the legal management, etc. It also lacks norms of the administrative procedures for the inclusion of new infectious diseases into the legal management. Besides, after the outbreak of the epidemic, there are also many shortages worthy of reflection, such as ensuring the smooth and standardized switch between the normal and abnormal legal systems, defining the basic conditions, scope and procedural requirements for major control measures, etc.. In order to enhance rule of law in the prevention and control of infectious diseases, measures shall be taken in the future amendment of *Law on the Prevention and Treatment of Infectious Diseases*. It is necessary to first further improve the monitoring and reporting system of new infectious diseases, secondly further standardize the control measures of emergency response and social activities as well as the procedures of defining the types of infectious diseases, thirdly further clarify the relationship between the two laws on the control of infectious diseases, and lastly further standardize the declaration of infected regions and restrictions on cross regional travel.

Keywords: *Law on the Prevention and Treatment of Infectious Diseases*; Risk Prevention and Control; Government Power

B. 7 The Application of Legal Principle in Public Health Emergency Preparedness and Response

Song Hualin, Liu Yingke / 145

Abstract: When no legal norms exist or the legal norm is unreasonable, via the application of legal principle, we can survey the legitimacy of measures for public health emergency preparedness and response. During the process, it should comply with the principle of law-based administration, which includes principle of legal supremacy and principle of legal reservation. We can use principle of proportionality to guide the set of preparedness and response measures, to supply criteria for the protection of privacy and personal information. According to the principle of equal protection, it is forbidden to treat the same thing differently, it is forbidden to treat different things the same.

Keywords: Public Health Emergency; Principle of Legal Supremacy; Principle of Legal Reservation; Principle of Proportionality; Principle of Equal Protection

B. 8 The Improvement and Development of the Legal System of Public Health Emergency

Lin Hongchao, Lan Yurou and Gao Xia / 166

Abstract: China's public health emergency legal system has played their key roles in dealing with the epidemic, but some inadequacies were also exposed. To deal with that, a new round of legislation and revision in the field of public health emergency have been promoted, including the thinking of improvement. This report finds some shortcomings from the development of public health emergency legal system. On this basis, the report proposes corresponding suggestions to build a comprehensive, scientific, standardized, efficient public health emergency. It also strengthens the responding ability to major public health emergencies.

Keywords: Public Health; Emergency Management; Epidemic Prevention and Control; Legal System

B. 9 Operational Obstacles and Functional Restoration of Emergency Plan for Epidemic Prevention at Grassroots Level　　　　　　　　　　　　　　*Han Yang, Hu Xiaoli* / 185

Abstract: In China's emergency plan system, the primary epidemic prevention emergency plan is in the function of early emergency disposal, which is very important for epidemic prevention and control. However, in the actual operation, there are some institutional obstacles in the grassroots epidemic prevention emergency plan, such as the weak early-warning mechanism, the alienation of early warning mechanism, the lack of legal protection and so on. In order to meet the needs of public epidemic prevention and control, improve the response efficiency of epidemic prevention and control, and assist the superior epidemic prevention and control work, China should gradually change from the top-down central leading mode to the top-down linkage multi governance mode. Therefore, this paper puts forward some specific ways to improve the operation efficiency of the grassroots emergency plan, such as strengthening the early disposal function of the grassroots emergency plan, reshaping the early warning mechanism of the grassroots epidemic prevention and control, and supplying the legal resources of the grassroots emergency plan.

Keywords: Epidemic Prevention at Grassroots Level; Emergency Management; Emergency Plan; Epidemic Prevention and Control

Contents

B.10 The Current Situation and Developmental Direction of
China's Children Welfare Administration Under the
Goal of Precise Poverty Alleviation (2020)

Li Cheng, Pan Huajie / 201

Abstract: The children welfare administration is the basic way to realize inclusive children welfare. China's children welfare administration has made great achievements: children's health and physical developmental have been significantly improved; all education have achieved significant accomplishments; the number of children welfare and relief agencies has increased steadily, and orphans' life quality has continued to improve; children's living and social environments have improved day by day, and cultural products and venues have become more abundant; laws and regulations for children's rights protection have been further perfected. Meanwhile, China's children welfare administration also has some problems: the problem of left-behind children in rural areas needs to be solved urgently; there are still weak links in the problem of children's education; the level of children welfare varies greatly between urban and rural areas and between regions. China's children welfare administration should focus on precise identification, precise assistance, and precise management of the objects in the future; children welfare legislation should be improved, and the basic law of children welfare should be formulated.

Keywords: Children Welfare Administration; Children Assistance; Left-behind Children

B.11 Local Innovation and the Current Situation of the Rule of
Law in Digital Government Construction (2020)

Ma Yanxin / 217

Abstract: Digital government is a government model which adopts information technology in regulatory procedure, and conforms to the modern regulatory conception in digital age. It is involving various dimensions such as organizational forms, internal and external relations, regulatory tools, regulatory methods and administrative procedures. Local initiatives have been introduced in recent years to make meaningful exploration for the development of digital government and a few local statues have been enacted in specific areas. Combined with local experiences, the current key areas of digital government construction are reflected in several aspects such as organization construction, platform construction, data sharing and opening, and the reform of administrative procedure, etc. .

Keywords: Digital Government; Local Innovation; Local Legislation

B.12 Personal Information Protection Risks and Legislative Trends in the Transformation of Digital Government

Zhan Penghe, Luo Xiaokun / 242

Abstract: In the transformation of digital government, the focus of the transformation of the government administration model lies in the reconstruction of the information order and its operation mode between "administration and citizen" in administrative activities. Under the data-driven model, the automation of administrative procedures and the centralized sharing as well as the open use of data inside and outside the government make the implementation of administrative methods more closely tied to the collection, processing, and use of personal information. While this reform of administrative methods is gaining effectiveness, it also raises a series of personal information protection risks in data utilization and security. In recent years, although national and local government have been making some rules to protect personal information, a systematic legal protection of personal information has not yet formed in consideration of lacking legislation integration. With the promulgation of two draft laws, *Personal Information Protection Law* and *Data Security Law*, the lack of regulation under decentralized legislation is expected to be eased to a considerable extent. However, focusing on the response to personal information protection risks in the reform of administrative methods, the content of the current draft is somewhat unfinished.

Keywords: Digital Government; Personal Information Protection; Data Security

B. 13 Research on the Administrative Law Enforcement Mechanism of Personal Information Protection

Kong Xiangwen / 261

Abstract: Personal information protection involves many legal departments, among which administrative law enforcement is an important mechanism for personal information protection. The current legislation, such as *Cyber Security Law*, *Consumer Rights and Interests Protection Law*, and *Personal Information Protection Law* (*Draft*), which has been published by the Standing Committee of the National People's Congress, have made provisions on the administrative law enforcement mechanism of personal information protection. However, there are many problems in the existing norms, such as unclear law enforcement system, unclear scope of law enforcement, further refinement of the conditions and procedures for the exercise of law enforcement measures, failure to achieve gradient correspondence between illegal acts and legal liabilities, and so on. In the future, we should further clarify the administrative law enforcement system and power distribution of personal information protection, improve the law enforcement procedure, and optimize the setting of administrative legal responsibility.

Keywords: Personal Information Protection; Administrative Law Enforcement; Administrative Supervision and Management

B.14　On the Development Application of Personalized

　　　Recommendation Algorithm and Regulatory Response

Xie Yaowen / 277

Abstract: The application scenario of personalized recommendation algorithm includes personalized content recommendation and personalized price recommendation. At the present stage, China's personalized recommendation algorithm regulatory rules showing three characteristics: take the "explicit consent" as the basis of the legality of personalized recommendation data processing activities; with the platform content supply obligation as the core, set the opt-out mode of personalized content display; based on the consumer rights protection path and anti-monopoly regulation path, set the personalized pricing regulatory system. Based on the comparative analysis of the regulatory rules and dynamics, there is a greater possibility of regulatory failure in the recommendation algorithm regulation mode by strengthening the platform liability in China. At the present stage, the regulatory rules of personalized recommendation algorithm need to be based on the objective characteristics of clear technical risks and the calculation of regulatory cost.

Keywords: Personalized Recommendation Algorithm; Personalized Content Recommendation; Personalized Price Recommendation; Technical Risk

B.15　Annual Report on the Realization of Main Channels and

　　　the Development of Administrative Reconsideration (2020)

Cao Liu, Song Ping / 302

Abstract: The revision of *The Administrative Reconsideration Law* has been officially launched in 2020. The theoretical and practical circles of administrative law have conducted extensive and in-depth discussions on many issues affecting the development of administrative reconsideration, including the nature, function, the "double accused" system and reform of the reconsideration system, which laid the foundation for the revision and improvement of *The Administrative Reconsideration Law*. The big data in the twenty years since the implementation of *The Administrative Reconsideration Law* also shows that administrative reconsideration is increasingly playing an important role in resolving administrative disputes. The reform of the administrative reconsideration system and mechanism has achieved remarkable results, and relevant content should also be reflected in the amendment of the law. This report aims to record the annual progress of administrative reconsideration, focusing on the three dimensions of theoretical research, system development and practical exploration, and hopes to provide theoretical explanations for the ideal picture of administrative reconsideration through the annual inventory of administrative reconsideration.

Keywords: Administrative Reconsideration; The Revision of the Law; Main Channel; The Reform of the Administrative Reconsideration System

B.16 Practice and Theoretical Reflection on the Administrative Public Interest Litigation System of Food and Drug Safety in China *Liu Yi / 330*

Abstract: Food and drug safety belongs to a typical social control field. Procuratorial public interest litigation, as a supplementary means of administrative law enforcement, makes up for the shortcomings of the existing administrative mechanism and plays the role of social co-governance. Quantitative analysis of food and drug safety public interest litigation cases during 2015 – 2019 found that the number of cases handled increased year by year; the number of pre-litigation cases has increased greatly, which is asymmetric with the proportion of litigation cases; the proportion of criminal incidental civil public interest litigation is the highest, followed by civil public interest litigation; the clue sources of civil and administrative public interest litigation cases are different. From a qualitative point of view, the main body of food and drug safety violations is "three small ones". Although the administrative organs pursue their responsibilities according to the objective imputation principle, there are often areas of law enforcement gaps due to the lack of law enforcement power. The space for procuratorial public interest litigation is mostly from the blank of administrative law enforcement. The illegal consequences of investigation include disrupting market order and endangering food and drug safety, while the illegal performance of administrative organs is non-performance or insufficient performance. In the future, on the basis of distinguishing food safety supervision from food market supervision, strengthening the connection between public interest litigation and criminal prosecution, we should improve the administrative public interest litigation mechanism of food safety by correctly understanding the limitations of administrative public interest litigation, strengthening cooperation and exchanges between administrative organs and procuratorial organs, flexibly using procuratorial suggestions of public interest litigation and social governance, and perfecting the connection mechanism between the two methods.

Keywords: Food and Drug Safety; Administrative Public Interest Litigation; Social Regulation; Food and Drug Safety Supervision; Food and Drug Market Supervision

B.17 Legislation, Practice and Evaluation of Business Environment in Beijing (2020)　　*Cheng Xiezhong, Chen Keqin* / 353

Abstract: *The Regulations of Beijing on Optimizing the Business Environment* has made many innovations in the aspects of administrative examination and approval, market environment, government services, supervision and law enforcement, but there is still room for improvement compared with the regulations of other provinces and cities. In the practice of optimizing the business environment, Beijing has implemented a series of innovative measures, but at the same time, Beijing is also facing many challenges. The third-party assessment is an important window to observe the business environment of the city. The outstanding achievements of Beijing in different assessments show its institutional advantages and governance efficiency. At the same time, the assessment also exposes the weak points, such as financing difficulties, high tax rate, and how to improve the natural and living environment, how to strengthen the integrity of the government. In order to further improve the business environment, Beijing should introduce the third-party assessment to strengthen the social supervision of the implementation of the regulations; expand the scope of government purchasing services; improve the efficiency, quality and standards of government services; make the law enforcement environment combining leniency with severity; and further strengthen the integrity of government departments.

Keywords: Business Environment; Government Services; Administrative Enforcement of Law; Government Integrity; Beijing

B. 18 The Legalization of Capital City Governance Based on Space
Cui Junjie / 381

Abstract: Megacity is a complex giant system, the effective governance of which has always been a concern of scholars in the public law field. The traditional studies of city governance focus on law enforcement and people's illegal behaviors, inevitably encountering difficulties such as the fragmentation of law enforcement powers, the incompletion of legislation, and the coherence of laws. In recent years, Beijing has taken space as the basis for city governance and has made great achievements. It prioritized the legalization of planning, centered on the development of Beijing city by realizing capital functions, and ensured ensure capital functions with a higher level of city development services. Under the guidance of such idea, space has become a compound of human, material, and other key elements not only in the physical sense, but also in the social sense. The purpose of city governance based on space is to realize and develop people's city rights, which in turn determines the duties of government in public law and the boundaries of executive power. In order to enhance rule of law of capital city governance based on space, it is necessary to further extend the connotation of space in legislation, build the normative system of capital space governance, and optimize the implementation mechanism of space governance.

Keywords: City Space; Capital Function; City Governance; City Rights; Duty of Government

B.19 The Promotion Strategy of Generally Beneficial Preschool Education in Beijing from the Perspective of New Public Service Theory　　*Wang Chunlei*, *Zheng Youran* / 401

Abstract: In modern society, preschool education is regarded as a kind of public service in essence. Through the implementation of the three-phase three-year action plan for preschool education, Beijing has basically completed the construction of a high-quality public service system for preschool education that covers a wide range of areas and provides basic services. The analysis and introduction of the new public service theory may provide the government with the overall idea of optimizing the inclusive preschool education system. This requires the government to use financial funds to purchase preschool education public services, and also to assume the responsibility of supervision, optimization and guarantee of inclusive kindergartens. The specific measures are as follows: improve the laws and regulations in the system, promote the supply side structure reform of preschool education in practice, improve the internal governance structure of inclusive kindergartens, and strengthen the external evaluation and supervision mechanism.

Keywords: Generally Beneficial Preschool Education; New Public Service Theory; Public Interest

社会科学文献出版社

皮 书

智库报告的主要形式
同一主题智库报告的聚合

❖ 皮书定义 ❖

皮书是对中国与世界发展状况和热点问题进行年度监测,以专业的角度、专家的视野和实证研究方法,针对某一领域或区域现状与发展态势展开分析和预测,具备前沿性、原创性、实证性、连续性、时效性等特点的公开出版物,由一系列权威研究报告组成。

❖ 皮书作者 ❖

皮书系列报告作者以国内外一流研究机构、知名高校等重点智库的研究人员为主,多为相关领域一流专家学者,他们的观点代表了当下学界对中国与世界的现实和未来最高水平的解读与分析。截至2021年,皮书研创机构有近千家,报告作者累计超过7万人。

❖ 皮书荣誉 ❖

皮书系列已成为社会科学文献出版社的著名图书品牌和中国社会科学院的知名学术品牌。2016年皮书系列正式列入"十三五"国家重点出版规划项目;2013~2021年,重点皮书列入中国社会科学院承担的国家哲学社会科学创新工程项目。

中国皮书网

（网址：www.pishu.cn）

发布皮书研创资讯，传播皮书精彩内容
引领皮书出版潮流，打造皮书服务平台

栏目设置

◆ 关于皮书

何谓皮书、皮书分类、皮书大事记、
皮书荣誉、皮书出版第一人、皮书编辑部

◆ 最新资讯

通知公告、新闻动态、媒体聚焦、
网站专题、视频直播、下载专区

◆ 皮书研创

皮书规范、皮书选题、皮书出版、
皮书研究、研创团队

◆ 皮书评奖评价

指标体系、皮书评价、皮书评奖

◆ 皮书研究院理事会

理事会章程、理事单位、个人理事、高级
研究员、理事会秘书处、入会指南

◆ 互动专区

皮书说、社科数托邦、皮书微博、留言板

所获荣誉

◆ 2008年、2011年、2014年，中国皮书网均在全国新闻出版业网站荣誉评选中获得"最具商业价值网站"称号；

◆ 2012年，获得"出版业网站百强"称号。

网库合一

2014年，中国皮书网与皮书数据库端口合一，实现资源共享。

中国皮书网

权威报告·一手数据·特色资源

皮书数据库
ANNUAL REPORT(YEARBOOK) DATABASE

分析解读当下中国发展变迁的高端智库平台

所获荣誉

- 2019年，入围国家新闻出版署数字出版精品遴选推荐计划项目
- 2016年，入选"'十三五'国家重点电子出版物出版规划骨干工程"
- 2015年，荣获"搜索中国正能量 点赞2015" "创新中国科技创新奖"
- 2013年，荣获"中国出版政府奖·网络出版物奖"提名奖
- 连续多年荣获中国数字出版博览会"数字出版·优秀品牌"奖

成为会员

通过网址www.pishu.com.cn访问皮书数据库网站或下载皮书数据库APP，进行手机号码验证或邮箱验证即可成为皮书数据库会员。

会员福利

- 已注册用户购书后可免费获赠100元皮书数据库充值卡。刮开充值卡涂层获取充值密码，登录并进入"会员中心"—"在线充值"—"充值卡充值"，充值成功即可购买和查看数据库内容。
- 会员福利最终解释权归社会科学文献出版社所有。

数据库服务热线：400-008-6695
数据库服务QQ：2475522410
数据库服务邮箱：database@ssap.cn
图书销售热线：010-59367070/7028
图书服务QQ：1265056568
图书服务邮箱：duzhe@ssap.cn

卡号：139961832612
密码：

S 基本子库
SUB DATABASE

中国社会发展数据库（下设12个子库）

整合国内外中国社会发展研究成果，汇聚独家统计数据、深度分析报告，涉及社会、人口、政治、教育、法律等12个领域，为了解中国社会发展动态、跟踪社会核心热点、分析社会发展趋势提供一站式资源搜索和数据服务。

中国经济发展数据库（下设12个子库）

围绕国内外中国经济发展主题研究报告、学术资讯、基础数据等资料构建，内容涵盖宏观经济、农业经济、工业经济、产业经济等12个重点经济领域，为实时掌控经济运行态势、把握经济发展规律、洞察经济形势、进行经济决策提供参考和依据。

中国行业发展数据库（下设17个子库）

以中国国民经济行业分类为依据，覆盖金融业、旅游、医疗卫生、交通运输、能源矿产等100多个行业，跟踪分析国民经济相关行业市场运行状况和政策导向，汇集行业发展前沿资讯，为投资、从业及各种经济决策提供理论基础和实践指导。

中国区域发展数据库（下设6个子库）

对中国特定区域内的经济、社会、文化等领域现状与发展情况进行深度分析和预测，研究层级至县及县以下行政区，涉及省份、区域经济体、城市、农村等不同维度，为地方经济社会宏观态势研究、发展经验研究、案例分析提供数据服务。

中国文化传媒数据库（下设18个子库）

汇聚文化传媒领域专家观点、热点资讯，梳理国内外中国文化发展相关学术研究成果、一手统计数据，涵盖文化产业、新闻传播、电影娱乐、文学艺术、群众文化等18个重点研究领域。为文化传媒研究提供相关数据、研究报告和综合分析服务。

世界经济与国际关系数据库（下设6个子库）

立足"皮书系列"世界经济、国际关系相关学术资源，整合世界经济、国际政治、世界文化与科技、全球性问题、国际组织与国际法、区域研究6大领域研究成果，为世界经济与国际关系研究提供全方位数据分析，为决策和形势研判提供参考。

法律声明

"皮书系列"(含蓝皮书、绿皮书、黄皮书)之品牌由社会科学文献出版社最早使用并持续至今,现已被中国图书市场所熟知。"皮书系列"的相关商标已在中华人民共和国国家工商行政管理总局商标局注册,如LOGO( )、皮书、Pishu、经济蓝皮书、社会蓝皮书等。"皮书系列"图书的注册商标专用权及封面设计、版式设计的著作权均为社会科学文献出版社所有。未经社会科学文献出版社书面授权许可,任何使用与"皮书系列"图书注册商标、封面设计、版式设计相同或者近似的文字、图形或其组合的行为均系侵权行为。

经作者授权,本书的专有出版权及信息网络传播权等为社会科学文献出版社享有。未经社会科学文献出版社书面授权许可,任何就本书内容的复制、发行或以数字形式进行网络传播的行为均系侵权行为。

社会科学文献出版社将通过法律途径追究上述侵权行为的法律责任,维护自身合法权益。

欢迎社会各界人士对侵犯社会科学文献出版社上述权利的侵权行为进行举报。电话:010-59367121,电子邮箱:fawubu@ssap.cn。

社会科学文献出版社